Der Amtsermittlungsgrundsatz in Insolvenz- und Restrukturierungsverfahren

Schriftenreihe des Centrum
für Deutsches & Europäisches
Insolvenzrecht

Herausgegeben von Stefan Smid, Silke Wehdeking
und Mark Zeuner

Band 22

PETER LANG

Frederik Quitzau

Der Amtsermittlungsgrundsatz in Insolvenz- und Restrukturierungsverfahren

Eine systematisierende Untersuchung auf dogmatischer und rechtstatsächlicher Grundlage *de lege lata* und *de lege ferenda*

PETER LANG

Bibliografische Information der Deutschen Nationalbibliothek
Die Deutsche Nationalbibliothek verzeichnet diese Publikation in der Deutschen Nationalbibliografie; detaillierte bibliografische Daten sind im Internet über http://dnb.d-nb.de abrufbar.

Zugl.: Kiel, Univ., Diss., 2022

D 8
ISSN 2194-4881
ISBN 978-3-631-85932-2 (Print)
E-ISBN 978-3-631-88747-9 (E-PDF)
E-ISBN 978-3-631-88748-6 (EPUB)
DOI 10.3726/b20132

Peter Lang – Berlin · Bern · Bruxelles · New York ·
Oxford · Warszawa · Wien

Diese Publikation wurde begutachtet.

www.peterlang.com

Danksagung

Zuallererst bedanke ich mich herzlich bei meinem Doktorvater Prof. Dr. *Stefan Smid* für die Betreuung meines Promotionsvorhabens. Ich verdanke ihm nicht nur dieses äußerst spannende Thema, sondern vor allem zahlreiche interessante sowie lehrreiche Anregungen und Diskussionen, die mein Promotionsvorhaben bereichert und vorangetrieben haben. Sein Weitblick und gleichzeitiger Sinn für die feinen Details haben dieses Promotionsvorhaben maßgeblich geformt. Die Möglichkeit, im Rahmen seiner insolvenzrechtlichen Seminare mein Promotionsvorhaben vorzustellen und zu diskutieren, wird mir stets als besonderes Privileg in Erinnerung bleiben.

Ich bedanke mich auch bei Prof Dr. *Klaus Pannen* für die äußerst rasche Erstellung des Zweitvotums.

Zudem bedanke ich mich herzlich bei meinen Förderern und Ausbildern *Henning Sämisch* und Dr. *Sebastian Deichgräber.* Sie haben mein Interesse für das Insolvenz- und das Restrukturierungsrecht nicht nur geweckt, sondern stets auch äußerst großzügig gefördert. Ich verdanke ihnen nicht nur zahlreiche fachliche und persönliche Diskussionen, sondern auch die Möglichkeit, Theorie und Praxis zu vereinen. Dies war und ist für mich von unschätzbarem Wert.

Der größte Dank gebührt jedoch meinen Eltern *Stephanie* und *Holger* sowie meinem Bruder *Lukas.* Dem Beitrag, den sie zu diesem Promotionsvorhaben geleistet haben, kann nur schwerlich durch Worte Ausdruck verliehen werden. Alle drei haben mich nicht nur während des Promotionsvorhabens stets unterstützt, mir zugesprochen und mich angespornt. Ich bin ihnen von ganzem Herzen dankbar. Es gibt auf dieser Welt für mich keine wichtigeren Menschen. Ihnen ist diese Arbeit in Liebe gewidmet.

Inhaltsübersicht

Inhalt

Abbildungsverzeichnis

Hinsichtlich der im Folgenden verwandten Abkürzungen wird auf das Abkürzungsverzeichnis der Rechtssprache von *Kirchner* (10. Aufl. 2021) verwiesen.

Einleitung

A. Der Amtsermittlungsgrundsatz – das verfahrensrechtliche Fundament von InsO und StaRUG

I. Relevanz für den richterlichen Syllogismus

„Bei ihr geht alles den Weg einer richterlichen Untersuchung; man kann sie daher die Untersuchungsmaxime nennen" – dieser Satz entstammt dem berühmten Werk von Nikolaus Thaddäus Gönner aus dem Jahr 1801.[1] In diesem beschreibt *Gönner* die zwei – nach seiner Vorstellung antonymen – Maximen der Sachverhaltsrekonstruierung, den Amtsermittlungs- und den Verhandlungsgrundsatz.[2] Indes stellt sich die Frage, ob der Amtsermittlungsgrundsatz in Insolvenz- und Restrukturierungsverfahren gilt, gar nicht erst. Denn § 5 Abs. 1 InsO und § 39 Abs. 1 StaRUG normieren ausdrücklich die Geltung des Amtsermittlungsgrundsatzes.

Auch als Folge dessen mag man eine fehlende Tradition der Verfahrensgrundsätze im Insolvenz- und Restrukturierungsrecht beklagen.[3] Auf der anderen Seite ist seit Inkrafttreten der Konkursordnung im Jahr 1879[4] der Verfahrensgrundsatz der Amtsermittlung in Konkurs-, Insolvenz- und nunmehr in dieser Tradition auch dem Restrukturierungsverfahren ausdrücklich festgeschrieben.[5] Es ist daher nur verständlich, dass sich im Insolvenz- und Restrukturierungsrecht nicht in der Tradition *Gönners* mit der Frage nach dem Ob der

---

1 *Gönner*, Handbuch des gemeinen deutschen Processes, S. 262.

2 Vgl. insgesamt: *Gönner*, Handbuch des gemeinen deutschen Processes.

3 „Anders als im Erkenntnisverfahren der Prozeßrechte haben Verfahrensgrundsätze im Insolvenzrecht ebensowenig Tradition wie im Einzelvollstreckungsrecht. Darin liegt ein unbedingter Mangel. Es gibt kein Recht ohne Grundsätze, weil Gleichbehandlung und begründete Differenzierung das Wesen jeder Gerechtigkeit ausmachen, sich aber Gleichheit und begründete Ungleichheit immer an einem Maßstab messen lassen. Wer Verfahrensgrundsätze sucht, ist also auf der Suche nach den Maßstäben des Gesetzgebers und seiner Gerechtigkeit. Er liest den Gesetzestext vor diesem Maßstab und eröffnet sich damit ein sinnvolles Gesamtverständnis." *Baur/Stürner*, Insolvenzrecht, Rn. 5.1.

4 Abgedruckt in RGBl. 1877, S. 351 ff.

5 § 75 KO: Das Konkursgericht kann zur Aufklärung aller das Verfahren betreffenden Verhältnisse die erforderlichen Ermittlungen, insbesondere die Vernehmung von Zeugen und Sachverständigen anordnen.

Geltung des Amtsermittlungsgrundsatzes auseinandergesetzt wurde und wird. Stattdessen stellt sich im Insolvenz- und Restrukturierungsrecht vielmehr die Frage, welche abstrakten und konkreten Folgerungen sich aus der gesetzgeberischen Entscheidung zugunsten des Amtsermittlungsgrundsatzes für den Rechtsanwender ergeben. Im Insolvenz- und nunmehr auch im Restrukturierungsrecht hat sich die Diskussion daher auf das Konkrete konzentriert und sich damit jedenfalls teilweise von den traditionellen Betrachtungen *Gönners* entfernt.

Dies macht konkrete Fragestellungen im „Dunstkreis" des Amtsermittlungsgrundsatzes im Rahmen des Insolvenz- und Restrukturierungsrechts nicht weniger relevant. Im Gegenteil: Die praktischen Auswirkungen konkreter Fragestellungen können nicht überschätzt werden. Die Frage, wie, in welchem Umfang und durch wen die für die Verfahren relevanten Tatsachen ermittelt werden, stellt sich von Anbeginn bis zum Abschluss der Verfahren. Dabei sind die Ermittlungen Grundlage für Entscheidungen, die rechtlich und praktisch erhebliche Auswirkungen auf Rechte und Rechtspositionen der Beteiligten haben können.

Dabei geht es nicht um abstrakte Fragen theoretischer Natur. Fragen der Sachverhaltsermittlung sind kein Selbstzweck. Sie stellen sich stets im Rahmen konkreter Entscheidungen in den Verfahren. Diese Entscheidungen reichen von der Eröffnung des Insolvenzverfahrens über das Vermögen eines Schuldners[6] gem. § 27 InsO, über die Beendigung des Verfahrens mit anschließender Erteilung der Restschuldbefreiung im Sinne von § 300 Abs. 1 InsO in Insolvenzverfahren bis hin zu Stabilisierungsanordnungen gem. § 51 Abs. 1 StaRUG und Bestätigungen eines Restrukturierungsplans gem. § 60 Abs. 1 StaRUG in Restrukturierungsverfahren. Durch diese Entscheidungen wird in unterschiedlicher Intensität in hochrangige, mitunter verfassungsrechtlich garantierte Rechte und Rechtspositionen der Verfahrensbeteiligten eingegriffen. Ob, in welcher Art und in welchem Umfang Entscheidungen getroffen werden, ist innerhalb des richterlichen Syllogismus nur auf Grundlage der ermittelten Tatsachen zu entscheiden. Die Fragen der Ermittlung von Tatsachen und der Sachverhaltsrekonstruierung sind daher der verfahrensrechtliche rote Faden, der sich durch das Insolvenz- und Restrukturierungsverfahren zieht.

---

6 Im Folgenden wird zur besseren Lesbarkeit ausschließlich das generische Maskulinum verwendet. Auf die gleichzeitige Verwendung der Sprachformen, die männlich, weiblich und divers umfassen, wird verzichtet. Sämtliche Personenbezeichnungen, Anreden usw. geltend jedoch für alle Geschlechter.

II. Praktische Hürden im Rahmen der Amtsermittlung

Trotz oder gerade aufgrund dieser herausragenden Bedeutung der Ermittlung des Sachverhalts in Insolvenz- und Restrukturierungsverfahren stellt sich vor allem eine praktische Hürde: Insolvenz- und Restrukturierungsgerichte verfügen über keinen eigenen Ermittlungsapparat.[7] Damit ist gemeint, dass Richter und Rechtspfleger an Insolvenz- und Restrukturierungsgerichten nicht auf einen eigenen Stab oder eine Behörde zurückgreifen können, die ihnen den Sachverhalt ermittelt und zugänglich macht. Dadurch werden die Gerichte vor die schwierige Bewältigung der Aufgabe gestellt, dass sie einerseits Entscheidungen mit weitreichenden Konsequenzen für die Beteiligten zu treffen haben, andererseits jedoch nicht auf einen Ermittlungsapparat zurückgreifen können, der ihnen die adäquate Tatsachengrundlage vermittelt.

Dieser Umstand wird in der Praxis durch die Delegation von Ermittlungen adressiert. Damit ist diejenige Aussage des Amtsermittlungsgrundsatzes angesprochen, die seinen eigentlichen Kern ausmacht: dass Ermittlungen *von Amts wegen* zu erfolgen haben. Das Konzept der Delegation von Ermittlungen zur Überwindung der vorbeschriebenen praktischen Hürden verdient daher im Folgenden eine besondere Betrachtung.

B. Gegenstand der Untersuchungen

I. Eingrenzung der Untersuchungen und Aufbau der Arbeit

Vornehmliches Anliegen der vorliegenden Arbeit ist insgesamt die Erörterung der Frage, wie Amtsermittlungen in Insolvenz- und Restrukturierungsverfahren abstrakt und konkret durchgeführt werden können. Es versteht sich von selbst, dass nicht zu jeder erdenklichen praktischen Fragestellung im Rahmen der Amtsermittlung Stellung genommen werden kann. Stattdessen soll ein theoretisch-verfahrensrechtliches Konzept entwickelt werden, das der theoretischen Bedeutung des Amtsermittlungsgrundsatzes gerecht wird und gleichzeitig die praktischen Hürden der Amtsermittlung berücksichtigt. Besonders müssen dabei Gemeinsamkeiten und Unterschiede zwischen InsO und StaRUG adressiert werden.

Im Rahmen der konkreten Beispiele liegen die Schwerpunkte auf der Prüfung der drohenden Zahlungsunfähigkeit bzw. der Insolvenzreife sowie der Eignung der verschiedenen Amtsträger in den Verfahren.

---

7 *Smid*, ZInsO 2021, 981, 1000.

Die zentralen Forschungsfragen lauten daher:

- Welches dogmatische Fundament liegt dem Amtsermittlungsgrundsatz zugrunde?
- Welche gemeinsamen Grundsätze lassen sich entwickeln? Welche Unterschiede bestehen und warum?
- Wie wirken sich die gemeinsamen Grundsätze konkret auf die Ermittlungen aus?
- Welche rechtstatsächlichen Folgen zieht dies bezüglich einzelner Entscheidungen in den Verfahren nach sich?
- Wie können Unzulänglichkeiten durch den Gesetzgeber behoben werden?

II. Stand der Forschung

Zur Erforschung dieser Fragen kann auf zahlreiche juristische Texte in der insolvenz- und restrukturierungsrechtlichen Literatur und Rechtsprechung zurückgegriffen werden. In den einschlägigen Kommentaren zu § 5 Abs. 1 InsO und § 39 Abs. 1 StaRUG finden sich umfangreiche Ausführungen zum Amtsermittlungsgrundsatz.[8] Ferner ist der Amtsermittlungsgrundsatz immer wieder auch Gegenstand von Monografien.[9] Hinzu kommt eine große Anzahl von Aufsätzen in den einschlägigen Fachzeitschriften, die zwar nicht immer nur den Amtsermittlungsgrundsatz zum Gegenstand haben, diesen aber häufig anschneiden und so auch hier relevant werden.[10] Darüber hinaus trägt die Rechtsprechung maßgeblich zu der (praktischen) Konturierung des

---

8 Nur exemplarisch sei auf die folgenden Kommentare verwiesen: *Ganter/Bruns*, in: MünchKomm InsO, § 5 Rn. 1 ff.; *Löffler*, in: Rattunde/Smid/Zeuner InsO, § 5 Rn. 1 ff.; *Pape*, in: Uhlenbruck InsO, § 5 Rn. 1 ff.; *Rüther*, in: HambKomm InsO, § 5 Rn. 1 ff.; für das StaRUG vor allem: *Kramer*, in: BeckOK StaRUG, 3. Ed. 15.11.21, § 39 Rn. 1 ff.; *Pannen*, in: Pannen/Riedemann/Smid StaRUG, § 39 Rn. 1 ff.

9 Vgl. zuletzt vor allem: *Wüstenberg*, Non liquet im Insolvenzverfahren, zu dem Zusammenspiel von beweisrechtlichen Fragen und dem Amtsermittlungsgrundsatz im Insolvenzverfahren.

10 An dieser Stelle sei exemplarisch auf die folgenden Aufsätze verwiesen: *Beth*, NZI 2014, 487 ff.; *Bork*, ZIP 2017, 2173 ff.; *Büttner*, ZInsO 2019, 937 ff.; *Eidenmüller*, ZGR 2001, 680 ff.; *Frind*, ZRI 2021, 397 ff.; *ders.*, NZI 2021, 609 ff.; *Jacobi/Böhme*, ZInsO 2019, 1357 ff.; *Pape*, ZInsO 2001, 830 ff.; *Smid*, ZInsO 2021, 981 ff.; *ders.*, ZInsO 2021, 2177 ff.; *Vallender*, ZInsO 2010, 1457 ff.; *ders.*, ZRI 2021, 165.

Amtsermittlungsgrundsatzes bei.[11] Dies hat besondere Relevanz bei der Beantwortung konkreter Fragen der Amtsermittlung.

Obschon demnach auf einen umfangreichen wissenschaftlichen Fundus zurückgegriffen werden kann, sind vor allem die folgenden Themen bisher wenig beleuchtet worden: zunächst die vergleichende Untersuchung des Amtsermittlungsgrundsatzes in InsO und StaRUG anhand gemeinsamer Grundsätze. Zudem finden sich nur wenige Betrachtungen, die kohäsiv konkrete Ermittlungen in den Blick nehmen und aufzeigen, was und wie *in concreto* ermittelt wird. Ebenfalls sind bisher kaum Vorschläge für eine Anpassung des StaRUG im Zusammenhang mit den Amtsermittlungen unterbreitet worden. Vor allem an diesen neuralgischen Punkten soll daher angesetzt werden.

III. Gang der Untersuchung

Vor diesem Hintergrund ist die Arbeit vom Abstrakten zum Konkreten[12] gegliedert.

Im ersten Teil werden die Grundlagen des Amtsermittlungsgrundsatzes erläutert. Begonnen wird mit den begrifflichen Grundlagen. Die Begriffe des Amtsermittlungs- und des Verhandlungsgrundsatzes werden definiert und abgegrenzt. Anschließend werden die dogmatischen Grundlagen des Amtsermittlungsgrundsatzes beleuchtet. Hier wird zunächst die Struktur von Insolvenz- und Restrukturierungsverfahren untersucht. Diese bildet die Basis für das Verständnis des Amtsermittlungsgrundsatzes. Es folgt eine Betrachtung der normativen Begründung der Geltung des Amtsermittlungsgrundsatzes.

Der zweite Teil befasst sich mit den „gemeinsamen Grundsätzen" der Insolvenz und Restrukturierungsverfahren. Hier sollen InsO und StaRUG hinsichtlich des Amtsermittlungsgrundsatzes systematisiert werden. Die gemeinsamen Grundsätze bilden sich aus „Umständen von Bedeutung für das Verfahren" (1), die „von Amts wegen" (2) „ermittelt werden" (3). Ein besonderes Augenmerk wird dabei auf das Merkmal „von Amts wegen" gelegt. Hier wird das Konzept der Delegation[13] von Amtsermittlungen durch das Gericht auf einen Ermittler

---

11 Vgl. etwa aktuell den Beschluss des KG zum sog. „Hannoveraner Modell": KG, NZI 2020, 753 ff.; BGHZ 158, 212, 217; OLG Nürnberg, ZInsO 2006, 761, 762 f.; LG Göttingen, ZInsO 2002, 1093, 1094, zu der Figur des „starken Gutachters".

12 Hiermit wird versucht, einen deduktiven Ansatz zu verfolgen. Zu den „Problemen der Induktion" siehe *Schurz*, in: Popper, Logik der Forschung, S. 25 ff.

13 Die Delegation kann auch als „Verlagerung" bezeichnet werden; so im Kontext des sog. „Bremer Modells": *Smid*, ZInsO 2021, 2177 ff.; siehe auch *Holzer*, INDat Report

beleuchtet. Im Einzelnen ergeben sich trotz der gemeinsamen Grundsätze Unterschiede hinsichtlich Art und Umfang der (zulässigen) Ermittlungen, die ebenfalls genauer betrachtet werden.

Im dritten Teil werden die gemeinsamen Grundsätze anhand ausgewählter Beispiele konkretisiert. Es wird dabei durch Fallbeispiele verdeutlicht, wie sich die gemeinsamen Grundsätze in Insolvenz- und Restrukturierungsverfahren *in concreto* auswirken. Dabei zeigt sich an ausgewählten Stellen, dass Amtsermittlungen – vorrangig als Folge entsprechender Bestrebungen des Gesetzgebers – stark eingeschränkt werden. Die Folgen dessen werden anhand von Beispielen verdeutlicht. Der Schwerpunkt der Betrachtungen liegt in den Ermittlungen bezüglich der drohenden Zahlungsunfähigkeit bzw. der Insolvenzreife sowie bezüglich der Eignung der verschiedenen Amtsträger in den Verfahren.

Im vierten Teil werden konkrete Vorschläge unterbreitet, wie durch gesetzgeberische Anpassungen die Effektivität der Amtsermittlungen – vor allem im StaRUG – erhöht werden kann. In der Tendenz kann festgestellt werden, dass die Ermittlungen dem Wortlaut nach weitreichender gestaltet werden sollten. Als Korrektiv wirkt dabei das pflichtgemäße Ermessen des Gerichts.

Die Arbeit schließt mit einer thesenartigen Zusammenfassung der Erkenntnisse sowie einem kurzen Schlusswort.

07/2021, 10, 15; gegen eine solche Vorgehensweise: *Madaus*, in: BeckOK InsR, 25. Ed. 15.10.21, InsO, § 5 Rn. 15.

§ 1 Grundlagen des Amtsermittlungsgrundsatzes

Zunächst sollen insofern die Grundlagen des Amtsermittlungsgrundsatzes beleuchtet werden. Im Folgenden werden daher die begrifflichen, historischen und dogmatischen Grundlagen untersucht. Dieses Verständnis dient sodann als Fundament für die anschließenden Kapitel. Im Einzelnen:

A. Begriffliche Grundlagen des Amtsermittlungsgrundsatzes

Zur Grundlegung für die folgenden Ausführungen ist eine einleitende Definition der Begriffe des Amtsermittlungs- und des Verhandlungsgrundsatzes erforderlich. Abschließend werden kurz die flankierenden Maximen begutachtet, um die begrifflichen Grundlagen zu komplettieren.

I. Amtsermittlungsgrundsatz und synonyme Begriffe

Der Amtsermittlungsgrundsatz[14], der zuweilen auch als Untersuchungsgrundsatz, Untersuchungsmaxime, Inquisitionsmaxime, Inquisitionsgrundsatz, Inquisitionsprinzip, Instruktionsmaxime[15], Amtsmaxime und Prinzip der Amtswegigkeit[16] bezeichnet wird, ist das Prinzip, dass das Gericht von Amts wegen die für den Prozess relevanten Tatsachen ermittelt, sie in den Prozess einbringt und ihre Wahrheit bzw. Richtigkeit feststellt.[17] Erstmalig als eine Maxime festgestellt wurde der Amtsermittlungsgrundsatz – wie schon eingangs erwähnt – von *Gönner*, der ihn als *Untersuchungsmaxime* bezeichnete.[18] Der Amtsermittlungsgrundsatz bildete schon nach *Gönner* das Pendant zu dem insbesondere im Zivilprozess vorherrschenden Verhandlungsgrundsatz.[19]

---

14 Im Folgenden wird zur Einheitlichkeit – außer im Rahmen abweichender Verwendung durch Autoren eines wörtlichen Zitats – stets der Begriff des *Amtsermittlungsgrundsatzes* gewählt.

15 So nur: *Dawin*, in: Schoch/Schneider VwGO, 40. Lfg. 2.21, § 86 Rn. 6, Fn. 9.

16 Synonyme nach: *Spilker*, Behördliche Amtsermittlung, S. 11.

17 *Aichberger/Groh/Weber/Werner*, in: Creifelds, Rechtswörterbuch, Stichwort: Untersuchungsgrundsatz; *Köbler*, Juristisches Wörterbuch, Stichwort: Untersuchungsgrundsatz.

18 *Gönner*, Handbuch des gemeinen deutschen Processes, S. 262.

19 *Gönner*, Handbuch des gemeinen deutschen Processes, S. 262.

1. Insolvenzverfahren im weiteren Sinne

Zunächst soll die Struktur des Insolvenzverfahrens betrachtet werden:

a) Streitstand in Literatur und Rechtsprechung

Die (wohl) herrschende Meinung zu Zeiten der Geltung der KO war der Auffassung, dass es sich bei dem Konkursverfahren um eine spezielle und besonders ausgestaltete Form des (Gesamt-)Vollstreckungsverfahrens als Teil der streitigen Gerichtsbarkeit handelte.[28] Die Gegenmeinung charakterisierte das Konkursverfahren als Regelungsstreitigkeit[29] und Verfahren der Rechtsfürsorge, somit als Teil der freiwilligen Gerichtsbarkeit.[30]

Zur heutigen Insolvenzordnung haben sich daran anknüpfend vor allem die beiden folgenden Meinungen gebildet. Inhaltlich nicht vollständig übereinstimmend, orientieren sie sich doch weiterhin an den Kategorien der streitigen und freiwilligen Gerichtsbarkeit. Nach einer Meinung handelt es sich auch bei dem Insolvenzverfahren der InsO um ein Zwangsvollstreckungsverfahren und damit um ein streitiges Verfahren.[31] Nach der

---

28 RG, LZ 1911, 555, 557; RG, LZ 1915, 359; BGH, NJW 1961, 2016 f.; BGH, KTS 1978, 24, 29 f.; BGH, KTS 1983, 588, 590; LG Köln, KTS 1988, 174, 176; *Jaeger*, Konkursrecht, S. 11 f.; *Kuhn/Uhlenbruck*, § 72 Rn. 1; nur zum Aspekt der streitigen Gerichtsbarkeit: BGHSt 3, 309, 311; OLG Düsseldorf, KTS 1964, 245; BayObLG, NJW 1989, 44; *Mentzel*, Konkursordnung, § 72 Rn. 1; ebenfalls die Einordnung zur freiwilligen Gerichtsbarkeit bestreitend, ohne ausdrückliche Einordnung als Teil der streitigen Gerichtsbarkeit: *Pawlowski/Smid*, Freiwillige Gerichtsbarkeit, S. 4.

29 Dieser Begriff wurde maßgeblich geprägt durch: *Bötticher*, FS Lent, S. 89 ff., 96 f., dort wird er jedoch im Kontext des Zwangsvergleichs verwendet. *Gerhardt*, in: Jaeger InsO, § 2 Rn. 23 f., zeichnet nach, wie der Begriff anschließend durch *Berges* (davon abweichend) weiterentwickelt wird.

30 *Baur/Stürner*, Insolvenzrecht, Rn. 1.11; *Berges*, KTS 1960, 1, 3 f.; *ders.*, KTS 1964, 56; *ders.*, in: FS 100 Jahre Konkursordnung, S. 377 f.; *ders.*, BB 1982, 1455, 1456 f.; *Bötticher*, ZZP 77 (1964), 55, 63; *ders.*, ZZP 86 (1973), 373, 378 ff.; *Lorenz*, KTS 1963, 237, 238; *Münzel*, ZZP 66 (1953), 334, 337 f.; *Smid*, ZIP 1995, 1137, 1140 f.

31 BVerfGE 116, 1, 13; *Ahrens*, in: Ahrens/Gehrlein/Ringstmeier InsO, § 2 Rn. 7 und § 4 Rn. 2; *Bork*, Einführung in das neue Insolvenzrecht, S. 1, 22; *Gaul/Schilken/Becker-Eberhard*, Zwangsvollstreckungsrecht, S. 18 f.; *Haarmeyer/Wutzke/Förster*, Hdb. InsO, S. 64, Rn. 4; *Hess*, in: KölnKomm InsO, Vor § 2 Rn. 11 und § 4 Rn. 2; *Hess/Weis*, WM 1998, 2349 Fn. 1; *Jauernig/Berger*, Zwangsvollstreckungs- und Insolvenzrecht, § 53 Rn. 1, 3; *Keller*, Insolvenzrecht, Rn. 10; *Madaus*, in: BeckOK InsR, 25. Ed. 15.10.21, InsO, § 4 Rn. 6 f.; *Pape*, in: Uhlenbruck InsO, § 1 Rn. 2, § 4 Rn. 1 und § 5

Gegenauffassung ist das Insolvenzverfahren (eher) der freiwilligen Gerichtsbarkeit zuzuordnen.[32]

aa) *Erste und überwiegende Ansicht: das Insolvenzverfahren als Zwangsvollstreckungsverfahren und Teil der streitigen Gerichtsbarkeit*

Die überwiegende Ansicht folgt der Einordnung des Insolvenzverfahrens als Zwangsvollstreckungsverfahren und damit der Einordnung als Teil der streitigen Gerichtsbarkeit. Um diese Ansicht zu begründen, greifen ihre Vertreter auf

---

Rn. 1, der jedoch auch eine gewisse Nähe zur freiwilligen Gerichtsbarkeit einräumt; *Pape/Uhlenbruck/Voigt-Salus*, Insolvenzrecht, Teil II. Kap. 12 Rn. 1, 5; *Schmerbach*, in: FrankfKomm InsO, § 1 Rn. 5 und § 4 Rn. 2; *Stamer*, System der Rechtsbehelfe im Insolvenzverfahren, S. 11, 18; *Stephan*, in: K. Schmidt InsO, § 4 Rn. 2; lediglich der streitigen Gerichtsbarkeit zuordnend, ohne ausdrückliche Einordnung als Zwangsvollstreckungsverfahren: *Baumert*, in: Braun InsO, § 4 Rn. 1 und § 5 Rn. 6; *Prütting*, in: Kübler/Prütting/Bork InsO, 54. Lfg. 8.13, § 4 Rn. 1 (Fn. 1), Rn. 4, 59. Lfg. 06.2014, § 5 Rn. 4, hält das Insolvenzverfahren dem Vollstreckungsrecht für näherstehend; nach *Ganter/Bruns*, in: MünchKomm InsO, Vorbem. §§ 2-10 Rn. 3 ff. ist die Frage nicht eindeutig zu beantworten. Es bestünde eine Nähe zum Vollstreckungsrecht, allerdings auch zahlreiche Abweichungen von dessen Grundsätzen, die eine Annäherung an die freiwillige Gerichtsbarkeit bewirken (Rn. 5); in diese Richtung geht auch *Häsemeyer*, Insolvenzrecht, S. 61 f., Rn. 3.05.

32 *Becker*, in: Nerlich/Römermann InsO, 30. Lfg. 7.16, § 1 Rn. 3, § 2 Rn. 8, 38. Lfg. 01.2019, § 5 Rn. 1; *Brehm*, Freiwillige Gerichtsbarkeit, S. 40; *Habscheid*, KTS 1999, 59, 61 ff.; *Koch/de Bra*, in: Gottwald/Haas Insolvenzrechts-Handbuch, § 64 V. Rn. 23; *Löffler*, in: Rattunde/Smid/Zeuner InsO, § 4 Rn. 1 ff.; *Smid*, NJW 1994, 2678; *ders.*, Praxishandbuch, S. 27 ff.; *ders.*, Grundzüge des neuen Insolvenzrechts, S. 26 f.; *ders.*, in: Smid InsO, § 4 Rn. 1 ff.; *Sternal*, in: HeidelbKomm InsO, § 4 Rn. 4; für die Konkursordnung hatte sich der Gesetzgeber festgelegt, dass es sich um ein Verfahren der freiwilligen Gerichtsbarkeit handelte, *Hahn*, Materialien zur KO, S. 273; ebenso für den Entwurf der Gemeinschuldordnung, Motive zu dem Entwurf einer Deutschen Gemeinschuldordnung, Band 2, S. 1; die Nähe des Insolvenzverfahrens zu der freiwilligen Gerichtsbarkeit betonend: *Weber*, in: FS 100 Jahre Konkursordnung, S. 321, 344; das eröffnete Insolvenzverfahren im Umkehrschluss als nichtstreitiges Verfahren bezeichnet BGHZ 149, 178, 181: „das Eröffnungsverfahren wird – im Gegensatz zu dem eröffneten Verfahren – als Parteienstreit geführt"; die Beaufsichtigung des Insolvenzverwalters durch das Insolvenzgericht als zur freiwilligen Gerichtsbarkeit zuordnend: BGH, BeckRS 2006, 12010; tendenziell der freiwilligen Gerichtsbarkeit zuordnend, aber mit Einschränkungen: *Pape*, in: Grundzüge des neuen Insolvenzrechts, S. 2 ff., Rn. 2 ff.; für die Entwürfe der InsO die Einordnung als Vollstreckungsverfahren ablehnend: *Schmidt*, ZGR 1986, 178, 183.

eine im Wesentlichen duale Argumentationsstruktur zurück.[33] Der erste Teil der Argumentation knüpft an die Verweisung des § 4 Satz 1 InsO und damit an den Wortlaut und die Systematik an. Der zweite Teil der Argumentation knüpft an die Zweckrichtung des Insolvenzverfahrens und somit vor allem an das Telos an. Hinzu kommen weitere flankierende Argumentationsstränge.

(1) Wortlaut und Systematik

Das erste Argument der herrschenden Meinung wird aus dem Wortlaut des § 4 Satz 1 InsO und der Systematik der InsO und der ZPO gewonnen. Gem. § 4 Satz 1 InsO gelten für das Insolvenzverfahren die Vorschriften der ZPO entsprechend, soweit die InsO nicht etwas Gegenteiliges bestimmt. Hierin sieht die herrschende Meinung eine Zuordnung des Insolvenzverfahrens zur streitigen Gerichtsbarkeit.[34]

Dieses Argument vermag jedoch aus mehreren Gründen nicht zu überzeugen. Zunächst begründet es ein Verständnis des Insolvenzverfahrens als (Zivil-) Prozess. Historisch betrachtet rückt dieses Verständnis das Insolvenzverfahren wieder in die Richtung des gemeinen deutschen Konkursrechts und des *concursus* von *Salgado de Somoza*.[35] Von einer solchen Prozessualisierung des Insolvenzverfahrens hat sich der deutsche historische Gesetzgeber jedoch bewusst abgewandt.[36] In den Motiven der KO heißt es insoweit: „Wie zutreffend indeß die Analogie des Konkursverfahrens mit einem generellen Exekutionsverfahren in manchen Beziehungen erscheint, so ist es doch bedenklich und einseitig, den Charakter des Konkurses auf diese Analogie zu beschränken. Man läuft

---

33 *Madaus*, Insolvenzplan, S. 340.

34 *Ahrens*, in: Ahrens/Gehrlein/Ringstmeier InsO, § 2 Rn. 7; *Baumert*, in: Braun InsO, § 4 Rn. 1; *Bork*, Einführung in das neue Insolvenzrecht, S. 22; *Ganter/Bruns*, in: MünchKomm InsO, Vorbem. §§ 2-10 Rn. 5; *Gerhardt*, in: Jaeger InsO, § 2 Rn. 14; *Gerloff*, Funktionen und Aufgaben des Insolvenzgerichts, S. 170 f.; *Haarmeyer/Wutzke/Förster*, Hdb. InsO, S. 64, Rn. 4; *Hess/Weis*, WM 1998, 2349 Fn. 1; *Hess*, in: KölnKomm InsO, Vor § 2 Rn. 11; *Keller*, Insolvenzrecht, Rn. 10; *Pape*, in: Uhlenbruck InsO, § 4 Rn. 1; *Prütting*, in: Kübler/Prütting/Bork InsO, 54. Lfg. 08.2013, § 4 Rn. 1; *Uhlenbruck*, ZInsO 2001, 1129, 1131; noch für den Verweis von § 72 KO auf die ZPO: *Jaeger*, Konkursrecht, S. 11; *Mentzel*, Konkursordnung, § 72 Rn. 1.

35 *Salgado de Somoza*, Labyrinthus creditorum concurrentium.

36 In dem hier behandelten Kontext auch: *Löffler*, in: Rattunde/Smid/Zeuner InsO, § 4 Rn. 2; *Smid*, ZIP 1995, 1137, 1141, unter Verweis auf *Oetker*, Konkursrechtliche Grundbegriffe, S. 18 ff.; *Smid*, Praxishandbuch, S. 27 f.; anders *Berges*, KTS 1960, 1, 4, der die Bezeichnung als Konkursprozess für nicht so unrichtig hält, da sie die Nähe zur streitigen Rechtspflege erkennen lasse.

Gefahr, das Verfahren prozeßmäßig zu gestalten, auch wenn Parteien sich nicht gegenüberstehen, richterliche Einwirkung und richterliches Urtheil zu verlangen, obschon ein Rechtsstreit nicht vorliegt."[37] Im weiteren Verlauf wird sodann herausgestellt: „Das Konkursverfahren steht im Zusammenhange mit dem allgemeinen Prozeßrechte. Zwar ist der Konkurs nicht ein Prozeß in dem engeren Sinne einer bürgerlichen Rechtsstreitigkeit unter bestimmten Parteien, vielmehr eine Vermögensliquidation, und die Theilnahme des Gerichts an derselben ist vorwiegend als Ausfluß der freiwilligen Gerichtsbarkeit zu erachten."[38] Zweck des Verweises in § 72 KO und nunmehr auch in § 4 Satz 1 InsO ist historisch betrachtet nicht bereits die positive Zuordnung des Insolvenzverfahrens zur streitigen Gerichtsbarkeit.

Stattdessen wird auf die ZPO verwiesen[39], weil diese erstens die Grundlage des Entwurfs der KO bildete und zusammen mit ihr als Teil der Reichsjustizgesetze verabschiedet wurde.[40] Und zweitens, weil es zu dem Zeitpunkt des Entwurfs und selbst des Inkrafttretens der KO noch keine Verfahrensordnung für die freiwillige Gerichtsbarkeit gab.[41] Die FGG verwies zudem selbst auf die ZPO, da sie als Rahmengesetz ebenfalls einer Lückenfüllung bedurfte.[42] Der Verweis auf die ZPO ist damit nicht aus der Motivation heraus normiert worden, dadurch das Konkursverfahren der streitigen Gerichtsbarkeit zuzuordnen.[43] Auch im Rahmen der InsO kann eine solche Auslegung nicht in den § 4 Satz 1 InsO hineingelesen werden. In der Gesetzesbegründung zu § 4 Satz 1 InsO schweigt der Gesetzgeber zu der Streitfrage.[44] Wenn man aber den Verweis des § 4 Satz 1 InsO schon als (konkludente) Einordnung des

37 *Hahn,* Materialien zu den Reichs-Justizgesetzen, Bd. 4 KO, 1881, S. 40 f.

38 *Hahn,* Materialien zu den Reichs-Justizgesetzen, Bd. 4 KO, 1881, S. 273.

39 Es handelt sich dabei um einen echten Verweis auf die ZPO, vgl. *Hahn,* Materialien zu den Reichs-Justizgesetzen, Bd. 4 KO, 1881, S. 274.

40 *Hahn,* Materialien zu den Reichs-Justizgesetzen, Bd. 4 KO, 1881, S. 274.

41 Diese folgte erst am 20.05.1898 (RGBl. I S. 771), ein Umstand, auf den *Smid*, in: Smid InsO, § 4 Rn. 3, zutreffenderweise aufmerksam macht; siehe auch: *Madaus*, Insolvenzplan, S. 341.

42 *Smid*, in: Smid InsO, § 4 Rn. 3.

43 Diese Form der Regelung wäre ohnehin sehr umständlich. Es drängt sich die Frage auf, warum bei einer solchen Lesart des § 72 KO nicht eine ausdrückliche Zuweisung stattgefunden hat oder wenigstens eine Zuweisung zur streitigen Gerichtsbarkeit in den Motiven niedergeschrieben wurde. Das Gegenteil ist jedoch der Fall, sodass die Versuche, die KO als Teil der streitigen Gerichtsbarkeit einzuordnen, sich gegen den ausdrücklichen Willen des Gesetzgebers richten.

44 Vgl. BT-Drs. 12/2443, S. 110.

Insolvenzverfahrens zur streitigen Gerichtsbarkeit auslegt, so würde man doch jedenfalls eine Erwähnung in der Gesetzesbegründung erwarten. Das Fehlen dieser spricht gegen die Tragfähigkeit des Arguments aus § 4 Satz 1 InsO.

Zweitens überzeugt das Argument nicht, da ein ergänzender Verweis auf die ZPO (§ 4 Satz 1 InsO) die vornehmliche Regelungsweise des Gesetzgebers für den Fall ist, dass eine Verfahrensordnung grundlegende Regeln nicht noch einmal wiederholen soll.[45] So findet sich der generelle Verweis auf die ZPO in einer Vielzahl von Verfahrensordnungen.[46] Darunter sind auch solche Verfahrensordnungen, die keinesfalls der streitigen Zivilgerichtsbarkeit zugeordnet werden können. Um es mit *Madaus* zu sagen: „Niemand [würde] auf die Idee kommen, etwa den Verwaltungsgerichtsprozess der streitigen Gerichtsbarkeit des ordentlichen Rechtsweges zuzuordnen."[47] Denn der Aussagegehalt eines Verweises innerhalb einer Verfahrensordnung auf die ZPO ist nicht der einer Zuordnung zur streitigen Zivilgerichtsbarkeit. So will ihn aber die herrschende Meinung hinsichtlich der InsO verstehen. Vielmehr ist der Regelungsgehalt eines solchen Verweises einzig die – insofern neutrale – Anwendung der ZPO, um die verweisenden Verfahrensordnungen zu straffen und nicht der redundanten Normierung von allgemeinen Grundsätzen auszusetzen.[48] Mehr Regelungsgehalt kann einer entsprechenden Verweisung nicht beigemessen werden. Ein entsprechender Verweis auf die ZPO ist Ausdruck der Gesetzesökonomie[49]: nicht mehr, nicht weniger.

Das Argument, der Verweis aus § 4 Satz 1 InsO spreche für eine Zuordnung zur streitigen Gerichtsbarkeit, vermag also nicht zu überzeugen. Es handelt sich um eine Tautologie. Die Struktur des Insolvenzverfahrens kann nicht aus dem Verweis des § 4 Satz 1 InsO auf die ZPO allein, sondern vielmehr aus der Struktur selbst ersehen werden. Aus dem Wortlaut und der Systematik allein ergibt sich also kein tragfähiges Argument für die Einordnung des Insolvenzverfahrens als Vollstreckungsverfahren der streitigen Gerichtsbarkeit.

---

45 In diesem Sinne stellvertretend der Gesetzgeber zu § 160 FGO a.F.: BT-Drs. 4/1446, S. 60.

46 Zu nennen sind vor allem: § 173 Satz 1, 1. Hs. VwGO; § 46 Abs. 1 Satz 1 ArbGG.

47 *Madaus*, Insolvenzplan, S. 340 f.

48 BT-Drs. 3/55, S. 26; BT-Drs. 4/1446, S. 60; in diese Richtung zuletzt auch im Rahmen des StaRUG: BT-Drs. 19/24181, S. 142.

49 So wird der entsprechende Verweis durch den Gesetzgeber der VwGO ausdrücklich genannt: BT-Drs. 3/55, S. 26.

(2) Telos

Überzeugender könnte das Telos sein. Die überwiegende Ansicht führt insofern an, das Insolvenzrecht sei ein Instrument der Haftungsverwirklichung und damit dem Zwangsvollstreckungsverfahren ähnlich.[50] Aus dem vermeintlichen Sinn und Zweck des Insolvenzverfahrens, der Haftungsverwirklichung, wird also eine Nähe zur Zwangsvollstreckung begründet, die sodann wiederum die Einordnung zur streitigen[51] Gerichtsbarkeit bedeute.

Dieses Argument ist also wiederum zweiseitig: Die Prämisse lautet der Logik dieses Arguments folgend: Insolvenzverfahren dienen (ausschließlich) der Haftungsverwirklichung. Die Schlussfolgerung ist, dass das Insolvenzverfahren eine Form der Zwangsvollstreckung ist und deshalb der streitigen Gerichtsbarkeit unterfällt.

Doch schon die Prämisse dieses Arguments vermag nicht vollends zu überzeugen. Auf den ersten Blick scheint die Prämisse zwar zu tragen. § 1 Satz 1 InsO normiert als Ziel des Verfahrens: „Das Insolvenzverfahren dient dazu, die Gläubiger eines Schuldners gemeinschaftlich zu befriedigen, indem das Vermögen des Schuldners verwertet und der Erlös verteilt oder in einem Insolvenzplan eine abweichende Regelung insbesondere zum Erhalt des Unternehmens getroffen wird." In der Tat handelt es sich dabei nicht um einen bloßen Programmsatz, sondern um die Normierung des Zwecks der Haftungsverwirklichung.[52] Ferner misst der Gesetzgeber dem Ziel der Haftungsverwirklichung einen besonderen Rang bei, wenn er diesen etwa als Hauptzweck bezeichnet.[53]

---

50 BVerfGE 116, 1, 13; *Ganter/Bruns*, in: MünchKomm InsO, Vorbem. §§ 2-10 Rn. 5 und § 4 Rn. 3; *Gerhardt*, in: Jaeger InsO, § 22 Rn. 22; *Gerloff*, Funktionen und Aufgaben des Insolvenzgerichts, S. 172; *Häsemeyer*, Insolvenzrecht, S. 16, Rn. 1.11 ff.; *Pape*, in: Uhlenbruck InsO, § 1 Rn. 2 und § 4 Rn. 1; deutlicher noch als „gesetzlich geregeltes Zwangsvollstreckungsverfahren" bezeichnet dies *Hess*, in: KölnKomm InsO, Vor § 2 Rn. 3; die Einordnung als Instrument der Haftungsverwirklichung nur andeutend, aber im Ergebnis der Einordnung als (Gesamt)Vollstreckungsverfahren zustimmend: BGHZ 88, 147, 151; BGH, BeckRS 1977, 31116415 a.E.; *Breutigam*, in: BerlKomm InsO, § 4 Rn. 3.

51 Aus einer Zuordnung zur streitigen Gerichtsbarkeit ließe sich dann wiederum das Spruchrichterprivileg des § 839 Abs. 1 Satz 2 BGB herleiten, vgl. BGHZ 10, 55, 60; BGHZ 36, 379, 383; dazu ausführlich für das Insolvenzgericht: *Knop*, Amtshaftungsansprüche bei insolvenzgerichtlichen Pflichtverletzungen, S. 240 ff.

52 *Smid*, in: Smid InsO, § 1 Rn. 20.

53 BT-Drs. 12/2443, S. 83; so schon *Madaus*, Insolvenzplan, S. 346.

Die ausschließliche Einordnung als Instrument der Haftungsverwirklichung gerät jedoch bereits auf den zweiten Blick an ihre Grenzen, wenn es um die Erklärung der Restschuldbefreiung geht: § 1 Satz 2 InsO normiert insoweit: „Dem redlichen Schuldner wird Gelegenheit gegeben, sich von seinen restlichen Verbindlichkeiten zu befreien." Das Ziel der Restschuldbefreiung ist ebenfalls nicht bloßer Programmsatz, sondern neben der Haftungsverwirklichung ein weiterer Zweck des Insolvenzverfahrens.[54]

Dies ist nun aber insoweit bemerkenswert, als dass sich die (optimale) Haftungsverwirklichung und die Restschuldbefreiung des Schuldners diametral gegenüberstehen. Die Bestimmungen über die Restschuldbefreiung sind nicht auf die optimale Haftungsverwirklichung gerichtet.[55] Im Gegenteil: Unter bestimmten Voraussetzungen soll eine weitere Haftungsverwirklichung durch einen „hoheitlich verfügten Forderungsverzicht"[56] unterbunden werden. Nicht überzeugend ist es deshalb, wenn versucht wird, die optimale Haftungsverwirklichung und die Entschuldung als gleichläufig zu definieren.[57] Das Argument, die Restschuldbefreiung bringe den Gläubigern häufig auch Vorteile[58], scheint konstruiert. In 85,63 % der über das Vermögen von natürlichen Personen eröffneten Insolvenzverfahren endet das Verfahren mit der Restschuldbefreiung des Schuldners.[59] Die in Verfahren von natürlichen Personen generierten Massen sind regelmäßig sehr gering bis nicht vorhanden.[60] So liegt die Deckungsquote

---

54 BT-Drs. 12/2443, S. 84.

55 *Pape*, in: Grundzüge des neuen Insolvenzrechts, S. 4.

56 *Pape*, in: Grundzüge des neuen Insolvenzrechts, S. 4.

57 *Ganter/Bruns*, in: MünchKomm InsO, § 1 Rn. 101.

58 *Ganter/Bruns*, in: MünchKomm InsO, § 1 Rn. 101.

59 Dem liegt zugrunde: Seit dem Beginn des Jahres 2011 wurden über das Vermögen von natürlichen Personen insgesamt 134.303 Insolvenzverfahren eröffnet. Von diesen endeten 114.999 mit der Erteilung der Restschuldbefreiung (114.999/134.303 = 85, 63 %. Zudem wurde in 6.721 Fällen die Restschuldbefreiung versagt, 3.314 Verfahren wurden mit einer sonstigen Entscheidung beendet (Rücknahme des Antrags, Schuldner verstorben und Restschuldbefreiung wurde nach Erteilung widerrufen.). In den übrigen Fällen wurde das Verfahren ohne Entscheidung über die Restschuldbefreiung beendet: https://www.destatis.de/DE/Themen/Branchen-Unternehmen/Unternehmen/Gewerbemeldungen-Insolvenzen/insolvenzverfahren-bis-2018.html;jsessionid=888332723219B928CE161BC447F57FFF.live711 (zuletzt abgerufen am: 10.01.2022).

60 https://www.destatis.de/DE/Themen/Branchen-Unternehmen/Unternehmen/Gewerbemeldungen-Insolvenzen/insolvenzverfahren-bis-2018.html;jsessionid=888332723219B928CE161BC447F57FFF.live711 (zuletzt abgerufen am: 10.01.2022).

bei Verbraucherinsolvenzverfahren, die im Jahr 2011 eröffnet und bis zum 31.12.2018 beendet wurden, bei durchschnittlich 1,8 %.[61] Demnach ist der Ausfall der Gläubigerforderungen bei durchschnittlich 98,2 % anzusetzen.

Auch bei allen weiteren Verfahren über das Vermögen von natürlichen Personen ist die Quotenaussicht nicht besser. Im Gegenteil: Die Deckungsquoten liegen zwischen durchschnittlich 0,9 % für ehemals selbstständig Tätige mit vereinfachtem Verfahren und durchschnittlich 1,6 % für ehemals selbstständig Tätige mit Regelinsolvenzverfahren.[62]

Und dies ist „nur" das Zahlenwerk für bereits im Jahr 2011 eröffnete Insolvenzverfahren. Die Tendenz des Gesetzgebers geht aber sogar noch zu einer weitläufigeren und schnelleren Entschuldung von natürlichen Personen. So wird für Insolvenzverfahren, die seit dem 01.10.2020 beantragt wurden, eine Restschuldbefreiung nicht mehr von der Abzahlung einer gewissen Anzahl an Forderungen oder Verfahrenskosten abhängig gemacht. Die Restschuldbefreiung wird bei Vorliegen aller Voraussetzungen grundsätzlich nach drei Jahren gewährt.[63] Ein Anreiz für den Schuldner, pfändbares Einkommen zu generieren und so die Haftungsverwirklichung zu ermöglichen, um im Gegenzug entschuldet zu werden[64], besteht schon gar nicht.

Von einem Insolvenzverfahren als Instrument, das ausschließlich der Haftungsverwirklichung dient, kann kaum mehr gesprochen werden. Im Gegenteil: Unabhängig davon, wie man die Zwecke des § 1 InsO hierarchisch ordnet, nimmt das Insolvenzverfahren rechtstatsächlich immer stärker die Züge eines Entschuldungsverfahrens für Schuldner an. Eine Haftungsverwirklichung für die Gläubiger findet mit einer Deckungsquote von im Durchschnitt 1,8 % statt. Die „Entschuldungsquote" hingegen liegt bei 85,63 %. Das Insolvenzverfahren wird damit in tatsächlicher Hinsicht überwiegend von einem

61 https://www.destatis.de/DE/Themen/Branchen-Unternehmen/Unternehmen/Gewerbemeldungen-Insolvenzen/insolvenzverfahren-bis-2018.html;jsessionid=888332723219B928CE161BC447F57FFF.live711 (zuletzt abgerufen am: 10.01.2022).

62 https://www.destatis.de/DE/Themen/Branchen-Unternehmen/Unternehmen/Gewerbemeldungen-Insolvenzen/insolvenzverfahren-bis-2018.html;jsessionid=888332723219B928CE161BC447F57FFF.live711 (zuletzt abgerufen am: 10.01.2022).

63 Vgl. § 287 Abs. 2 InsO n.F., eingefügt durch: Gesetz zur weiteren Verkürzung des Restschuldbefreiungsverfahrens und zur Anpassung pandemiebedingter Vorschriften im Gesellschafts-, Genossenschafts-, Vereins- und Stiftungsrecht sowie im Miet- und Pachtrecht vom 22.12.2020, BGBl. I, S. 3328.

64 So aber: *Ganter/Bruns*, in: MünchKomm InsO, § 1 Rn. 101.

Entschuldungscharakter dominiert. Die Haftungsverwirklichung ist rechtstatsächlich betrachtet in den Hintergrund getreten.[65]

Und selbst unter Berücksichtigung einer (rein rechtlichen) Hierarchie der Zwecke des Insolvenzverfahrens ist eine eindeutige Überordnung des Zwecks der Haftungsverwirklichung über der Entschuldungsfunktion nicht überzeugend.[66] Zwar hatte der Gesetzgeber der InsO den Zweck der optimalen Haftungsverwirklichung ursprünglich als Hauptzweck gesehen. Allerdings muss diese ursprüngliche Zwecksetzung auch weiter mit den Zielen des Gesetzgebers abgeglichen werden. Betrachtet man die Reformbestrebungen des nationalen Gesetzgebers, so sind diese wohl kaum noch von einer Optimierung der Haftungsverwirklichung getragen. Die weitreichenden Einschnitte in die Bereiche der Insolvenzanfechtung – einen Bereich, der als Kern der Massemehrung gesehen wird[67] – sind nicht von einer Optimierung der Haftungsverwirklichung getragen.[68]

---

65 Siehe auch *Pape*, in: Kübler/Prütting/Bork InsO, 49. Lfg. 7.12, § 270b Rn. 16.

66 So bereits: BGHZ 144, 78, 83; BGH, NJW 2004, 3260, 3261 f.; BGH, BeckRS 2005, 13978, Rn. 9; BGH, NJW 2012, 609, 611; BGH, NJW 2015, 3029 f.; *Ahrens*, in: Ahrens/Gehrlein/Ringstmeier InsO, § 1 Rn. 5, 8, 15 ff.; *Frind*, Privatinsolvenz, Rn. 1; *Kohte*, in: FrankfKomm InsO, § 4a Rn. 2; *Madaus*, JZ 2016, 548, 549; *ders.*, in: BeckOK InsR, 25. Ed. 15.10.21, InsO, § 1 Rn. 17; *Pape*, in: Kübler/Prütting/Bork InsO, 49. Lfg. 7.12, § 270b Rn. 16; *K. Schmidt*, in: K. Schmidt InsO, § 1 Rn. 10; wohl auch: *Schmerbach*, in: FrankfKomm InsO, § 1 Rn. 13 f.; *Schmidt*, in: HambKomm InsO, § 1 Rn. 4, 51; vgl. jüngst zum Wert der Restschuldbefreiung: *Münzel*, ZInsO 2021, 1676 ff.

67 Nicht zuletzt auch getragen durch die Rspr. des BGH, vgl. insoweit *Pape*, ZInsO 2021, 1361 ff. *Pape*, ZInsO 2021, 1361, 1380 resümiert eindrucksvoll wie folgt: „Mittelfristig wird das Anfechtungsrecht – auch ohne die Sondervorschriften des COVInsAG – weiter an Bedeutung verlieren. Die Zeiten, in denen eine Generierung von Insolvenzmasse durch Anfechtung möglich war, dürften sich dem Ende zuneigen. Die Weichen werden im Regelinsolvenzverfahren zukünftig wieder in Richtung Abweisung mangels Masse gestellt werden. Wenn die Angebote des Gesetzes zur Fortentwicklung des Sanierungs- und Insolvenzrechts v. 22.12.2020 nicht vermehrt für Sanierungen genutzt werden, dürfte das Insolvenzrecht in die Bedeutungslosigkeit früherer KO-Zeiten zurückfallen.“; siehe dazu auch: *Bork*, ZRI 2021, 1033, 1042: „Die ‚Neuausrichtung‘ der Senatsrechtsprechung stellt einen weiteren Schritt auf dem Weg zur Beschneidung der Insolvenzanfechtung durch Versubjektivierung und Beweislastverteilungen dar. Sie macht allen Beteiligten das Anfechtungsleben schwerer, nicht nur den Insolvenzverwaltern, sondern auch den Gläubigern“.

68 Stattdessen sollen sie „Rechtsunsicherheiten“ abbauen und den Rechtsverkehr vor „unverhältnismäßigen und unkalkulierbaren“ Risiken schützen, vgl. BT-Drs. 18/7054, S. 10 ff.

Aber auch der europäische Gesetzgeber macht deutlich, dass die Entschuldung von Schuldnern nicht bloß ein Nebenzweck des Insolvenzverfahrens sein soll. Der europäische Gesetzgeber betrachtet etwa zwischen den Mitgliedstaaten der Union bestehende Unterschiede hinsichtlich der Wirksamkeit der Entschuldungsverfahren als „Hindernisse für die Ausübung der Grundfreiheiten, etwa des freien Kapitalverkehrs oder der Niederlassungsfreiheit," die geeignet sind, das „reibungslos[e] Funktionieren des Binnenmarkts" zu beeinträchtigen.[69] Die Entschuldung wird damit zu einem Vehikel, das den Zwecken der Verwirklichung der unionsrechtlichen Grundfreiheiten dient. Von einer Unterordnung unter den Zweck der Haftungsverwirklichung kann damit – insbesondere vor dem Hintergrund des Anwendungsvorrangs von Unionsrecht vor dem nationalen Recht – im Kontext unionsrechtlich determinierter Normen kaum mehr die Rede sein.

Insgesamt kann von einem ausschließlich der Haftungsverwirklichung dienenden Insolvenzrecht nicht gesprochen werden, denn die Restschuldbefreiung dient nicht dem Zweck der Haftungsverwirklichung. Die Prämisse ist damit jedenfalls in Teilen zu verwerfen. Als Grundlage für die Einordnung des Insolvenzverfahrens als Teil der streitigen Gerichtsbarkeit ist sie dann aber insgesamt nicht mehr zu halten.

Auch die Schlussfolgerung aus der Prämisse, das Insolvenzverfahren sei eine Form der Zwangsvollstreckung oder dieser jedenfalls ähnlich, überzeugt nicht. Die Unterschiede zwischen Zwangsvollstreckungsverfahren nach den §§ 750 ff. ZPO und dem Insolvenzverfahren sind evident. So wird ein Zwangsvollstreckungsverfahren nach der ZPO nur durch Erteilung eines Zwangsvollstreckungsauftrags des Gläubigers gem. § 754 Abs. 1 ZPO durchgeführt. Die Eröffnung des Insolvenzverfahrens hingegen kann gem. § 13 Abs. 1 Satz 2 InsO durch Gläubiger und Schuldner beantragt werden. Auch ist für die Eröffnung des Insolvenzverfahrens im Gegensatz zum Zwangsvollstreckungsverfahren der ZPO ein Vollstreckungstitel nicht erforderlich.[70] Auch verbleibt im

---

69 Erwägungsgründe 1, 7 zu der RICHTLINIE (EU) 2019/1023 DES EUROPÄISCHEN PARLAMENTS UND DES RATES vom 20. Juni 2019 über präventive Restrukturierungsrahmen, über Entschuldung und über Tätigkeitsverbote sowie über Maßnahmen zur Steigerung der Effizienz von Restrukturierungs-, Insolvenz- und Entschuldungsverfahren und zur Änderung der Richtlinie (EU) 2017/1132 (Richtlinie über Restrukturierung und Insolvenz), Amtsblatt der Europäischen Union, L 172/18 (im Folgenden: Rest-RL).

70 Darauf stellte auch bereits *Münzel* maßgeblich ab: *Münzel*, ZZP 66 (1953), 334, 337: Selbst wenn ein Titel geschaffen wird, dann nur durch das Unterlassen des Widerspruchs gegen die Forderung im Rahmen der Forderungsprüfung und nicht

Zwangsvollstreckungsverfahren die Verwaltungs- und Verfügungsbefugnis über das Vermögen des Schuldners bei diesem.[71] Im Insolvenzverfahren geht die Verwaltungs- und Verfügungsbefugnis gem. § 80 Abs. 1 InsO auf den Insolvenzverwalter über. Zudem gilt im Zwangsvollstreckungsverfahren gem. § 804 Abs. 3 ZPO das Prioritätsprinzip. Im Insolvenzverfahren werden gleichrangige Forderungen hingegen gleichmäßig befriedigt.

Damit sind nur einige der Unterschiede zwischen Insolvenz- und Zwangsvollstreckungsverfahren angesprochen. Es ist erkennbar, dass zwischen dem Zwangsvollstreckungsverfahren der ZPO und dem Insolvenzverfahren ganz gravierende Unterschiede hinsichtlich der Eröffnung und dem eröffneten Verfahren im Ganzen bestehen.

Rekapitulierend lässt sich festhalten: Die formellen und materiellen Unterschiede zwischen Zwangsvollstreckungsverfahren der ZPO und dem Insolvenzverfahren sind zu deutlich, als dass eine Einordnung des Insolvenzverfahrens als (Gesamt)-Vollstreckungsverfahren überzeugt.[72]

Weder die Prämisse, es handele sich (ausschließlich) um ein Instrument der Haftungsverwirklichung, als auch die Schlussfolgerung, es handele sich um ein Vollstreckungsverfahren, überzeugen. Die Hauptargumente der überwiegenden Ansicht tragen nicht.

(3) Flankierende Argumente

Hinzu treten weitere die Hauptargumente flankierende Argumente, die nunmehr untersucht werden sollen.

---

durch eine gerichtliche Entscheidung. Dies sieht auch *Bötticher*, ZZP 86 (1973), 373, 380 ähnlich: Das Gericht als Vollstreckungsorgan wird ausgeschaltet und das Verfahren hebt sich insgesamt von einer Titelvollstreckung ab; a.A. *Hess/Weis*, WM 1998, 2349 Fn. 1, die auf eine Unzumutbarkeit des weiteren Zuwartens des Gläubigers für das Fehlen der Voraussetzung eines Titels abstellen.

71 Einschränkungen ergeben sich aus § 804 Abs. 1 ZPO sowie einer begleitenden Strafbewehrung aus § 136 StGB.

72 Dies betonen auch schon: *Baur/Stürner*, Insolvenzrecht, 1.6 ff.; *Lorenz*, KTS 1963, 237, 238; *Pape*, in: Grundzüge des neuen Insolvenzrechts, S. 3; im Ergebnis auch *Bötticher*, ZZP 86 (1973), 373, 381, der zudem darauf hinweist, dass das Insolvenzverfahren ein *Aliud* zu dem herkömmlichen Vollstreckungsverfahren sei. Eine Pfändung im Wege der Einzelvollstreckung führe insofern zu einer bloßen *Möglichkeit* der Befriedigung, wohingegen das Insolvenzverfahren zu einem anteiligen *Recht* auf Befriedigung führe.

Teilweise wird für die Einordnung zur streitigen Gerichtsbarkeit angeführt, die Forderungsprüfung und -feststellung im Rahmen der §§ 174 ff. InsO hätten den Charakter eines streitigen Erkenntnisverfahrens.[73] Dabei ist zunächst zuzugestehen, dass eine gewisse Ähnlichkeit besteht: Gegenstand eines Erkenntnisverfahrens ist die Feststellung, ob und in welchem Umfang ein behauptetes Recht besteht.[74] Grob gesprochen könnte man dies auch für das Feststellungsverfahren der §§ 174 ff. InsO meinen. Dabei würde indes übersehen, dass es Charakter des streitigen Erkenntnisverfahrens ist, über die materielle Rechtslage zu entscheiden. Das Feststellungsverfahren der InsO ist jedoch schon gar nicht auf die Entscheidung materiell-rechtlicher Fragen gerichtet.[75] Die §§ 174 ff. InsO regeln stattdessen ausschließlich die Voraussetzungen und Wirkungen der *unstreitigen* Feststellung des Insolvenzgläubigerrechts.[76] *Streitige* Forderungen sind hingegen gem. §§ 179, 180 Abs. 1 Satz 1 InsO auf den ordentlichen Rechtsweg über eine Feststellungsklage im Sinne des § 256 ZPO[77] verwiesen.

Die Feststellung der Forderungen nach den §§ 174 ff. InsO ist kein streitiges Erkenntnisverfahren. Auch dieses Argument vermag nicht zu überzeugen.

Weiter wird für die überwiegende Ansicht anknüpfend an die Einordnung als Instrument der Haftungsverwirklichung angeführt, der staatliche Eingriff in Rechtspositionen des Schuldners und der Gläubiger sei Ausdruck des vollstreckungsrechtlichen Charakters des Insolvenzverfahrens.[78] Dies würde sich ergänzend auch daraus ergeben, dass der Gesetzgeber in den neuen Ländern der Bundesrepublik Deutschland die Gesamtvollstreckungsordnung eingeführt habe und die Bezeichnung als Gesamtvollstreckung insofern die rechtliche Einordnung als Vollstreckungsverfahren indiziere.[79]

Dabei vermag das erste Argument nicht zu überzeugen, da der Eingriff in Rechtspositionen nicht zwangsläufig die Einordnung als Vollstreckungsrecht zur Folge hat. Richtig ist zwar, dass in Vollstreckungs- und

---

73 *Keller*, Insolvenzrecht, Rn. 10.

74 *Rauscher*, in: MünchKomm ZPO, Einleitung Rn. 21.

75 *Sinz*, in: Uhlenbruck InsO, § 178 Rn. 1.

76 *Schumacher*, in: MünchKomm InsO, § 178 Rn. 1; zu dem Meinungsstand bezüglich des Gegenstands der Feststellung: *ders.*, in: MünchKomm InsO, § 178 Rn. 11 ff.

77 Es handelt sich um eine echte Feststellungsklage im Sinne des § 256 ZPO: BGH, NJW 1967, 1371.

78 *Pape*, in: Uhlenbruck InsO, § 1 Rn. 2.

79 *Hess*, in: KölnKomm InsO, Vor § 2 Rn. 11; *Hess/Weis*, WM 1998, 2349 Fn. 1.

Insolvenzverfahren in Rechtspositionen des Schuldners und der Gläubiger eingegriffen werden kann. Ein entsprechender Eingriff in Rechtspositionen kann jedoch auch im Rahmen von Verfahren der freiwilligen Gerichtsbarkeit, etwa im Bereich der Hausratsteilung, erfolgen.[80] Dieser Bereich ist indes gem. § 23a Abs. 1 Satz 1 Nr. 1 GVG, § 111 Nr. 5 FamFG, § 200 Abs. 2 Nr. 1 FamFG der freiwilligen Gerichtsbarkeit zugewiesen. Der Eingriff in Rechtspositionen ist also kein Alleinstellungsmerkmal der Zwangsvollstreckung und vermag zu einer Abgrenzung nichts beizutragen. Auch die Bezeichnung der Gesamtvollstreckungsordnung hat keine Auswirkung auf die Struktur des Insolvenzverfahrens. Zum einen galt die Gesamtvollstreckungsordnung in den neuen Ländern der Bundesrepublik Deutschland bis zum Inkrafttreten der InsO nur deshalb fort, weil man das bereits als überkommen angesehene „Konkursrecht-West" nicht noch übergangsweise einführen wollte[81], zum anderen wurde die Bezeichnung für die InsO ja gerade nicht für die InsO übernommen. Unabhängig davon ist der Gesetzgeber nicht auf eine solch indirekte Einordnung angewiesen. Wäre er der Meinung gewesen, das Insolvenzverfahren ausdrücklich als Gesamtvollstreckungsverfahren einordnen zu müssen, hätte ein klarstellender Hinweis in den Gesetzesmaterialien der InsO bzw. den folgenden Reformgesetzen und Novellen den Zweck einleuchtender erfüllt.

(4) Zwischenergebnis

Auch die flankierenden Argumente vermögen insoweit nicht zu überzeugen.

Zusammenfassend kann festgehalten werden: Die überwiegende Ansicht, die das Insolvenzverfahren als (Gesamt-)Vollstreckungsverfahren der streitigen Gerichtsbarkeit zuordnet, vermag nicht zu überzeugen. Weder der Wortlaut und die Systematik noch das Telos sprechen für diese Auffassung.

bb) Zweite und gegenteilige Ansicht: das Insolvenzverfahren als Verfahren der nichtstreitigen freiwilligen Gerichtsbarkeit

Überzeugender könnte dann aber die zweite und gegenteilige Ansicht sein, die das Insolvenzverfahren als Verfahren der nichtstreitigen freiwilligen Gerichtsbarkeit versteht. Betrachtet man die Struktur der Argumentation der Vertreter

80 Im Rahmen dessen kann auch entgegen der bestehenden Eigentumslage der Hausrat verteilt werden, vgl. *Pawlowski/Smid*, Freiwillige Gerichtsbarkeit, S. 283.

81 *Prütting*, in: Kübler/Prütting/Bork InsO, 48. Lfg. 4.12, § 1 Rn. 11.

dieser gegenteiligen Ansicht, so erkennt man eine dreistufige Struktur: Zum einen wird aus dem Wortlaut und der Systematik auf die Zuordnung zur freiwilligen Gerichtsbarkeit geschlossen. Ergänzend wird das Telos und abschließend die Historie herangezogen.

(1) Wortlaut und Systematik

Aus dem Wortlaut der InsO und ihrer Systematik wird von den Vertretern dieser Ansicht zunächst argumentiert, dass das Insolvenzverfahren kein streitiges Verfahren und deshalb der freiwilligen Gerichtsbarkeit zuzuordnen sei. Es werde nicht abschließend über Rechtsverhältnisse entschieden, dies geschehe außerhalb der InsO und des Insolvenzverfahrens, wie sich an den §§ 179, 80 Abs. 1, 85 f. und 47 InsO erkennen lasse.[82] Dies ist zunächst überzeugend. Das Insolvenzverfahren ist demnach kein streitiges Verfahren der ordentlichen Gerichtsbarkeit.

Dennoch lässt sich auch hieraus schwerlich eigenständig die Zuordnung zur freiwilligen Gerichtsbarkeit herleiten. Es ist keinesfalls so, dass die Verneinung der Zuordnung zu der streitigen ordentlichen Gerichtsbarkeit zwangsläufig zu einer Einordnung als Verfahren der freiwilligen Gerichtsbarkeit führt. Hierfür bedarf es einer positiven Zuordnung zur freiwilligen Gerichtsbarkeit und nicht der bloßen Ablehnung der Zuordnung zur streitigen Gerichtsbarkeit. Insofern vermag dieses Argument allein nicht zu überzeugen.

Von einem systematischen Standpunkt aus wird sodann als Argument auch auf § 4 Satz 1 InsO verwiesen.[83] Es wird insofern angeführt, dass der Verweis auf die Vorschriften der ZPO gerade aber nicht die Anwendung der Vorschriften der Zwangsvollstreckung aus der ZPO umfasse.[84] Dieses Argument ist jedoch schon auf den ersten Blick wenig überzeugend, behandelt die ZPO doch ausschließlich das Verfahren der Einzelvollstreckung.[85]

---

82 Mit diesem Argument: *Becker*, in: Nerlich/Römermann InsO, 30. Lfg. 7.16, § 1 Rn. 3, § 2 Rn. 8, 38. Lfg. 01.2019, § 5 Rn. 1; *Brehm*, Freiwillige Gerichtsbarkeit, S. 40; *Häsemeyer*, Insolvenzrecht, S. 60, Rn. 3.05; *Smid*, Grundzüge des neuen Insolvenzrechts, S. 25; *ders.*, Praxishandbuch, S. 27 f.

83 So noch für die KO: *Berges*, KTS 1960, 1, 4.

84 So zum Verweis des § 4 Satz 1 InsO: BGH, NZI 2009, 48; *Ganter/Bruns*, in: MünchKomm InsO, § 4 Rn. 32 ff.; *Löffler*, in: Rattunde/Smid/Zeuner InsO, § Rn. 11; *Madaus*, in: BeckOK InsR, 25. Ed. 15.10.21, InsO, § 4 Rn. 12; *Pape*, in: Uhlenbruck InsO, § 4 Rn. 2.

85 *Ganter/Bruns*, in: MünchKomm InsO, § 4 Rn. 32 ff.

Auf dieses will die überwiegende Ansicht aber ja gar nicht verweisen. So hat schon der BGH festgestellt, dass die Vorschriften der Einzelzwangsvollstreckung nicht pauschal für das Insolvenzverfahren übernommen werden können.[86]

Im Übrigen lässt sich auch keine unumstößliche Antonymie von Vorschriften des Insolvenzverfahrens und des (Einzel-)Zwangsvollstreckungsrecht erkennen. So hat der Gesetzgeber an mehreren Stellen einen Einbruch der Vorschriften der (Einzel-)Zwangsvollstreckung vorgenommen. § 148 Abs. 2 Satz 1 InsO regelt etwa, dass der Verwalter aufgrund einer vollstreckbaren Ausfertigung des Eröffnungsbeschlusses die Herausgabe der Sachen, die sich im Gewahrsam des Schuldners befinden, im Wege der Zwangsvollstreckung durchsetzen kann. Die §§ 739, 758, 758a, 766, 775 Nr. 1 sowie 2 ZPO und §§ 883 ff. ZPO finden insofern Anwendung.[87] Dabei handelt es sich gerade um eine Maßnahme der Einzelzwangsvollstreckung.[88] Ferner hat der Gesetzgeber in § 36 Abs. 1 Satz 2, Abs. 4 InsO die Anwendung der §§ 850, 850a, 850c, 850e, 850 f Abs. 1 ZPO, §§ 850 g bis 850k, 851c und 851d ZPO ausdrücklich normiert. Die überwiegende Nichtanwendung der Vorschriften der Zwangsvollstreckung aus der ZPO ist also weder ein Widerspruch der überwiegenden Ansicht, noch begründet sie eine Einordnung des Insolvenzverfahrens als Verfahren der freiwilligen Gerichtsbarkeit.

Darüber hinaus wird aus systematischen Erwägungen argumentiert, dass die Geltung des Amtsermittlungsgrundsatzes eine Zuordnung zur freiwilligen Gerichtsbarkeit indiziere.[89] Weiterführend wird insbesondere hinsichtlich des zu rekonstruierenden Sachverhalts darauf hingewiesen, dass ein Prozess im Sinne eines Verfahrens der streitigen Gerichtsbarkeit stets einen abgeschlossenen Sachverhalt voraussetze, das Insolvenzverfahren hingegen als Dauerverfahren ständig neue Sachverhalte produziere.[90]

Diese beiden systematischen Argumente haben im Gegensatz zu den beiden ersten eine tatsächlich positive Einordnung zur freiwilligen Gerichtsbarkeit zum Inhalt. Damit sind wir an dem Punkt angelangt, an dem sich eine eingehende Untersuchung der Gemeinsamkeiten und Unterschiede des

---

86 BGH, BeckRS 1977, 31116415 am Ende.

87 *Madaus*, in: BeckOK InsR, 25. Ed. 15.10.21, InsO, § 4 Rn. 12.2.

88 *Jaffé*, in: MünchKomm InsO, § 148 Rn. 61.

89 *Becker*, in: Nerlich/Römermann InsO, 38. Lfg. 1.19, § 5 Rn. 1; *Häsemeyer*, Insolvenzrecht, S. 61, Rn. 3.05.

90 *Smid*, ZIP 1995, 1137, 1141.

Insolvenzverfahrens und der Verfahren der freiwilligen Gerichtsbarkeit[91] zudem im Vergleich zu dem Erkenntnisverfahren der ZPO anbietet.[92]

Tatsächlich bestehen einige Gemeinsamkeiten zwischen Verfahren nach dem FamFG und dem Insolvenzverfahren. So sind beide Verfahren im Gegensatz zum Zivilprozess meistens nicht öffentlich.[93] Zudem besteht nur fakultative Mündlichkeit[94], wohingegen der Zivilprozess grundsätzlich gem. § 128 Abs. 1 ZPO die Mündlichkeit voraussetzt.[95]

Ferner gilt der Unmittelbarkeitsgrundsatz im Zivilprozess gem. §§ 128, 309, 355 ZPO (nahezu) uneingeschränkt, während er in Insolvenzverfahren[96] und Verfahren nach dem FamFG[97] erhebliche Einschränkungen erfährt.

Auf der anderen Seite gibt es auch Gemeinsamkeiten zwischen dem Insolvenz- und dem Zivilprozessverfahren. So gilt beispielsweise für das Insolvenzeröffnungsverfahren wie im Zivilprozess der Dispositionsgrundsatz.[98] Auch ergehen Beschlüsse des Insolvenzgerichts gem. § 4 Satz 1 InsO i.V.m. § 705 ZPO in formeller Rechtskraft.[99]

Dass sich auch Gemeinsamkeiten zu dem Zivilprozess ergeben, ist die Folge des § 4 Satz 1 InsO und daher nicht überraschend. Es bestehen auch starke Parallelen zu Verfahren der freiwilligen Gerichtsbarkeit. Eine abschließende Zuordnung des Insolvenzverfahrens zu dem Bereich der freiwilligen Gerichtsbarkeit kann daraus allein jedoch nicht erfolgen.

---

91 Insoweit kann selbstverständlich nur ein Vergleich auf Grundlage der Gemeinsamkeiten der Verfahren der freiwilligen Gerichtsbarkeit erfolgen. *Das* Verfahren der freiwilligen Gerichtsbarkeit besteht nicht einheitlich. Die Eckpfeiler sind jedoch gemeinsam. Auf Unterschiede wird entsprechend hingewiesen.

92 Gemeint ist das enge Verständnis des Prozessbetriebs im Sinne der Herrschaft über den äußeren Verfahrensablauf. Nicht zu verwechseln mit Fragen der Disposition und der Sachverhaltsrekonstruktion, dazu *Prütting*, in: Kübler/Prütting/Bork InsO, 59. Lfg. 6.14, § 5 Rn. 50.

93 § 169 Satz 1 GVG greift für den Zivilprozess, jedoch nicht bei Vollstreckungsverfahren und für im schriftlichen Verfahren ergangene Urteile, vgl. *Zimmermann*, in: MünchKomm ZPO, GVG, § 169 Rn. 14 ff.

94 Vgl. BT-Drs. 16/6308, S. 191; § 5 Abs. 3 Satz 1, Abs. 2 InsO. Zur (teilweise) über den Wortlaut des § 5 Abs. 2 Satz 1 InsO hinausgehenden Anwendung der schriftlichen Verfahrensdurchführung: *Dälken*, InsbürO 2021, 266, 267 ff.

95 Ausnahme u.a. §§ 128 Abs. 2-4, 127 Abs. 1, 331 Abs. 3 ZPO.

96 *Prütting*, in: Kübler/Prütting/Bork InsO, 59. Lfg. 6.14, § 5 Rn. 54.

97 Umstritten, dazu: *Brehm*, Freiwillige Gerichtsbarkeit, S. 145 f.; soweit eine mündliche Verhandlung stattfindet: *Burschel*, in: BeckOK FamFG, 40. Ed. 01.10.21, § 26 Rn. 37.

98 BGH, NZI 2008, 550, 551; *Ganter/Bruns*, in: MünchKomm InsO, § 5 Rn. 5; *Wegener*, in: Uhlenbruck InsO, § 13 Rn. 149.

99 *Baumert*, in: Braun InsO, § 4 Rn. 63; *Rüther*, in: HambKomm InsO, § 4 Rn. 65

(2) Telos (und Historie)

Für eine solche Zuordnung werden indes von den Vertretern der zweiten Ansicht weiterführend Argumente des Sinns und Zwecks des Insolvenzverfahrens angeführt. Es werden im Wesentlichen zwei Argumente in diesem Sinne vertreten: erstens, dass das Insolvenzverfahren Ordnungs- und Regelungscharakter habe und deshalb der freiwilligen Gerichtsbarkeit zuzuordnen sei (a); zweitens, dass das Insolvenzverfahren die Rechts- bzw. Vermögensfürsorge zum Gegenstand habe, was wiederum eine Zuordnung zur freiwilligen Gerichtsbarkeit zur Folge habe (b).

(a) Ordnungs- und Regelungscharakter des Insolvenzverfahrens

Mit der Beschreibung als Regelungsstreitigkeit wurde vor allem eine Einordnung des Konkursverfahrens als Verfahren der freiwilligen Gerichtsbarkeit unternommen.[100] Unter einer Regelungsstreitigkeit soll die Ordnung eines Einzelfalls verstanden werden.[101] Mehr noch: Entgegen der *Rechtsstreitigkeit* handele es sich bei einer *Regelungsstreitigkeit* nicht um die nachträgliche Beurteilung einer Rechtslage, sondern um die Schaffung derselben.[102]

Auch für die Insolvenzordnung könnte eine solche Einordnung zutreffend sein. Insofern bietet sich unter Berücksichtigung der o.g. Definition eine Betrachtung der verschiedenen Verfahrensabschnitte an: Das Insolvenzeröffnungsverfahren ist vor allem geprägt von der Frage, ob ein Insolvenzgrund und eine die Verfahrenskosten deckende Masse vorhanden sind. Darauf ist der Gutachtenauftrag des Insolvenzgerichts in aller Regel vorrangig gerichtet.[103] Der

---

100 *Berges*, KTS 1960, 1, 3 ff.; *ders.*, KTS 1964, 56; *ders.*, in: FS 100 Jahre Konkursordnung, S. 377 f.; *ders.*, BB 1982, 1455, 1456 f.; *Lorenz*, KTS 1963, 237, 238.

101 Grundlegend zu dem Begriff der Regelungsstreitigkeit: *Bötticher*, FS Lent, S. 90.

102 Vor allem: *Bötticher*, FS Lent, S. 90; daran anknüpfend auch: *Berges*, KTS 1960, 1, 3 ff.; *ders.*, KTS 1964, 56; *ders.*, in: FS 100 Jahre Konkursordnung, S. 377 f.; *ders.*, BB 1982, 1455, 1456 f.

103 *Vuia*, in: MünchKomm InsO, § 16 Rn. 68; eine übliche Formulierung des Gutachtenbeschlusses lautet dem Gesetzeswortlaut des § 22 Abs. 1 Satz 2 Nr. 3 InsO folgend: „1. Es soll ein schriftliches Gutachten erstellt werden über folgende Fragen: a) Liegen Tatsachen vor, wonach der Schluss auf (drohende) Zahlungsunfähigkeit des Antragsgegners gerechtfertigt ist? Falls ja: b) Ist eine die Verfahrenskosten (§ 54 InsO) deckende Masse vorhanden? Dabei sind auch insolvenzspezifische Ansprüche (Haftung von verantwortlichen Organen, Anfechtungsansprüche) zu prüfen und ist darzustellen, wann die Zahlungsunfähigkeit/Überschuldung eingetreten ist. § 1 Abs. 1 S. 3 COVInsAG ist mit zu berücksichtigen. c) Erscheinen vorläufige

Gutachter ist sodann damit beauftragt, zu den Fragen gutachterlich Stellung zu nehmen, um dem Gericht eine Entscheidung über den Eröffnungsantrag zu ermöglichen. Fragen des Vorliegens eines Insolvenzgrundes oder einer die Verfahrenskosten deckende Masse sind jedoch vor allem Rechtsfragen. Es geht um die gerichtliche Beurteilung einer bestehenden Rechtslage, mag sie sich auch – vor allem bei noch laufenden Geschäftsbetrieben – verändern. Auf der anderen Seite haben Beschlüsse des Insolvenzgerichts nach § 21 Abs. 1 InsO vor allem Regelungscharakter. Eine eindeutige Zuordnung des Insolvenzeröffnungsverfahrens anhand der Kategorien von Rechts- und Regelungsstreitigkeit ist nicht möglich.[104]

Das eröffnete Insolvenzverfahren wäre jedoch eine Regelungsstreitigkeit, wenn es im Rahmen dessen (hauptsächlich) um die Schaffung einer Rechtslage ginge. Überwiegende Aufgabe des eröffneten Insolvenzverfahrens ist die Verwertung der Masse durch den Insolvenzverwalter zugunsten der Gläubiger.[105] Dabei handelt der Insolvenzverwalter im Rahmen der Vorgaben der InsO. Der Insolvenzverwalter hat sich an die Vorgaben des § 35 InsO bezüglich der Insolvenzmasse zu halten. Des Weiteren wird die Verwertung *in concreto* auch durch die §§ 47 ff. InsO determiniert. Unter Umständen sind Beschlüsse der Gläubigerversammlung gem. § 160 InsO erforderlich. Der Rechtsrahmen ist also durch die InsO geschaffen.

Dies bedeutet aber nicht, dass damit bereits abschließend die Verwirklichung der Rechte vorgezeichnet ist.[106] Stattdessen hat der Insolvenzverwalter unter Aufsicht des Insolvenzgerichts und ggf. Beteiligung der Gläubiger im Wege der Selbstverwaltungsorgane der Gläubiger mehrere Möglichkeiten, eine (bestmögliche) Befriedigung herbeizuführen. Die Ausfüllung des Rahmens ist dabei eine Regelung im obigen Sinne.

Damit ist aber noch nichts zu dem zweiten Teil der *Streitigkeit* der Regelungsstreitigkeit gesagt. Hier versagt der Erklärungsansatz der Regelungsstreitigkeit.

Anordnungen zur Sicherung der Masse (allgemeines Veräußerungsverbot, vorläufige Verwaltung, Postsperre usw.) erforderlich?“

104 Wenngleich die ganz h.M. das Eröffnungsverfahren als (quasi) streitiges Verfahren und damit eher als Rechtsstreitigkeit einordnet: ständige Rspr. des BGH: BGHZ 149, 178, 181; BGH, NJW 1961, 2016; u.a. *Ganter/Bruns*, in: MünchKomm InsO, Vorbem. §§ 2-10 Rn. 17; *Wegener*, in: Uhlenbruck InsO, § 14 Rn. 148.

105 Vgl. bezüglich der Einordnung als Instrument der Haftungsverwirklichung bereits oben, § 1 B. I.

106 In diese Richtung argumentiert aber *Madaus*, Insolvenzplan, S. 357 f. hinsichtlich der Rechte der Gläubiger in der Gläubigergemeinschaft und Erlösverteilung.

Ursprünglich stammt der Begriff der Regelungsstreitigkeit von *Bötticher* aus dem Kontext von Tarifverhandlungen.[107] Im Rahmen dessen versucht *Bötticher* das Verhältnis der Tarifvertragsparteien und der Richter zu beschreiben.[108] Es ist aber auf den ersten Blick ersichtlich, dass es sich bei Tarifverhandlungen um eine echte Kontradiktion zweier Interessen und damit um eine echte Streitigkeit handelt. Eine solche Gegenläufigkeit der Interessen kann man für das Insolvenzverfahren im Eröffnungsverfahren durchaus feststellen. In dem eröffneten Insolvenzverfahren kann von einer Streitigkeit im Sinne sich gegenüberstehender, gegenläufiger Interessen nicht mehr die Rede sein. Freilich gibt es sich widersprechende Interessen der Gläubiger untereinander, oder des Insolvenzverwalters und des Schuldners. Dies hat jedoch nicht zur Folge, dass es sich um eine Streitigkeit handelt.[109] Eine Einordnung des Insolvenzverfahrens als Regelungsstreitigkeit überzeugt nicht.

Damit ist indes nicht abschließend zu dem Argument Stellung genommen, inwieweit sich aus dem Ordnungs- und Regelungscharakter des Insolvenzverfahrens eine Zuordnung zur freiwilligen Gerichtsbarkeit ergeben kann. Wie wir oben gesehen haben, hat das Insolvenzverfahren die *Regelung* der Vermögensabwicklung des Schuldners durch den durch das Insolvenzgericht eingesetzten Insolvenzverwalter zum Gegenstand.[110] Insoweit hat es tatsächlich eine Ähnlichkeit mit rechtsgestaltenden Verfahren der freiwilligen Gerichtsbarkeit.[111] Das Element der *Regelung* ist ein Element der Verfahren der freiwilligen Gerichtsbarkeit.

Diese inhaltlich zutreffende Beobachtung vermag jedoch nicht über die Hürde des § 1 FamFG zu verhelfen. Demnach gilt das FamFG nur für Sachen der freiwilligen Gerichtsbarkeit, die durch Bundesgesetz den Gerichten zugewiesen

---

107 *Bötticher*, FS Lent, S. 89 ff.

108 *Bötticher*, FS Lent, S. 89 ff.

109 Ähnlich wendete sich auch *Bötticher*, ZZP 86 (1973), 373, 381 ff. gegen die vor allem von *Berges*, KTS 1960, 1, 3 ff.; *ders.*, KTS 1964, 56; *ders.*, in: FS 100 Jahre Konkursordnung, S. 377 f.; *ders.*, BB 1982, 1455, 1456 f. vorgetragene Ansicht. Nach der Auffassung von *Bötticher* handelt es sich dann allerdings um eine Form der Verwaltung, *Bötticher*, ZZP 86 (1973), 373, 382; im Ergebnis diese Argumentationsstruktur auch ablehnend: *Madaus*, Insolvenzplan, S. 357 f.

110 So vor allem: *Smid*, NJW 1994, 2678; *ders.*, Grundzüge des neuen Insolvenzrechts, S. 26; *ders.*, Praxishandbuch, S. 28 f.; so auch: *Pape*, in: Grundzüge des neuen Insolvenzrechts, S. 5 f.

111 Beispielsweise die Hausratsverteilung nach § 23a Abs. 1 Nr. 1 GVG, § 111 Nr. 5 FamFG, § 200 Abs. 2 Nr. 1 FamFG.

sind. Damit gelangt man zu der formellen Definition der Sachen der freiwilligen Gerichtsbarkeit. Demnach zählen hierzu nur solche Verfahren, die gem. § 23a Abs. 2 GVG ausdrücklich zugewiesen sind (formelle Definition).[112]

Das Insolvenzverfahren ist nicht durch Bundesgesetz den Gerichten der freiwilligen Gerichtsbarkeit zugewiesen. Damit scheitert der Versuch, eine Zuordnung zur freiwilligen Gerichtsbarkeit über den Regelungs- und Ordnungscharakter des Insolvenzverfahrens vorzunehmen, an der gesetzgeberischen Begrenzung der Definition der freiwilligen Gerichtsbarkeit auf den formalen Aspekt der Zuweisung durch ein Bundesgesetz. Einer entsprechenden Argumentation hat der Gesetzgeber damit einen Riegel vorgeschoben. Den Autoren des vergangenen Jahrhunderts kann dies nicht zum Vorwurf gemacht werden. Eine entsprechende Begrenzung der Zuordnung zur freiwilligen Gerichtsbarkeit mag man auch kritisch sehen.[113] Dennoch ist die Überzeugungskraft des Arguments an diesem, vom Gesetzgeber definierten Maßstab zu messen. Eine Zuordnung des Insolvenzverfahrens zu der freiwilligen Gerichtsbarkeit über Regelungs- und Ordnungscharakter überzeugt demnach vor diesem Hintergrund nicht (mehr).

(b) Rechtsfürsorgecharakter des Insolvenzverfahrens

Überzeugend könnte jedoch das zweite vorgebrachte Argument der zweiten Ansicht sein. Demnach hat das Insolvenzverfahren Rechts- bzw. Vermögensfürsorgecharakter und ist somit der freiwilligen Gerichtsbarkeit zuzuordnen.[114] Es handele sich bei dem Insolvenzverfahren insofern um „ein nichtstreitiges Verfahren der rechtsfürsorgerischen Beaufsichtigung der gleichmäßigen Gläubigerbefriedigung durch das Insolvenzgericht“.[115]

Als Grundlage für diese Argumentationslinie kann sicherlich der historische Gesetzgeber bezeichnet werden. Der Konkursordnungsgesetzgeber hielt das Insolvenzverfahren für „eine Vermögensliquidation, und die Theilnahme des Gerichts an derselben […] vorwiegend als Ausfluß der freiwilligen

---

112 Insofern auch die Gesetzesbegründung des FamFG, BT-Drs. 16/6308, S. 174 f., die ausdrücklich keine Legaldefinition vornehmen will.

113 *Pabst*, in: MünchKomm FamFG, § 1 Rn. 6.

114 *Habscheid*, KTS 1999, 59, 62; *Habscheid*, Rpfleger 2001, 1, 3 f.; *Smid*, NJW 1994, 2678; *ders.*, ZIP 1995, 1137, 1141; ähnlich *Pape*, in: Grundzüge des neuen Insolvenzrechts, S. 4, der bezüglich der Restschuldbefreiung von einer Form der Daseinsfürsorge spricht; nur mit Betonung des Rechtsfürsorgecharakters: *Deppenkemper*, ZIP 2020, 2432, 3437.

115 *Smid*, NJW 1994, 2678.

Gerichtsbarkeit."[116] Ähnlich hielt der Entwurf einer Gemeinschuldordnung fest: „Zwar ist der Konkurs seinem Wesen nach nicht ein Prozeß, sondern eine Vermögensauseinandersetzung, und die Theilnahme des Gerichts an demselben ist zum großen Theile nur als ein Ausfluß der freiwilligen Gerichtsbarkeit zu erachten."[117]

Ist auch das moderne Insolvenzverfahren also ein Verfahren mit Rechts- bzw. Vermögensfürsorgecharakter? Dafür muss zunächst festgestellt werden, was dies bedeutet. Rechts- bzw. Vermögensfürsorgecharakter bedeutet, dass das Gericht verwaltend tätig wird.[118] Verwaltung darf dabei nicht eng, im Sinne einer Zuweisung zur Tätigkeit der Verwaltungsbeamten, verstanden werden.[119] Die verwaltende Tätigkeit der Rechtsfürsorge bedeutet stattdessen, dass ein final konkreter Zweck verfolgt wird.[120] Verwaltung handelt somit folgen- und zweckorientiert.[121] Das Gericht wird nicht wie im Rahmen der Rechtsprechung unparteiisch tätig, sondern als *Beteiligter* vor dem Hintergrund eines vorgegebenen Zwecks im Rahmen seiner an diesem Zweck orientierten Handlungen.[122]

Legt man diesen Maßstab zugrunde, lässt sich festhalten: Das Insolvenzverfahren ist ein nichtstreitiges Verfahren der Rechtsfürsorge durch das Insolvenzgericht zum Zwecke der gleichmäßigen Gläubigerbefriedigung (§ 1 Satz 1 InsO) bzw. der Restschuldbefreiung des redlichen Schuldners (§ 1 Satz 2 InsO). Diese Zwecke können auch nicht durch die Beteiligten anderweitig bestimmt werden, denn sie sind gesetzgeberisch zwingend vorgegeben. Damit ist nicht gemeint, dass die Beteiligten keinen Einfluss auf das Verfahren hätten. So können die Gläubiger vermittelt über ihre Gläubigerselbstverwaltungsorgane das Verfahren vielseitig beeinflussen. Das Insolvenzverfahren kann jedoch vor dem Hintergrund der Ziele des § 1 InsO nicht zweckentfremdet werden. Die sog. Insolvenzzweckwidrigkeit[123] bildet mithin die äußerste Grenze des in einem Insolvenzverfahren Zulässigen.

---

116 *Hahn*, Materialien zu den Reichs-Justizgesetzen, Bd. 4 KO, 1881, S. 273.

117 Motive zu dem Entwurf einer Deutschen Gemeinschuldordnung, Band 2, S. 1.

118 *Smid*, Rechtsprechung, S. 243.

119 „Der Richter wird nicht zum Verwaltungsbeamten dadurch, daß er Verwaltungstätigkeiten wahrnimmt", *Smid*, Rechtsprechung, S. 243.

120 *Smid*, Rechtsprechung, S. 243: Dem steht die Rechtsprechung durch Gerichte gegenüber, in der der Richter als unparteiischer Dritter vor dem Hintergrund des Rechts und gerade nicht zur Verfolgung von Zwecken außerhalb der Erkenntnis des ungewissen Rechts handelt.

121 So instruktiv: *Smid*, Rechtsprechung, S. 243.

122 *Smid*, Rechtsprechung, S. 397 ff., 411.

123 Dazu: *Klinck*, KTS 2019, 1 ff.

Erstgenanntes Ziel der InsO ist die gleichmäßige Befriedigung der Gläubiger. Im Rahmen dieses Ziels wird das Insolvenzgericht nicht als unparteiischer Dritter zur Erkenntnis des ungewissen Rechts auf Grundlage eines feststehenden Sachverhalts tätig. Stattdessen hat es die Rolle eines Beteiligten. Aufgabe ist es gem. § 58 InsO Aufsicht über das Insolvenzverfahren und den Insolvenzverwalter auszuüben. Jegliche Form der Rechtsprechung im obigen Sinne[124] ist dem Insolvenzgericht entzogen. So finden sämtliche Prozesse nicht mehr im Wege einer *vis attractiva concursus* vor dem Insolvenzgericht statt. Im Gegenteil: Ausnahmslos sind sie den ordentlichen Gerichten der streitigen Gerichtsbarkeit zugewiesen.[125]

Dem kann auch nicht entgegengehalten werden, dass es sich bei dem Insolvenzverfahren um ein Zwangsverfahren handele.[126] Zweifelsohne kommen dem Insolvenzgericht in verschiedenen Verfahrensstadien Zwangsbefugnisse zu.[127] Daraus lässt sich jedoch nicht ableiten, dass die Befugnis zur Anwendung von Zwang die Einordnung als rechtsfürsorgerisches Verfahren ausschließt. Denn die Normierung von Zwangsbefugnissen ist gerade Ausdruck des Verständnisses des an den Zwecken des § 1 InsO gebundenen Insolvenzgerichts. Es hat als Ultima Ratio im Wege von Zwangsmitteln die Zwecke des § 1 InsO zu verfolgen. Die Möglichkeit der Anwendung von Zwang dient damit gerade dem zweckorientierten Handeln des Insolvenzgerichts. Erst die Anwendung von Zwang macht die Erfüllung der Aufgabe des Insolvenzgerichts vor dem Hintergrund des § 1 Satz 1 InsO handhabbar.[128] Ein zweckorientiertes Handeln des Insolvenzgerichts ohne die Zubilligung von Zwang ist somit nicht nur nicht denkbar. Die Anwendung von Zwang zur Verwirklichung des § 1 Satz 1 InsO ist vielmehr gerade Ausdruck der Rechts- bzw. Vermögensfürsorge für die Gläubiger. Dass sich der Zwang auch gegen den Schuldner richten kann, ändert nichts an dieser Zweckorientierung des Handelns des Insolvenzgerichts.

Deutlicher noch wird die rechtsfürsorgerische Tätigkeit des Insolvenzgerichts im Rahmen des zweiten Zwecks der InsO, der Entschuldung des redlichen

---

124 Vgl. nochmals zusammenfassend: *Smid*, Rechtsprechung, S. 243.

125 Siehe §§ 179, 180 InsO.

126 So aber *Madaus*, Insolvenzplan, S. 352.

127 So z.B. im Eröffnungsverfahren durch § 21 Abs. 2 Satz 1 Nr. 2 InsO, oder die Maßnahmen aus § 98 InsO. Diese gelten selbstverständlich auch für das eröffnete Verfahren. Im eröffneten Verfahren ist ebenfalls § 58 Abs. 2 InsO zu beachten, der auch im eröffneten Verfahren entsprechend für den Fall der Anordnung der vorläufigen Verwaltung gilt, vgl. § 21 Abs. 2 Satz 1 Nr. 1 InsO.

128 Nur für § 58 InsO: *Graeber*, in: MünchKomm InsO, § 58 Rn. 3.

Schuldners gem. § 1 Satz 2 InsO. So wird im Rahmen der §§ 286 ff. InsO ausschließlich der Zweck der Restschuldbefreiung verfolgt. Das Insolvenzgericht nimmt verwaltend die Verfolgung des Zwecks des § 1 Satz 2 InsO wahr. Es wird nicht unparteiisch ein abgeschlossener Sachverhalt beurteilt. Somit ist die Verfolgung des zweiten Zwecks des § 1 Satz 2 InsO eindeutig der verwaltenden, also rechtsfürsorgerischen Tätigkeit des Insolvenzgerichts zuzuordnen.[129]

cc) Ergebnis

Überzeugend ist damit die zweite Ansicht, die das Insolvenzverfahren als nichtstreitiges Verfahren einordnet. Das Insolvenzverfahren ist ein nichtstreitiges Verfahren der Rechtsfürsorge durch das Insolvenzgericht zum Zwecke der gleichmäßigen Gläubigerbefriedigung (§ 1 Satz 1 InsO) bzw. der Restschuldbefreiung des redlichen Schuldners (§ 1 Satz 2 InsO). Dem FamFG kann es jedoch aufgrund seiner abschließenden, formellen Definition nicht unterstellt werden. Dies schließt gleichwohl seine Einordnung als nichtstreitiges Verfahren nicht aus.

2. Restrukturierungsverfahren

Die Struktur des Insolvenzverfahrens ist demnach die eines nichtstreitigen Verfahrens. Daraus kann nicht ohne Weiteres auf die Geltung für das Restrukturierungsverfahren geschlossen werden.

Freilich kann im Rahmen des jungen Restrukturierungsrechts (noch) nicht auf eine solche Literaturdichte zurückgegriffen werden, wie dies für die InsO der Fall ist. Dennoch bildet sich auch für die restrukturierungsrechtliche Literatur die uns bekannte Gegensätzlichkeit der Meinungen heraus. *Kramer* vertritt insoweit für das StaRUG die Meinung, dass es sich um ein streitiges Verfahren handele.[130] Bemerkenswert ist schon hier, dass im Gegensatz zur InsO auf die Einordnung als Gesamtvollstreckungsverfahren verzichtet wird.[131] Im Gegensatz dazu vertritt *Pannen* die Meinung, dass es sich bei dem Restrukturierungsverfahren des StaRUG um ein nichtstreitiges Verfahren mit Rechtsfürsorgecharakter handele.[132]

---

129 Dies sieht so auch *Madaus*, Insolvenzplan, S. 354.

130 *Kramer*, in: BeckOK StaRUG, 3. Ed. 15.11.21, § 38 Rn. 2.

131 *Kramer*, in: BeckOK StaRUG, 3. Ed. 15.11.21, § 38 Rn. 3; siehe auch *ders.*, in: BeckOK StaRUG, 3. Ed. 15.11.21, § 31 Rn. 13; siehe auch: *Deppenkemper*, ZIP 2020, 2432, 2437.

132 *Pannen*, in: Pannen/Riedemann/Smid StaRUG, § 38 Rn. 3.

Die Argumentationsstruktur entspricht dabei der zur Struktur des Insolvenzverfahrens. Für die erstgenannte Ansicht wird angeführt, dass die Einordnung als streitiges Verfahren bereits unmittelbar aus dem Verweis des § 38 Satz 1 StaRUG folge.[133] Auch im Rahmen der Einordnung des Restrukturierungsverfahrens vermag dieses Argument jedoch nicht zu überzeugen. Es handelt sich – wie schon oben nachgewiesen wurde – um eine Tautologie. Die Struktur des Restrukturierungsverfahrens kann nicht aus dem Verweis selbst heraus begründet werden. Die Struktur des Restrukturierungsverfahrens muss vielmehr aus einer Betrachtung ihrer Natur gewonnen werden. Dazu kann aber der Verweis aus § 38 Satz 1 StaRUG nichts beitragen, da der Verweis auf die ZPO ausschließlich ein Instrument der Gesetzesökonomie ist. Der Verweis auf die ZPO hat auch im Rahmen des § 38 Satz 1 StaRUG einzig die Funktion, eine redundante Normierung allgemeiner Grundsätze zu vermeiden und für das Restrukturierungsverfahren ein umfassendes Verfahrensrecht zugrunde zu legen.[134] Auch für das Restrukturierungsverfahren des StaRUG vermag deshalb eine Einordnung als Verfahren der streitigen Gerichtsbarkeit nicht zu überzeugen.

Überzeugend ist hingegen die zweitgenannte Ansicht. Nach dieser handelt es sich um ein nichtstreitiges Verfahren der Rechtsfürsorge durch das Restrukturierungsgericht, da sowohl der Vollstreckungsschutz der §§ 49 ff. StaRUG als auch die Bestätigung des Restrukturierungsplans auf der gerichtlichen Anordnung der Stabilisierung beruhen.[135] Dies vermag vor dem Hintergrund der oben nachgewiesenen Grundsätze überzeugen: Zwar fehlt dem StaRUG eine ausdrückliche Normierung der Ziele, wie sie in der InsO zu finden ist. Dennoch ist aus der Systematik des StaRUG eindeutig die Zielorientierung bzw. Zweckgerichtetheit zu entnehmen.[136] Das Restrukturierungsgericht wird verwaltend zur Verwirklichung des vorrangigen Zwecks der rechtsförmigen Sanierung des Schuldners und des nachrangigen Zwecks der Befriedigung der Gläubiger tätig.[137]

---

133 *Kramer*, in: BeckOK StaRUG, 3. Ed. 15.11.21, § 38 Rn. 2, wenngleich dieser das Argument nicht mit der gleichen Vehemenz vertritt, wie es durch die Vertreter der h.A. im Rahmen der Struktur des Insolvenzverfahrens geschieht. So weist *Kramer* darauf hin, dass die gerichtliche Bestätigung eines außergerichtlichen Restrukturierungsplans der nichtstreitigen Rechtspflege hätte zugeordnet werden können.

134 BT-Drs. 19/24181, S. 142.

135 *Pannen*, in: Pannen/Riedemann/Smid StaRUG, § 38 Rn. 3.

136 Nur für das Ziel der Sanierung: *Bork*, ZRI 2021, 345, 346.

137 Zu den Zielen des StaRUG: BT-Drs. 19/24181, S. 85.

Wichtig ist insofern zunächst das Verständnis, dass das Restrukturierungsverfahren des StaRUG durchaus die beiden Zwecke der Sanierung des Schuldners sowie der Befriedigung der Gläubiger verfolgt. Im Unterschied zur InsO soll eine Befriedigung der Gläubiger jedoch gerade nicht im Wege einer „Versilberung" der Masse, sondern über die Sanierung des Schuldners geschehen. Beachtlich ist zudem, dass im Rahmen des StaRUG schon *a priori* von einer Neigung der Zweckrichtung hin zum Schuldner bzw. dessen Sanierung gesprochen werden muss.[138] In dem Restrukturierungsverfahren geht es nämlich weniger um die Abwicklung eines Schuldners zugunsten der Gläubiger im Sinne einer Lösung des *Common-Pool-Problems*.[139] Vielmehr geht es um die Überwindung des *Holdout-Problems*.[140] Also die Überwindung der Weigerung einzelner Gläubiger[141] einen Sanierungsbeitrag zu leisten über die Instrumente des Restrukturierungsrahmens.[142] Ziel des Restrukturierungsverfahrens ist insofern gerade die Überwindung des *Holdout-Problems* zur Erhaltung und Sanierung des Schuldners.[143]

Die Interessen der Gläubiger werden demnach erst vermittelt durch den vorrangigen Zweck der Sanierung verfolgt. Somit muss m.E. von dem übergeordneten Zweck der Sanierung und dem untergeordneten Zweck der Verfolgung der gläubigerseitigen Interessen gesprochen werden. Dieses Verständnis lässt sich auch systematisch rückbinden. So normiert § 14 Abs. 1 StaRUG zuvörderst eine begründete Erklärung, dass die Bestandsfähigkeit des Schuldners im Wege des Restrukturierungsplans sicher- oder wiederhergestellt werden kann. Hierbei handelt es sich um nichts anderes als eine indirekte Normierung des vorrangigen Ziels der Sanierung für das Restrukturierungsverfahren.[144]

---

138 Vgl. insgesamt: *Paulus*, NZI-Beilage 2021, 9 ff.

139 Vgl. dazu in diesem Kontext: *Skauradszun*, KTS 2021, 1, 3 ff.; *ders.*, in: BeckOK StaRUG, Einleitung Rn. 15; a.A. *Bork*, ZRI 2021, 345, 348, der davon ausgeht, dass auch das StaRUG vorrangig der Lösung des Common-Pool-Problems dient; allgemein zu der Problematik des Common Pools: *Jackson*, The Logic and Limits of Bankruptcy Law, S. 11 ff.; *Madaus*, in: BeckOK InsR, 25. Ed. 15.10.21, InsO, § 1 Rn. 22.1 ff.

140 *Brinkmann*, NZI-Beilage 2019, 27, 29; *Skauradszun*, KTS 2021, 1, 7 ff.; *Smid*, ZInsO 2020, 266; vgl. auch BT-Drs. 19/24181, S. 84.

141 Auch als sog. Akkordstörer bezeichnet.

142 *Brinkmann*, NZI-Beilage 2019, 27, 29; *Skauradszun*, KTS 2021, 1, 7 ff.; *Smid*, ZInsO 2020, 266; vgl. auch BT-Drs. 19/24181, S. 84.

143 *Skauradszun*, KTS 2021, 1, 7.

144 *Fridgen*, in: BeckOK StaRUG, 3. Ed. 15.11.21, § 14 Rn. 1, hebt insoweit zutreffend hervor, dass das Restrukturierungsverfahren gerade kein Selbstzweck ist. Stattdessen kommt es stets auf die Betrachtung der Frage an, ob eine Sanierung des Schuldners durch die ins Auge genommenen Maßnahmen überhaupt möglich ist.

Im Unterschied zur InsO wird im Rahmen des StaRUG auch nicht gleichermaßen die Gleichbehandlung aller Gläubiger verfolgt. Die *par conditio omnium creditorum* ist im StaRUG nicht wie in der InsO verankert. Ausschließlich die planbetroffenen Gläubiger sind gem. § 10 Abs. 1 StaRUG grundsätzlich gleich zu behandeln. Es besteht aber keine Verpflichtung des Schuldners, sämtliche seiner Gläubiger in den Plan einzubeziehen, vgl. § 8 StaRUG.[145] Dies lässt sich wiederum unmittelbar damit erklären, dass im Rahmen des Restrukturierungsverfahrens noch kein *Common-Pool-Problem* besteht. Somit kann die *par conditio omnium creditorum* in diesem Stadium (noch) keine absolute Geltung beanspruchen.[146]

Unabhängig von einer Über- oder Unterordnung der Ziele des StaRUG muss aber festgehalten werden, dass das Restrukturierungsgericht jedenfalls vor dem Hintergrund dieser Ziele zweck- und folgenorientiert tätig wird. Es fungiert nicht als unparteiische streitentscheidende Instanz. Stattdessen nimmt es über die Stabilisierungsanordnung rechtsförmige Eingriffe in die Rechte der Gläubiger im Wege der Vollstreckungs- bzw. Verwertungssperre gem. § 49 Abs. 1 Nr. 1 bzw. 2 StaRUG und der gerichtlichen Planbestätigung gem. § 60 Abs. 1 StaRUG vor. Durch den Gesetzgeber wird dem Restrukturierungsgericht die Beaufsichtigung der Zwecke der Sanierung und Entschuldung übertragen. Um diese wahrzunehmen, handelt es rechtsfürsorgerisch im Sinne einer zweck- und folgenorientierten Verwaltung.

3. *Zwischenergebnis*

Das Insolvenzverfahren ist ein nichtstreitiges Verfahren der Rechtsfürsorge durch das Insolvenzgericht zum Zwecke der gleichmäßigen Gläubigerbefriedigung (§ 1 Satz 1 InsO) bzw. der Restschuldbefreiung des redlichen Schuldners (§ 1 Satz 2 InsO). Das Restrukturierungsverfahren ist ein nichtstreitiges Verfahren der rechtsfürsorgerischen Aufsicht des Restrukturierungsgerichts zum Zweck der Sanierung des Schuldners und der Befriedigung der Gläubiger.

---

145 Zur der Rechtsnatur des StaRUG als teilkollektives Verfahren: *Bork*, ZRI 2021, 345, 347; *Skauradszun*, in: BeckOK StaRUG, 3. Ed. 15.11.2021, Einleitung Rn. 17.

146 „Kippt" der Schuldner hingegen in den Zustand der materiellen Insolvenzreife, besteht ein *Common-Pool-Problem*. Nunmehr hat der Schuldner sich im Sinne der *par conditio omnium creditorum* an den Interessen der Gläubigergesamtheit auszurichten, indem die Insolvenzreife dem Restrukturierungsgericht angezeigt und ein Antrag auf Eröffnung des Insolvenzverfahrens gestellt wird, vgl. § 42 Abs. 1 StaRUG.

II. Normative Begründung der Geltung des Amtsermittlungsgrundsatzes

Nachdem die Struktur von Insolvenz- und Restrukturierungsverfahren als nichtstreitigen Verfahren erörtert wurde, muss nunmehr untersucht werden, warum in Insolvenz- und Restrukturierungsverfahren auf den Amtsermittlungsgrundsatz zurückgegriffen werden muss. Es stellt sich aus normtheoretischer Sicht erstens die Frage, weshalb die Geltung des Amtsermittlungsgrundsatzes spätestens seit Inkrafttreten der KO im Jahr 1879 unabdingbare Grundlage eines Insolvenzverfahrens ist. Zweitens stellt sich die Frage, ob sich die Erkenntnisse auch ohne Weiteres auf das Restrukturierungsverfahren übertragen lassen. Im Einzelnen:

1. Der Amtsermittlungsgrundsatz als Garant der materiellen Wahrheit?

Als Grund für die Geltung des Amtsermittlungsgrundsatzes könnte zunächst die Garantie der materiellen Wahrheit angeführt werden. Dies wird vor allem im Öffentlichen Recht vertreten. Dort gilt der Amtsermittlungsgrundsatz als „unabdingbare Notwendigkeit".[147] Für die Unabdingbarkeit des Amtsermittlungsgrundsatzes im Verwaltungsverfahren wird angeführt, dass der Amtsermittlungsgrundsatz – im Gegensatz zum Verhandlungsgrundsatz[148] – der Ermittlung der materiellen Wahrheit diene.[149] Ähnlich ist es im Strafprozessrecht allgemeine Meinung, dass die Amtsermittlungen des Gerichts nach § 244 Abs. 2 StPO der Ermittlung der materiellen Wahrheit und damit der Verwirklichung des materiellen Schuldprinzips dienen.[150] Auch für die Amtsermittlungen im Rahmen der AO wird vertreten, dass diese der Ermittlung der

---

147 *Schneider*, Nachvollziehende Amtsermittlung, S. 17; *Spilker*, Behördliche Amtsermittlung, S. 11.

148 Dies ist die eigentliche Aussage der Vertreter dieser Ansicht. Insoweit, dass es vor allem auch um eine Abgrenzung gegenüber dem Verhandlungsgrundsatz geht, um zu erklären, warum dieser als Grundsatz im öffentlichen Recht nicht tauglich ist.

149 *Spilker*, Behördliche Amtsermittlung, S. 12 unter Bezug auf: BFH, BStBl. II 1976, 767, 768. In diesem Sinne hatte auch bereits *Albrecht*, Exceptionen, S. 152, darauf hingewiesen, dass der Kläger den Sachverhalt nur insoweit vorzutragen pflegte, wie es seinem klägerischen Begehren dienlich war.

150 BVerfGE 57, 250, 275; BVerfGE 118, 212, 231; BVerfGE 122, 248, 270; ähnlich auch: BGHSt 1, 94, 96; BGHSt 10, 116, 118; BGHSt 23, 176, 187; *Trüg/Habetha*, in: MünchKomm StPO, § 244 Rn. 4.

materiellen Wahrheit dienen.[151] Und so wird auch für die InsO und das StaRUG angeführt, der Amtsermittlungsgrundsatz diene der Verwirklichung der materiellen Wahrheit[152] bzw. der Wahrheitsfindung.[153]

Dieses Verständnis des Amtsermittlungsgrundsatzes als Garant für die materielle Wahrheit überzeugt jedoch in zweierlei Hinsicht nicht als alleinige normative Herleitung. Erstens ist schon die übermäßige Einengung der Ermittlung der Wahrheit in den Kategorien der formellen und materiellen Wahrheit im Wege des Verhandlungs- respektive des Amtsermittlungsgrundsatzes zweifelhaft.[154] Beide Grundsätze der Sachverhaltsrekonstruierung sind in einem Prozess auf die Ermittlung der Wahrheit gerichtet,[155] unterscheiden sich indes in der Art, durch welche die Wahrheit ermittelt werden soll. Die Behauptung, der Amtsermittlungsgrundsatz richte sich (im Gegensatz zum Verhandlungsgrundsatz) auf die Erforschung der materiellen Wahrheit, ist also schon auf den ersten Blick nicht zielführend. Zur Bestimmung des normtheoretischen Grunds der Normierung des Amtsermittlungsgrundsatzes ist aus der Unterscheidung zwischen formeller und materieller Wahrheit daher nichts gewonnen.

Zweitens kann der Grund der Geltung des Amtsermittlungsgrundsatzes nicht allein Ermittlung der (materiellen) Wahrheit sein, da das Insolvenzverfahren sowie das Restrukturierungsverfahren als administrative Verfahren schon gar nicht nur auf die Ermittlung von Wahrheit gleich welcher Form

---

151 BFH, BStBl. II 1976, 767, 768; *Hahlweg*, in: Koenig AO, § 88 Rn. 9; allgemein: *Spilker*, Behördliche Amtsermittlung, S. 12.

152 *Andres*, in: Andres/Leithaus InsO, § 5 Rn. 5; *Büttner*, in: HambKomm InsO, Anhang zu § 5 InsO Rn. 2 ff.; *ders.*, in: HambKomm InsO, InsVV, § 3 Rn. 115; *Ganter/Bruns*, in: MünchKomm InsO, § 5 Rn. 4, 46; *Kexel*, in: Graf-Schlicker InsO, § 5 Rn. 1; unklar *Ahrens*, in: Ahrens/Gehrlein/Ringstmeier InsO, § 5 Rn. 1 („materielle Richtigkeit“) u. Rn. 12 („Wahrheitssuche“); siehe auch *Bork*, ZIP 2017, 2173, 2175; für das StaRUG: *Deppenkemper*, ZIP 2020, 2432, 2437.

153 So ausdrücklich: *Stephan*, in: K. Schmidt InsO, § 5 Rn. 1; ähnlich: *Sternal*, in: HeidelbKomm InsO, § 5 Rn. 2.

154 *Berg*, Die verwaltungsrechtliche Entscheidung bei ungewissem Sachverhalt, S. 40; *Henckel*, Prozessrecht und materielles Recht, S. 144; *Kollhosser*, JZ 1973, 8, 11; *ders.*, Zur Stellung und zum Begriff der Verfahrensbeteiligten im Erkenntnisverfahren der freiwilligen Gerichtsbarkeit, S. 115 ff.

155 *Berg*, Die verwaltungsrechtliche Entscheidung bei ungewissem Sachverhalt, S. 40; *Henckel*, Prozessrecht und materielles Recht, S. 144; *Kollhosser*, JZ 1973, 8, 11; *ders.*, Zur Stellung und zum Begriff der Verfahrensbeteiligten im Erkenntnisverfahren der freiwilligen Gerichtsbarkeit, S. 115 ff.

gerichtet sind.[156] So liegt es in administrativen Verfahren, in denen auch der Amtsermittlungsgrundsatz gilt, in der Natur der Sache, dass nicht retrospektiv wie in einem Prozess ein abgeschlossener Sachverhalt beurteilt wird. Vielmehr sind administrative Verfahren aufgrund ihrer Zweckausrichtung erst auf die Schaffung eines Sachverhalts gerichtet.[157] Mit anderen Worten: Tatsachen sind nicht nur an den Kategorien von Wahr- oder Unwahrheit zu messen.[158] Es stellt sich vor dem Hintergrund des durch das jeweilige Verfahren verfolgten Zwecks zudem die Frage nach der Angemessenheit oder der Unangemessenheit der administrativen Entscheidung.[159] Damit ist der Amtsermittlungsgrundsatz nicht *nur* Garant, aber *auch* Garant der (materiellen) Wahrheit.

Somit kann die Geltung des Amtsermittlungsgrundsatzes in Insolvenz- und Restrukturierungsverfahren aber nicht allein durch die Verfolgung der (materiellen) Wahrheit erklärt werden.[160]

2. *Die normative Implikation der Geltung des Amtsermittlungsgrundsatzes aus der Zweckgerichtetheit des Insolvenzverfahrens*

Auf welchen normativen Implikationen beruht die Geltung des Amtsermittlungsgrundsatzes im Insolvenzverfahren also zusätzlich? Diese Frage kann nur vor dem Hintergrund der Struktur des Insolvenzverfahrens beantwortet werden. Insoweit ist festzuhalten: Im Insolvenzverfahren gilt der Amtsermittlungsgrundsatz auch zur effektiven Durchsetzung der Zwecke des § 1 InsO. Die Zwecke des § 1 InsO können nur dann effektiv durchgesetzt werden, wenn es Insolvenzgerichten möglich ist, die „Datenbasis"[161] ihrer zur Verfolgung der Zwecke zu treffenden Entscheidungen selbstständig zu ermitteln. Die normative Implikation für die Geltung des Amtsermittlungsgrundsatzes in der InsO

---

156 A.A. LG Nürnberg-Fürth, NJW 1961, 834; *Andres*, in: Andres/Leithaus InsO, § 5 Rn. 5; *Büttner*, in: HambKomm InsO, Anhang zu § 5 InsO Rn. 2 ff.; *ders.*, in: HambKomm InsO, InsVV, § 3 Rn. 115; *Ganter/Bruns*, in: MünchKomm InsO, § 5 Rn. 4, 46; *Kexel*, in: Graf-Schlicker InsO, § 5 Rn. 1; unklar *Ahrens*, in: Ahrens/Gehrlein/Ringstmeier InsO, § 5 Rn. 1 („materielle Richtigkeit") u. Rn. 12 („Wahrheitssuche"); für das StaRUG: *Deppenkemper*, ZIP 2020, 2432, 2437.

157 *Smid*, Rechtsprechung, S. 297 f.

158 *Smid*, Rechtsprechung, S. 297 f.

159 *Smid*, Rechtsprechung, S. 298.

160 Ebenso, wenngleich mit abweichender Argumentation: *Wollenhaupt*, Amtsermittlungsgrundsatz im StaRUG, § 2 C. II. 3.

161 *Smid*, Rechtsprechung, S. 412.

ist somit auch die Zweckgerichtetheit des Verfahrens und die sich daraus ergebende Notwendigkeit, dem Gericht die Möglichkeit einzuräumen, die für eine auf die Zwecke des § 1 InsO gerichtete Entscheidung erforderliche Tatsachengrundlage selbstständig beschaffen zu können.

Demnach ist die normative Begründung für die Geltung des Amtsermittlungsgrundsatzes zweischichtig. Die Begründung für die Geltung des Amtsermittlungsgrundsatzes ist erstens die Garantie der Ermittlung der Wahrheit und zweitens die Zweckgerichtetheit der Verfahren.[162] Nur aus dem Zusammenspiel lässt sich die Geltung des Amtsermittlungsgrundsatzes normativ erklären.

3. *Die normative Implikation der Geltung des Amtsermittlungsgrundsatzes aus der Zweckgerichtetheit des Restrukturierungsverfahrens*

Daran anknüpfend kann auch für das administrative Restrukturierungsverfahren die Geltung des Amtsermittlungsgrundsatzes nicht allein durch die Ermittlung der (materiellen) Wahrheit erklärt werden. Auch hier muss die Struktur des Restrukturierungsverfahrens in den Blick genommen werden: Auch zur Verfolgung der Ziele des Restrukturierungsverfahrens bedarf es einer Ermittlung der „Datenbasis", die den Entscheidungen des Restrukturierungsgerichts zugrunde liegt, durch das Restrukturierungsgericht selbst. Die Struktur des Restrukturierungsverfahrens selbst als administratives Verfahren zur Verfolgung der Zwecke der Sanierung des Schuldners und der Befriedigung der Gläubiger impliziert somit die Geltung des Amtsermittlungsgrundsatzes im Restrukturierungsverfahren.

4. *Folgen der normativen Implikation des Amtsermittlungsgrundsatzes aus der Zweckgerichtetheit der Verfahren*

Aus der normativen Grundlage des Amtsermittlungsgrundsatzes in der Struktur der Insolvenz- und Restrukturierungsverfahren als zweckgerichtete Verfahren ergeben sich für die Ermittlungen des Gerichts unmittelbare Folgen. Zum einen ist die Grenze dessen, was durch das Gericht ermittelt werden kann und muss, nicht in einem entscheidungserheblichen Sachverhalt, sondern in der Ökonomie der Verfahren[163], also der den Verfahren zugrundeliegenden

162 Aus dem Wahrheitsbegriff wird dadurch ein normativer Wahrheitsbegriff, der durch Elemente der Zweckmäßigkeit konturiert und bestimmt wird.

163 *Smid*, Rechtsprechung, S. 412.

Zwecke, zu sehen. Dies lässt sich auch an dem Wortlaut des § 5 Abs. 1 Satz 1 InsO bzw. des § 39 Abs. 1 Satz 1 StaRUG nachzeichnen, nach denen (nur) diejenigen Umstände durch das Insolvenz- bzw. Restrukturierungsgericht zu ermitteln sind, die für das Insolvenz- oder Restrukturierungsverfahren von „Bedeutung“ sind. Für das Insolvenz- bzw. Restrukturierungsverfahren von Bedeutung sind wiederum nur solche Umstände, die mit der Verfolgung der Zwecke des jeweiligen Verfahrens in Berührung stehen.[164] Mit anderen Worten: Die Ermittlungen des Gerichts in Insolvenz- und Restrukturierungsverfahren sind an den jeweiligen Zwecken des Verfahrens auszurichten.

Zum anderen hat das Gericht nicht bloß die Wahrheit eines Umstands zu ermitteln, sondern auf zweiter Ebene auch Überlegungen zur Zweckmäßigkeit der sich aus dem (wahren) Umstand ergebenden Möglichkeiten anzustellen.

164 Ausführlich hierzu sogleich: § 2 A. II.

§ 2 Gemeinsame Grundsätze und Unterschiede der amtswegigen Ermittlungen in Insolvenz- und Restrukturierungsverfahren

Die Grundlage für die folgenden Ausführungen ist nunmehr durch die Untersuchung der Struktur von Insolvenz- und Restrukturierungsverfahren und der normativen Begründung für die Geltung des Amtsermittlungsgrundsatzes gelegt. Darauf aufbauend können diejenigen Grundsätze untersucht werden, die den amtswegigen Ermittlungen in beiden Verfahrensarten gemein sind.

Zur Systematisierung dieser gemeinsamen Grundsätze bietet es sich an, die folgenden Betrachtungen an dem Wortlaut von § 5 Abs. 1 InsO und § 39 Abs. 1 StaRUG auszurichten. Dieser lautet zusammenfassend[165]: Das Insolvenz- oder Restrukturierungsgericht hat von Amts wegen alle Umstände zu ermitteln, die für das Insolvenz- oder Restrukturierungsverfahren von Bedeutung sind. Demnach lassen sich drei Grundsätze identifizieren, die anschließend jeweils gesondert untersucht werden sollen. Erstens sind nur solche Umstände zu ermitteln, die von Bedeutung für das Verfahren sind. Zweitens hat das jeweilige Gericht von Amts wegen zu tätig zu werden. Drittens sind besondere Grundsätze hinsichtlich Art und Umfang der Ermittlungen zu beachten.

Im Folgenden soll demnach eine gemeinsame Systematik des Amtsermittlungsgrundsatzes herausgearbeitet werden. An den entsprechenden Stellen müssen aber auch die Sollbruchstellen dieser gemeinsamen Systematik untersucht werden. Im Einzelnen:

A. Umstände von Bedeutung für das Verfahren

Innerhalb der gemeinsamen Grundsätze sollen im Folgenden zunächst die Umstände, die von Bedeutung für das Verfahren sind, betrachtet werden. Es bietet sich insoweit an, zuerst eine Definition für den unbestimmten Rechtsbegriff

---

165 Der Wortlaut des § 39 Abs. 1 Satz 1, letzter Hs. StaRUG enthält eine Abweichung von der Schwestervorschrift des § 5 Abs. 1 InsO. Demnach steht der Amtsermittlungsgrundsatz im Restrukturierungsverfahren unter dem Vorbehalt, dass im StaRUG nicht Abweichendes bestimmt ist, dazu unten: § 2 A. II. 2. b).

der „Umstände" zu finden. Anschließend wird sich der Frage gewidmet, wann Umstände für das jeweilige Verfahren von Bedeutung sind.

I. Umstände

Bei Begutachtung des Wortlauts von § 5 Abs. 1 InsO und § 39 Abs. 1 Satz 1 StaRUG fällt auf, dass jeweils nicht von der Ermittlung des Sachverhalts wie z.B. in § 86 Abs. 1 Satz 1 VwGO oder von den entscheidungserheblichen Tatsachen wie in § 26 FamFG gesprochen wird. Stattdessen hat das jeweilige Gericht „Umstände" zu ermitteln.

Die Gesetzesbegründung der InsO trifft keine Aussage zu der Frage, ob der Gesetzgeber der Unterscheidung eine weiterführende Bedeutung beimaß. So stellt sich die Frage des Verhältnisses der Umstände zu dem Sachverhalt und Tatsachen. Dabei ist zu konstatieren, dass Umstände synonym für Tatsachen sind. Ebenso wie der Sachverhalt im Sinne des § 86 Abs. 1 Satz 1 VwGO müssen Umstände auf einzelne – ggf. miteinander verbundene – Tatsachen heruntergebrochen werden. Damit ist entscheidend für das Verständnis der Umstände die Definition der Tatsache:

Ein einheitlicher Tatsachenbegriff existiert im deutschen Rechtssystem nicht.[166] Naheliegenderweise wird man jedoch aufgrund der Nähe von Insolvenz- und Restrukturierungsverfahren zum Zivilprozess sowie § 4 Satz 1 InsO und § 38 Satz 1 StaRUG zunächst von dem zivilprozessualen Tatsachenbegriff ausgehen müssen. Im zivilprozessualen Sinne erfasst der Tatsachenbegriff zunächst reale Ereignisse der Außenwelt, innersubjektive Vorgänge, Prognosen[167], hypothetische Schlussfolgerungen über die Vergangenheit, zu Geschehenskomplexen zusammengefasste Einzeltatsachen und Tatsachenurteile über das Nichtvorliegen bzw. die Unmöglichkeit des Vorliegens eines Umstands.[168]

---

166 Etwas missverständlich deshalb: *Groh/Werner,* in: Creifelds, Rechtswörterbuch, Stichwort: Tatsache, die von einem *„juristischen Sprachgebrauch"* sprechen.

167 Ablehnend im Kontext von § 824 BGB: BGH, NJW 1998, 1223, 1224, allerdings unter Berufung auf die Entscheidung des Reichsgerichts RGSt 67, 2, 3, die jedoch zu § 186 StGB ergangen ist. Darauf bezugnehmend differenzierend: *Bacher,* in: BeckOK ZPO, 42. Ed. 01.09.21, § 284 Rn. 2.1; ohne Differenzierung: *Greger,* in: Zöller ZPO, § 286 Rn. 9; für das Verwaltungsrecht hingegen bejahend: *Nierhaus,* Beweismaß und Beweislast, S. 31.

168 So: *Prütting,* in: MünchKomm ZPO, § 284 Rn. 41; ähnlich: *Foerste,* in: Musielak/Voit ZPO, § 284 Rn. 2.

Über all diese Unterfälle einer Tatsache kann prozessual der Beweis geführt werden.[169] Bei realen, sinnlich erfahrbaren Ereignissen der Außenwelt mag dies unterdessen näherliegen als bei innersubjektiven Vorgängen oder gar Negativem Doch selbst für Letztere ist längst anerkannt, dass auch diese Gegenstände der Beweisführung sein können.[170]

II. Bedeutsamkeit der Umstände für das Verfahren

Gerichte, die eine Pflicht zur Amtsermittlung trifft, haben jedoch nicht ohne Weiteres sämtliche Umstände innerhalb der jeweiligen Verfahren zu ermitteln. Dies wäre nicht nur unzweckmäßig, sondern zweckwidrig. Denn das Gericht ermittelt nicht bloß „ins Blaue hinein"[171], vielmehr führt dies sogar je nach Prozessordnung zur Unverwertbarkeit der Erkenntnisse.[172] Stattdessen sollen gerade die Tatsachen ermittelt werden, die die Grundlage für die Entscheidung des Gerichts bilden sollen. Damit sind aber nicht uneingeschränkt die Tatsachen im obigen Sinne gemeint. Der Tatsachenbegriff im Rahmen der gerichtlichen Amtsermittlung bedarf einer genaueren Konturierung. Ermittelt werden sollen nur diejenigen Tatsachen, die als tatbestandliche Voraussetzung für eine Rechtsfolge vorliegen müssen.[173] Die Amtsermittlungspflicht bezieht sich folglich auf sog. Subsumtionstatsachen.[174] Also solche Tatsachen, deren Vorliegen Voraussetzung für die Anwendung einer Rechtsnorm ist.[175] Dabei

---

169 Zum Zusammenspiel von Amtsermittlung und Beweis siehe unten: § 2 C. III.

170 Grundlegend zur Beweislastverteilung: *Rosenberg*, Beweislast, S. 98 ff.; BGHZ 16, 307, 310; BGH, NJW 1958, 1188; *Foerste*, in: Musielak/Voit ZPO, § 286 Rn. 48; *Greger*, in: Zöller ZPO, Vorbem. zu § 284 Rn. 24; *Prütting*, in: MünchKomm ZPO, § 284 Rn. 41; *ders.*, Gegenwartsprobleme der Beweislast, S. 253 f., 259, mit Verweis auf die Tendenz des Gesetzgebers, trotzdem den Beweis von Negativem zu vermeiden.

171 BGH, ZInsO 2012, 143, 144; *Kramer*, in: BeckOK StaRUG, 3. Ed. 15.11.21, § 39 Rn. 17; *Rüther*, in: HambKomm InsO, § 5 Rn. 11; *Spilker*, Behördliche Amtsermittlung, S. 71.

172 So: *Dawin*, in: Schoch/Schneider VwGO, 40. Lfg. 2.21, § 86 Rn. 47, unter Verweis auf § 244 Abs. 3 Satz 1 StPO; Allgemein: *Schneider*, in: Schoch/Schneider, Grundwerk. 7.20, § 24 Rn. 77 ff., 94 ff.; *Spilker*, Behördliche Amtsermittlung, S. 71, spricht von „Unzulässigkeit"; zu den Folgen von Verstößen bei den amtswegigen Ermittlungen durch Behörden: *dies.*, Behördliche Amtsermittlung, S. 197 ff.

173 *Nierhaus*, Beweismaß und Beweislast, S. 28 f.; ähnlich: *Dawin*, in: Schoch/Schneider VwGO, 40. Lfg. 2.21, § 86 Rn. 8.

174 *Nierhaus*, Beweismaß und Beweislast, S. 29; *Spilker*, Behördliche Amtsermittlung, S. 86 f.

175 *Seiter*, in: FS Baur, S. 573, 574.

wird an die Entscheidungserheblichkeit kein allzu strenger Maßstab angelegt werden. Die mittelbare Erheblichkeit für die Anwendung einer Rechtsnorm ist ausreichend.[176]

Dieser soeben dargestellte Grundsatz der immanenten Beschränkung des Tatsachenbegriffs durch das materielle Recht ist ein Rechtsgedanke, der sich unmittelbar in dem Gesetzeswortlaut von § 5 Abs. 1 Satz 1 InsO und § 39 Abs. 1 Satz 1 StaRUG niedergeschlagen hat. Denn Insolvenz- und Restrukturierungsgerichte haben nicht sämtliche Umstände, die in einem Zusammenhang zu dem jeweiligen Verfahren stehen, zu ermitteln. Stattdessen sind lediglich solche Umstände zu ermitteln, die „für das Insolvenz- oder Restrukturierungsverfahren von *Bedeutung* sind". Der Frage der „Bedeutung" eines Umstands für das jeweilige Verfahren kommt demnach entscheidende Relevanz für die Grenzen der zulässigen Amtsermittlungen zu.

Somit lassen sich die zwei entscheidenden (Unter-)Fragen identifizieren: 1. Was wird von dem Begriff des „Verfahren[s]" umfasst? 2. Wann hat ein Umstand Bedeutung für das Verfahren?

1. Das „Verfahren"

Zunächst stellt sich die Frage des Inhalts des Rechtsbegriffs des Verfahrens aus § 5 Abs. 1 Satz 1 InsO und § 39 Abs. 1 Satz 1 StaRUG. Wie sich zeigen wird, ist das Verständnis von dem Begriff des Verfahrens im StaRUG *homogen*. Das Verständnis des Verfahrens innerhalb der InsO ist hingegen *heterogen* geprägt. Deshalb bedarf es im Rahmen der InsO einer Unterscheidung zwischen den verschiedenen Verfahrensabschnitten, die sich sodann auf die Zulässigkeit der Amtsermittlungen auswirkt. Im Einzelnen:

a) Insolvenzverfahren

Das Insolvenzverfahren gibt es nicht im Kontext von Amtsermittlungen. Zwar handelt es sich um ein Einheitsverfahren in dem Sinne, dass sämtliche Verfahrensarten innerhalb *des* Insolvenzverfahrens versammelt werden.[177] Dennoch bestehen hinsichtlich der Amtsermittlungen, vor allem hinsichtlich Art, Umfang und grundsätzlicher Zulässigkeit, zwischen den Verfahrensarten Unterschiede.

Gemein ist zunächst, dass es ein vorangestelltes Zulassungsverfahren gibt. Gegenstand dieses Verfahrens ist die Prüfung der Erfüllung der formellen und

176 *Spilker*, Behördliche Amtsermittlung, S. 87 f.

177 *Stürner*, in: MünchKomm InsO, Einleitung, Rn. 6.

materiellen Voraussetzungen eines eingegangenen Antrags auf Eröffnung des Insolvenzverfahrens über das Vermögen eines Schuldners.[178] Innerhalb des Zulassungsverfahrens gilt jedoch noch kein Amtsermittlungsgrundsatz.[179] Der Antragsteller hat die erforderlichen Angaben, wie den Eröffnungsgrund, vorzutragen.[180] Es gilt der Beibringungsgrundsatz.[181] Das Zulassungsverfahren ist kein *Verfahren* im Sinne des § 5 Abs. 1 Satz 1 InsO.

Erst mit der gerichtlichen Zulassung endet das Zulassungsverfahren und es wird in das Eröffnungsverfahren übergeleitet.[182] Dabei handelt es sich in der Diktion des BGH um ein „quasi-streitiges Verfahren".[183] Dennoch greift ab der Überleitung in das Eröffnungsverfahren der Amtsermittlungsgrundsatz.[184] Das Eröffnungsverfahren ist bereits ein *Verfahren* im Sinne des § 5 Abs. 1 Satz 1 InsO. Was *in concreto* ermittelt wird, richtet sich nach der Bedeutung.

Nach Eröffnung des Insolvenzverfahrens wiederum bleibt es selbstverständlich bei dem Amtsermittlungsgrundsatz. Allerdings ist die Geltung des Amtsermittlungsgrundsatzes nicht in allen Verfahrensarten gleichermaßen ausgeprägt. So muss zwischen dem eigentlichen Insolvenzverfahren im Sinne des Liquidationsverfahrens (gleichermaßen für Regel- wie für Verbraucherinsolvenzverfahren), dem Insolvenzplanverfahren sowie dem Restschuldbefreiungsverfahren unterschieden werden. In Ersterem gilt uneingeschränkt der Grundsatz der Amtsermittlung. Das „klassische" Liquidationsverfahren ist ein *Verfahren* im Sinne des § 5 Abs. 1 Satz 1 InsO. Die Umstände, die von Bedeutung sind, richten sich nach den Besonderheiten des jeweiligen Einzelfalls.[185]

---

178 LG Göttingen, ZIP 1994, 1376; *Ganter/Bruns*, in: MünchKomm InsO, Vorbem. §§ 2-10 Rn. 16; *Wegener*, in: Uhlenbruck InsO, § 13 Rn. 142.

179 BGHZ 153, 205, 208; BGH, NZI 2003, 647; *Kexel*, in: Graf-Schlicker InsO, § 13 Rn. 27; *Pape*, in: Kübler/Prütting/Bork InsO, 75. Lfg. 3.18, § 13 Rn. 13a; *Wegener*, in: Uhlenbruck InsO, § 13 Rn. 142.

180 S. dazu insgesamt: *Vuia*, in: MünchKomm InsO, § 13 Rn. 92 ff.; *Wegener*, in: Uhlenbruck InsO, § 13 Rn. 62 ff., 93 ff.; *Wolfer*, in: BeckOK InsR, 25. Ed. 15.10.21, InsO, § 13 Rn. 20 ff.

181 *Haarmeyer*, ZInsO 1998, 92; *Pape*, in: Kübler/Prütting/Bork InsO, 75. Lfg. 3.18, § 13 Rn. 13a; *Wegener*, in: Uhlenbruck InsO, § 13 Rn. 142.

182 BGHZ 153, 205, 208; BGH, NZI 2006, 590; BGH, ZIP 2007, 878 f.; *Wegener*, in: Uhlenbruck InsO, § 13 Rn. 144.

183 Dieses Verständnis begründete: BGH, NJW 1961, 2016; daran anschließend nunmehr ständige Rechtsprechung: BGHZ 149, 178, 181; siehe auch: *Haarmeyer*, ZInsO 1998, 92; *Holzer*, NZI 2007, 432, 435; *Wegener*, in: Uhlenbruck InsO, § 14 Rn. 148.

184 BGHZ 149, 178, 181; BGHZ 153, 205, 208.

185 Siehe unten § 2 A. II.

b) Besonderheit: Insolvenzplanverfahren der §§ 217 ff. InsO

Im Insolvenzplanverfahren gilt ebenfalls der Amtsermittlungsgrundsatz.[186] Auch das Insolvenzplanverfahren ist ein *Verfahren* im Sinne des § 5 Abs. 1 Satz 1 InsO.[187] Denn das Insolvenzverfahren ist ein einheitliches Verfahren.[188] Dies macht der Gesetzgeber bereits dadurch in § 1 Satz 1 InsO sprachlich deutlich, dass er die Liquidation sowie die planweise Regelung als alternative Formen der Beendigung eines Insolvenzverfahrens normiert.[189]

Dafür spricht auch, dass sich keine ausdrückliche Exemtion von der Geltung des Amtsermittlungsgrundsatzes in den §§ 217 ff. InsO findet.[190] Zudem ergibt sich aus dem eindeutigen gesetzgeberischen Willen, dass der Amtsermittlungsgrundsatz (mit Ausnahmen) auch in den §§ 217 ff. InsO gelten soll. Insoweit stellt der Rechtsausschuss in seiner Beschlussempfehlung und Begründung zu den §§ 245, 247 und 251 InsO fest, dass auch im Rahmen des Insolvenzplanverfahrens die Amtsermittlungspflicht aus § 5 Abs. 1 Satz 1 InsO gilt.[191]

Dennoch wird vor allem im Rahmen der §§ 245 und 251 InsO ausführlich über eine Geltung des Amtsermittlungsgrundsatzes diskutiert.[192] Diese beiden Paragrafen sind Stellvertreter für den Streit über die Geltung des Amtsermittlungsgrundsatzes innerhalb des Insolvenzplanverfahrens insgesamt. Im

---

186 BGH, NJW 2015, 697, 698; *Eidenmüller*, NJW 1999, 1837, 1838; *ders.*, ZGR 2001, 680, 698; *ders.*, in: MünchKomm InsO, Vor. §§ 217-269 Rn. 50; *Madaus*, in: BeckOK InsR, 25. Ed. 15.10.21, InsO, § 5 Rn. 7.1; *ders.*, NZI 2015, 702, 704; *Pape*, in: Uhlenbruck InsO, § 5 Rn. 3; *Pleister*, in: Kübler/Prütting/Bork InsO, 88. Lfg. 5.21, § 245 Rn. 42; *Thies*, in: HambKomm InsO, § 245 Rn. 24; a.A. *Baumert*, in: Braun InsO, § 5 Rn. 13, allerdings ohne Begründung; *Smid/Rattunde*, in: Smid InsO, § 245 Rn. 35; vgl. auch *Koch/de Bra*, in: Gottwald/Haas Insolvenzrechts-Handbuch, § 64 V. Rn. 22 ff.

187 *Madaus*, in: BeckOK InsR, 25. Ed. 15.10.21, InsO, § 5 Rn. 7.1; *ders.*, Insolvenzplan, S. 399 f.

188 In diesem Kontext: *Madaus*, Insolvenzplan, S. 400.

189 „Das Insolvenzverfahren dient dazu, die Gläubiger eines Schuldners gemeinschaftlich zu befriedigen, indem das Vermögen des Schuldners verwertet und der Erlös verteilt oder in einem Insolvenzplan eine abweichende Regelung insbesondere zum Erhalt des Unternehmens getroffen wird“, § 1 Satz 1 InsO.

190 *Eidenmüller*, NJW 1999, 1837, 1838; *ders.*, ZGR 2001, 680, 698; *ders.*, in: MünchKomm InsO, Vor. §§ 217-269 Rn. 50.

191 Beschlussempfehlung und Begründung des BT-RA §§ 245, 247 und 251 InsO-RegE, BT-Drs. 14/120, S. 14.

192 S. dazu auch *Wollenhaupt*, Amtsermittlungsgrundsatz im StaRUG, § 3 A. II. 2 und § 3 H. VII.

Ergebnis gilt jedoch sowohl im Rahmen des § 245 InsO als auch des § 251 InsO der Amtsermittlungsgrundsatz:

Zuzugestehen ist, dass die Reichweite des Amtsermittlungsgrundsatzes im Rahmen des Insolvenzplanverfahrens teilweise eingeschränkt ist.[193] Die Ermittlungsdichte wird an verschiedenen Stellen durch das Wort „voraussichtlich" eingeschränkt.[194] Auch sind Insolvenzgerichte in der Folge dessen beispielsweise im Rahmen des § 251 Abs. 1 Nr. 2, 1. Hs. InsO nicht verpflichtet, Sachverständigenrat einzuholen.[195] Die Veränderung der Ermittlungsdichte bedeutet jedoch für sich genommen nicht, dass der Amtsermittlungsgrundsatz nicht gilt.

Ferner ist richtig, dass an verschiedenen Stellen in den §§ 217 ff. InsO eine Glaubhaftmachung gefordert wird. Dadurch wird eine Darlegungslast[196] eingeführt, die eine Geltung des Beibringungsgrundsatzes nach sich zieht.[197] Dies hat wiederum zur Folge, dass bei Gelingen der Glaubhaftmachung (§ 4 Satz 1 InsO i.V.m. § 294 ZPO) die Insolvenzgerichte für ihre Entscheidung allein die durch den Gläubiger vorgebrachten und glaubhaft gemachten Tatsachen heranzuziehen haben.[198] Auch dies bedeutet jedoch nicht, dass dadurch insgesamt der Amtsermittlungsgrundsatz suspendiert wäre.[199] Denn gelingt dem Antragsteller die Glaubhaftmachung, setzt die Amtsermittlungspflicht des

---

193 Ähnlich: *Eidenmüller*, ZGR 2001, 680, 698; *ders.*, in: MünchKomm InsO, Vor. §§ 217-269, Rn. 5.

194 S. §§ 245 Abs. 1 Nr. 1, 247 Abs. 2 Nr. 1, 248a Abs. 3, 251 Abs. 2 Nr. 1, 1. Hs. InsO.

195 Beschlussempfehlung und Begründung des BT-RA §§ 245, 247 und 251 InsO-RegE, BT-Drs. 14/120, S. 14; siehe u.a. dazu bereits *Wollring/Quitzau*, ZRI 2021, 616, 623; laut *Pape*, in: Uhlenbruck InsO, § 5 Rn. 3 wird dennoch auf die Beiziehung eines Sachverständigen kaum verzichtet werden können; ähnlich auch *Eidenmüller*, ZGR 2001, 680, 698. Eine Verpflichtung hierzu gibt es jedoch nach dem eindeutigen Willen des Gesetzgebers nicht, dazu kritisch *Eidenmüller*, NJW 1999, 1837, 1838.

196 S. dazu auch sogleich unten: § 2 C. III.

197 *Wüstenberg*, Non liquet im Insolvenzverfahren, S. 107; siehe auch *Eidenmüller*, NJW 1999, 1837, 1838, Fn. 9.

198 BGH, NZI 2007, 409, 410; BGH, BeckRS 2012, 17122; zur Parallelproblematik des § 309 Abs. 1 InsO: BayObLG, NZI 2001, 145, 147; OLG Köln, NZI 2004, 594, 595; siehe auch *Pleister*, in: Kübler/Prütting/Bork InsO, 88. Lfg. 5.21, § 251 Rn. 20; *Sinz*, in: MünchKomm InsO, § 251 Rn. 50; *Thies*, in: HambKomm InsO, § 251 Rn. 10.

199 Ausdrücklich so im Rahmen der Parallelproblematik des § 290 InsO: BGHZ 156, 139, 146 f.: „Die kontradiktorische Ausprägung des Versagungsverfahrens hat nicht zur Folge, daß über die Begründetheit des Antrags nach den Regeln der Dispositionsmaxime zu entscheiden ist."

Insolvenzgerichts wieder ein.[200] Dann *kann* das Gericht amtswegige Ermittlungen anstellen. Demnach ist in § 251 InsO der Amtsermittlungsgrundsatz nicht ausgeschlossen. Er setzt jedoch voraus, dass zunächst die Glaubhaftmachung durch den Antragsteller gelingt.

Auch im Rahmen des § 245 InsO gilt im Ergebnis der Amtsermittlungsgrundsatz. Zutreffend ist allerdings, dass sich eine Geltung des Amtsermittlungsgrundsatzes nicht bereits aus § 250 Nr. 1 InsO ergeben kann.[201] Wie *Wüstenberg* herausarbeitet, kann nämlich ein Verstoß erst in dem Moment vorliegen, in dem das Insolvenzgericht den Plan bestätigt, ohne dass die Voraussetzungen des § 245 InsO vorliegen.[202] § 245 InsO wird damit erst im Beschwerdeverfahren relevant.[203]

Allerdings ergibt sich die Geltung des Amtsermittlungsgrundsatzes im Rahmen des § 245 InsO bereits aus § 5 Abs. 1 Satz 1 InsO.[204] Hiergegen wird angeführt, dass der Amtsermittlungsgrundsatz schon deswegen keine Geltung beanspruche, da § 245 InsO die gleichmäßige Gläubigerbefriedigung nicht berühre und es insofern keiner „materielle[n] Wahrheitsfindung" bedürfe.[205]

---

200 BGHZ 202, 133, 142; vgl. auch BGHZ 156, 139, 146 f.; *Eidenmüller*, in: MünchKomm InsO, Vor. §§ 217-269 Rn. 50; *Madaus*, in: BeckOK InsR, 25. Ed. 15.10.21, InsO, § 5 Rn. 7.1; *Pape*, in: Uhlenbruck InsO, § 5 Rn. 3; *Sinz*, in: MünchKomm InsO, § 251 Rn. 50; *Spliedt*, in: K. Schmidt InsO, § 251 Rn. 28; *Sternal*, in: HeidelbKomm InsO, § 5 Rn. 5; *Thies*, in: HambKomm InsO, § 251 Rn. 23; a.A. *Silcher*, in: Ahrens/Gehrlein/Ringstmeier InsO, § 251 Rn. 15.

201 *Wüstenberg*, Non liquet im Insolvenzverfahren, S. 105; anknüpfend an *Lüer/Streit*, in: Uhlenbruck InsO, § 245 Rn. 27; *Sinz*, in: MünchKomm InsO, § 245 Rn. 36; a.A. wohl *Madaus*, in: BeckOK InsR, 25. Ed. 15.10.21, InsO, § 5 Rn. 7.1.

202 *Lüer/Streit*, in: Uhlenbruck InsO, § 245 Rn. 27; *Sinz*, in: MünchKomm InsO, § 245 Rn. 36; *Braun/Frank*, in: Braun InsO, § 250 Rn. 5; siehe auch *Wüstenberg*, Non liquet im Insolvenzverfahren, S. 105.

203 *Lüer/Streit*, in: Uhlenbruck InsO, § 245 Rn. 27; *Sinz*, in: MünchKomm InsO, § 245 Rn. 3; siehe auch BGH, NJW-RR 2011, 51, 52 ff.

204 *Eidenmüller*, ZGR 2001, 680, 698; *Madaus*, in: BeckOK InsR, 25. Ed. 15.10.21, InsO, § 5 Rn. 7.1; *ders.*, Insolvenzplan, S. 399 f.; *Pleister*, in: Kübler/Prütting/Bork InsO, 88. Lfg. 5.21, § 245 Rn. 42; *Spliedt*, in: K. Schmidt InsO, § 245 Rn. 38; *Thies*, in: HambKomm InsO, § 245 Rn. 24; wohl auch: *Jaffé*, in: FrankfKomm InsO, § 245 Rn. 14; *Rühle*, in: Nerlich/Römermann InsO, 37. Lfg. 10.18, § 245 Rn. 1; zustimmend, allerdings nicht ausdrücklich auf § 5 Abs. 1 InsO stützend: Becker, in: HRI, § 41 Rn. 92; a.A. *Wüstenberg*, Non liquet im Insolvenzverfahren, S. 106 f.

205 So ausdrücklich *Wüstenberg*, Non liquet im Insolvenzverfahren, S. 106; unter Bezug vor allem auf *Pape*, in: Uhlenbruck InsO, § 5 Rn. 22; *Pape* vertritt jedoch in demselben Kommentar, dass für den § 245 InsO der Amtsermittlungsgrundsatz greift, vgl. *ders.*, in: Uhlenbruck InsO, § 5 Rn. 3.

Dies vermag jedoch aus zweierlei Gründen nicht zu überzeugen: Erstens ist – wie wir oben herausgearbeitet haben – der normative Grund für die Geltung des Amtsermittlungsgrundsatzes nicht allein die Ermittlung einer materiellen Wahrheit.[206] Das Insolvenzverfahren inklusive des Insolvenzplanverfahrens ist nicht nur anhand der Kategorien von wahr und unwahr zu messen. Stattdessen ergibt sich die normative Begründung der Geltung des Amtsermittlungsgrundsatzes auch aus der Zweckgerichtetheit des Insolvenzverfahrens. Um die Zwecke des § 1 InsO effektiv zu verfolgen, muss es für das Gericht möglich sein, die Tatsachengrundlagen eigenständig zu ermitteln.

Eben diese Zwecke sind jedoch auch bei § 245 InsO berührt. Normzweck des § 245 InsO ist gerade, dass einzelnen Gläubigern nicht die Möglichkeit eröffnet werden soll, rechtsmissbräuchlich einen für die anderen Gläubiger wirtschaftlich vorteilhaften Insolvenzplan verhindern zu können.[207] Zudem soll ein Missbrauch der Abstimmungsposition des Gläubigers z.B. durch die Verhandlung von Sondervorteilen verhindert werden.[208] Dadurch verhindert § 245 InsO auf der einen Seite, dass sich einzelne Gläubiger unter Missbrauch ihrer Stellung im Rahmen der Abstimmung eine ungleichmäßige Befriedigung sichern. Schon nach der eigentlichen Zweckrichtung ist § 245 InsO demnach auf die Erreichung des Zwecks des § 1 Satz 1 InsO, der gleichmäßigen Gläubigerbefriedigung, gerichtet.[209]

Auch die Kehrseite des § 245 InsO ist auf die Erreichung der gleichmäßigen Gläubigerbefriedigung gerichtet. Denn die Gläubiger, deren Zustimmung gem. § 245 Abs. 1 InsO als erteilt fingiert wird, dürfen gem. § 245 Abs. 1 Nr. 1 InsO durch den Plan nicht schlechtergestellt werden, als sie voraussichtlich ohne den Plan stünden (Werterhaltungsprinzip).[210] Zudem müssen diese Gläubiger gem.

---

206 S. ausführlich oben: § 1 B. II.

207 BT-Drs. 12/2443, S. 208; *Bork*, Einführung in das neue Insolvenzrecht, S. 223 f.; *Braun/Frank*, in: Braun InsO, § 245 Rn. 1; *Geiwitz/von Danckelmann*, in: BeckOK InsR, 25. Ed. 15.10.21, InsO, § 245 Rn. 1; *Lüer/Streit*, in: Uhlenbruck InsO, § 245 Rn. 1; *Pleister*, in: Kübler/Prütting/Bork InsO, 88. Lfg. 5.21, § 245 Rn. 4 f.; *Rattunde*, in: Rattunde/Smid/Zeuner InsO, § 245 Rn. 1; *Rühle*, in: Nerlich/Römermann InsO, 37. Lfg. 10.18, § 245 Rn. 1; *Skauradszun/Spahlinger/Tresselt*, DZWIR 2015, 539, 541 f.

208 BT-Drs., 12/2443, S. 79; *Drukarczyk/Schüler*, in: MünchKomm InsO, § 245 Rn. 2; *Geiwitz/von Danckelmann*, in: BeckOK InsR, 25. Ed. 15.10.21, InsO, § 245 Rn. 1.

209 *Bork*, Einführung in das neue Insolvenzrecht, S. 223 f.; *Skauradszun/Spahlinger/Tresselt*, DZWIR 2015, 539, 541 f.

210 *Bork*, Einführung in das neue Insolvenzrecht, S. 223 f.; *Skauradszun/Spahlinger/Tresselt*, DZWIR 2015, 539, 541 f.

§ 245 Abs. 1 Nr. 2 InsO angemessen an dem wirtschaftlichen Wert beteiligt werden, der den Gläubigern im Rahmen des Plans zufließen soll (Gleichbehandlungsgrundsatz).[211] Damit erfolgt auch zugunsten der „obstruierenden" Gläubiger eine Rückbindung an eine bestmögliche und gleichmäßige Gläubigerbefriedigung im Sinne des § 1 Satz 1 InsO.

Im Ergebnis verfolgt somit auch § 245 InsO den Zweck des § 1 Satz 1 InsO. Es bedarf also selbst der Logik der Gegenauffassung nach der Amtsermittlung aus § 5 Abs. 1 Satz 1 InsO.

Zusammenfassend kann festgehalten werden: Das Insolvenzplanverfahren ist ein *Verfahren* im Sinne des § 5 Abs. 1 InsO. Dies ergibt sich positivistisch bereits aus einer fehlenden Bereichsausnahme für den Amtsermittlungsgrundsatz in den §§ 217 ff. InsO. Dennoch ist auch zutreffend, dass der Amtsermittlungsgrundsatz an einigen Stellen zunächst eine Glaubhaftmachung eines Antragstellers voraussetzt. Gelingt diese, greift dennoch der Amtsermittlungsgrundsatz.

c) Besonderheit: Restschuldbefreiungsverfahren der §§ 286 ff. InsO

Deutliche Parallelen zu der soeben analysierten Systematik der Amtsermittlungen des Insolvenzplanverfahrens weist die Systematik des Restschuldbefreiungsverfahrens der §§ 286 ff. InsO auf.[212] So stehen sich Gläubiger und Schuldner – ähnlich wie im Rahmen des Insolvenzeröffnungsverfahrens – hinsichtlich der Restschuldbefreiung insgesamt (quasi-)kontradiktorisch gegenüber.[213]

---

211 Dieser Gleichbehandlungsgrundsatz wird für Gläubiger in § 245 Abs. 2 InsO, für Anteilsinhaber in § 245 Abs. 3 InsO konkretisiert. Die Voraussetzungen müssen kumulativ vorliegen (*Rattunde*, in: Rattunde/Smid/Zeuner InsO, § 245 Rn. 16); vgl. insgesamt zu dem sog. Gleichbehandlungsgrundsatz in diesem Kontext *Bork*, Einführung in das neue Insolvenzrecht, S. 223 f.; *Skauradszun/Spahlinger/Tresselt*, DZWIR 2015, 539, 541 f.

212 Vgl. auch zu den beweisrechtlichen Besonderheiten der beiden Verfahrensarten: *Wüstenberg*, Non liquet im Insolvenzverfahren, S. 137.

213 BT-Drs. 12/3803, S. 65; BGHZ 156, 139, 142 f., 146 f.; BGH, NZI 2016, 75, 76; BGH, NZI 2011, 640, 641; BGH, NZI 2009, 523; OLG Celle, NZI 2001, 596, 597; *Ahrens*, in: Kohte u.a., Verfahrenskostenstundung etc., InsO, § 296 Rn. 43, 84; *ders.*, VuR 2013, 332; *Fischer*, in: Ahrens/Gehrlein/Ringstmeier InsO, § 290 a.F. Rn. 2, 23; *Henning*, in: K. Schmidt InsO, § 290 Rn. 8; *Römermann*, in: Nerlich/Römermann InsO, Nr. 28. 1.15, Vorbem. vor §§ 286-303, Rn. 26; *Stephan*, in: MünchKomm InsO, § 296 Rn. 48; *Sternal*, in: Uhlenbruck InsO, Vorbem. zu § 286 Rn. 65.

Festgehalten werden kann: Es besteht keine Bereichsausnahme in den §§ 286 ff. InsO von dem Amtsermittlungsgrundsatz. Auch das Verfahren nach den §§ 286 ff. InsO ist ein Verfahren im Sinne des § 5 Abs. 1 Satz 1 InsO.

Allerdings wird auch hier an verschiedenen Stellen zunächst eine Glaubhaftmachung durch den jeweiligen Antragsteller gefordert.[214] Dies hat jedoch nicht zur Folge, dass etwa im Versagungsverfahren nach § 290 InsO im Wege des Dispositionsgrundsatzes zu entscheiden wäre.[215] Stattdessen folgt hieraus die Systematik, die der des § 251 Abs. 2 InsO ähnelt: Zwar hat der jeweilige Antragsteller zunächst bestimmte Umstände glaubhaft zu machen. Ist ihm diese Glaubhaftmachung jedoch gelungen, greift der Amtsermittlungsgrundsatz vollständig ein.

Die Amtsermittlungen sind sodann auf die glaubhaft vorgetragenen Versagungsgründe begrenzt.[216] Dies ergibt sich wiederum gerade aus der Eigenart der Kontradiktion und dem dadurch geltenden zweigliedrigen Streitgegenstandsbegriff.[217] Denn der zweigliedrige zivilprozessuale Streitgegenstandsbegriff begrenzt den Verfahrensgegenstand auf den Antrag und Lebenssachverhalt.[218] Demnach sind auch das Versagungsverfahren und die Amtsermittlungen auf den beantragten Versagungsgrund sowie die Ermittlung des zugrundeliegenden

---

214 Vgl. § 290 Abs. 2 Satz 1, 2. Hs. InsO; § 295a Abs. 2 Satz 2 InsO; § 296 Abs. 1 Satz 3 InsO; § 297 Abs. 2 i.V.m. § 296 Abs. 1 Satz 3 InsO; § 297a Abs. 1 Satz 3 InsO; § 300 Abs. 2 Satz 3 InsO; § 303 Abs. 2 Satz 2 u. 3 InsO.

215 Ausdrücklich so: BGHZ 156, 139, 146 f.: „Die kontradiktorische Ausprägung des Versagungsverfahrens hat nicht zur Folge, daß über die Begründetheit des Antrags nach den Regeln der Dispositionsmaxime zu entscheiden ist“; vgl. auch *Fischer*, in: Ahrens/Gehrlein/Ringstmeier InsO, § 290 a.F. Rn. 23.

216 Dies ist nicht unumstritten. Die wohl herrschende Ansicht in Rechtsprechung und Literatur spricht sich jedoch für eine solche Begrenzung der Amtsermittlungen aus: BGHZ 197, 186, 193 f.; BGHZ 156, 139, 142 f.; BGH, NZI 2017, 75, 76; BGH, NZI 2011, 640, 641; BGH, ZInsO 2010, 391, 392; BGH, ZInsO 2009, 684, 685; BGH, ZInsO 2007, 322, 323; vgl. auch OLG Celle, NZI 2001, 596, 597; *Ahrens*, VuR 2013, 332, 333; *Henning*, in: K. Schmidt InsO, § 290 Rn. 13; *Knop*, in: Rattunde/Smid/Zeuner InsO, § 290 Rn. 12; *Stephan*, in: MünchKomm InsO, § 290 Rn. 11; *Sternal*, in: Uhlenbruck InsO, § 290 Rn. 17; *Waltenberger*, in: HeidelbKomm InsO, § 290 Rn. 58; a.A. LG Hagen, ZInsO 2007, 387, 388; *Streck*, in: HambKomm InsO, § 290 Rn. 12; *Wenzel*, in: Kübler/Prütting/Bork InsO, 88. Lfg. 5.21, § 290 Rn. 7a; wohl auch *Montag*, in: Schmidt PrivatinsR, InsO, § 290 Rn. 84.

217 *Ahrens*, VuR 2013, 332; *ders.*, in: Gottwald/Haas Insolvenzrechts-Handbuch, § 75 VI. 3. Rn. 92 ff.

218 BGHZ 117, 1, 5; BGHZ 36, 365, 367; *Becker-Eberhard*, in: MünchKomm ZPO, Vorbem. zu § 253 Rn. 32; *Elzer*, in: BeckOK ZPO, 42. Ed. 01.09.21, § 300 Rn. 24.

Sachverhalts begrenzt. Es erfolgt insofern keine darüberhinausgehende amtswegige Ermittlung von Versagungsgründen ohne vorige Beantragung durch einen Gläubiger.

Zwei Ausnahmen zu dieser grundsätzlichen Systematik der §§ 286 ff. InsO bilden § 296 Abs. 2 Satz 3 InsO und § 298 InsO.[219] Hier ist jeweils keine Glaubhaftmachung der jeweiligen Voraussetzungen durch den Antragsteller erforderlich.[220] Folglich besteht auch keine Beschränkung der Reichweite der zulässigen Amtsermittlungen des Insolvenzgerichts.

Insgesamt kann damit jedoch festgehalten werden: Auch wenn das Restschuldbefreiungsverfahren nach der Aufhebung des Insolvenzverfahrens stattfindet, handelt es sich um ein *Verfahren* im Sinne des § 5 Abs. 1 Satz 1 InsO. Der Amtsermittlungsgrundsatz ist hier lediglich insoweit eingeschränkt, als das Insolvenzgericht in der Regel nicht von Amts wegen Versagungsgründe ermittelt. Ist indes ein Versagungsgrund durch einen Gläubiger glaubhaft gemacht, greift der Amtsermittlungsgrundsatz voll ein. Insoweit ist aber die Beschränkung auf die von dem jeweiligen Antragsteller vorgetragenen Umstände zu beachten.

d) Besonderheit: Verbraucherinsolvenzverfahren der §§ 304 ff. InsO

Als letzte Besonderheit fügt sich in die bisherige Systematik der *Verfahren* im Sinne des § 5 Abs. 1 Satz 1 InsO das Verbraucherinsolvenzverfahren der §§ 304 ff. InsO ein. Zwar verdeutlicht § 305 Abs. 1 InsO eine Nähe zum Beibringungsgrundsatz. Denn nach § 305 Abs. 1 InsO hat der Schuldner die erforderlichen Unterlagen beizubringen und die entsprechenden Erklärungen abzugeben.[221] Das Verbraucherinsolvenzverfahren ist ferner von dem Rechtsgedanken einer einvernehmlichen Schuldenbereinigung zwischen Schuldner und Gläubigern geprägt.[222] Das Verbraucherinsolvenzverfahren der §§ 304 ff. InsO erfährt damit insgesamt eine privatautonome Prägung[223], die sich auch in Art

219 *Ahrens*, VuR 2013, 332; *ders.*, in: Gottwald/Haas Insolvenzrechts-Handbuch, § 75 VI. 3. Rn. 92 ff.

220 BGH, NZI 2010, 265, 266; *Ahrens*, VuR 2013, 332; *Lackmann*, in: FrankfKomm InsO, § 298 Rn. 17; *Stephan*, in: MünchKomm InsO, § 298 Rn. 12; *Streck*, in: HambKomm InsO, § 298 Rn. 2; *Wüstenberg*, Non liquet im Insolvenzverfahren, S. 137, Fn. 522.

221 *Pape*, in: Uhlenbruck InsO, § 5 Rn. 2.

222 *Keramati*, in: Rattunde/Smid/Zeuner InsO, § 309 Rn. 1; *Vuia*, in: MünchKomm InsO, § 304 Rn. 1, 2.

223 § 357b, BT-Drs. 12/7302, S. 190; OLG Köln, NZI 2001, 594, 595 f.; OLG Köln, NZI 2001, 211, 212; LG Berlin, ZInsO 2000, 404; *Sternal*, in: Uhlenbruck InsO, § 309 Rn. 28; *Wüstenberg*, Non liquet im Insolvenzverfahren, S. 177.

und Umfang der Ermittlungen des Insolvenzgerichts niederschlägt. Dennoch muss insgesamt konstatiert werden: Das Verbraucherinsolvenzverfahren der §§ 304 ff. InsO ist ein *Verfahren* im Sinne des § 5 Abs. 1 Satz 1 InsO ist. Auch hier gilt der Amtsermittlungsgrundsatz.

Im Besonderen lässt sich die Einordnung des Verbraucherinsolvenzverfahrens als *Verfahren* im Sinne des § 5 Abs. 1 Satz 1 InsO an § 309 Abs. 2 Satz 2, Abs. 3 InsO nachvollziehen. § 309 Abs. 1 Satz 1 InsO normiert die Zustimmungsersetzung durch das Insolvenzgericht, sofern dem Schuldenbereinigungsplan mehr als die Hälfte der benannten Gläubiger zugestimmt hat und die Summe der Ansprüche der zustimmenden Gläubiger mehr als die Hälfte der Summe der Ansprüche der benannten Gläubiger beträgt. Die Zustimmungsersetzung gilt jedoch nicht, wenn Gründe nach § 309 Abs. 1 Satz 2 vorliegen.[224]

Einigkeit besteht insoweit dahingehend, dass diese Gründe nicht ohne Weiteres von Amts wegen zu ermitteln sind. Stattdessen hat der Gläubiger, der Einwendungen gegen den Schuldenbereinigungsplan erhoben hat, die Gründe gem. § 309 Abs. 2 Satz 2 InsO glaubhaft zu machen.[225] Es fällt auf, dass sich der Regelungsgehalt des § 309 InsO und der des § 245 InsO auf den ersten Blick ähneln.[226] Die Systematik des § 309 Abs. 2 Satz 2 InsO weist jedoch wichtige Unterschiede zu der des § 245 InsO auf. Denn während im Rahmen der § 245 InsO eine Ermittlung der Voraussetzungen von Amts wegen erfolgt, müssen die Gründe im Rahmen der § 309 Abs. 2 Satz 2 InsO durch den Gläubiger zunächst glaubhaft gemacht werden.[227]

Streitig ist jedoch, wie weiter verfahren werden muss, wenn der Gläubiger seine Einwendungen glaubhaft gemacht hat. Teilweise wird – ähnlich wie im Rahmen von § 251 Abs. 2 InsO oder § 290 Abs. 2 Satz 1, 2. Hs. InsO – eine

---

224 Die Gründe des § 309 Abs. 1 Satz 2 InsO müssen nicht kumulativ vorliegen („oder“). Grund des § 309 Abs. 1 Satz 2 Nr. 1 InsO ist eine unangemessene Beteiligung des Gläubigers, der Einwendungen erhebt. Grund des § 309 Abs. 1 Satz 2 Nr. 2 InsO ist eine voraussichtliche wirtschaftliche Schlechterstellung, vgl. hierzu: *Keramati*, in: Rattunde/Smid/Zeuner InsO, § 309 Rn. 11 ff.; *Sternal*, in: Uhlenbruck InsO, § 309 Rn. 30 ff.; *Savini*, in: BeckOK InsR, 25. Ed. 15.10.21, InsO, § 309 Rn. 25 ff.

225 BGH, NZI 2010, 948; BayObLG, NZI 2001, 145, 147; OLG Celle, NZI 2001, 321, 322; OLG Celle, NZI 2001, 369, 370; OLG Köln, NZI 2001, 211, 212; OLG Zweibrücken, NZI 2001, 663, 664; LG Kaiserslautern, NZI 2008, 694, 695; LG Berlin, ZInsO 2000, 404; *Ritter*, in: HambKomm InsO, § 309 Rn. 25; *Sternal*, in: Uhlenbruck InsO, § 309 Rn. 28.

226 *Haarmeyer*, in: Smid InsO, § 309 Rn. 1; *Wüstenberg*, Non liquet im Insolvenzverfahren, S. 177.

227 *Vuia*, in: MünchKomm InsO, § 309 Rn. 4.

Amtsermittlungspflicht gänzlich abgelehnt.[228] Nach dieser Ansicht kann die Zustimmung nicht mehr ersetzt werden, sobald der Gläubiger die Einwendungen glaubhaft gemacht hat. Die Gegenansicht hält hingegen für den Fall der Glaubhaftmachung der Einwendungen durch den Gläubiger weitere Amtsermittlungen des Gerichts für zulässig und erforderlich.[229]

Überzeugend ist die letztgenannte Ansicht. Die erstgenannte Ansicht übersieht nämlich, dass die Pflicht zur Glaubhaftmachung auf erster Stufe nicht gleichbedeutend mit einem gänzlichen Ausschluss des Amtsermittlungsgrundsatzes ist. Aus dem Erfordernis der Glaubhaftmachung folgt – wie auch bei § 251 Abs. 2 InsO oder § 290 Abs. 2 Satz 1, 2. Hs. InsO – eine zweistufige Vorgehensweise.[230] Der Gläubiger hat auf erster Stufe Tatsachen vorzutragen, die die Gründe des § 309 Abs. 1 Satz 2 InsO glaubhaft machen. Gelingt ihm die Glaubhaftmachung, setzt auf zweiter Stufe die Amtsermittlungspflicht des Insolvenzgerichts ein.[231] Auch hier sind die Amtsermittlungen jedoch wiederum durch den zweigliedrigen Streitgegenstandsbegriff auf den durch den Gläubiger vorgetragenen Grund beschränkt.[232]

---

228 *Ahrens,* in: Gottwald/Haas Insolvenzrechts-Handbuch, § 81 IV. Rn. 44; *ders.*, in: Ahrens/Gehrlein/Ringstmeier InsO, § 5 Rn. 20; *Andres*, in: Andres/Leithaus InsO, § 309 Rn. 19; *Beth*, NZI 2014, 487, 490; *Buck*, in: Braun InsO, § 309 Rn. 32; *Ritter*, in: HambKomm InsO, § 309 Rn. 26; *Römermann,* in: Nerlich/Römermann InsO, 30. Lfg. 7.16, § 309 Rn. 32; wohl auch *Savini*, in: BeckOK InsR, 25. Ed. 15.10.21, InsO, § 309 Rn. 42; *Vuia*, in: MünchKomm InsO, § 309 Rn. 28.

229 BayObLG, NZI 2001, 145, 147; OLG Celle, NZI 2001, 321, 322; OLG Köln, NZI 2001, 211, 212; *Henning*, in: Ahrens/Gehrlein/Ringstmeier InsO, § 309 Rn. 22; *Madaus*, in: BeckOK InsR, 25. Ed. 15.10.21, InsO, § 5 Rn. 7.2; *Waltenberger*, in: Heidelb-Komm InsO, § 309 Rn. 37; *Wenzel*, in: Kübler/Prütting/Bork InsO, 82. Lfg. 10.19, § 309 Rn. 30; *Wüstenberg*, Non liquet im Insolvenzverfahren, S. 183 ff.; vgl. auch *Haarmeyer*, in: Smid InsO, § 309 Rn. 1.

230 BayObLG, NZI 2001, 145, 147; OLG Celle, NZI 2001, 321, 322; OLG Köln, NZI 2001, 211, 212; *Henning*, in: Ahrens/Gehrlein/Ringstmeier InsO, § 309 Rn. 22; *Madaus*, in: BeckOK InsR, 25. Ed. 15.10.21, InsO, § 5 Rn. 7.2; *Waltenberger*, in: Heidelb-Komm InsO, § 309 Rn. 37; *Wenzel*, in: Kübler/Prütting/Bork InsO, 82. Lfg. 10.19, § 309 Rn. 30; *Wüstenberg*, Non liquet im Insolvenzverfahren, S. 183 ff.; vgl. auch *Haarmeyer*, in: Smid InsO, § 309 Rn. 1; a.A. LG Memmingen, NZI 2000, 233, 235; *Andres*, in: Andres/Leithaus InsO, § 309 Rn. 19;

231 *Grote/Lackmann*, in: FrankfKomm InsO, § 309 Rn. 49; *Henning*, in: Ahrens/Gehrlein/Ringstmeier InsO, § 309 Rn. 22;

232 BayObLG, NZI 2001, 145, 147; OLG Köln, NZI 2001, 594, 595; LG Kaiserslautern, NZI 2008, 694, 695; LG Mönchengladbach, ZInsO 2001, 1115, 1116; *Grote/*

Für diese Ansicht spricht, dass auch im Verbraucherinsolvenzverfahren der §§ 304 ff. InsO keine Bereichsausnahme von den allgemeinen Vorschriften besteht. Zudem ist die Geltung des Amtsermittlungsgrundsatzes auch im Verbraucherinsolvenzverfahren erforderlich. Grund für die Geltung des Amtsermittlungsgrundsatzes ist nach hier vertretener Auffassung auch die Zweckgerichtetheit des Insolvenzverfahrens. Dort, wo die Zwecke des § 1 InsO berührt werden, werden Amtsermittlungen erforderlich. Nur unter Geltung des Amtsermittlungsgrundsatzes ist es dem Insolvenzgericht möglich, die „Datenbasis“[233] ihrer zur Verfolgung der Zwecke zu treffenden Entscheidungen selbstständig zu ermitteln. Insofern wird auch im Rahmen des Verbraucherinsolvenzverfahrens die Geltung des Amtsermittlungsgrundsatzes erforderlich, da auch hier § 1 InsO betroffen ist:

Auf der einen Seite sichert § 309 InsO die Möglichkeit der Entschuldung des Schuldners über einen Schuldenbereinigungsplan gegen willkürliche Obstruktionen von Gläubigern ab.[234] Damit ist hier unmittelbar der Zweck des § 1 Satz 2 InsO betroffen. Dieser ist nach hier vertretener Ansicht ein gleichrangiger Zweck der InsO. Allein wegen dieser Zweckrichtung bedarf es schon der Geltung des Amtsermittlungsgrundsatzes. Auf der anderen Seite sichert § 309 InsO umgekehrt auch den Grundsatz der Gleichbehandlung der Gläubiger, indem als Einwendungen gegen die Zustimmungsersetzung die unangemessene Beteiligung und voraussichtliche wirtschaftliche Schlechterstellung angeführt werden können.[235] Dadurch wird sichergestellt, dass kein Gläubiger unter Berücksichtigung der Wertungen der §§ 1 Satz 1, 305 Abs. 1 Nr. 4 InsO ungleichmäßig behandelt wird.[236] Damit wiederum ist der Zweck der Gläubigergleichbehandlung des § 1 Satz 1 InsO unmittelbar betroffen. Entscheidungen des Gerichts im Rahmen des § 309 Abs. 1, 2 InsO berühren somit sowohl den Zweck der *par conditio creditorum* als auch den Zweck der Entschuldungsmöglichkeit für den

---

Lackmann, in: FrankfKomm InsO, § 309 Rn. 49; a.A. *Wenzel*, in: Kübler/Prütting/Bork InsO, 82. Lfg. 10.19, § 309 Rn. 31.

233 *Smid*, Rechtsprechung, S. 412.

234 BT-Drs. 12/7302, S. 192; *Sternal*, in: Uhlenbruck InsO, § 309 Rn. 1; *Vuia*, in: MünchKomm InsO, § 309 Rn. 1.

235 OLG Celle, NZI 2001, 321; AG Stuttgart, NZI 2001, 328, 329; *Döbereiner*, JA 1996, 603, 606; *Keramati*, in: Rattunde/Smid/Zeuner InsO, § 309 Rn. 11; *Schmidt-Räntsch*, MDR 1994, 321, 325; *Sternal*, in: Uhlenbruck InsO, § 309 Rn. 31; *Wenzel*, in: Kübler/Prütting/Bork InsO, 82. Lfg. 10.19, § 309 Rn. 7.

236 *Sternal*, in: Uhlenbruck InsO, § 309 Rn. 31; *Wenzel*, in: Kübler/Prütting/Bork InsO, 82. Lfg. 10.19, § 309 Rn. 7.

redlichen Schuldner. Somit überzeugt die Geltung des Amtsermittlungsgrundsatzes nicht nur systematisch, sondern auch teleologisch.

Das Argument der Gegenseite, der Gesetzgeber habe einen entgegenstehenden Willen in den Gesetzesmaterialien zum Ausdruck gebracht[237], vermag hingegen nicht zu überzeugen. Schon der Wortlaut der Gesetzesbegründung lässt auf die Geltung des Amtsermittlungsgrundsatzes schließen, wenn es heißt: „Nur wenn ein Gläubiger Gründe glaubhaft machen kann, die der Ersetzung seiner Zustimmung entgegenstehen, hat sich das Gericht mit diesen Gründen zu befassen (Absatz 2 Satz 1).“[238] Hier wird gerade auf das zweistufige Vorgehen hingewiesen.

Auch würde die erstgenannte Ansicht zu Ende gedacht zu einer weitaus geringeren Kontrolldichte durch die Insolvenzgerichte führen, da ihnen weitere Ermittlungen untersagt wären. Vor dem Hintergrund dessen, dass es sich um eine Entscheidung handelt, die wirtschaftlich wie persönlich weitreichende Implikationen nach sich zieht, kann dies jedoch nicht überzeugen. Zu Ende gedacht wäre dem Schuldner eine Gegenglaubhaftmachung versagt.[239] Diese Konsequenz ist vor dem Hintergrund des grundrechtsgleichen Anspruchs auf rechtliches Gehör des Art. 103 Abs. 1 GG[240] nicht tragbar.

Einen Sonderfall in diesem Kontext stellt § 309 Abs. 3 InsO dar. Demnach kann die Zustimmung des Gläubigers dann nicht durch das Insolvenzgericht ersetzt werden, wenn der Gläubiger Umstände glaubhaft macht, die ernsthafte Zweifel an dem Bestand oder der Höhe einer vom Schuldner angegebenen Forderung begründen. Gelingt dem Gläubiger eine entsprechende Glaubhaftmachung, hat das Insolvenzgericht nicht von Amts wegen zu ermitteln, ob und inwieweit die Forderung besteht.[241] Dabei handelt es sich jedoch nicht um eine Ausnahme von dem Amtsermittlungsgrundsatz im eigentlichen Sinne. Vielmehr ist dies Ausdruck der Abkehr von der *vis attractiva concursus*. Denn wie schon § 180 Abs. 1 Satz 1 InsO zeigt, sind für die streitige Feststellung von

---

237 Auf die Gesetzesbegründung bezieht sich: *Savini*, in: BeckOK InsR, 25. Ed. 15.10.21, InsO, § 309 Rn. 42.

238 BT-Drs. 12/7302, S. 192.

239 *Wüstenberg*, Non liquet im Insolvenzverfahren, S. 185; dies hält *Römermann*, in: Nerlich/Römermann InsO, 30. Lfg. 7.16, § 309 Rn. 32 hingegen für zulässig.

240 Vgl. Art. 93 Abs. 1 Nr. 4a GG.

241 OLG Köln, ZInsO 2001, 855, 857; *Grote/Lackmann*, in: FrankfKomm InsO, § 309 Rn. 50; *Stephan*, in: K. Schmidt InsO, § 309 Rn. 37; *Sternal*, in: Uhlenbruck InsO, § 309 Rn. 79; *Vuia*, in: MünchKomm InsO, § 309 Rn. 32.

Forderungen ausschließlich die ordentlichen Gerichte zuständig.[242] Dieser Rechtsgedanke wird auch im Rahmen des Verbraucherinsolvenzverfahrens fortgeführt.

Rekapitulierend kann somit festgehalten werden: Auch das Verbraucherinsolvenzverfahren der §§ 304 ff. InsO ist ein *Verfahren* im Sinne des § 5 Abs. 1 Satz 1 InsO. Es gilt der Amtsermittlungsgrundsatz. Ausnahmen bestehen auf erster Stufe, soweit eine Glaubhaftmachung gefordert ist. Soweit entsprechende Umstände jedoch glaubhaft gemacht wurden, greift der Amtsermittlungsgrundsatz wieder ein. Die Besonderheit ist auch hier, dass sich die Ermittlungen indes aufgrund des zweigliedrigen Streitgegenstandsbegriffs ausschließlich auf die Tatsachen zu beziehen haben, die dem Antrag zugrunde liegen. Eine unechte Ausnahme von dem Amtsermittlungsgrundsatz stellt § 309 Abs. 3 InsO dar.

e) Restrukturierungsverfahren

Deutlich wird an den vorstehenden Ausführungen, dass das Insolvenzverfahren zwar grundsätzlich ein Einheitsverfahren ist, hinsichtlich der Einordnung der Verfahrensarten als Verfahren im Sinne des § 5 Abs. 1 Satz 1 InsO jedoch graduelle Unterschiede bestehen. Das Restrukturierungsverfahren hingegen ist einheitlich. Hier stellt sich vor allem die Frage der grundsätzlichen Verfahrensqualität.

Auf den ersten Blick könnte schon bezweifelt werden, dass der Gesetzgeber mit dem StaRUG überhaupt ein Verfahren schaffen wollte.[243] Es ist jedoch überzeugend zu statuieren, dass auf Grundlage des StaRUG ein Verfahren stattfindet.[244] Dies gilt sowohl für den Verfahrensmantel, also die Restrukturierungssache, als auch für die einzelnen Instrumente, die nach der Vorstellung des Gesetzgebers eigenständige Verfahren darstellen.[245]

Zwar werden die Instrumente des Stabilisierungs- und Restrukturierungsrahmens in § 29 Abs. 1 StaRUG noch als (gerichtliche) „Verfahrenshilfen" bezeichnet und die Gesetzesbegründung spricht von „verfahrensrechtlichen

---

242 In diesem Kontext: OLG Köln, ZInsO 2001, 855, 857; *Schmidt-Räntsch*, MDR 1994, 321, 325; *Sternal*, in: Uhlenbruck InsO, § 309 Rn. 79.

243 *Bork*, ZRI 2021, 345, 346; siehe auch bereits *ders.*, ZIP 2010, 397, 400.

244 *Bork*, ZRI 2021, 345, 346; *Skauradszun*, KTS 2021, 1, 31 ff., 34 ff., der von einer „starken verfahrensrechtlichen Prägung" und einer nur „schwachen vertraglichen Färbung" des StaRUG spricht.

245 BT-Drs. 19/24181, S. 133, 135; siehe dazu auch: *Kramer*, in: BeckOK StaRUG, 3. Ed. 15.11.21, § 39 Rn. 7.

Hilfsangeboten".[246] Auch soll es „weitergehende Spielräume für die privatautonome Organisation des Planerstellungs-, -aushandlungs- und -abstimmungsprozesses" zwischen Gläubigern und Schuldner geben.[247] Würde man nur diese Bezeichnungen für eine Einordnung zugrunde legen, so läge eine Einordnung als vertragliche Bestimmungen durchaus nah.[248]

Allerdings lässt die prominente Stellung des Gerichts innerhalb des StaRUG nur den Schluss zu, dass es sich um ein (gerichtliches) Verfahren handelt: So setzt die Inanspruchnahme von Instrumenten des StaRUG stets die Rechtshängigkeit der Restrukturierungssache voraus (§ 31 Abs. 1, 3 StaRUG). Diese Rechtshängigkeit wird nur durch die Anzeige der Restrukturierungssache gem. § 31 Abs. 1 StaRUG gegenüber dem gem. §§ 34 Abs. 1, 35 StaRUG zuständigen Restrukturierungsgericht begründet. Die Rechtshängigkeit der Restrukturierungssache ist Determinante für das gesamte Vorhaben. Zu Recht bezeichnet *Skauradszun* sie als „verfahrensrechtliches Band", welches „nicht abgeschnitten werden darf".[249] Obschon der Gesetzgeber sich „hütet", die Bezeichnung „Verfahren" zu verwenden,[250] stellt die Gesetzesbegründung fest: Die Restrukturierungsanzeige hat „verfahrensrechtliche Funktion".[251]

Doch nicht nur die Restrukturierungsanzeige als Grundlage der Instrumente ist durch das Restrukturierungsgericht determiniert. Auch die eigentlichen Instrumente des StaRUG sind es: Die Stabilisierungsanordnung nach § 49 StaRUG und die Bestätigung des Restrukturierungsplans nach § 60 Abs. 1 Satz 1 StaRUG setzen eine intensive Beteiligung des Gerichts voraus.[252] Das Restrukturierungsgericht wird dabei nicht nur „helfend" tätig.[253] Die

246 BT-Drs. 19/24181, S. 89; siehe dazu bereits *Skauradszun*, KTS 2021, 1, 35.

247 BT-Drs. 19/24181, S. 89.

248 *Frind*, ZInsO 2021, 1093, 1095, ist der Ansicht „die durch das StaRUG geschaffenen gesetzlichen Möglichkeiten stellen insgesamt zuvörderst ein Vertragshilfesystem mit erst per diesbzgl. Antrag ausgelösten möglichen gerichtlichen Zwangsmaßnahmemöglichkeiten (Vollsteckungsbeschränkung, zwangsweise Zustimmungsersetzung) dar"; eine Einordnung als (reine) vertragliche Regelungen hingegen ablehnend: *Bork*, ZRI 2021, 345, 346; *Skauradszun*, KTS 2021, 1, 35.

249 *Skauradszun*, KTS 2021, 1, 34 f.; siehe auch *ders.*, in: BeckOK StaRUG, Einleitung Rn. 16.

250 *Bork*, ZRI 2021, 345, 346.

251 BT-Drs. 19/24181, S. 133.

252 *Skauradszun*, KTS 2021, 1, 35 f.

253 So könnte man den Gesetzgeber jedoch verstehen, wenn er ausführt, es handele sich bei den Instrumenten des StaRUG um „Verfahrenshilfen", BT-Drs. 19/24181, S. 93.

Entscheidungsmacht liegt einzig bei dem Restrukturierungsgericht.[254] Selbst die gerichtliche Vorprüfung nach §§ 47, 48 StaRUG ist ausschließlich dem Restrukturierungsgericht vorbehalten, wenngleich hier keine schwerwiegenden Eingriffe vorgenommen werden.[255] Es handelt sich daher insgesamt um ein gerichtliches Restrukturierungsverfahren. Innerhalb dieses Rahmens, dessen äußere Grenzen die Rechtshängigkeit der Restrukturierungssache bildet, gilt der Amtsermittlungsgrundsatz, vgl. § 39 Abs. 1 Satz 1 StaRUG.

Auch im StaRUG wird an einigen Stellen zunächst die Glaubhaftmachung von Umständen durch einen Antragsteller gefordert.[256] Es ist davon auszugehen, dass der Gesetzgeber auch insoweit eine zweistufige Prüfung vorgesehen hat. Auf erster Stufe ist demnach an den entsprechenden Stellen im StaRUG eine Glaubhaftmachung erforderlich. Auf zweiter Stufe greift sodann der Amtsermittlungsgrundsatz ein.

Dafür spricht, dass keine Bereichsausnahme für die vorbenannten Paragrafen besteht. Es ist davon auszugehen, dass der Gesetzgeber insofern eine Geltung des Amtsermittlungsgrundsatzes auf zweiter Stufe gewollt hat.

Dem kann auch nicht entgegengehalten werden, dass der Gesetzgeber im StaRUG zwar insgesamt keine ausdrücklichen Bereichsausnahmen vorgenommen hat, eine Auslegung aber ergebe, dass im Falle einer Darlegungslast der Amtsermittlungsgrundsatz eingeschränkt werden sollte.[257] Denn für diesen Fall hätte der Gesetzgeber sicherlich in den Gesetzesmaterialien deutlich gemacht, dass im StaRUG eine zur InsO konträre Auslegung gewollt sei. Dies ist indes unterblieben.[258] Stattdessen verweist der Gesetzgeber des StaRUG fortlaufend auf die Parallelvorschriften der InsO. Es erscheint abwegig, dass der Gesetzgeber die Systematik der InsO sowie die dazu ergangene Rechtsprechung des BGH vor Augen den Beibringungsgrundsatz normieren wollte, dann hierzu jedoch sowohl im Gesetzestext als auch in der -begründung schweigt. Naheliegender ist: Auch im StaRUG wollte der Gesetzgeber eine zweistufige Prüfung, bei der auf zweiter Stufe der Amtsermittlungsgrundsatz greift.

---

254 Insofern stellt die Gesetzesbegründung dann wiederum zutreffend fest, dass es sich um „gerichtliche Instrumente" handelt, BT-Drs. 19/24181, S. 132.

255 *Skauradszun*, KTS 2021, 1, 35, Fn. 150.

256 Vgl. etwa: § 59 Abs. 2, § 64 Abs. 2 Satz 2, § 64 Abs. 4 Satz 3, § 66 Abs. 2 Nr. 3, § 71 Abs. 3 und § 75 Abs. 2 Satz 3, 2. Hs. StaRUG.

257 Dies erwägt *Skauradszun*, in: BeckOK StaRUG, 3. Ed. 15.11.21, § 64 Rn. 62; *ders.*, in: BeckOK StaRUG, 3. Ed. 15.11.21, § 66 Rn. 50.

258 S. in Bezug auf die Ansicht von *Skauradszun*, in: BeckOK StaRUG, 3. Ed. 15.11.21, § 64 Rn. 62, etwa BT-Drs. 19/24181, S. 163.

Für die Geltung des Amtsermittlungsgrundsatzes auf zweiter Stufe spricht zudem, dass der Gesetzgeber in § 73 Abs. 3 Nr. 1, 2. Alt. StaRUG dem Restrukturierungsgericht die Möglichkeit einräumt, einen Restrukturierungsbeauftragten zu bestellen, damit dieser als Sachverständiger die Voraussetzungen des § 64 Abs. 1 StaRUG ermittelt.[259] § 64 StaRUG setzt an zwei Stellen zunächst eine Glaubhaftmachung voraus.[260] Indem der Gesetzgeber die Möglichkeit der Bestellung eines Restrukturierungsbeauftragten zur Ermittlung normiert, bringt er zum Ausdruck, dass das Restrukturierungsgericht die Voraussetzungen des § 64 Abs. 1 StaRUG eigenständig ermitteln kann (und muss). Dies ist Ausdruck der zweistufigen Vorgehensweise.

Für die Geltung des Amtsermittlungsgrundsatzes spricht zudem die normative Begründung für die Geltung des Amtsermittlungsgrundsatzes im Restrukturierungsverfahren.[261] Das Restrukturierungsgericht muss zur zweckmäßigen Entscheidung im Rahmen seiner administrativen Tätigkeit über eine gesicherte Datenbasis[262] verfügen. Dies gebietet schon das Gewicht der abzuwägenden Rechtsgüter und Interessen. Das Restrukturierungsgericht kann sich hier nicht bloß auf die durch den Gläubiger vorgebrachten Tatsachen stützen. Stattdessen hat es eigenständig und unabhängig zu ermitteln, um den gerechten Ausgleich der widerstreitenden Interessen zu sichern. Diesem Bedürfnis wird die zweistufige Prüfung gerecht.

Auch im StaRUG gilt damit für den Fall, dass eine Glaubhaftmachung durch einen Antragsteller gefordert wird, die zweistufige Vorgehensweise. Auf zweiter Stufe hat das Restrukturierungsgericht von Amts wegen zu ermitteln.

2. *„Bedeutung" für das Verfahren*

Nachdem also der Begriff des *Verfahrens* betrachtet wurde, soll nunmehr die Frage beantwortet werden, wann ein Umstand für das Verfahren von Bedeutung ist. Zur Beantwortung dieser Frage muss sich nochmals vor Augen geführt werden, welche normative Implikation der Geltung des Amtsermittlungsgrundsatzes in Insolvenz- und Restrukturierungsverfahren zugrunde liegt.[263]

---

259 Dieses Argument erkennt *Skauradszun*, in: BeckOK StaRUG, 3. Ed. 15.11.21, § 64 Rn. 61 ff. ebenfalls an und räumt ein, dass sich dies „eher schwer mit dem Beibringungsgrundsatz in Einklang" bringen lässt (Rn. 62).

260 § 64 Abs. 2 Satz 2, § 64 Abs. 4 Satz 3 StaRUG.

261 Vgl. dazu nochmals oben: § 1 B. II.

262 *Smid*, Rechtsprechung, S. 412.

263 Dazu nochmals ausführlich: § 1 B. II.

Der Amtsermittlungsgrundsatz ist kein Selbstzweck. Seine Geltung ist, normativ betrachtet, Ausdruck der Zweckgerichtetheit beider Verfahren.

Legt man dies zugrunde, ist der Begriff der Bedeutung eines Umstands dual zu verstehen: Zum einen ist ein Umstand dann von Bedeutung für das Verfahren, wenn er mit dem Verfahren zugrundeliegenden Zweck in Berührung kommt. Diese Berührung ist dabei extensiv zu verstehen.[264] Zum anderen kann ein Umstand auch außerhalb einer solchen (unmittelbaren) Berührung mit den Verfahrenszwecken von Bedeutung sein, wenn er konstitutiv für das Verfahren ist.

Ferner sollte eine sprachliche Feinheit des Gesetzgebers nicht übersehen werden. Der Wortlaut von § 5 Abs. 1 Satz 1 InsO und § 39 Abs. 1 Satz 1 StaRUG lautet, dass jene Umstände durch das Gericht zu ermitteln sind, die *für* das Verfahren von Bedeutung sind. Hieraus kann eine weitere Konturierung des Begriffs der Bedeutung abgeleitet werden. Denn der Wortlaut ist gerade nicht, dass (nur) solche Umstände zu ermitteln sind, die für *Entscheidungen* des Gerichts von Bedeutung sind.[265] Dies würde eine Beschränkung auf das rein gerichtliche Tätigwerden bedeuten, die der Gesetzgeber ausweislich des Wortlauts von § 5 Abs. 1 Satz 1 InsO und § 39 Abs. 1 Satz 1 StaRUG nicht intendiert hat. Stattdessen wird man aus dem extensiven Wortlaut auch ein extensives Verständnis dessen ableiten, was in den jeweiligen Verfahren von Bedeutung ist. Dies bedeutet, dass sich die Bedeutung für ein Verfahren nicht nur auf Maßnahmen des Gerichts bezieht, sondern gleichermaßen auch Maßnahmen der sonstigen Organe der Verfahren (Insolvenzverwalter, Restrukturierungsbeauftragter, Gläubigerausschuss etc.).[266]

---

264 Die Bedeutung im Sinne des § 5 Abs. 1 Satz InsO entspricht damit in etwa der Bedeutung innerhalb § 85 Abs. 1 Satz 1 InsO bzw. § 240 Satz 1 ZPO. Diese stellen im Kontext der Unterbrechung von Prozessen auf einen Bezug des Prozesses zur Insolvenzmasse ab. Damit sind die §§ 35, 36 InsO angesprochen. Jedenfalls mittelbar wird man auch im Rahmen der Bedeutung eines Umstands eine Rückbindung auf einen entsprechenden Massebezug herstellen können.

265 *Ganter/Bruns*, in: MünchKomm. InsO, § 5 Rn. 16; *Gerhardt*, in: Jaeger InsO, § 5 Rn. 6; in dieser Konsequenz daher auch: BGHZ 74, 379, 382; LG Hamburg, ZIP 1988, 590, 591; LG Hildesheim, ZIP 1983, 598, 599.

266 So für Maßnahmen und Entscheidungen des Insolvenzverwalters: BGHZ 74, 379, 382; LG Hamburg, ZIP 1988, 590, 591; LG Hildesheim, ZIP 1983, 598, 599; *Gerhardt*, in: Jaeger InsO, § 5 Rn. 7; bezugnehmend hierauf und zustimmend auch für den Gläubigerausschuss: *Ganter/Bruns*, in: MünchKomm InsO, § 5 Rn. 16; siehe auch *Sternal*, in: HeidelbKomm InsO, § 5 Rn. 6; a.A. *Pape*, in: Uhlenbruck InsO, § 5 Rn. 22.

Dies kann wiederum nicht bedeuten, dass die Amtsermittlungen insgesamt uferlos sein dürfen. Einerseits sollte nach hier vertretener Ansicht die Bedeutung für ein Verfahren extensiv verstanden werden. Andererseits ist dadurch den Amtsermittlungen auch eine verfahrensimmanente Schranke gesetzt. Im Einzelnen:

a) Insolvenzverfahren

Im Insolvenzverfahren sind dabei für die Bedeutung eines Umstands die einzelnen Verfahrensarten zu berücksichtigen. Zwar lassen sich sämtliche Unterarten des Insolvenzverfahrens an den Zwecken des § 1 InsO ausrichten. Richtig ist aber auch, dass die Intensität der Zweckrichtung je nach Unterart variiert. Die beiden Zwecke des Insolvenzverfahrens werden in den einzelnen Verfahrensarten unterschiedlich stark betont. Dies wirkt sich sodann auf die Bedeutung eines Umstands für das jeweilige Verfahren aus. Dies sei nicht abschließend an den folgenden Beispielen verdeutlicht:

aa) Grundsatz: Erstreckung auf alle Umstände von Bedeutung

Grundsätzlich sind Amtsermittlungen auf alle Umstände von Bedeutung für das Verfahren erstreckt. Dies lässt sich wie folgt nachzeichnen: Im Insolvenzeröffnungsverfahren z.B. kommt es vor allem auf die Feststellung eines Insolvenzeröffnungsgrundes sowie einer die Verfahrenskosten deckenden Masse an.[267] Umstände, die von Bedeutung hierfür sind, sind beispielsweise der Bestand und die Durchsetzbarkeit offener Forderungen, Art und Umfang des Anlagevermögens, Art und Umfang bestehender Dauerschuldverhältnisse oder die Höhe und das Datum der Fälligkeit der Forderungen gegen den Schuldner. Daneben kann auch die örtliche Zuständigkeit des Insolvenzgerichts im Sinne des § 3 Abs. 1 InsO relevant werden.[268] Hierfür kommt es auf den Ort des allgemeinen Gerichtsstandes im Sinne der §§ 12 ff. ZPO bzw. den Mittelpunkt einer selbstständigen wirtschaftlichen Tätigkeit des Schuldners oder auch auf den Center of Main Interest (COMI) im Sinne des Art. 3 Abs. 1 EUInsVO an. Neuerdings ist zudem der Zeitpunkt des Eintritts der materiellen Insolvenzreife im Kontext des § 1 Abs. 1 Satz 3 COVInsAG von besonderer Bedeutung.[269]

---

267 *Madaus*, in: BeckOK InsR, 25. Ed. 15.10.21, InsO, § 5 Rn. 6.

268 BGH, NZI 2006, 164; AG Köln, NZI 2008, 254; *Madaus*, in: BeckOK InsR, 25. Ed. 15.10.21, InsO, § 5 Rn. 6; *Pape*, in: Uhlenbruck InsO, § 5 Rn. 1.

269 Einige Insolvenzgerichte sind insofern dazu übergegangen, im Gutachtenbeschluss eine genaue Ermittlung des Zeitpunkts des Eintritts der materiellen Insolvenzreife im Kontext des § 1 Abs. 1 Satz 3 COVInsAG zu fordern. So lautet der

Hierfür sind Art, Umfang und Zeitpunkt der Verwirklichung von Indizien im Sinne des § 17 Abs. 2 InsO oder aber die Fälligkeit und Durchsetzbarkeit von Forderungen gegen den Schuldner von Bedeutung für das Verfahren. All dies sind Umstände, die bei genauerer Betrachtung nicht unmittelbar den Zwecken des § 1 InsO dienen. Wie oben bereits ausgeführt, sind dies jedoch konstitutive Umstände. Auch solche sind für das Insolvenzverfahren von Bedeutung.

Im eröffneten Regelinsolvenzverfahren wird die Tätigkeit des Insolvenzgerichts vor allem auf die Aufsicht über den Insolvenzverwalter beschränkt, vgl. § 58 InsO. Die Aufsicht bezieht sich auf die Person des Insolvenzverwalters sowie die von ihm vorgenommenen Handlungen.[270] Von Bedeutung können z.B. die Ordnungsgemäßheit der Buchführung des Insolvenzverwalters oder die Rechtmäßigkeit seiner Durchsetzung der Ansprüche der Insolvenzmasse sein.[271] Hier ist der Zweck des § 1 Satz 1 InsO unmittelbar betroffen, da es um die Befriedigung der Gläubiger geht. Darüber hinaus können aber nach hier vertretener Ansicht auch Umstände, die die Verwertung der Insolvenzmasse betreffen, von Bedeutung für das eröffnete Regelinsolvenzverfahren sein.[272] Auch hier ist die Befriedigung der Gläubiger unmittelbar betroffen. Die Amtsermittlungen haben sich im Grundsatz auch hierauf zu beziehen.

Im Insolvenzplanverfahren ist z.B. nach hier vertretener Auffassung von Bedeutung, ob die Voraussetzungen des § 245 Abs. 1 InsO vorliegen. Hierfür können Umstände der Richtigkeit der Vergleichsrechnungen von Plan- und Regelinsolvenzverfahren von Relevanz sein. § 1 Satz 1 InsO ist unmittelbar betroffen. Die *par conditio creditorum* ist hier (potenziell) gefährdet durch eine Schlechterstellung oder unangemessene Beteiligung von Gläubigern. Amtswegige Ermittlungen sind zur Abwendung dessen unerlässlich.

Gutachtenbeschluss des AG Hannover, Insolvenzgericht, auszugsweise: „Dabei sind auch insolvenzspezifische Ansprüche (Haftung von verantwortlichen Organen, Anfechtungsansprüche) zu prüfen und darzustellen, wann die Zahlungsunfähigkeit/Überschuldung eingetreten ist. § 1 Abs. 1 Satz 3 COVInsAG ist zu berücksichtigen."

270 *Graeber*, in: MünchKomm InsO, § 58 Rn. 9.

271 S. hierzu im Kontext des sog. „Bremer-Modells" zutreffend: *Smid*, ZInsO 2021, 2177.

272 BGHZ 74, 379, 382; LG Hamburg, ZIP 1988, 590, 591; LG Hildesheim, ZIP 1983, 598, 599; *Gerhardt*, in: Jaeger InsO, § 5 Rn. 7; bezugnehmend hierauf und zustimmend auch für den Gläubigerausschuss: *Ganter/Bruns*, in: MünchKomm InsO, § 5 Rn. 16; siehe auch *Sternal*, in: HeidelbKomm InsO, § 5 Rn. 6; a.A. *Pape*, in: Uhlenbruck InsO, § 5 Rn. 22.

Im Restschuldbefreiungsverfahren ist im Rahmen eines Versagungsantrags des § 290 InsO nach hier vertretener Auffassung auf zweiter Stufe von Amts wegen zu ermitteln.[273] Trägt ein Gläubiger vor, der Schuldner habe im Sinne des § 290 Abs. 1 Nr. 4 InsO unangemessene Verbindlichkeiten begründet oder Vermögen verschwendet oder ohne Aussicht auf eine Besserung seiner wirtschaftlichen Lage die Eröffnung des Insolvenzverfahrens verzögert, so hat das Insolvenzgericht zu ermitteln. Dabei müssen Art und Umfang der begründeten Verbindlichkeiten berücksichtigt werden. Umstände, die eine Verschwendung von Vermögen nahelegen, sind zu ermitteln. Diese Umstände sind unmittelbar relevant für den Zweck des § 1 Satz 2 InsO, die Entschuldung des Schuldners. Gleichermaßen können sie auch die Befriedigungsaussichten der Gläubiger betreffen. Sie sind deshalb von Bedeutung für das Verfahren.

Diese nur beispielhafte Aufzählung von Umständen, die in den Verfahrensabschnitten von Bedeutung sein können, verdeutlicht, dass die jeweiligen Umstände stets auf den § 1 InsO rückführbar oder konstitutiv sein müssen. Außerhalb dieser Rückbindung an den § 1 InsO oder einer konstitutiven Eigenschaft haben Umstände keine Bedeutung für das Verfahren.

bb) Einschränkung der Bedeutung durch den Gesetzgeber im Eigenverwaltungsverfahren

Ausnahmsweise kann die Bedeutung eines Umstands für das Verfahren durch den Gesetzgeber eingeschränkt sein. Durch die Formulierung, dass Umstände nur dann zu berücksichtigen sind, wenn diese *offensichtlich*[274] oder *bekannt*[275] sind, soll der Amtsermittlungsgrundsatz in den §§ 270 ff. InsO eingeschränkt werden.[276] Durch diesen Mechanismus setzt der Gesetzgeber an der Bedeutung eines Umstands an. Ist ein entsprechender Umstand dem Gericht nicht bekannt oder ist er nicht offensichtlich, ist er nicht von Bedeutung für das Verfahren. Diese Art des Mechanismus wird sogleich ausführlich im Rahmen des StaRUG beleuchtet. Dort findet sich dieser Mechanismus sehr viel häufiger.

Festgehalten werden kann jedoch für das Insolvenzverfahren: Grundsätzlich erstreckt sich der Amtsermittlungsgrundsatz auf alle Umstände von Bedeutung für das Verfahren. Im Eigenverwaltungsverfahren ist die Bedeutung an einigen Stellen auf solche Umstände beschränkt, die offensichtlich oder bekannt sind.

---

273 S. nochmals oben: § 2 A. II. 1. c).

274 Vgl. § 270b Abs. 3 Satz 2 InsO, § 270d Abs. 1 Satz 1, Abs. 2 Satz 3, 1. Hs. InsO.

275 § 270b Abs. 1 Satz 1 Nr. 2, Abs. 2.

276 BT-Drs. 19/24181, S. 205.

b) *Restrukturierungsverfahren*

Trotz der gerade angesprochenen Ähnlichkeiten kann das soeben dargestellte Konzept der *Bedeutung* nicht ohne einen Zwischenschritt auf das Restrukturierungsverfahren übertragen werden. Zu berücksichtigen ist nämlich, dass eine ausdrückliche Zweckbestimmung im StaRUG durch den Gesetzgeber nicht vorgenommen wurde. Eine Rückbindung an einen ausdrücklich normierten Zweck ist im StaRUG nicht möglich. Dennoch ist auch das Restrukturierungsverfahren ein zweckgerichtetes Verfahren. Denn es ist in erster Linie auf die Sanierung des Schuldners gerichtet.[277] Dieser Zweck ist zwar nicht im Sinne eines § 1 InsO vorangestellt. Er ist jedoch gleichermaßen verbindlich für die Bedeutung von Umständen in Restrukturierungsverfahren. Insofern gilt auch in Restrukturierungsverfahren: Ein Umstand ist dann von Bedeutung, wenn er den Zweck der Sanierung oder den Zweck der Befriedigung der Gläubiger berührt oder konstitutiv für das Verfahren ist:

aa) *Grundsatz: Erstreckung auf alle Umstände von Bedeutung*

Im Grundsatz gilt damit auch in Restrukturierungsverfahren ein weiter Amtsermittlungsgrundsatz. Grundsätzlich sind alle Umstände, die von Bedeutung für das Verfahren sind, zu ermitteln.

Das heißt, das Restrukturierungsgericht hat zu u.a. ermitteln, ob der Schuldner nicht drohend zahlungsunfähig ist (§ 63 Abs. 1 Nr. 1 StaRUG). Ist er dies nicht, ist die gerichtliche Bestätigung des Restrukturierungsplans von Amts wegen zu versagen. Der Umstand der drohenden Zahlungsunfähigkeit ist von Bedeutung für das Verfahren, da die drohende Zahlungsunfähigkeit materielles Eintrittsrecht in den Verfahrensrahmen ist.[278] Damit handelt es sich um einen konstitutiven Umstand, auf den sich der Amtsermittlungsgrundsatz erstreckt.

---

277 *Fridgen*, in: BeckOK StaRUG, 3. Ed. 15.11.21, § 14 Rn. 1, hebt insoweit zutreffend hervor, dass das Restrukturierungsverfahren gerade kein Selbstzweck ist. Stattdessen kommt es stets auf die Betrachtung der Frage an, ob eine Sanierung des Schuldners durch die ins Auge genommenen Maßnahmen überhaupt möglich ist; siehe auch bereits ausführlich oben: § 1 B. I. 2.

278 Allg. Begr., BT-Drs. 19/24181, S. 90; *Deppenkemper*, ZIP 2020, 2432, 2434; *Hoffmann/Braun*, in: Flöther StaRUG, § 29 Rn. 2; *Hölzle*, in: Bieg/Borchardt/Frind, Unternehmenssanierung und Betriebsfortführung, Teil 2 B. II. Rn. 20; für Art. 4 Abs. 1 der Rest-RL: *Garcimartin*, in: Paulus/Dammann, European Preventive Restructuring, RL (EU) 2019/1023, Art. 4 Rn. 13; kritisch zu dem Ansatz des nationalen Gesetzgebers: *Skauradszun*, in: BeckOK StaRUG, 3. Ed. 15.11.21, Einleitung Rn. 19 ff.

Hier sind wie auch im Rahmen der Prüfung eines Insolvenzeröffnungsgrundes u.a. relevant der Bestand und die Durchsetzbarkeit offener Forderungen, Art und Umfang des Anlagevermögens, Art und Umfang bestehender Dauerschuldverhältnisse oder die Höhe und das Datum der Fälligkeit der Forderungen gegen den Schuldner.

Zudem hat das Restrukturierungsgericht zu ermitteln, ob ein Planbetroffener im Sinne des § 64 Abs. 1 StaRUG voraussichtlich schlechtergestellt wird, als er ohne den Plan stünde.[279] Denn ähnlich wie im Rahmen des § 251 InsO geht es hier um die Befriedigung der Gläubiger und den Wert der Rechtsposition, die diese noch hat.[280] Diese ist dem Zweck der Sanierung zwar nachgeordnet. Sie bleibt jedoch Zweckrichtung des StaRUG, sodass sich auch hierauf die Ermittlungen von Amts wegen zu erstrecken haben.

Auch diese Beispiele verdeutlichen die verschiedenen Zweckrichtungen und die Auswirkungen auf die (grundsätzliche) Bedeutung für das Restrukturierungsverfahren.

bb) Einschränkung der Bedeutung durch den Gesetzgeber

Aus dem Wortlaut des § 39 Abs. 1 Satz 1, 2. Hs. StaRUG wird jedoch ersichtlich, dass dies nur insoweit gilt, als das StaRUG nichts Abweichendes bestimmt. Der Wortlaut des § 39 Abs. 1 Satz 1 StaRUG weicht hier von dem des § 5 Abs. 1 Satz 1 InsO ab. Der Gesetzgeber hat diesen Halbsatz deshalb normiert, um der besonderen Beschleunigung des Verfahrens Rechnung zu tragen, die in einzelnen Normen durch Abweichungen von dem Amtsermittlungsgrundsatz zum Ausdruck kommt.[281] Tatsächlich gibt es jedoch im StaRUG keine einzige Norm, die dies aufgreift und den Amtsermittlungsgrundsatz ausdrücklich abbedingt.[282] Das Vorliegen einer Abweichung und deren Umfang sind demnach durch Auslegung des StaRUG zu ermitteln.[283]

Eine dieser Abweichungen ist die Anknüpfung gewisser Rechtsfolgen daran, dass „[keine] Umstände bekannt sind, aus denen sich ergibt, dass […]".[284] So ist

---

279 *Kramer*, in: BeckOK StaRUG, 3. Ed. 15.11.21, § 39 Rn. 16.

280 *Knapp*, in: Flöther StaRUG, § 64 Rn. 1; für § 251 InsO: BGH, NZI 2009, 515, 516.

281 BT-Drs. 19/24181, S. 143.

282 *Kramer*, in: BeckOK StaRUG, 3. Ed. 15.11.21, § 39 Rn. 11.

283 *Kramer*, in: BeckOK StaRUG, 3. Ed. 15.11.21, § 39 Rn. 11.

284 Die Formulierung ist sowohl positiv als auch negativ im StaRUG gebraucht. Positiv wird die Formulierung dann gebraucht, wenn bekannte Umstände Voraussetzung für eine bestimmte Rechtsfolge sind. Negativ dann, wenn bekannte Umstände einer bestimmten Rechtsfolge entgegenstehen sollen.

z.B. die Restrukturierungssache gem. § 33 Abs. 2 Nr. 1, 1. Hs. 2. Alt. StaRUG durch das Restrukturierungsgericht aufzuheben, „wenn andere Umstände bekannt sind, aus denen sich ergibt, dass der Schuldner insolvenzreif ist". Eine durch den Schuldner beantragte Stabilisierungsanordnung im Sinne des § 49 StaRUG ergeht durch das Restrukturierungsgericht u.a. nur dann, wenn „keine Umstände bekannt sind, aus denen sich ergibt, dass die Restrukturierungsplanung oder die Erklärungen zu § 50 Absatz 3 in wesentlichen Punkten auf unzutreffenden Tatsachen beruht oder beruhen". Die Formulierung wird gleichermaßen auch in § 33 Abs. 2 Nr. 3, § 51 Abs. 2, § 53 Abs. 2 Nr. 2, § 59 Abs. 1 Nr. 4 und § 63 Abs. 2 StaRUG gebraucht.

Betrachtet man die Methodik des Gesetzgebers, muss festgestellt werden, dass zur Einschränkung des Amtsermittlungsgrundsatzes an der Stellschraube der Bedeutung eines Umstands für das Verfahren angeknüpft wird. Es handelt sich weniger um eine äußerliche Grenzziehung als vielmehr um eine inhaltliche Einengung des Begriffs der Bedeutung. Mit anderen Worten: Der Gesetzgeber legt in den genannten Paragrafen fest, dass außerhalb der bekannten Umstände weitere Umstände keine Bedeutung für das Verfahren haben.[285] Diese Art der Gesetzesmethodik entfaltet dabei eine Wirkung, die der einer gesetzlichen Fiktion ähnelt. Ist ein Umstand dem Gericht in dem Kontext der entsprechenden o.g. Paragrafen unbekannt, ist seine Ermittlung durch den Gesetzgeber von vornherein ausgeschlossen.

Eine weitere Abweichung, die der Gesetzgeber vorsieht, ist die Offensichtlichkeitsprüfung.[286] Auch dies ist als eine Beschränkung des Amtsermittlungsgrundsatzes auszulegen. Elfmal hat der Gesetzgeber eine entsprechende Formulierung im StaRUG verwandt.[287] In diesem Rahmen will der Gesetzgeber die Amtsermittlungen auf solche Umstände begrenzt wissen, die „mit den Händen greifbar" sind.[288] Umstände, die nicht offensichtlich in diesem Sinne

---

285 So auch *Vallender*, ZRI 2021, 165, 169.

286 Vgl. dazu allgemein: *Frind*, in: Bieg/Borchardt/Frind, Unternehmenssanierung und Betriebsfortführung, Teil 2 B. VIII. Rn. 22; siehe auch ausführlich: *Wollenhaupt*, Amtsermittlungsgrundsatz im StaRUG, § 3 B. III. 4.

287 Im Einzelnen: § 33 Abs. 2 Nr. 1, 2. Hs., § 37 Abs. 1, § 51 Abs. 1 Satz 2, § 53 Abs. 3 Satz 2, § 63 Abs. 1 Nr. 3, § 73 Abs. 1 Satz 2, § 74 Abs. 2 Satz 2, 1. Hs., § 74 Abs. 2 Satz 3, 1. Hs., § 78 Abs. 2, 1. Hs., § 94 Abs. 1 Satz 2 und § 94 Abs. 1 Satz 3 StaRUG.

288 So auch *Vallender*, ZRI 2021, 165, 170; unter Bezug auf *Zipperer*, in: Uhlenbruck InsO, § 270b Rn. 60; siehe auch *Kern*, in: MünchKomm InsO, § 270b Rn. 96; *Hoegen*, NZI-Beilage 2021, 59, 60: „auf der Hand liegt"; *Cranshaw/Portisch*, ZInsO 2020, 2561, 2575.

sind, sind durch das Restrukturierungsgericht nicht zu ermitteln. Diese sind nach dem gesetzgeberischen Willen von keiner Bedeutung.[289]

Zurückgreifen kann das Restrukturierungsgericht jedoch auf solche Tatsachen, die im Sinne des § 291 ZPO (i.V.m. § 38 Satz 1 StaRUG) bei dem Gericht offenkundig sind.[290] Dazu zählen auch solche Tatsachen, die das Gericht aus allgemein zugänglichen Quellen erlangen kann.[291] Dies umfasst weiter solche Tatsachen, die aus dem Internet ersichtlich sind.[292] Auch über den Mechanismus der „Offensichtlichkeit" intendiert der Gesetzgeber, die Amtsermittlungen im Bereich der Bedeutsamkeit eines Umstands zu beschränken. Umstände, die nicht offensichtlich sind, sind für das Restrukturierungsverfahren nicht von Bedeutung im Sinne des § 39 Abs. 1 Satz 1 StaRUG. Amtsermittlungen sollen dem Restrukturierungsgericht auf diesem Weg versperrt bleiben. Auch hier ist Grund für diese gesetzgeberischen Einschränkungen der Reichweite der Amtsermittlungen die beabsichtigte Beschleunigung des Verfahrens.[293]

cc) Bewertung der vom Gesetzgeber gewählten Systematik

Im Schrifttum wird einhellig davon ausgegangen, dass im Rahmen der o.g. Formulierungen Amtsermittlungen des Restrukturierungsgerichts ausgeschlossen sind.[294] Das bedeutet, Restrukturierungsgerichte sind praktisch immer dann, wenn der Gesetzgeber entsprechende Einschränkungen vorsieht, auf die

---

289 *Vallender*, ZRI 2021, 165, 170.

290 *Cranshaw/Portisch*, ZInsO 2020, 2561, 2575; *Frind*, NZI 2021, 609, 612; *ders.*, in: Bieg/Borchardt/Frind, Unternehmenssanierung und Betriebsfortführung, Teil 2 B. VIII. Rn. 20; *Hoegen*, NZI-Beilage 2021, 59, 60; *Kramer*, in: BeckOK StaRUG, 3. Ed. 15.11.21, § 38 Rn. 60; *Riedemann*, in: Pannen/Riedemann/Smid StaRUG, § 51 Rn. 6, § 96 Rn. 20; zweifelnd: *Hänel*, in: BeckOK StaRUG, 3. Ed. 15.11.21, § 94 Rn. 26.

291 BGHSt 6, 292, 293; *Huber*, in: Musielak/Voit ZPO, § 291 Rn. 1; *Prütting*, in: MünchKomm ZPO, § 291 Rn. 8.

292 Im Kontext des § 290 InsO: AG Köln, NZI 2021, 285, 289; BGH, NZI 2020, 679, 681; zustimmend *Frind*, NZI 2021, 609, 612; *ders.*, in: Bieg/Borchardt/Frind, Unternehmenssanierung und Betriebsfortführung, Teil 2 B. VIII. Rn. 20.

293 BT-Drs. 19/24181, S. 143.

294 *Fendel*, in: Braun StaRUG, § 63 Rn. 11; *Frind*, in: Bieg/Borchardt/Frind, Unternehmenssanierung und Betriebsfortführung, Teil 2 B. VIII. Rn. 20; *Kramer*, in: BeckOK StaRUG, 3. Ed. 15.11.21, § 39 Rn. 14a; *Laroche*, in: Flöther StaRUG, § 39 Rn. 4; *Morgen*, INDat Report 09/2020, 12, 27.

Angaben der Beteiligten oder die Verwertung gerichtsnotorischer Tatsachen angewiesen.[295] Damit wird der Prüfungsumfang erheblich reduziert.

Dies wirft jedoch die Frage auf, wann die Amtsermittlungen so weit zurückgedrängt werden, dass es zu einer Beeinträchtigung der sach- und zweckgemäßen Durchführung des Verfahrens kommt.

Zur Illustration sei auf Folgendes aufmerksam gemacht: Gem. § 32 Abs. 2 Nr. 1, 1. Hs. StaRUG hebt das Restrukturierungsgericht die Restrukturierungssache auf, wenn der Schuldner seine Zahlungsunfähigkeit oder Überschuldung nach § 32 Absatz 3 angezeigt hat oder *Umstände bekannt sind*, aus denen sich ergibt, dass der Schuldner insolvenzreif ist. Von einer Aufhebung der Restrukturierungssache kann das Restrukturierungsgericht jedoch absehen, wenn die Eröffnung eines Insolvenzverfahrens mit Blick auf den erreichten Stand in der Restrukturierungssache *offensichtlich* nicht im Interesse der Gesamtheit der Gläubiger liegen würde.

Hier liegt eine doppelte Einschränkung des zulässigen Umfangs der Amtsermittlungen des Restrukturierungsgerichts vor. Das Gericht ist demnach zunächst auf eine Anzeige der Insolvenzreife durch den Schuldner oder gerichtsbekannte Umstände angewiesen, um die Restrukturierungssache gem. § 32 Abs. 2 Nr. 1, 1. Hs. StaRUG aufheben zu können. Eigene Amtsermittlungen sollen nach dem Dafürhalten des Gesetzgebers nicht angestellt werden. Liegt eine Anzeige vor, oder sind entsprechende Umstände bekannt, kann das Gericht von einer Aufhebung absehen, aber nur wenn die Eröffnung eines Insolvenzverfahrens offensichtlich nicht im Interesse der Gesamtheit der Gläubiger liegen würde. Auch hier soll das Restrukturierungsgericht also nicht eigenständig ermitteln dürfen. Dabei handelt es sich bei der Frage über die Aufhebung der Restrukturierungssache um eine Schicksalsentscheidung für die Restrukturierungssache. Die Auswirkungen auf sämtliche Beteiligten sind erheblich. Nicht nur sind hier die Zwecke der Sanierung und der Befriedigung der Gläubiger betroffen. Es geht gerade um die Frage, ob eine Sanierung überhaupt noch möglich ist. Es ist zudem bereits die *par conditio creditorum* berührt. Denn mit Eintritt der Insolvenzreife ist der sog. *shift of fiduciary duties* (längst) vollzogen.[296] Schon mit Eintritt der drohenden Zahlungsunfähigkeit

---

295 Siehe etwa *Cranshaw/Portisch*, ZInsO 2020, 2561, 2575; *Frind*, NZI 2021, 609, 612; *ders.*, in: Bieg/Borchardt/Frind, Unternehmenssanierung und Betriebsfortführung, Teil 2 B. VIII. Rn. 20; *Hoegen*, NZI-Beilage 2021, 59, 60; *Kramer*, in: BeckOK StaRUG, 3. Ed. 15.11.21, § 38 Rn. 60; *Riedemann*, in: Pannen/Riedemann/Smid StaRUG, § 51 Rn. 6, § 96 Rn. 20.

296 *Bitter*, ZIP 2021, 321, 322; *Weitzmann*, in: Pannen/Riedemann/Smid StaRUG, § 1 Rn. 27.

im Sinne des § 18 InsO hat der Schuldner (ausschließlich) die Gläubigerinteressen zu wahren.[297] Diese Pflicht besteht auch ohne gesetzliche Normierung.[298] Der Gesetzgeber ging nämlich bei der Streichung des § 2 StaRUG-RefE davon aus, dass sich dadurch keine Haftungslücken ergeben würden.[299] Es sind also gleich mehrere gewichtige Interessen der Beteiligten betroffen. Gleichwohl sind die Amtsermittlungen stark beschränkt. Dies kann nicht überzeugen.

Es stellt sich also die Frage, wie dieser Zustand adäquat aufgelöst werden kann. Eine Überlegung ist es, Amtsermittlungen trotz der Einschränkungen des Wortlauts und der herrschenden Ansicht der Literatur zuzulassen. Diese Überlegungen lassen sich durchaus anstellen, da auch im Rahmen der InsO Entscheidungen des Insolvenzgerichts auf den Maßstab der Offensichtlichkeit[300] begrenzt wurden und dennoch Amtsermittlungen akzeptiert werden.[301] Auf den zweiten Blick kann trotz der gleichen Formulierungen jedoch nicht von der Geltung des Amtsermittlungsgrundsatzes in der InsO auf die Geltung des Amtsermittlungsgrundsatzes im StaRUG geschlossen werden. § 5 Abs. 1 Satz 1 InsO sieht nämlich keine Einschränkung des Amtsermittlungsgrundsatzes vor. § 39 Abs. 1 Satz 1 StaRUG hingegen schon. Auch der Wille des Gesetzgebers, dass Amtsermittlungen eingeschränkt werden sollen, ist eindeutig.

Festgehalten werden kann demnach: *De lege lata* sind die Amtsermittlungen des Restrukturierungsgerichts im vorbeschriebenen Sinne begrenzt. *De lege ferenda* besteht hier Korrekturbedarf.[302]

III. Ergebnis zu den Umständen von Bedeutung für das Verfahren

Zur Bedeutung der Umstände für das jeweilige Verfahren lassen sich die Erkenntnisse wie nachfolgend zusammenfassen: Umstände sind synonym mit dem zivilprozessualen Tatsachenbegriff. Ein Umstand ist dann von Bedeutung für das Verfahren, wenn er mit dem Zweck in Berührung kommt, der

297 *Bitter*, ZIP 2021, 321, 322; *Weitzmann*, in: Pannen/Riedemann/Smid StaRUG, § 1 Rn. 27.

298 *Bea/Dressler*, NZI 2021, 67 ff.; *Bitter*, ZIP 2021, 321, 322; *Weitzmann*, in: Pannen/Riedemann/Smid StaRUG, § 1 Rn. 27; siehe auch *Balthasar*, NZI-Beilage 2021, 18, 21; zweifelnd: *de Bruyn/Ehmke*, NZG 2021, 661, 662.

299 BT-Drs. 19/25353, S. 6; vgl. auch: *Bea/Dressler*, NZI 2021, 67 ff.; *Bitter*, ZIP 2021, 321, 322; *Weitzmann*, in: Pannen/Riedemann/Smid StaRUG, § 1 Rn. 27.

300 S. etwa: § 231 Abs. 1 Satz Nr. 2, 3; § 270d Abs. 2 Satz 3 InsO.

301 *Kern*, in: MünchKomm InsO, § 270b Rn. 96; a.A. *Zipperer*, in: Uhlenbruck InsO, § 270b Rn. 60; *Brinkmann/Zipperer*, ZIP 2011, 1337, 1342, 1344.

302 Dazu unten: § 4 A.

den Verfahren zugrunde liegt. Diese Berührung ist dabei extensiv zu verstehen. Darüber hinaus sind Umstände von Bedeutung, die konstitutiv für das Verfahren sind. Das Verständnis des Verfahrens ist in der InsO *heterogen*, im StaRUG *homogen*. Im StaRUG werden dem Amtsermittlungsgrundsatz jedoch enge Grenzen gesetzt. Dies führt zu praktischen Unzulänglichkeiten der Ermittlungen. Aufgrund des eindeutigen Willens des Gesetzgebers sind diese indes nur *de lege ferenda* zu beheben.

B. Von Amts wegen

§ 5 Abs. 1 Satz 1 InsO und § 39 Abs. 1 Satz 1 StaRUG normieren als Normadressaten der Ermittlungspflicht das Gericht. Die im obigen Sinne bedeutsamen Umstände sind von Amts wegen zu ermitteln. Es stellt sich insofern zunächst die Frage, ob und inwieweit das Gericht die Amtsermittlungen eigenständig durchzuführen hat und durchführen kann. Sodann wird die Frage erörtert, ob eine Delegation der Amtsermittlungen auf einen Ermittler zulässig und ggf. sogar erforderlich ist. Im Einzelnen:

I. Normadressat: Gericht

Unzweifelhaft ist Normadressat des § 5 Abs. 1 Satz 1 InsO und des § 39 Abs. 1 Satz 1 StaRUG das Insolvenz- respektive das Restrukturierungsgericht.[303] Insolvenz- bzw. Restrukturierungsgerichte in diesem Sinne sind auch die Beschwerdegerichte, die ebenfalls Adressat der §§ 5 Abs. 1 Satz 1 InsO und 39 Abs. 1 Satz 1 StaRUG sind.[304]

Nun stellt sich die Frage, ob und inwieweit ein Richter als Ermittler tätig werden *kann* und *muss*. An anderer Stelle wurde für Richter der freiwilligen Gerichtsbarkeit gefordert, der Richter müsse zur amtswegigen Sachverhaltserforschung (höchst-)persönlich tätig werden.[305] Schlagwortartig unter „dem Aufstehen vom Schreibtisch“ wird vertreten, dass die Richter eigenständig

303 Ausdrücklich für das Restrukturierungsgericht: *Kramer*, in: BeckOK StaRUG, 3. Ed. 15.11.21, § 39 Rn. 6.

304 Für die InsO: BGH, NZI 2006, 405; *Ganter/Bruns*, in: MünchKomm InsO, § 5 Rn. 12; *Pape*, in: Uhlenbruck InsO, § 5 Rn. 1; *Rüther*, in: HambKomm InsO, § 5 Rn. 9; *Sternal*, in: HeidelbKomm InsO, § 5 Rn. 4; für das StaRUG: *Kramer*, in: BeckOK StaRUG, 3. Ed. 15.11.21, § 39 Rn. 6; *Pannen*, in: Pannen/Riedemann/Smid StaRUG, § 39 Rn. 6.

305 *Lüderitz*, NJW 1980, 1087, 1088; vgl. insofern ähnlich zur Amtsermittlungspflicht im Rahmen der VwGO: *Rixen*, in: Sodan/Ziekow VwGO, § 86 Rn. 50.

und unmittelbar die Ermittlungen durchzuführen haben.[306] Ob dies von den Richtern verlangt werden kann, darf bezweifelt werden. Stattdessen muss differenziert werden: Es ist Richtern und Rechtspflegern nicht von vornherein unzumutbar, eigenständige Ermittlungen anzustellen. Dies kann die Abfrage von Datenbanken oder die Recherche im Internet betreffen. Der Aufwand dieser Ermittlungen dürfte als zumutbar eingeschätzt werden. Auch kann es Fallkonstellationen geben, in denen Ermittlungen des Richters oder Rechtspflegers vor Ort möglich und zumutbar sind.

Die Grenze der Zumutbarkeit eigener Ermittlungen ist jedoch dort erreicht, wo Richter und Rechtspfleger den Aufwand rein tatsächlich nicht mehr erbringen können. Es kann von Insolvenz- und Restrukturierungsrichtern und den Rechtspflegern schlichtweg nicht stets verlangt werden, dass diese z.B. höchstpersönlich und unmittelbar das schuldnerische Unternehmen vor Ort in Augenschein nehmen, um einen laufenden Betrieb feststellen zu können, oder unmittelbare Ermittlungen hinsichtlich der Zugehörigkeit von Gegenständen zum Insolvenzbeschlag vornehmen.

Rein tatsächlich ist es den Richtern und Rechtspflegern nicht stets möglich, einen entsprechenden Ermittlungsaufwand zu betreiben. Dies zumal vor dem Hintergrund, dass Insolvenz- und Restrukturierungsrichter nicht selten nur einen Teil ihrer richterlichen Arbeit auf die entsprechenden Rechtsgebiete verwenden können, da nur Bruchteile der Richterpensen für den Bereich Insolvenzrecht vorgesehen werden.[307] Einen Großteil der Ermittlungen können sie demnach schon tatsächlich nicht höchstpersönlich vornehmen.[308]

Auch rechtlich überzeugt eine solch strenge Auslegung des Amtsermittlungsgrundsatzes keinesfalls. Der Amtsermittlungsgrundsatz ist nicht gleichzusetzen mit einer (höchst-)persönlichen bzw. unmittelbaren Ermittlung

---

306 S. die Darstellung bei: *Smid*, Rechtsprechung, S. 587 f.; unter Bezug auf *Lüderitz*, NJW 1980, 1087, 1088.

307 *Beth*, ZInsO 2017, 152, 153; *Blankenburg*, NZI 2020, 768, 771, 773; *Bogumil*, NZI 2018, 774, 776, Fn. 6; *Brzoza*, NZI 2021, 513, 514; *Busch*, ZInsO 2011, 1321 f.; *Graf-Schlicker*, WPg-Sh 2011, 5, 6; vgl. auch *Mäusezahl*, ZVI 2004, 577 ff. Die Belege befassen sich der Natur der Sache nach bisher nur mit den Richterpensen für Insolvenzverfahren. Das StaRUG war zu dem Zeitpunkt der meisten Belege noch nicht erlassen. Vor dem Hintergrund, dass in der Praxis die Richter die Aufgaben des Restrukturierungsgerichts übernehmen, die bereits Insolvenzrichter sind, dürfte auch hierfür nur ein Bruchteil des Richterpensums zur Verfügung stehen.

308 Zu den Ermittlungen, die Richter und Rechtspfleger höchstpersönlich vornehmen können und müssen, siehe unten § 2 B. II. 4.

durch den Richter. Vielmehr bedeutet der Amtsermittlungsgrundsatz, dass die für das Verfahren erheblichen Tatsachen auf seine Veranlassung und Verantwortung hin ermittelt und gesammelt werden. Dies setzt nicht eine (höchst-)persönliche bzw. unmittelbare Ermittlung im Sinne des Herbeischaffens der Tatsachen durch den Richter, wohl aber eine (höchst-)persönliche Kognition der Tatsachen im Anschluss voraus. Nicht ohne Grund wurde deshalb durch den Gesetzgeber sowohl in § 5 Abs. 1 Satz 2 InsO als auch § 39 Abs. 1 Satz 2 StaRUG ausdrücklich auf die Möglichkeit der Einsetzung von Sachverständigen hingewiesen. Der Richter und der Rechtspfleger sind demnach zwar Normadressat der §§ 5 Abs. 1 Satz 1 InsO und 39 Abs. 1 Satz 1 StaRUG. Es kann aber nicht verlangt werden, dass sie selbst außerhalb der Grenzen des Zumutbaren als Ermittler auftreten.

II. Die Delegation der Ermittlungen durch das Gericht auf einen Ermittler

Wenn aber die (höchst-)persönliche Ermittlung von dem Gericht nicht aus dem Amtsermittlungsgrundsatz gefolgert werden kann, stellt sich die Frage, wie *in concreto* die Tatsachen ermittelt werden, die von Bedeutung für das Verfahren sind. Dies insbesondere vor dem Hintergrund, dass in den Insolvenz- und Restrukturierungsverfahren kein Ermittlungsapparat in Form von Behörden besteht, die wie beispielsweise im Strafprozess die Ermittlung der Tatsachen besorgen.

Als Lösung für dieses praktische Problem können Ermittlungen auf einen „Ermittler“ delegiert werden.

Die Delegation der Amtsermittlungen sollte dabei im eigentlichen Sinne des Wortes verstanden werden. Dieses leitet sich von dem lateinischen Verb *delegare* ab und bedeutet, jemandem etwas zu übertragen.[309] Hier werden die Ermittlungen in Insolvenz- und Restrukturierungsverfahren durch Insolvenz- und Restrukturierungsgerichte auf einen oder mehrere Ermittler übertragen. Die Ermittlungsarbeit wird beispielsweise durch Sachverständige oder (vorläufige) Insolvenzverwalter übernommen. Die Tatsachen werden dem Gericht sodann in geeigneter Form, d.h. z.B. in Form des Eröffnungsgutachtens oder durch Zwischenberichte im Rahmen des Insolvenzeröffnungsverfahrens, vorgelegt. Insofern werden die Ermittlungen der Tatsachen selbst an einen Dritten

---

309 https://de.pons.com/%C3%BCbersetzung/latein-deutsch/delegare (zuletzt abgerufen am: 10.01.2022).

delegiert. Die Kognition der Tatsachen und die darauf beruhenden Entscheidungen verbleiben jedoch bei den Gerichten.

Diese Art der rechtstatsächlichen Ausgestaltung des Amtsermittlungsgrundsatzes ist einzigartig. Die Gründe für diese Einzigartigkeit sind in dem Zusammenspiel von fehlendem eigenem Ermittlungsapparat der Gerichte und der besonderen Struktur von Insolvenz- und Restrukturierungsverfahren als administrative Verfahren zu sehen. Daraus ergibt sich das Bedürfnis nach amtswegigen Ermittlungen und gleichermaßen einer Lücke in den Möglichkeiten der Gerichte, dem zu entsprechen. So wird diese Lücke in der Praxis durch die Delegation der Amtsermittlungen auf einen Ermittler geschlossen.

Das Konzept der Delegation der Amtsermittlungen in Insolvenz- und Restrukturierungsverfahren hat dabei bisher kaum Beachtung gefunden. *Uhlenbruck* hingegen verdanken wir einen Hinweis auf die Praxis der Amtsermittlungen in Insolvenzeröffnungsverfahren, wenn er konstatiert: „Der Sachverständige ist im Insolvenzeröffnungsverfahren weniger eine Person, die durch ihren Sachverstand einen bestimmten vom Gericht festgestellten Sachverhalt beurteilt, als vielmehr ein Tatsachenermittler im Auftrage des Gerichts, dessen Ermittlungsbefugnisse er kraft Delegation wahrnimmt.“[310]

Smid hat weiterführend im Rahmen seiner Aufarbeitung des sog. „Bremer Modells“ auf die Möglich- und Zulässigkeit der „Verlagerung der Amtsermittlung auf den Sonderinsolvenzverwalter“ hingewiesen.[311]

Diese Feststellungen *Uhlenbrucks* und *Smids* sollen Anlass sein, die Delegation der Amtsermittlungen auf einen Ermittler im Folgenden einer besonderen Betrachtung zu unterziehen. Zunächst stellt sich dabei die Frage, wer im Konzept der Delegation der Amtsermittlungen überhaupt Ermittler sein kann (aa). Sodann müssen die grundsätzliche Zulässigkeit (bb) sowie die Erforderlichkeit (cc) der Delegation begutachtet werden. Daran anschließend bedarf es einer Betrachtung der Ausnahme von der grundsätzlichen Zulässigkeit der Delegation (dd) sowie der Widmung der besonderen Anforderung an die Unabhängigkeit des Ermittlers (ee). Es wird sich zeigen, dass die Delegation nicht bloß ein Charakteristikum des Insolvenzeröffnungsverfahrens ist, wie man es nach der Lektüre der vorbezeichneten Stelle bei *Uhlenbruck* meinen könnte. Stattdessen ist die Delegation der Amtsermittlungen auf einen Dritten in Insolvenz- und Restrukturierungsverfahren eine prägende Spezifik.

---

310 *Uhlenbruck*, in: FS Ganter, S. 381, 384.

311 *Smid*, ZInsO 2021, 2177, 2179; dagegen spricht sich hingegen *Madaus*, in: BeckOK InsR, 25. Ed. 15.10.21, InsO, § 5 Rn. 15, aus.

1. Der „Ermittler"

In dem Konzept der delegierten Amtsermittlung wird also vor allem der Dritte ermittlerisch tätig. Damit ergibt sich aber bereits vorangestellt an die weiteren Ausführungen das Erfordernis einer definitorischen Erfassung des Begriffs des Ermittlers.[312]

Im Kontext der „delegierten" Amtsermittlung sind „Ermittler" gleichermaßen der sog. „isolierte" Gutachter im Rahmen des Insolvenzeröffnungsverfahrens[313], der vorläufige Insolvenzverwalter[314], der Insolvenzverwalter, der vorläufige Sachwalter, der Sachwalter, der Restrukturierungbeauftragte und ein ggf. gem. § 38 Satz 1 StaRUG i.V.m. §§ 402 ff. ZPO bestellter Sachverständiger[315] sowie auch der Sanierungsmoderator gem. § 96 StaRUG in Restrukturierungsverfahren. Welche Unterarten des Ermittlers es gibt, ist demnach bereits durch InsO und StaRUG determiniert. Weitere Ermittler in dem hier behandelten Sinne kann es nicht geben. Nur auf diese abschließend normierten Ausformungen des Ermittlers kann eine Delegation der Ermittlungen in Insolvenz- und Restrukturierungsverfahren denkbar sein.

Allerdings gibt es auch zwischen den Unterarten des Ermittlers Unterschiede, die in ihren rechtlichen Befugnissen begründet sind und sich demnach auf Art und Umfang der Ermittlungen auswirken, die überhaupt delegiert werden können. Insofern eröffnet sich bei genauerer Betrachtung der Ermittler in unserem Sinne eine hierarchische Struktur hinsichtlich ihrer rechtlichen (Ermittlungs-)Befugnisse und demnach auch derjenigen Ermittlungen, die überhaupt delegiert werden können.

Hinsichtlich der zuerkannten Ermittlungsbefugnisse befinden sich auf erster Stufe der Insolvenzverwalter, der vorläufige Insolvenzverwalter sowie mit einigen Einschränkungen der Sachwalter. Den (vorläufigen) Insolvenzverwaltern kommen auf Grundlage von § 80 Abs. 1 InsO respektive § 22 Abs. 1 Satz 1 bzw. Abs. 2 InsO weitreichende Befugnisse über das Vermögen des Schuldners zu.

---

312 Dass es im Kontext des Amtsermittlungsgrundsatzes „Ermittler" gibt, ist nicht zu bestreiten: So normiert § 163 Abs. 1 Satz 1 StPO, dass die Behörden und Beamten der Polizei Straftaten zu erforschen haben. Auch im Vormundschaftsrecht haben die Jugendämter Ermittlungen anzustellen, die der Entscheidung des Vormundschaftsgerichts zugrunde gelegt werden können, vgl. §§ 50, 57 SGB VIII.

313 Vgl. dazu auch *Uhlenbruck*, in: FS Ganter, S. 381 ff.

314 Gemeint ist sowohl der vorläufige „schwache" (Zustimmungsvorbehalt) als auch der „starke" (Verfügungsbefugnis, § 22 Abs. 1 Satz 1 InsO) Insolvenzverwalter.

315 Vgl. dazu im Überblick *Kramer*, in: BeckOK StaRUG, 3. Ed. 15.11.21, § 39 Rn. 21 ff.

Dies umfasst denklogisch auch damit einhergehende Ermittlungsbefugnisse. Der Sachwalter hat im Umkehrschluss zu § 275 Abs. 1 InsO keine Verfügungsbefugnis über das schuldnerische Vermögen. Dennoch sind seine Ermittlungsbefugnisse, wie § 274 Abs. 2 InsO zeigt, weitreichend und denen des vorläufigen Insolvenzverwalters angenähert (§ 274 Abs. 2 Satz 3 InsO).

Die Befugnisse der Sachverständigen hingegen richten sich nach den §§ 404a ZPO ff. und bleiben damit deutlich hinter denen der (vorläufigen) Insolvenzverwalter und Sachwalter zurück.[316]

Im Rahmen der Ermittlungsbefugnisse des Restrukturierungsbeauftragten und des Sanierungsmoderators ist ebenfalls eine Abstufung vorzunehmen. Der Restrukturierungsbeauftragte hat weitreichendere Pflichten und hat korrespondierend hierzu, wie die §§ 73 Abs. 3, 76 StaRUG zeigen, weitreichendere Ermittlungsbefugnisse.

Die Delegation von Ermittlungen auf den Ermittler wirkt sich nicht auf dessen Rechtsstellung aus. Vielmehr nimmt der Ermittler die delegierten Ermittlungen gerade kraft seiner Rechtsstellung bzw. seines Amts wahr. Insofern wird der Ermittler durch die Delegation von einzelnen Ermittlungen auch nicht zu einem Hoheitsträger und übt auch kein öffentliches Amt aus.[317]

Festgehalten werden kann: Ermittler sind (vorläufige) Insolvenzverwalter, (vorläufige) Sachwalter, Sachverständige, Restrukturierungsbeauftragte und Sanierungsmoderatoren.

---

316 Siehe dazu: *Ganter/Bruns*, in: MünchKomm InsO, § 5 Rn. 36; *Pape*, in: Uhlenbruck InsO, § 5 Rn. 13; *Rendels*, NZG 1998, 839, 841 f.

317 Vgl. etwa für den Insolvenzverwalter: BVerfGE 116, 1, 13 „der Insolvenzverwalter übt kein öffentliches Amt aus“; *Graeber*, in: MünchKomm InsO, § 56 Rn. 147; *Mock*, in: Uhlenbruck InsO, § 80 Rn. 59, nachdem es sich nicht um ein öffentliches Amt handelt. Auch der Restrukturierungsbeauftragte ist Inhaber eines ausschließlich privaten Amtes, wenngleich dieses öffentlich-rechtlich durch den Akt der gerichtlichen Bestellung begründet wird, siehe *Pannen*, in: Pannen/Riedemann/Smid StaRUG, § 75 Rn. 7; *Smid*, ZInsO 2020, 2184, 2185; zustimmend, dass kein öffentliches Amt ausgeübt wird: *Curtze/Doebert*, in: Bieg/Borchardt/Frind, Unternehmenssanierung und Betriebsfortführung, Teil 2 B. VI. Rn. 25; *Hänel*, in: BeckOK StaRUG, 3. Ed. 15.11.21, § 75 Rn. 15; für den Sanierungsmoderator: *Hänel*, in: BeckOK StaRUG, 3. Ed. 15.11.21, § 96 Rn. 12; zu der Grundrechtsverpflichtung von Ermittlern siehe unten § 2 C. IV. 3.

2. *Die grundsätzliche Zulässigkeit der Delegation*

Nachdem die Begrifflichkeit des Ermittlers geklärt ist, bedarf es der Betrachtung der Zulässigkeit der Delegation der Ermittlungen auf einen Ermittler. Im Rahmen der Zulässigkeit der Delegation soll dies zunächst losgelöst von der Betrachtung etwaiger rechtstatsächlicher Erforderlichkeiten erfolgen:

a) Amtsermittlung – keine höchstpersönliche Pflicht

Dabei kann konstatiert werden: Eine Delegation der Ermittlungen auf einen Ermittler ist zulässig. Dies ergibt sich aus folgenden Erwägungen: Zum einen normieren § 5 Abs. 1 Satz 1 InsO und § 39 Abs. 1 Satz 1 StaRUG keine Pflicht des Gerichts zur (höchst-)persönlichen und unmittelbaren Ermittlung. So sehen § 5 Abs. 1 Satz 2 InsO und § 39 Abs. 1 Satz 2 StaRUG ausdrücklich vor, dass das Gericht „zu diesem Zweck insbesondere Zeugen und Sachverständige vernehmen" kann. Besonders die Vernehmung des Sachverständigen ist jedoch gerade keine (höchst-)persönliche und unmittelbare Ermittlung. Vielmehr ist es Aufgabe des Sachverständigen, Umstände zu ermitteln und ggf. unter gesetzliche Tatbestände zu subsumieren, um diese sachverständige Einschätzung dann dem Gericht zugänglich zu machen. Dieser Form der Ermittlung des Gerichts ist eine mittelbare, nämlich vermittelt durch den Sachverständigen. Dies bringt der Gesetzgeber schon dadurch zum Ausdruck, dass er die Vernehmung von Zeugen und Sachverständigen als auf Amtsermittlungen (zweck-)gerichtete Maßnahmen ansieht („Es kann *zu diesem Zweck*[318] insbesondere Zeugen und Sachverständige vernehmen", § 5 Abs. 1 Satz 2 InsO und § 39 Abs. 1 Satz 2 StaRUG).

b) Ermittlung hauptsächlich von Befundtatsachen

Dass selbst Sachverständige eigenständige Ermittlungen anstellen dürfen, ergibt sich aus dem Folgenden: Der Sachverständige in InsO und StaRUG hat keine weitreichenderen Ermittlungsbefugnisse als der Sachverständige der §§ 402 ff. ZPO.[319] Im Zivilprozess ist jedoch anerkannt, dass sog. Befundtatsachen, d.h. solche Tatsachen, die gerade auf der Sachkunde des Sachverständigen beruhen, durch diesen eigenständig ermittelt und verwertet werden können.[320]

---

318 Kursivstellung durch den Verfasser.

319 *Ganter/Bruns*, in: MünchKomm InsO, § 5 Rn. 36; *Pape*, in: Uhlenbruck InsO, § 5 Rn. 13; *Rendels*, NZG 1998, 839, 841 f.

320 BGH, NJW-RR 2011, 1459 f.; *Heinrich*, in: MünchKomm ZPO, § 355 Rn. 12; *Lindner*, in: Prütting/Gehrlein ZPO, § 355 Rn. 9; *Scheuch*, in: BeckOK ZPO, 42. Ed. 01.09.21, § 404a Rn. 8; *Stadler*, in: Musielak/Voit ZPO, § 355 Rn. 7.

Im Gegensatz dazu dürfen nicht eigenständig durch den Sachverständigen sog. Anschlusstatsachen im Sinne des § 404a Abs. 3 ZPO ermittelt werden.[321] Dies sind diejenigen Tatsachen, die dem Gutachten zugrunde liegen.[322] Auch in Verfahren, in denen der Amtsermittlungsgrundsatz gilt, dürfen Anschlusstatsachen nicht ohne Weiteres der Ermittlung des Sachverständigen überlassen werden.[323]

Auf den ersten Blick könnte man meinen, dass die Ermittlungen des Ermittlers im obigen Sinne in Insolvenz- und Restrukturierungsverfahren aber gerade auf die Ermittlung von Anschlusstatsachen gerichtet seien, sodass eine eigenständige Ermittlung ausgeschlossen wäre. Dies mag z.B. für die Tatsachen behauptet werden, die der Ermittlung der materiellen Insolvenzreife des Schuldners zugrunde liegen. Dies verkennt aber, dass die soeben dargestellten Grundsätze nicht ohne Weiteres auf Insolvenz- und Restrukturierungsverfahren übertragen werden können. Die Vorschiften der ZPO finden gem. § 4 Satz 1 InsO bzw. § 38 Satz 1 StaRUG nur insoweit Anwendung, wie InsO und StaRUG nichts anderes bestimmen. Es ist aber stets beachtlich, ob und inwieweit die Natur der Insolvenz- und Restrukturierungsverfahren einer entsprechenden Anwendung von Vorschriften der ZPO entgegensteht.[324] Insoweit müssen hier die strukturellen Besonderheiten der Verfahren angemessen berücksichtigt werden. Das bedeutet eben auch die Einsicht, dass im Gegensatz zum Zivilprozess im Rahmen von Insolvenz- und Restrukturierungsverfahren kein abgeschlossener Sachverhalt vorliegt, sondern dieser im Rahmen der Insolvenz- und Restrukturierungsverfahren erst geschaffen wird.[325]

Anschlusstatsachen kann es also in nur viel geringerem Ausmaß geben als im Zivilprozess. So ist es beispielsweise eine der Hauptaufgaben des Sachverständigen im Rahmen des Insolvenzeröffnungsverfahrens, die Deckung der

321 RGZ 156, 334, 338; BGHZ 23, 207, 213; BGHZ 37, 389, 394; BGH, NJW 1970, 1919, 1921; BGH, NJW 1997, 1446, 1447; *Heinrich*, in: MünchKomm ZPO, § 355 Rn. 11; *Scheuch*, in: BeckOK ZPO, 42. Ed. 01.09.21, § 404a Rn. 7; *Stadler*, in: Musielak/Voit ZPO, § 355 Rn. 7.

322 BGHZ 23, 207, 213; BGHZ 37, 389, 394; BGH, NJW 1970, 1919, 1921; BGH, NJW 1997, 1446, 1447; *Heinrich*, in: MünchKomm ZPO, § 355 Rn. 11; *Scheuch*, in: BeckOK ZPO, 42. Ed. 01.09.21, § 404a Rn. 7; *Stadler*, in: Musielak/Voit ZPO, § 355 Rn. 7.

323 BGHZ 37, 389, 394.

324 BGH, NJW 1961, 2016; vgl. dazu auch nochmals oben: § 1 B. I.

325 Dazu bereits oben: § 1 B. I.

Verfahrenskosten zu beurteilen.[326] Dafür müssen aber zunächst die Aktiva des Schuldners ermittelt und anschließend sachverständig bewertet werden. Auch der Insolvenzverwalter hat diese Ermittlungen und Bewertungen im eröffneten Verfahren fortzuführen. Diese Tatsachen werden dem Sachverständigen oder (vorläufigen) Insolvenzverwalter aber nicht durch das Gericht mitgeteilt, wie es in einem Zivilprozess bei Anschlusstatsachen der Fall wäre. Stattdessen ist es gerade Aufgabe des Sachverständigen oder (vorläufigen) Insolvenzverwalters die Tatsachen zu ermitteln. Es handelt sich also bereits nach der obigen Unterscheidung um Befundtatsachen. Deren Ermittlung ist auch durch einen Sachverständigen zulässig.[327]

Die Zulässigkeit der Delegation der Amtsermittlungen ist dabei nicht nur auf einen Sachverständigen im Sinne eines Gutachters, z.B. im Rahmen des Insolvenzeröffnungsverfahrens, begrenzt. Dies könnte man deshalb annehmen, da § 5 Abs. 1 Satz 2 InsO und § 39 Abs. 1 Satz 2 StaRUG ausdrücklich nur den Sachverständigen nennen.[328] Diese Form der Argumentation verkennt jedoch zweierlei: erstens, dass es sich bei der Aufzählung in § 5 Abs. 1 Satz 2 InsO und § 39 Abs. 1 Satz 2 StaRUG um eine nicht abschließende handelt („insbesondere").[329] Sowohl die InsO als auch das StaRUG nehmen schon keine Begrenzung auf Sachverständige und Zeugen vor.

Zweitens muss festgestellt werden: Soweit die Ermittler im obigen Sinne zur Ermittlung eines Sachverhalts durch das Gericht eingesetzt werden, sind sie funktional betrachtet als Sachverständige im Sinne des § 5 Abs. 1 Satz 2 InsO und des § 39 Abs. 1 Satz 2 StaRUG tätig.[330] Der Begriff des Sachverständigen ist demnach weit auszulegen. Die Zulässigkeit der Delegation auf einen Ermittler ergibt sich demnach auch unmittelbar aus § 5 Abs. 1 Satz 2 InsO.

So hat etwa der Sachwalter gem. § 274 Abs. 2 Satz 1 InsO die wirtschaftliche Lage des Schuldners zu prüfen und die Geschäftsführung sowie die Ausgaben

326 *Andres*, in: Andres/Leithaus InsO, § 5 Rn. 15; *Ganter/Bruns*, in: MünchKomm InsO, § 5 Rn. 14; *Madaus*, in: BeckOK InsR, 25. Ed. 15.10.21, InsO, § 5 Rn. 6; *Pape*, in: Uhlenbruck InsO, § 5 Rn. 16; *Stephan*, in: K. Schmidt InsO, § 5 Rn. 3.

327 BGH, NJW-RR 2011, 1459 f.; *Heinrich*, in: MünchKomm ZPO, § 355 Rn. 12; *Lindner*, in: Prütting/Gehrlein ZPO, § 355 Rn. 9; *Scheuch*, in: BeckOK ZPO, 42. Ed. 01.09.21, § 404a Rn. 8; *Stadler*, in: Musielak/Voit ZPO, § 355 Rn. 7.

328 Vgl. hierzu: *Smid*, ZInsO 2021, 2177, 2178, der dieses Gegenargument ebenfalls aufgreift, im Ergebnis jedoch als nicht überzeugend ablehnt.

329 So im Kontext der „Verlagerung" der Amtsermittlungen auf den Sonderinsolvenzverwalter im Kontext des sog. „Bremer Modells", *Smid*, ZInsO 2021, 2177, 2180.

330 *Smid*, ZInsO 2021, 2177, 2180.

für die Lebensführung zu überwachen. Wie der IX. Zivilsenat des BGH schon im Jahr 2016 feststellte, bedarf es dafür einer „dauerhafte[n] und umfassende[n] Einbindung in den Prozess der Betriebsfortführung".[331] Der Sachwalter hat umfangreiche Prüfungspflichten hinsichtlich einer etwaigen Nachteiligkeit der Eigenverwaltung für die Gläubiger.[332] Seine Tätigkeit ist dabei vor allem ermittlerischer und überwachender Natur.[333] Dies erkennt man daran, dass § 274 Abs. 3 Satz 1 InsO dem Sachwalter eine besondere Unterrichtungspflicht auferlegt, wenn dieser Umstände feststellt, die erwarten lassen, dass die Fortsetzung der Eigenverwaltung zu Nachteilen für die Gläubiger führen wird. Dem Sachwalter wird hier also die Ermittlung von Umständen delegiert, die von Bedeutung für das Eigenverwaltungsverfahren sind. Dabei handelt es sich um Befundtatsachen. Denn diese werden erst durch den Sachwalter in seiner Funktion als Sachverständiger ermittelt.

Ebenso prüft der Restrukturierungsbeauftragte vor allem die (nur) drohende Zahlungsunfähigkeit im Sinne des § 18 InsO bzw. die nicht eingetretene Insolvenzreife des Schuldners, vgl. § 76 Abs. 1 i.V.m. § 33 Abs. 2 Nr. 1, 1. Hs. StaRUG. Hierfür bedarf es gleichfalls einer Ermittlung sämtlicher Aktiva und Passiva sowie anschließender Bewertung. Ferner hat der Restrukturierungsbeauftragte gem. § 76 Abs. 3 Nr. 1, 1. Hs. StaRUG für den Fall einer erlassenen Stabilisierungsanordnung fortlaufend zu prüfen, ob die Anordnungsvoraussetzungen fortbestehen und ob ein Aufhebungsgrund vorliegt. Dafür hat er für den Fall des Erlasses einer Stabilisierungsanordnung gem. § 76 Abs. 3 Nr. 1, 2. Hs. StaRUG die Verhältnisse des Schuldners zu *untersuchen*.[334] Der Restrukturierungsbeauftragte hat also auch hier u.a. die drohende Zahlungsunfähigkeit des Schuldners zu prüfen. Dafür sind wiederum die Aktiva und Passiva im Prognosezeitraum zu betrachten. Dies sind ebenfalls Befundtatsachen, deren Ermittlung von Bedeutung für das Verfahren im Sinne des § 39 Abs. 1 Satz 1 StaRUG ist.

Der Großteil der Tatsachen, die überhaupt ermittelt werden müssen, sind also solche, die erst durch die sachverständigen Kenntnisse des Sachverständigen ermittelt werden (können), und damit Befundtatsachen. Darüber hinaus

---

331 BGHZ 211, 225, 246.

332 *Plaßmeier/Ellers*, in: BeckOK InsR, 25. Ed. 15.10.21, InsO, § 274 Rn. 22 ff.

333 BGHZ 211, 225, 245: „Der vorläufige Sachwalter und der endgültige Sachwalter führen freilich das Unternehmen nicht selbst fort, sondern haben die Fortführung durch den Schuldner gemäß § 274 Abs. 2 InsO lediglich zu überwachen."

334 Dazu *Flöther/Eckelt*, in: Flöther StaRUG, § 76 Rn. 32 ff.; *Pannen*, in: Pannen/Riedemann/Smid StaRUG, § 76 Rn. 26 ff.

sind in aller Regel „intrikate“ juristische Fragestellungen zur Ermittlung des Sachverhalts zu beurteilen.[335] Auch insofern ist eine Delegation zulässig.

Im Übrigen können innerhalb enger Grenzen auch im Zivilprozess Anschlusstatsachen durch den Sachverständigen ermittelt werden.[336] Ein strengerer Maßstab kann aber für InsO und StaRUG – zumal vor dem Hintergrund der gerade beschriebenen besonderen Struktur der Verfahren – nicht gelten. Eine Zulässigkeit der Ermittlungen ergibt sich demnach auch bei Anwendung dieses Maßstabs.

Der Zulässigkeit der Delegation der Ermittlungen durch das Gericht auf einen Ermittler steht auch nicht der Unmittelbarkeitsgrundsatz im Sinne des § 355 Abs. 1 Satz 1 ZPO entgegen, da dieser in Insolvenz- und Restrukturierungsverfahren wegen der eingeschränkten Mündlichkeit der Verfahren ohnehin nur eine eingeschränkte Geltung beansprucht.[337] Ohnehin ist der Unmittelbarkeitsgrundsatz schon nicht berührt, da nur die Ermittlungen durch den Ermittler durchgeführt werden, nicht aber die Kognition der Tatsachen. Diese erfolgt unmittelbar durch den Richter.

c) Die Delegation der Ermittlungen – keine unzulässige Chimäre

Die Delegation von Ermittlungen auf einen Ermittler ist auch keine „unzulässige Chimäre“.[338] *Madaus* lehnt eine Sachverhaltsermittlung durch Verwalter mit dem Argument ab, die InsO unterscheide klar zwischen Verwaltern und Sachverständigen.[339] Dabei setzt *Madaus* voraus, dass ausschließlich Sachverständigen oder dem vorläufigen Insolvenzverwalter wegen § 22 Abs. 1 Satz 2 Nr. 3 InsO die Ermittlung des Sachverhalts erlaubt sei.[340] Eine „Aufweichung dieser Kategorien“ führe dieser Prämisse folgend zu der o.g. unzulässigen Chimäre.[341]

Dies vermag nicht zu überzeugen. Die Prämisse *Madaus*, eine Sachverhaltsermittlung erfolge – außerhalb von § 22 Abs. 1 Satz 2 Nr. 3 InsO – nicht

---

335 *Smid*, ZInsO 2021, 2177, 2178.

336 *Heinrich*, in: MünchKomm ZPO, § 355 Rn. 12; *Berger*, in: Stein/Jonas ZPO, § 355 Rn. 24.

337 *Prütting*, in: Kübler/Prütting/Bork InsO, 59. Lfg. 6.14, § 5 Rn. 54.

338 So aber: *Madaus*, in: BeckOK InsR, 25. Ed. 15.10.21, InsO, § 5 Rn. 15.

339 Ausdrücklich nur für Verwalter: *Madaus*, in: BeckOK InsR, 25. Ed. 15.10.21, InsO, § 5 Rn. 15, wobei sich die Argumentationsstruktur *Madaus'* auch auf alle weiteren Ermittler – auch im StaRUG – übertragen ließe.

340 *Madaus*, in: BeckOK InsR, 25. Ed. 15.10.21, InsO, § 5 Rn. 15.

341 *Madaus*, in: BeckOK InsR, 25. Ed. 15.10.21, InsO, § 5 Rn. 15.

durch Verwalter, trägt nicht. Jeder Insolvenzverwalter, Sachwalter oder auch Restrukturierungsbeauftragte ist stets auch berechtigt und verpflichtet, den für seine Aufgabe relevanten Sachverhalt zu ermitteln. Anders wäre ihm die Wahrnehmung seiner Aufgaben nicht möglich. In jedem Insolvenzverwalter, Sachwalter oder auch Restrukturierungsbeauftragten steckt daher gleichzeitig ein Sachverständiger.[342]

So stellt auch bereits das BVerfG zutreffend fest, dass der „Insolvenzverwalter, zumal wenn er zuvor als Sachverständiger beauftragt wird, [...] immer stärker auch als Ermittlungsorgan des Gerichts bei der von Amts wegen zu leistenden Aufklärung des maßgeblichen Sachverhalts (§ 5 Abs. 1 InsO) gefordert" ist.[343] Seine „Ermittlungstätigkeit" bezieht „sich auch und gerade auf Vorgänge und Verhaltensweisen, die häufig gläubigerschädigend sind und deshalb vom Schuldner oder seinen Geschäftsführungsorganen nicht freiwillig aufgedeckt werden."[344] Denn die Wahrnehmung der jeweiligen durch das Gesetz zugewiesenen Aufgabe setzt stets zunächst voraus, dass überhaupt der relevante Sachverhalt ermittelt wurde. Die Wahrnehmung der gesetzlich zugewiesenen Aufgaben durch die Amtsträger ist untrennbar mit der Ermittlung des relevanten Sachverhalts verbunden. Es gibt weder rechtlich noch praktisch Kategorien in InsO oder StaRUG, die die Ermittlung des Sachverhalts *nur* Sachverständigen zuweisen. Dies würde zu Ende gedacht dazu führen, dass der Insolvenzverwalter oder Restrukturierungsbeauftragte zunächst auf Ermittlungen des Sachverständigen angewiesen wäre, um anschließend seinen Pflichten nachzukommen. Eine solche Vorgehensweise würde zu einer ineffektiven Verfahrensbearbeitung führen und den Verfahrenszwecken diametral zuwiderlaufen.

Festgehalten werden kann deshalb: Die Wahrnehmung der gesetzlich zugewiesenen Aufgaben durch die Amtsträger ist untrennbar mit der Ermittlung des relevanten Sachverhalts verbunden. Indem den Amtsträgern Ermittlungen delegiert werden, wird ihnen eine effektive Ausführung ihrer Aufgaben ermöglicht. Dies ist keine unzulässige Chimäre, sondern eine effektive Verfolgung der Verfahrenszwecke. Jedem Amt als Insolvenzverwalter, Restrukturierungsbeauftragter usw. wohnt stets eine Ermittlungstätigkeit inne.[345]

---

342 A.A. *Madaus*, in: BeckOK InsR, 25. Ed. 15.10.21, InsO, § 5 Rn. 15.
343 BVerfGE 141, 121, 138.
344 BVerfGE 141, 121, 138.
345 A.A. *Madaus*, in: BeckOK InsR, 25. Ed. 15.10.21, InsO, § 5 Rn. 15.

Damit kann zusammenfassend festgehalten werden: Die Delegation der Ermittlungen auf einen Ermittler durch das Gericht ist grundsätzlich zulässig.[346]

3. *Erforderlichkeit der Delegation von Ermittlungen durch das Gericht auf einen Ermittler*

Die soeben dargelegte grundsätzliche Zulässigkeit dieser Delegation der Amtsermittlungen durch das Insolvenz- bzw. Restrukturierungsgericht auf eine dritte Person wird in der Literatur und der Rechtsprechung überwiegend ohne Weiteres vorausgesetzt.[347] So wird der Sachverständige im Insolvenzeröffnungsverfahren als verlängerter Arm des Insolvenzgerichts bezeichnet.[348] Der Sachverständige sei Helfer des Gerichts.[349] Auch der Insolvenzverwalter, insbesondere dann, wenn er zuvor als Sachverständiger beauftragt wurde, werde immer häufiger und weitreichender auch als Ermittlungsorgan des Gerichts bei der Sachverhaltsaufklärung eingesetzt.[350] Ebenso der Sachverständige, der im Restrukturierungsverfahren gem. § 38 Satz 1 StaRUG i.V.m. §§ 402 ff. ZPO auch neben einem Restrukturierungsbeauftragten bestellt werden kann, dient dem Gericht als „Entlastungsinstrument".[351] Der Restrukturierungsbeauftragte

---

346 Dies erkennt man mittelbar auch an den Berichtspflichten des Insolvenzverwalters gegenüber dem Insolvenzgericht gem. § 58 Abs. 1 Satz 2 InsO. Diese dienen vorrangig als Grundlage für die Rechtsaufsicht des Insolvenzgerichts über den Insolvenzverwalter. Ihnen wohnt jedoch auch ein ermittlerisches Element inne. Denn aus § 58 Abs. 1 Satz 2 InsO folgt ein Informationsrecht des Insolvenzgerichts, das umfassend zu verstehen ist (*Ries*, in: K. Schmidt InsO, § 58 Rn. 7). Die durch den Insolvenzverwalter als Ermittler ermittelten Umstände können so durch das Insolvenzgericht auf Grundlage des § 58 Abs. 1 Satz 2 InsO abgefragt werden.

347 A.A. *Madaus*, in: BeckOK InsR, 25. Ed. 15.10.21, InsO, § 5 Rn. 15, der sich ausdrücklich der Einordnung des Sachverständigen als „verlängerte[n] Arm des Gerichts" entgegenstellt; auch *Jacobi/Böhme*, ZInsO 2019, 1357, 1359, die der Praxis, die Ermittlungen des Sachverhalts vollständig dem Sachverständigen zu überlassen, die Rechtsgrundlage absprechen.

348 *Pape*, in: Uhlenbruck InsO, § 5 Rn. 13; *Stephan*, in: K. Schmidt InsO, § 5 Rn. 13; *Rüther*, in: HambKomm InsO, § 5 Rn. 17; *Vallender*, ZInsO 2010, 1457, 1460 f.; a.A. *Madaus*, in: BeckOK InsR, 25. Ed. 15.10.21, InsO, § 5 Rn. 15; vgl. auch *Jacobi/Böhme*, ZInsO 2019, 1357.

349 *Pape*, in: Uhlenbruck InsO, § 5 Rn. 13; *Uhlenbruck*, in: FS Ganter, S. 383.

350 BVerfGE 141, 121, 138.

351 *Kramer*, in: BeckOK StaRUG, 3. Ed. 15.11.21, § 39 Rn. 21; ähnlich auch *Baumert*, in: Braun StaRUG, § 39 Rn. 1; *Deppenkemper*, ZIP 2020, 2432, 2440; *Frind*, NZI 2021,

soll das Restrukturierungsgericht auch bei der Amtsermittlung entlasten und unterstützen.[352]

An die grundsätzliche Zulässigkeit der Delegation von Amtsermittlungen anknüpfend, stellt sich also die Frage der Erforderlichkeit der Delegation von Amtsermittlungen. Es soll im Folgenden untersucht werden, wann eine Delegation der Amtsermittlungen auf einen Ermittler erforderlich wird und wann nicht. Dabei müssen insbesondere die Gründe betrachtet werden, die für oder gegen eine Erforderlichkeit sprechen. Es wird sich zeigen, dass diese Grenzziehung vor allem von (rechts-)tatsächlichen Umständen abhängt.

a) Das Postulat der Effektivität der Ermittlungen

Für die Erforderlichkeit der Delegation von Ermittlungen muss das Postulat der *Effektivität der Ermittlungen* gelten: Soweit es dem Gericht möglich ist, die Amtsermittlungen mit vertretbarem Aufwand in den Grenzen der eigenen Zuständigkeit anstellen zu können, ermittelt der Richter oder Rechtspfleger selbst. Darüber hinaus sind die Ermittlungen durch das Gericht eigens anzustellen, soweit dies effektiv für die Ermittlungen ist. Sobald eigene Ermittlungen ineffektiv sind, bedarf es zur sachgerechten Erfüllung der Amtsermittlungs*pflicht* der Delegation der Ermittlungen auf einen Ermittler.

Dem liegen die folgenden Erwägungen zugrunde: Die Ermittler im obigen Sinne können einige der erforderlichen Ermittlungen in aller Regel zügiger und ggf. auch gründlicher durchführen. Denn für einen Sachverständigen im Insolvenzeröffnungsverfahren oder einen (vorläufigen) Insolvenzverwalter ist die Ermittlung des relevanten Sachverhalts Kernaufgabe. Für einen Richter oder Rechtspfleger hingegen sind solche Ermittlungen, die zeitintensiv und ggf. kostenintensiv sind, nicht oder nicht in derselben Zeit anzustellen. Würde man also im übertriebenen Sinne auf eine höchstpersönliche Ermittlung bestehen, käme es zu erheblichen Reibungsverlusten. Dies ist insbesondere mit der Eilbedürftigkeit von Insolvenzeröffnungsverfahren[353] und Restrukturierungsverfahren

---

609, 611 f.; *ders.*, ZRI 2020, 397, 399 f.; umfassende Betrachtung u.a. hierzu: *Vallender*, ZRI 2021, 165 ff.

352 Begr. z. § 77 StaRUG-RefE, S. 188; *Pannen*, in: Pannen/Riedemann/Smid StaRUG, § 39 Rn. 18 („das ‚geborene' Ermittlungsorgan"); *Smid*, ZInsO 2020, 2184, 2187; *Vallender*, ZInsO 2020, 2579, 2585; *ders.*, ZInsO 2020, 2677, 2681; *ders.*, ZRI 2021, 165 ff.; weiterführend: *Sämisch/Deichgräber*, ZRI 2020, 581, 584, die eine noch weitreichendere Ermittlung durch Gericht und Restrukturierungsbeauftragten fordern.

353 Ausführlich zu dem Argument der Beschleunigung des Insolvenzverfahrens: *Wollenhaupt*, Amtsermittlungsgrundsatz im StaRUG, § 2 C. II. 1.

nicht zu vereinbaren. Auch sind daraus folgende Nachteile zulasten der Gläubiger und der Schuldner durch Verzögerungen nicht hinzunehmen. Das Postulat der *Effektivität der Ermittlungen* gebietet hier eine Delegation.

Dieses Postulat der *Effektivität der Ermittlungen* begründet sich wie folgt: Amtsermittlungen dienen der Verfolgung der Zwecke von Insolvenz- und Restrukturierungsverfahren.[354] Amtsermittlungen sind kein Selbstzweck, sondern stets an die vorgegebenen Zwecke der Verfahren rückgebunden. Um diese Zwecke zu erreichen, sind die Amtsermittlungen jedoch von entscheidender Bedeutung. Die Gerichte benötigen eine adäquate Tatsachengrundlage, um die zweckgerichteten Entscheidungen treffen zu können. Das bedeutet, je effektiver die Ermittlung der Umstände erfolgt, desto zügiger können die Gerichte entscheiden. Die effektive Ermittlung der Umstände bedeutet somit eine effektive Verfolgung der Zwecke des Verfahrens.

Darüber hinaus ist zu beachten, dass es sich bei dem Insolvenzeröffnungsverfahren und dem Restrukturierungsverfahren um eilbedürftige Verfahren handelt.[355] Verzögerungen in den Verfahren können schwerwiegende Auswirkungen auf die Rechte und Rechtspositionen der Beteiligten haben. Um Reibungsverluste im Rahmen der Amtsermittlung zu vermeiden, bedarf es einer Orientierung an Effektivitätsgesichtspunkten. Durch eine effizienzbasierte Entscheidung über die Delegation der Ermittlungen können diese Reibungsverluste frühzeitig verhindert werden.

Rekapitulierend kann festgehalten werden, dass die Delegation der Ermittlungen am Postulat der *Effektivität der Ermittlungen* gemessen werden muss. Dort, wo es die Effektivität gebietet, sollten Ermittlungen delegiert werden.

b) Objektivität im Rahmen der Kognition der ermittelten Tatsachen

Sie ist darüber hinaus aber auch aus einem weiteren Grund erforderlich: Das Gericht hat den – um einen von *Smid* in diesem Kontext geprägten Ausdruck zu verwenden – „bösen Schein der Befangenheit" zu vermeiden.[356] Durch die Delegation der Ermittlungen an einen Ermittler erhält das Gericht die Möglichkeit, unabhängiger über die vorgetragenen Tatsachen zu befinden. Da sowohl die Insolvenz- als auch die Restrukturierungsgerichte zweckgerichtete

---

354 S. dazu bereits oben: § 1 B.

355 Allg. Begründung, BT-Drs. 19/24181, S. 131, 134; ausführlich zu dem Argument der Beschleunigung des Insolvenzverfahrens: *Wollenhaupt*, Amtsermittlungsgrundsatz im StaRUG, § 2 C. II. 1.

356 *Smid*, in: Smid InsO, § 5 Rn. 8; *Smid*, ZInsO 2009, 650, 652; *Smid*, ZInsO 2013, 209, 210; *Smid*, ZInsO 2021, 981, 1000.

Entscheidungen treffen, ist es für die Objektivität der Entscheidungen förderlich, dass diese auf einer Tatsachengrundlage beruhen, die in einer gewissen „Distanz“ zum Gericht ermittelt wurde.[357]

Insofern ist die Delegation der Amtsermittlungen auf einen Ermittler gleichermaßen aus tatsächlichen wie aus rechtlichen Gründen erforderlich.

c) Eigene Ermittlungen des Gerichts

Der Grundsatz für die Erforderlichkeit eigener Ermittlungen des Gerichts lautet also: Soweit es dem Gericht möglich ist, die Amtsermittlungen mit vertretbarem Aufwand in den Grenzen der eigenen Zuständigkeit anstellen zu können, ermittelt der Richter oder Rechtspfleger selbst.

Unzweifelhaft fallen unter Ermittlungen, die das Gericht selbst anstellt, z.B. Mitteilungs- und Auskunftsersuchen bei Behörden oder Trägern eines öffentlichen Amts im Sinne des § 273 Abs. 2 Nr. 2 ZPO. Die genannten Stellen sind zur Auskunft gegenüber dem Insolvenz- oder Restrukturierungsgericht verpflichtet.[358] Hier sind eigene Ermittlungen besonders effektiv. Es können darüber hinaus z.B. auch Auskünfte bei sonstigen Behörden und auskunftsbereiten Privatpersonen (beispielsweise Abfrage bei Creditreform oder vergleichbaren Anbietern) eingeholt werden.[359] So sollten bei Regelinsolvenzverfahren Handelsregisterauszüge beim zuständigen Handelsregister abgefragt werden.[360] Ferner sollte bei dem zuständigen Gerichtsvollzieher erfragt werden, ob Vollstreckungsaufträge gegen den Schuldner vorliegen.[361] Unterlagen, die von der Staatsanwaltschaft beschlagnahmt wurden, können beigezogen werden.[362]

---

357 Die Distanzierung des Gerichts von den Tatsachen ist nicht nur in zweckgerichteten Verfahren eine wesentliche Voraussetzung für die Unabhängigkeit. Auch in (Zivil-) Prozessen ist die Distanz des Richters zu den Tatsachen, die über das streitige Vorbringen des Sachverhalts durch die Parteien gewährleistet wird, konstitutiv für seine Unabhängigkeit, vgl. *Smid*, Rechtsprechung, S. 251 ff.

358 *Pannen*, in: Pannen/Riedemann/Smid StaRUG, § 39 Rn. 37.

359 *Ganter/Bruns*, in: MünchKomm InsO, § 5 Rn. 48; *Kramer*, in: BeckOK StaRUG, 3. Ed. 15.11.21, § 39 Rn. 32; *Rüther*, in: HambKomm InsO, § 5 Rn. 25.

360 *Ahrens*, in: Ahrens/Gehrlein/Ringstmeier InsO, § 5 Rn. 32; *Kramer*, in: BeckOK StaRUG, 3. Ed. 15.11.21, § 39 Rn. 32; *Pannen*, in: Pannen/Riedemann/Smid StaRUG, § 39 Rn. 38; *Rüther*, in: HambKomm InsO, § 5 Rn. 25.

361 *Pannen*, in: Pannen/Riedemann/Smid StaRUG, § 39 Rn. 36; *Rüther*, in: HambKomm InsO, § 5 Rn. 25.

362 *Ganter/Bruns*, in: MünchKomm InsO, § 5 Rn. 49; *Kramer*, in: BeckOK StaRUG, 3. Ed. 15.11.21, § 39 Rn. 32; *Pape*, in: Uhlenbruck InsO, § 5 Rn. 21; zustimmend: *Ahrens*, in: Ahrens/Gehrlein/Ringstmeier InsO, § 5 Rn. 32.

Selbstverständlich gehört zu eigenen Ermittlungen des Gerichts auch die Beiziehung von Insolvenzakten von vorangegangenen Insolvenzverfahren betreffend den Schuldner. Bereits erstattete Sachverständigengutachten aus anderen Verfahren können durch das Gericht unmittelbar gem. § 411a ZPO i.V.m. § 4 Satz 1 InsO bzw. § 38 Satz 1 StaRUG verwertet werden.[363]

Gesetzgeberisch gewollt sind ab dem 01.11.2022 nunmehr ausdrücklich auch Ermittlungen des Insolvenzgerichts im Sinne des § 98 Abs. 1a InsO n.F. i.V.m. § 802l ZPO. Durch Art. 2 Nr. 2 des Gerichtsvollzieherschutzgesetzes[364] wird ein neuer Absatz 1a in den bestehenden § 98 InsO mit Wirkung zum 01.11.2022 eingefügt. Der neue Absatz 1a lautet:

§ 98 Abs. 1a InsO n.F. (ab dem 01.11.2022)
[1] *Das Gericht kann an Stelle des Gerichtsvollziehers die Maßnahmen nach § 802l Absatz 1 Satz 1 der Zivilprozessordnung durchführen, wenn* 1. *die Ladung zu dem Termin zur Abgabe der Vermögensauskunft an den Schuldner nicht zustellbar ist und* a) *die Anschrift, unter der die Zustellung ausgeführt werden sollte, mit der Anschrift übereinstimmt, die von einer der in § 755 Absatz 1 und 2 der Zivilprozessordnung genannten Stellen innerhalb von drei Monaten vor oder nach dem Zustellungsversuch mitgeteilt wurde, oder* b) *die Meldebehörde nach dem Zustellungsversuch die Auskunft erteilt, dass ihr keine derzeitige Anschrift des Schuldners bekannt ist, oder* c) *die Meldebehörde innerhalb von drei Monaten vor Erteilung des Vollstreckungsauftrags die Auskunft erteilt hat, dass ihr keine derzeitige Anschrift des Schuldners bekannt ist;* 2. *der Schuldner seiner Auskunftspflicht nach § 97 nicht nachkommt oder* 3. *dies aus anderen Gründen zur Erreichung der Zwecke des Insolvenzverfahrens erforderlich erscheint.*
[2] *§ 802l Absatz 2 der Zivilprozessordnung ist entsprechend anzuwenden.*

Abbildung 1: § 98 Abs. 1a InsO n.F.

Quelle: eigene Darstellung: Gesetz vom 20.07.2002, BGBl. I 2022, S. 1166

363 *Kramer*, in: BeckOK StaRUG, 3. Ed. 15.11.21, § 39 Rn. 26, 32.

364 Gesetz zur Verbesserung des Schutzes von Gerichtsvollziehern vor Gewalt sowie zur Änderung weiterer zwangsvollstreckungsrechtlicher Vorschriften, BGBl. 2021 I, 850 ff.

Ab dem 01.11.2022 ist das Insolvenzgericht ausdrücklich berechtigt gem. § 98 Abs. 1a Satz 1 InsO i.V.m. § 802l Abs. 1 Satz 1 ZPO

- bei den Trägern der gesetzlichen Rentenversicherung den Namen, die Vornamen oder die Firma sowie die Anschriften der derzeitigen Arbeitgeber eines versicherungspflichtigen Beschäftigungsverhältnisses des Schuldners zu erheben;
- das Bundeszentralamt für Steuern zu ersuchen, bei den Kreditinstituten die in § 93b Abs. 1 der Abgabenordnung bezeichneten Daten abzurufen (§ 93 Abs. 8 Abgabenordnung);
- beim Kraftfahrt-Bundesamt die Fahrzeug- und Halterdaten nach § 33 Abs. 1 des Straßenverkehrsgesetzes zu einem Fahrzeug, als dessen Halter der Schuldner eingetragen ist, zu erheben.

Ob aus der Kodifizierung nur für das Insolvenzgericht gleichzeitig der Ansicht eine Absage erteilt wird, die zum bisherigen Recht auch dem (vorläufigen) Insolvenzverwalter ein Recht zur Einholung der Auskünfte § 4 Satz 1 InsO i.V.m. § 802a Abs. 2 Satz 1 Nr. 3 ZPO, § 802l ZPO zubilligte, kann dahingestellt bleiben.[365]

Denn jedenfalls ist in dem hier behandelten Kontext die Einholung der Auskünfte durch das Insolvenzgericht effektiver als eine Delegation. Dafür spricht, dass die Voraussetzungen des § 98 Abs. 1a Satz 1 InsO an die richterlichen Ermittlungen im Rahmen der §§ 97, 98 InsO anknüpfen. Es ist ineffektiv, sollte beispielsweise gem. § 98 Abs. 1a Satz 1 Nr. 1 lit. a) InsO n.F. die Ladung zu dem Termin zur Abgabe der Vermögensauskunft an den Schuldner nicht zustellbar sein und die Meldebehörde nach dem Zustellungsversuch die Auskunft erteilen, dass ihr keine derzeitige Anschrift des Schuldners bekannt ist, zunächst den (vorläufigen) Insolvenzverwalter zu informieren, sodass dieser anschließend die Auskünfte einholt. Hier ist das Insolvenzgericht aus Gründen der Effektivität gehalten, die Auskünfte unmittelbar selbst einzuholen.

Die vorstehenden, nur beispielhaften Ermittlungen können durch das Gericht effektiver eigens durchgeführt werden. Es bedarf hier mangels einer Verbesserung der Effektivität der Ermittlungen keiner Delegation auf einen Ermittler.

---

365 Dies bejaht *Kramer*, in: BeckOK InsR, 25. Ed. 15.10.21, InsO, § 98 Rn. 53.

d) *An den Ermittler delegierte Ermittlungen*

Während die soeben aufgezählten Ermittlungen effektiv durch das Gericht durchgeführt werden können, gibt es eine Reihe von Ermittlungen, die durch Richter und Rechtspfleger nicht gleichermaßen effektiv wie durch Ermittler durchgeführt werden können. Das Postulat der *Effektivität der Ermittlungen* macht sodann eine Delegation der Ermittlungen auf einen Ermittler erforderlich.

Damit sind solche Bereiche angesprochen, die eine (höchst-)persönliche und unmittelbare Erfüllung der den Insolvenz- und Restrukturierungsgerichten übertragenen Pflicht zur Amtsermittlung unzumutbar machen. Weder haben die Richter und Rechtspfleger selbst die Zeit und die Mittel zu eigenständigen Untersuchungen, noch verfügen sie über einen entsprechenden Ermittlungsapparat. Rein rechtstatsächlich ist die Delegation der Amtsermittlungen auf einen Ermittler erforderlich.

Angesprochen ist damit z.B. die Ermittlung der Umstände, die der Frage zugrunde liegen, ob ein Schuldner materiell insolvenzreif ist.[366] Hierfür müssen Aktiva und Passiva des Schuldners ermittelt und gegenübergestellt werden. Es bedarf einer Ermittlung der Fälligkeit im insolvenzrechtlichen Sinne.[367] Die Geschäftsunterlagen müssen hierfür beschafft und systematisiert werden. Der Ermittlungsaufwand ist hier erfahrungsgemäß hoch. Auch kann zusätzlich die Ermittlung von Indizien im Sinne des § 17 Abs. 2 Satz 2 InsO erforderlich werden, um eine Zahlungseinstellung des Schuldners zu begründen. Hierfür werden regelmäßig umfangreiche Ermittlungen gegenüber Lieferanten, Banken und Behörden erforderlich.[368] Dieser Ermittlungsaufwand wäre einem Richter im Insolvenzeröffnungsverfahren oder im Restrukturierungsverfahren nicht zuzumuten. Die Ermittlungen können durch Ermittler effektiver durchgeführt werden und sind folglich zu delegieren.

Erforderlich wird die Delegation von Ermittlungen beispielsweise auch im Rahmen einer sog. Firmenbestattung.[369] Hier sind die Ermittlungen derart

---

366 Diese Frage stellt sich im Insolvenzeröffnungsverfahren, aber auch im Rahmen des Restrukturierungsverfahrens bei § 33 Abs. 2 Nr. 1, 1. Hs. StaRUG oder § 63 Abs. 1 Nr. 1 StaRUG.

367 Dies setzt nicht nur Fälligkeit im Sinne von § 271 BGB, sondern auch ein ernsthaftes Einfordern voraus, vgl. insofern BGHZ 173, 286, 291 ff.; BGH, NZI 2018, 204 ff.

368 Vgl. zu den verschiedenen Indizien übersichtsartig: *Schröder*, in: HambKomm InsO, § 17 Rn. 41.

369 Vgl. zu den „Voraussetzungen“ und Rechtsfolgen einer Firmenbestattung: *Petersen*, Firmenbestattung, S. 28 ff.; siehe auch BGH, NZI 2020, 679, 680; in dem Fall, der dem Beschluss des BGH zugrunde lag, wurde der Insolvenzantrag zunächst

zeit- und kostenintensiv, dass eigene Ermittlungen dem Gericht unzumutbar werden. Umstände, die auf eine Firmenbestattung hindeuten, sind z.B. ein (ggf. mehrfacher) Austausch der Geschäftsführer vor allem in zeitlicher Nähe zum Insolvenzantrag.[370] Während der Austausch von Geschäftsführern und eine Sitzverlegung noch aus dem Handelsregister erkennbar sind und keine Delegation erfordern, sind die weiteren Ermittlungen zeitintensiv. Sie setzen häufig die Ermittlung des Aufenthaltsortes aktueller oder ehemaliger Geschäftsführer voraus. Nicht selten muss der Ermittler hierfür die letzten bekannten Aufenthaltsorte aufsuchen und sich durch Nachfragen bei Nachbarn erkundigen. Auch sind die vor Antrag veräußerten Vermögensgegenstände sowie die Vertragspartner ausfindig zu machen.[371] Dafür sind Ermittlungen anzustellen, die in ihrem Umfang das einem Richter oder einem Rechtspfleger zumutbare Maß deutlich übersteigen. Die Delegation der Ermittlungen auf den Ermittler wird aus Gründen der Effektivität erforderlich.

Unter dem Eindruck dieser Beispiele kann festgehalten werden: Soweit es dem Gericht möglich ist, die Amtsermittlungen mit vertretbarem Aufwand in den Grenzen der eigenen Zuständigkeit anstellen zu können, ermittelt der Richter oder Rechtspfleger selbst. Es ist jedoch das Postulat der *Effektivität der Ermittlungen* zu beachten. Ist eine effektive Ermittlung durch Richter und Rechtspfleger tatsächlich unmöglich, bedarf es der Delegation der Ermittlungen auf den Ermittler im obigen Sinne. Die effektive Ermittlung der Umstände bedeutet eine effektive Verfolgung der Zwecke des Verfahrens. Das Postulat der *Effektivität der Ermittlungen* ergibt sich somit aus der Zweckgerichtetheit der Verfahren und ist zu beachten.

4. Grenzen der Zulässigkeit der Delegation

Während die Grenze der Erforderlichkeit der Delegation vor allem unter Gesichtspunkten der Effektivität zu beurteilen ist, sind die Grenzen der Zulässigkeit der Delegation eine Frage der Zuweisung bestimmter Aufgaben durch den Gesetzgeber. Es besteht ein Kernbereich gerichtlicher Amtsermittlungen, die nicht delegierbar sind (a). Außerhalb dieses Bereichs sind Ermittlungen

---

zugelassen. Deswegen war das Insolvenzgericht zu Ermittlungen berechtigt und verpflichtet, wenngleich der Antrag unzulässig ist (BGH, NZI 2020, 679, 681).

370 *Petersen*, Firmenbestattung, S. 28 ff.; siehe auch BGH, NZI 2020, 679, 680.

371 An dieser Stelle sei nur darauf hingewiesen, dass die geschlossenen Verträge gem. § 138 Abs. 1 BGB unwirksam sind, vgl. *Petersen*, Firmenbestattung, S. 100 ff. Dennoch bietet es sich an von Vertragspartnern zu sprechen.

delegierbar. Es sei jedoch auf eine Besonderheit hingewiesen, die die Delegation bei einem punktuellen Interessenkonflikt des Ermittlers betrifft (b).

a) Kernbereich gerichtlicher Amtsermittlungen

Die Zulässigkeit der Delegation von Amtsermittlungen auf einen Ermittler findet ihre Grenze dort, wo der Kernbereich gerichtlicher Amtsermittlungen beginnt. Der Kernbereich dieser Amtsermittlungen beginnt dort, wo in besonderer Intensität in Rechtspositionen, insbesondere in Grundrechte und grundrechtsgleiche Rechte, eines Beteiligten eingegriffen wird. Der Kernbereich gerichtlicher Amtsermittlungen kann demnach definiert werden als ein nichtdelegierbarer Bereich von Ermittlungen und Ermittlungsmaßnahmen, die aufgrund ihrer Eingriffsintensität und ihrer Grundrechtsrelevanz einem Hoheitsträger, namentlich dem Insolvenz- oder Restrukturierungsgericht, zugewiesen sind und funktionell durch den Richter oder den Rechtspfleger wahrgenommen werden müssen.

In diesen Kernbereich gerichtlicher Ermittlungen, die nicht delegierbar sind, fallen z.B. sämtliche Maßnahmen des § 98 InsO bzw. § 21 Abs. 3 i.V.m. § 98 Abs. 3 InsO. Im Eröffnungsverfahren ist gem. § 18 Abs. 1 Nr. 1 RPflG der Richter und im Übrigen der Rechtspfleger funktionell zuständig, soweit sich der Insolvenzrichter das Insolvenzverfahren nicht gem. § 18 Abs. 2 Satz 1 RPflG vorbehalten hat. Die Abnahme der eidesstattlichen Versicherung erfolgt vor dem Rechtspfleger gem. § 3 Nr. 2 lit. e) RPflG, außer die Sache steht in so engem Zusammenhang zu einem vom Richter wahrzunehmenden Geschäft, dass eine getrennte Bearbeitung nicht sachdienlich wäre, vgl. § 6 RPflG („soll").[372] Eine Delegation dieser besonderen Form einer Ermittlungsmaßnahme[373] kommt hier aufgrund der Eingriffsintensität und der Relevanz für Art. 1 Abs. 1 i.V.m. Art. 2 Abs. 1 GG (Allgemeines Persönlichkeitsrecht) sowie der Berührung des *nemo tenetur se ipsum accusare*-Grundsatzes (vgl. § 97 Abs. 1 Satz 2 InsO) nicht in Betracht.[374] Eine Delegation auf einen Ermittler ist absolut unzulässig.

In diesen Kernbereich fallen auch die Ermittlungsmaßnahmen (im weiteren Sinne) der zwangsweisen Vorführung und der Haft nach § 98 Abs. 2 Alt. 1 und

---

372 Z.B. in dem bei *Kramer*, in: BeckOK InsR, 25. Ed. 15.10.21, InsO, § 98 Rn. 10, skizzierten Fall.

373 Zu den Ermittlungsmitteln und ihrer Kategorisierung siehe unten: § 2 C. III.

374 Zur Verfassungsmäßigkeit der unbeschränkten Offenbarungspflicht: BVerfGE 56, 37 ff. (noch zu § 100 KO); siehe auch *Kramer*, in: BeckOK InsR, 25. Ed. 15.10.21, InsO, § 97 Rn. 27 ff.; *Stephan*, in: MünchKomm InsO, § 97 Rn. 17.

2 InsO. Funktionell ist ausschließlich der Richter zuständig.[375] Für die Anordnung der Haft ergibt sich dies bereits aus Art. 104 Abs. 2 Satz 1 GG, der die Entscheidung über die Zulässigkeit und Fortdauer einer Freiheitsentziehung ausschließlich dem Richter zuweist. Eine Ausnahme im Sinne des Art. 104 Abs. 2 Satz 2 GG kommt im Rahmen des § 98 InsO nicht in Betracht. Für eine Delegation – gleichwelcher Art – besteht im Bereich des Art. 98 Abs. 2 InsO kein Raum.

Ebenfalls nicht delegierbar ist die Einholung von Auskünften im Sinne des § 98 Abs. 1a InsO n.F. Zur aktuell geltenden Rechtslage wird vertreten, dass auch der Insolvenzverwalter bzw. sogar der schwache vorläufige Insolvenzverwalter berechtigt sei, gem. § 4 Satz 1 InsO i.V.m. § 802a Abs. 2 S. 1 Nr. 3 ZPO, § 802l ZPO Auskunftsersuchen an den zuständigen Gerichtsvollzieher zu stellen.[376] Durch die ausdrückliche Zuweisung dieser Aufgabe zum Insolvenzgericht in § 98 Abs. 1a InsO n.F. hat der Gesetzgeber klargestellt, dass es sich um eine Tätigkeit handelt, die allein in den Zuständigkeitsbereich des Insolvenzgerichts fällt.[377] Dafür spricht vor allem die systematische Stellung in § 98 InsO, die schon in der aktuellen Fassung nur Maßnahmen vorsieht, die ausschließlich der Zuständigkeit des Insolvenzgerichts unterfallen. Hätte der Gesetzgeber ein Auskunftsersuchen durch den vorläufigen Insolvenzverwalter beabsichtigt, so wäre eine Normierung zugunsten des Insolvenzverwalters oder jedenfalls ein Verweis zu erwarten. Beides ist jedoch unterblieben. Die Gesetzesbegründung nennt ausschließlich das Insolvenzgericht als ermächtigt.[378]

Im Rahmen des StaRUG ist ein mit der InsO vergleichbarer Kernbereich der Ermittlungen, die deshalb nicht delegiert werden können, nicht vorhanden. Dies liegt daran, dass das StaRUG keine Ermittlungen und Ermittlungsmaßnahmen vorsieht, die aufgrund ihrer Eingriffsintensität und ihrer Grundrechtsrelevanz einem Hoheitsträger, namentlich dem Insolvenz- oder Restrukturierungsgericht zugewiesen sind und funktionell durch den Richter oder den Rechtspfleger wahrgenommen werden müssen. Es bestehen für den Schuldner lediglich

375 *Kramer*, in: BeckOK InsR, 25. Ed. 15.10.21, InsO, § 98 Rn. 26.

376 AG Rosenheim, NZI 2017, 87, 88; *Becker*, in: Nerlich/Römermann InsO, 32. Lfg. 4.17, § 4 Rn. 25; *Beth*, NZI 2016, 109 ff.; *Marković*, ZInsO 2016, 1974 ff.; *Siebert*, NZI 2016, 541 f.; *Wozniak*, jurisPR-InsR 3/2017 Anm. 1; siehe zusammenfassend und zustimmend: *Büttner*, ZInsO 2019, 937, 944 ff.

377 *Kramer*, in: BeckOK InsR, 25. Ed. 15.10.21, InsO, § 98 Rn. 53.

378 BR-Drs. 62/21, S. 35.

Auskunftspflichten, die jedoch nicht wie in § 98 InsO zwangsweise durchgesetzt werden können.[379]

Dennoch liegt auch im StaRUG die Grenze dessen, was delegiert werden kann, dort, wo das Gericht selbst nicht ermitteln darf. Denn es kann keine Ermittlung delegiert werden, die dem Gericht selbst nicht zusteht.

b) *Besonderheit: keine Delegation auf den Ermittler selbst bei Interessenkonflikt*

Eine Besonderheit im Rahmen der Grenzen der Zulässigkeit der Delegation von Ermittlungen besteht wie nachfolgend: Eine Delegation der Amtsermittlung an einen Ermittler ist stets unzulässig, wenn Ermittlungsgegenstand (auch) die ermittelnde Person selbst oder die Richtigkeit, der von ihr im Vorweg angestellten Ermittlungen ist. Hier besteht ein Interessenkonflikt, der auflösungsbedürftig ist.

Folgender Fall kann zur Illustration des ausnahmsweise auftretenden Problems der Delegation beitragen: Eine Sozialversicherungsträgerin stellt einen Fremdantrag über das Vermögen einer GmbH (im Folgenden: „Schuldnerin“) bei dem örtlich zuständigen Amtsgericht. Die Forderung wird glaubhaft gemacht. Zur weiteren Ermittlung insbesondere des Eintritts der materiellen Insolvenzreife, der Ursachen der Insolvenz, der die Verfahrenskosten deckenden Masse sowie vor allem insolvenzspezifischer Haftungsansprüche beschließt der Richter einen Sachverständigen einzusetzen. Der Sachverständige erstellt und überreicht sein Gutachten. Auf dieser Grundlage eröffnet der Richter das Insolvenzverfahren über das Vermögen der Schuldnerin. Der Sachverständige wird zum Insolvenzverwalter bestellt. Im Laufe des eröffneten Insolvenzverfahrens erhält das Gericht von dritter Seite Informationen, die die vom Sachverständigen im Gutachten ausgewiesenen und später auch endgültig ermittelten Haftungsansprüche gegen den Geschäftsführer der Schuldnerin als zu gering erscheinen lassen. Auch eine Nachfrage durch den Rechtspfleger bei dem Insolvenzverwalter kann die Zweifel nicht ausräumen. Im Raum steht nunmehr eine „Kollusion“ von Insolvenzverwalter und Geschäftsführer.

Das Insolvenzgericht hat in diesem Beispiel nunmehr zwei Rechts- und Tatsachenfragen zu ermitteln: 1. Liegen dem Grunde und der Höhe nach Haftungsansprüche gegen den Geschäftsführer der Schuldnerin vor? 2. Hat der Insolvenzverwalter seine Pflichten gem. § 60 Abs. 1 InsO verletzt? Die erste

379 *Kramer*, in: BeckOK StaRUG, 3. Ed. 15.11.2021, § 39 Rn. 40; *Vallender*, ZInsO 2020, 2579, 2586.

Frage kann nicht durch den bestehenden Insolvenzverwalter untersucht werden, da Feststellungen betroffen sind, die dieser im Vorweg angestellt hat. Die zweite Frage kann ebenfalls nicht durch diesen ermittelt werden, da es sein Verhalten, das des Insolvenzverwalters, selbst betrifft. Es handelt sich hier um einen *punktuellen* Interessenkonflikt.[380]

Das Insolvenzgericht steht nun allerdings vor dem Dilemma, dass es einerseits nicht auf den Insolvenzverwalter als Ermittler zurückgreifen kann, andererseits aber auch selbst nicht über den entsprechenden Ermittlungsapparat verfügt, der eine adäquate Ermittlung der Tatsachen ermöglichen würde. Denn bei den o.g. Fragen handelt es sich um äußerst komplexe Angelegenheiten, deren Beantwortung umfangreiche Ermittlungen erfordert. Insofern bleibt bis auf einige wenige Ausnahmen hinsichtlich einfachster Ermittlungen oder offensichtlicher Umstände nur die Möglichkeit, einen weiteren „Ermittler" mit der Ermittlung und Beantwortung der Fragen zu beauftragen. Insofern handelt es sich auch hier um eine Unterkategorie der vorübergehenden Ersetzung des (ursprünglich eingesetzten) Interessenwahrers.[381] Im Rahmen des Insolvenzverfahrens ist die vorübergehende Ersetzung des Interessenwahrers (des Insolvenzverwalters) durch einen Sonderinsolvenzverwalter vorgesehen.[382]

Dies lässt sich auch anhand der gesetzgeberischen Vorstellungen im Rahmen des StaRUG nachzeichnen: Hier kann beispielsweise dann, wenn der Schuldner einen Restrukturierungsbeauftragten vorschlägt, ein „weiterer Restrukturierungsbeauftragter" durch das Gericht bestellt werden.[383]

---

380 *Graf/Wunsch*, DZWIR 2002, 177 ff.; zu einzelnen Fallgruppen des punktuellen Interessenkonflikts siehe: *Rechel*, in: Rattunde/Smid/Zeuner InsO, § 56 Rn. 52.

381 Vgl. dazu insgesamt: *Kumpan*, Der Interessenkonflikt im deutschen Privatrecht, S. 346 ff.

382 BGHZ 113, 262, 270; BT-Drs. 12/7302, S. 162; *Delhaes/Römermann*, in: Nerlich/Römermann InsO, 42. Lfg. 2.21, § 56 Rn. 29 ff.; *Graeber*, in: MünchKomm InsO, § 56 Rn. 153 ff.; *Kumpan*, Der Interessenkonflikt im deutschen Privatrecht, S. 347 ff.; *Lüke*, ZIP 2004, 1693, 1694 f.; *ders.*, in: Kübler/Prütting/Bork InsO, 87. Lfg. 3.21, § 56 Rn. 75 ff.; *Rechel*, in: Rattunde/Smid/Zeuner InsO, § 56 Rn. 49 ff.; *Smid*, in: Smid InsO, § 56 Rn. 30; *Zipperer*, in: Uhlenbruck InsO, § 56 Rn. 57; vgl. auch § 92 Satz 2 InsO, der für einen sich gegen den Insolvenzverwalter richtenden Gesamtschadensersatzanspruch im Sinne des § 92 Satz 1 InsO die Geltendmachung nur durch einen „neu bestellten" Insolvenzverwalter zulässt; vgl. insbesondere im Kontext des sog. „Bremer Modells" auch: *Smid*, ZInsO 2021, 2177 ff.; *Holzer*, INDat Report 07/2021, 10, 15; gegen eine solche Vorgehensweise: *Madaus*, in: BeckOK InsR, 25. Ed. 15.10.21, InsO, § 5 Rn. 15.

383 Vgl. u.a. *Wollring/Quitzau*, ZRI 2021, 785, 790.

Durch die Einsetzung eines weiteren Ermittlers wird also der punktuelle Interessenkonflikt gelöst.

5. *Die Unabhängigkeit des Ermittlers als unabdingbare Anforderung im Zuge der Delegation*

Was im Rahmen des *punktuellen* Interessenkonflikts nur angeschnitten wurde, bedarf nun einer *globaleren* Betrachtung. So zeigt sich anhand des letzten Beispiels, insbesondere vor allem auch der engen Verflechtung eins: die Erforderlichkeit der Unabhängigkeit des Ermittlers.

Jaeger war es, der vor beinahe 100 Jahren die Auswahl des Insolvenzverwalters als „die Schicksalsfrage des Konkurses" bezeichnete.[384] Der Erfolg oder Misserfolg des Konkursverfahrens – so der Gedanke *Jaegers* – hänge maßgeblich nicht an der abstrakten Beschaffenheit des Verfahrens oder der Masse, sondern an der Person des Verwalters.[385] Überträgt man diesen Gedanken auf das hier beschriebene Modell der Delegation der Ermittlungen auf einen Ermittler, so lässt sich Folgendes festhalten: Grundlage jeder Handlung und jedes Unterlassens des Gerichts oder des Ermittlers sind die Umstände des Verfahrens, die im oben beschrieben Sinne von Bedeutung sind. Die Tatsachengrundlage entscheidet damit nicht nur abstrakt betrachtet, sondern ganz konkret über den Verlauf und Ausgang des Verfahrens. Damit hält derjenige, der die Tatsachen ermittelt, die Gestaltungsmacht über das Verfahren in seinen Händen. So wird aber im Kontext der amtswegigen Ermittlungen in Insolvenz- und Restrukturierungsverfahren die Unabhängigkeit des Ermittlers zur Schicksalsfrage. Denn er ist es, der die Tatsachen *in praxi* zum Großteil ermittelt.

a) *Fundierung der Erforderlichkeit der Unabhängigkeit*

Zunächst stellt sich dabei die Frage der Verortung des Fundaments der Unabhängigkeit des Ermittlers:

---

384 *Jaeger*, KO, 7. Aufl. 1936, § 78 Rn. 7.

385 Diese Formulierung *Jaegers* wurde seither immer wieder aufgegriffen und ist Gegenstand zahlreicher Literaturbeiträge gewesen: vgl. *Pape*, ZIP 1993, 737; *Uhlenbruck*, KTS 1989, 229 ff.; *Wild*, KTS 1982, 63; ebenso aus der Rechtsprechung BGH, NJW 2013, 3374, 3375; LG Freiburg, ZIP 1987, 1597; kritisch zu dem Begriff insgesamt aber: *Mönning*, in: FS Görg, S. 291, 294.

aa) Fundierung in Art. 20 Abs. 3 GG und Art. 19 Abs. 4 Satz 1 GG

Schumann hat für die Unabhängigkeit des Insolvenzverwalters dargelegt, dass die Grundlage für die Unabhängigkeit in dem Rechtsstaatsprinzip und dem Grundsatz der Gläubigergleichbehandlung als Ausfluss der Art. 2, 14 GG i.V.m. Art. 3 GG i.V.m. dem Sozialstaatsprinzip zu sehen ist.[386] Die Unabhängigkeit des Insolvenzverwalters ist – so *Schumann*, der sich wiederum der Worte *Geimers* bedient[387] – unverzichtbarer Kernbestand des Rechtsstaatsprinzips.[388] Trotz dessen, dass der Insolvenzverwalter eine Privatperson ist, ließe sich die Unabhängigkeit unmittelbar aus der Verfassung herleiten, da der Insolvenzverwalter öffentliche Aufgaben wahrnehme.[389] Der Insolvenzverwalter wird damit zum Amtswalter, der kraft seines Amts[390] zum Teil schwerwiegende Eingriffe in grundrechtlich verbürgte Rechtspositionen von Schuldner und Gläubiger vornehmen kann.[391] Dem Schutz dieser grundrechtsrelevanten Rechtsposition kann *nur* durch einen unabhängigen Insolvenzverwalter entsprochen werden.[392]

Was *Schumann* so eindrucksvoll für den Insolvenzverwalter dargestellt hat, lässt sich auf den Ermittler im obigen Sinne übertragen. Auch die Ermittlung des Sachverhalts in Insolvenz- und Restrukturierungsverfahren ist grundrechtssensibel. Erstens weil durch Ermittlungsmaßnahmen nicht selten das Allgemeine Persönlichkeitsrecht des Schuldners und weiterer Beteiligter aus Art. 1 Abs. 1 i.V.m. Art. 2 Abs. 1 GG betroffen sein wird. Man denke nur an die zahlreichen Offenbarungspflichten hinsichtlich zum Teil (höchst-)persönlicher Umstände wie Familienstand, Bildungsstand, der bestehenden Vermögenwerte oder der Daten der Kinder, die den Schuldner im Insolvenzeröffnungsverfahren treffen mögen. Hinzu treten Offenbarungen aus Steuerschuldverhältnissen und Geschäftsbeziehungen zu Kreditinstituten oder Sozialversicherungsträgern sowohl in Insolvenz- als auch Restrukturierungsverfahren.

Zweitens ergibt sich die Grundrechtssensibilität der Ermittlung des Sachverhalts in Insolvenz- und Restrukturierungsverfahren auch aus folgendem

---

386 *Schumann*, in: FS Geimer, S. 1043, 1050, vgl. auch *Prütting*, ZIP 2002, 1965, 1966; a.A. *Laukemann*, Die Unabhängigkeit des Insolvenzverwalters, S. 79.

387 *Geimer*, in: Integritätsprobleme im Umfeld der Justiz, S. 113, 130.

388 *Schumann*, in: FS Geimer, S. 1043, 1049.

389 *Schumann*, in: FS Geimer, S. 1043, 1049.

390 Zur Amtstheorie siehe: St. Rspr. seit RGZ 29, 29 ff.; RGZ 35, 28, 31; siehe auch exemplarisch BGHZ 88, 331, 334; vgl. auch *Vuia*, in: MünchKomm InsO, § 80 Rn. 27.

391 *Schumann*, in: FS Geimer, S. 1043, 1049 f.; vgl. auch *Prütting*, ZIP 2002, 1965, 1966.

392 *Schumann*, in: FS Geimer, S. 1043, 1050.

Umstand: Die Ermittlung der Umstände des Verfahrens durch den Ermittler bildet die (Tatsachen-)Grundlage für spätere Eingriffe, die zu unmittelbaren Beeinträchtigungen des Schutzbereichs von grundrechtlich geschützten Rechtspositionen, vor allem im Sinne des Art. 14 Abs. 1 GG und des Art. 2 Abs. 1 GG, führen. Denklogisch sind sämtliche Maßnahmen in Insolvenz- und Restrukturierungsverfahren von einer vorigen Beschaffung der Tatsachengrundlage abhängig. Damit ist die Ermittlung des Sachverhalts selbst bereits grundrechtsrelevant für die Beteiligten von Insolvenz- und Restrukturierungsverfahren.

Die Grundrechtsrelevanz der Ermittlungen ergibt sich folglich aus unmittelbaren Eingriffen in Grundrechte der Beteiligten durch die Ermittlungen selbst sowie mittelbar durch die Schaffung der (Tatsachen-)Grundlage für später eingreifende Maßnahmen.

Indem das Insolvenz- oder Restrukturierungsgericht die Ermittlungen also auf den Ermittler delegiert, nimmt dieser unmittelbar in Grundrechte eingreifende Handlungen vor. Zudem bereitet er spätere Eingriffe in grundrechtlich geschützte Rechtspositionen der Beteiligten vor. Das Grundgesetz gebietet es, die insofern bereits betroffenen grundrechtlich geschützten Rechtspositionen der Beteiligten durch einen Ermittler zu schützen, der unabhängig ist.[393] Die Unabhängigkeit des Ermittlers im Rahmen der Sachverhaltsermittlung innerhalb Insolvenz- und Restrukturierungsverfahren ist somit selbst Ausfluss des Rechtsstaatsprinzips aus Art. 20 Abs. 3 GG.[394]

Das verfassungsrechtliche Fundament der Unabhängigkeit des Ermittlers folgt also erstens aus der den Ermittlungen innewohnenden unmittelbaren oder mittelbaren Eingriffsqualität.

Das Erfordernis dessen ergibt sich jedoch zweitens auch daraus, dass die Ermittlungen durch einen Ermittler wiederum den effektiven Schutz der Grundrechte der Beteiligten absichern. Dort, wo das rechtfertigungsfähige Maß eines Grundrechtseingriffs überschritten ist, stellen die delegierten Ermittlungen eines unabhängigen Ermittlers sicher, dass der entsprechende Sachverhalt auch tatsächlich ermittelt wird. Dadurch kann ein effektiver Rechtsschutz gewährleistet werden. Durch die unabhängige Ermittlung der relevanten Umstände wird also die Entfaltung der Grundrechte der Beteiligten

---

393 Angelehnt an: *Schumann*, in: FS Geimer, S. 1043, 1050.

394 Für den Insolvenzverwalter: *Schumann*, in: FS Geimer, S. 1043, 1050; a.A. nur für die Unabhängigkeit des Insolvenzverwalters: *Laukemann*, Die Unabhängigkeit des Insolvenzverwalters, S. 79.

effektiv abgesichert, sodass bei einem nicht mehr gerechtfertigten Eingriff in Grundrechte auch Rechtsschutz gewährleistet werden kann.[395] Damit ist das verfassungsrechtliche Fundament der Unabhängigkeit des Ermittlers auch in der Gewährleistung des effektiven Rechtsschutzes im Sinne des Art. 19 Abs. 4 Satz 1 GG begründet.

bb) Fundierung in den Zwecken des Verfahrens

Über dieses öffentlich-rechtlich geprägte Fundament hinaus liegt die zweite Grundlage der Erforderlichkeit der Unabhängigkeit des Ermittlers in der Zweckgerichtetheit der Insolvenz- und Restrukturierungsverfahren, also auf privatrechtlicher Ebene: Oben hatten wir gesehen, dass Grund für die Geltung des Amtsermittlungsgrundsatzes die Zweckgerichtetheit der Insolvenz- und Restrukturierungsverfahren ist. Auch die Unabhängigkeit des Ermittlers im Bereich der Ermittlungen ist wie der Amtsermittlungsgrundsatz selbst Ausfluss der Zweckgerichtetheit beider Verfahren. Mit anderen Worten: Zur Erreichung der Verfahrensziele von InsO und StaRUG bedarf es eines Ermittlers, der von den Beteiligten unabhängig ist.[396]

Es besteht nach hier vertretener Auffassung – jedenfalls rechtstatsächlich – kein einseitiges Übergewicht der Verfahrensziele in der InsO und dem StaRUG.[397] Der Dritte ist also nicht mehr oder weniger an den einen oder anderen Zweck gebunden.[398] Er ist gerade kein Interessenvertreter oder Zweckverfolger zugunsten oder zulasten dieser oder jener Beteiligten.[399] Die gleichmäßige Verfolgung der Zwecke setzt insoweit eine Unabhängigkeit des Ermittlers voraus.

Dieses Bedürfnis besteht zudem nicht nur aus Gründen, die sich aus den Verfahren selbst ergeben, sondern auch aus einem generellen, von den

---

395 So aber auch allgemein zum Amtsermittlungsgrundsatz im Kontext der Unabhängigkeit des Insolvenzverwalters: *Laukemann*, Die Unabhängigkeit des Insolvenzverwalters, S. 67.

396 *Graf-Schlicker*, in: FS Kirchhof, S. 135, 141; *Kumpan*, KTS 2010, 169, 173; *ders.*, Der Interessenkonflikt im deutschen Privatrecht, S. 186; *Laukemann*, Die Unabhängigkeit des Insolvenzverwalters, S. 59 ff.; *Prütting*, ZIP 2002, 1965, 1970.

397 Siehe dazu nochmals oben: § 1 B. I. 1. a) aa) (2).

398 In dem Kontext der Unabhängigkeit des Insolvenzverwalters wohl auch: *Graf-Schlicker*, in: FS Kirchhof, S. 135, 141.

399 Dies sieht auch *Laukemann*, Die Unabhängigkeit des Insolvenzverwalters, S. 60, der entgegen der hier vertretenen Auffassung und mit der h.M. von einem Übergewicht des Ziels aus § 1 Satz 1 InsO ausgeht. Selbst dann jedoch – so *Laukemann* – ist der Insolvenzverwalter dennoch nicht (nur) Vertreter der Gläubigerinteressen.

einzelnen Verfahren abstrakten Grund: Die Unabhängigkeit des Ermittlers sichert das Vertrauen der Öffentlichkeit in ein als gerecht und fair empfundenes Verfahren.[400] Dies insbesondere vor dem Hintergrund der Insolvenz- und Restrukturierungsverfahren, die mit teils erheblicher Eingriffsqualität in grundrechtssensible Bereiche der Beteiligten eingreifen.[401] Die Unabhängigkeit ist Ausfluss des Rechtsstaatsprinzips aus Art. 20 Abs. 3 GG. Die Rechtsstaatlichkeit der Verfahren und das Vertrauen der Beteiligten in dieses wird jedoch nur dann erreicht, wenn der Dritte seine Ermittlungen ausschließlich an den abstrakt durch den Gesetzgeber vorgegebenen Zwecken der Verfahren auszurichten hat und ansonsten unabhängig von den Beteiligten ist.[402]

Damit kann festgehalten werden, dass die Unabhängigkeit des Ermittlers im Rahmen der delegierten Amtsermittlung insgesamt als Ausfluss des Rechtsstaatsprinzips aus Art. 20 Abs. 3 GG unmittelbar aus dem Grundgesetz erforderlich ist. Zudem ergibt sich die Erforderlichkeit dessen aus der Zweckgerichtetheit der Insolvenz- und Restrukturierungsverfahren, wenngleich die Zweckgerichtetheit der Verfahren selbst Ausfluss des Rechtsstaatsprinzips des Art. 20 Abs. 3 GG ist.

Aus der unmittelbaren Fundierung der Unabhängigkeit im Grundgesetz folgt aber auch, dass insbesondere solchen Stimmen in der Literatur kritisch gegenüberzutreten ist, die die Unabhängigkeit des Insolvenzverwalters als disponibel ansehen.[403] Die Unabhängigkeit ist ein unbedingtes Erfordernis.[404] Die unbedingte Erforderlichkeit der Unabhängigkeit des Ermittlers folgt unmittelbar aus dem Rechtsstaatsprinzip des Art. 20 Abs. 3 GG und Art. 19 Abs. 4 Satz 1 GG. Die Unabhängigkeit des Ermittlers ist folglich für die Beteiligten der Verfahren *indisponibel.*

---

400 Für den Insolvenzverwalter: *Kumpan*, KTS 2010, 169, 173; *ders.*, Der Interessenkonflikt im deutschen Privatrecht, S. 186; *Laukemann*, Die Unabhängigkeit des Insolvenzverwalters, S. 66 f.; *Schumann*, in: FS Geimer, S. 1043, 1049 f.

401 S. bereits oben: § 2 B. II. 4.

402 *Kumpan*, KTS 2010, 169, 173; *ders.*, Der Interessenkonflikt im deutschen Privatrecht, S. 186.

403 *Hölzle*, ZIP 2013, 447 ff.; *Schmidt/Hölzle*, ZIP 2012, 2238 ff.

404 *Bork*, ZIP 2006, 58 f.; *ders.*, ZIP 2013, 145 ff.; *Vallender/Zipperer*, ZIP 2013, 149 ff.; weiterführend auch *Gruber*, NJW 2013, 584 ff., der die Bestellung durch einen unbeteiligten Richter vorschlägt.

b) Folgen für die Unabhängigkeit des Ermittlers aus der Erforderlichkeit

Die Unabdingbarkeit der Unabhängigkeit des Ermittlers macht im nächsten Schritt wiederum eine Betrachtung der sich daraus ergebenden Folgen für die Unabhängigkeit des Ermittlers erforderlich. Es bedarf also einer inhaltlichen Annäherung an den Begriff der Unabhängigkeit. Die Unabhängigkeit ist dabei keine Unbekannte im Kontext von InsO und StaRUG. Im Gegenteil, sie wird in § 56 Abs. 1 Satz 1 InsO für den Insolvenzverwalter, in § 74 Abs. 1 StaRUG für den Restrukturierungsbeauftragten oder in § 94 Abs. 1 Satz 1 StaRUG für den Sanierungsmoderator gefordert. Die Unabhängigkeit wird dabei gemeinhin als unerlässlich erachtet.[405] Dennoch ist der Begriff der Unabhängigkeit schwer zu fassen[406] und aufgrund der fehlenden Definition durch den Gesetzgeber besonders einer Konkretisierung bedürftig.[407] In der Literatur wird sich häufig auf die Darstellung von Fallbeispielen beschränkt, anhand derer dem unbestimmten Begriff der Unabhängigkeit Kontur verliehen werden soll.[408] Im Folgenden soll sich dem Begriff der Unabhängigkeit stattdessen mittels einer inhaltlichen Definition genähert werden. So kann auch in diesem Kontext der Begriff der Unabhängigkeit des Ermittlers fruchtbar gemacht werden.

aa) Maßstäbe für die Unabhängigkeit außerhalb der InsO und des StaRUG

Eine Möglichkeit, den Begriff Unabhängigkeit auszuformen, ist über die vergleichende Heranziehung bestehender Maßstäbe für die Unabhängigkeit außerhalb der InsO. In der insolvenzrechtlichen Literatur wird dies vor allem für die §§ 41 f. ZPO sowie die §§ 45 und 43a Abs. 4 BRAO diskutiert.

(1) Der Maßstab der §§ 41 f. ZPO

Hier bietet sich zunächst ein Blick auf die §§ 41 f. ZPO an, die unmittelbar für Richter, über § 406 Abs. 1 Satz 1 ZPO jedoch auch für Sachverständige innerhalb der ZPO gelten.[409] Dass innerhalb der ZPO die §§ 41 f. ZPO auch für den

---

405 A.A. *Hölzle/Curtze*, ZIP 2021, 1293, 1297; *Hölzle*, ZIP 2013, 447 ff.; *Schmidt/Hölzle*, ZIP 2012, 2238 ff.

406 *Blümle/Erbe*, in: Braun StaRUG, § 74 Rn. 16.

407 *Kumpan*, Der Interessenkonflikt im deutschen Privatrecht, S. 186; *ders.* KTS 2010, 169, 173; siehe auch *Laukemann*, Die Unabhängigkeit des Insolvenzverwalters, S. 54 f.

408 Dazu bereits: *Prütting*, ZIP 2002, 1965, 1969.

409 Für Sachverständige innerhalb der ZPO ist insoweit anzumerken, dass § 406 Abs. 1 Satz 2 ZPO abweichend von § 41 Nr. 5 ZPO die Ablehnung eines Sachverständigen nicht auf Grundlage einer vorangegangenen Zeugenvernehmung zulässt.

Sachverständigen gelten, indiziert jedoch nicht, dass die §§ 41 f. ZPO auch für den Sachverständigen im Rahmen eines Insolvenz- oder Restrukturierungsverfahrens gelten. Die Anwendung der §§ 41 f. ZPO steht auch hier unter dem Vorbehalt des § 4 Satz 1 InsO bzw. § 38 Satz 1 StaRUG. Ferner sind in unserem Kontext auch Ermittler denkbar, die nicht (nur) als Sachverständige agieren. Insofern stellt sich in zweierlei Hinsicht die Frage der Anwendbarkeit des Maßstabes der §§ 41 f. ZPO auf die Ermittler in diesem Kontext: zum einen hinsichtlich der Sachverständigen, für die eine Anwendung auf den ersten Blick naheliegend scheint. Und zum anderen für die weiteren Formen der Ermittler, für die allenfalls eine analoge Anwendung denkbar sein kann.

Vorweg sollte zunächst klarstellend festgehalten werden, warum die §§ 41 f. ZPO im Kontext der Unabhängigkeit überhaupt von Interesse sein können. Grund hierfür ist, dass die §§ 41 f. ZPO – wenngleich negativ und mittelbar – die Unabhängigkeit inhaltlich ausgestalten.[410] Gem. § 41 ZPO ist ein Richter *ipso iure* von der Ausübung des Richteramts ausgeschlossen, wenn ein Ausschlussgrund vorliegt. § 42 ZPO normiert ein zusätzliches Ablehnungsrecht der Parteien. Nach den §§ 41 f. ZPO besteht dann keine ausreichende Gewähr für eine Unabhängigkeit des Richters bzw. Sachverständigen, wenn dieser beispielsweise selbst Partei ist oder mit einer Partei verwandt oder verschwägert ist. Die Unabhängigkeit wird also auch hier in Relation zu den Parteien bzw. Beteiligten betrachtet. Insofern bieten die §§ 41 f. ZPO einen kodifizierten Maßstab für die Unabhängigkeit, der auch in dem hier behandelten Kontext herangezogen werden könnte.

(a) Analoge Anwendung auf Ermittler, die nicht als Sachverständige bestellt sind

Zunächst soll die Anwendung der §§ 41 f. ZPO auf jene Ermittler betrachtet werden, die nicht als Sachverständige bestellt sind. Für sie kommt eine Anwendung allenfalls im Wege einer analogen Anwendung der §§ 41 f. ZPO in Frage. Voraussetzungen für eine analoge Anwendung sind insoweit eine planwidrige Regelungslücke sowie eine vergleichbare Interessenlage.[411] Eine entsprechende bzw. direkte Anwendung in diesem Sinne wird von einer weit verbreiteten Auffassung der Literatur befürwortet.[412] Dabei stützt sich diese Ansicht auch

410 *Graeber*, NZI 2002, 345, 347; vgl. auch *Heinrich*, in: Musielak/Voit ZPO, § 41 Rn. 1; *Stackmann*, in: MünchKomm ZPO, § 41 Rn. 1.

411 Siehe hierzu ausführlich: *Grüneberg*, in: Grüneberg BGB, Einleitung, Rn. 48, 55.

412 LG Halle, ZIP 1994, 572, 576; AG Hamburg, NZI 2002, 166, 167; *Becker*, in: Nerlich/Römermann InsO, 32. Lfg. 4.17, § 4 Rn. 19; *Frind*, in: HambKomm InsO, § 56 Rn. 70,

auf ein Judikat des BGH aus dem Jahr 1991, in welchem dieser die Pflicht des Konkursverwalters zur Anzeige von Befangenheitstatbeständen aus den §§ 41 f. ZPO herleitete.[413] Argument für die Anwendbarkeit der §§ 41 f. ZPO auf den Ermittler sei vor allem die strukturelle Ähnlichkeit der Ämter von Insolvenzverwaltern, Restrukturierungsbeauftragten und Sanierungsmoderatoren etc.[414] und Richtern[415] und damit eine vergleichbare Interessenlage:

Schon an einer Regelungslücke im positiven Recht muss jedoch gezweifelt werden. Denn sowohl der § 56 Abs. 1 Satz 1 InsO, der § 74 Abs. 1 StaRUG als auch der § 94 Abs. 1 Satz 1 StaRUG sehen vor, dass eine *unabhängige* Person zu bestellen ist, normieren die Unabhängigkeit also im Gegensatz zu §§ 41 f. ZPO positiv und unmittelbar. Ferner sehen § 59 InsO, § 75 Abs. 2 StaRUG und §§ 78 Abs. 3 i.V.m. 75 Abs. 2 StaRUG sowie § 96 Abs. 5 Satz 2 StaRUG eigene Vorschriften für die Entlassung von Insolvenzverwalter, Restrukturierungsbeauftragten und Sanierungsmoderator vor. Eine solche Entlassung ist insbesondere im Falle einer Abhängigkeit möglich.[416] Der Gesetzgeber hat sich demnach für selbstständige Normen innerhalb der InsO und des StaRUG für

98; *Graeber*, NZI 2002, 345, 346 f.; *ders.*, in: MünchKomm InsO, § 56 Rn. 25 ff.; *Graf/Wunsch*, DZWIR 2002, 177, 179; *Hess*, in: KölnKomm InsO, § 56 Rn. 138, 145; *Hill*, ZInsO 2005, 1289, 1290; *Muscheler/Bloch*, ZIP 2000, 1474, 1479; *Prütting*, ZIP 2002, 1965, 1970 ff.; wohl auch: *Jahntz*, in: FrankfKomm InsO, § 56 Rn. 9; *Bork*, ZIP 2006, 58, 59; unklar, ob einer Analogie des § 42 ZPO zugestimmt wird: BGH, WKRS 2012, 11349; a.A. LG Frankfurt a.M., Rpfleger 1989, 474; LG Wuppertal, ZIP 2005, 1747 f.; *Ahrens*, in: Ahrens/Gehrlein/Ringstmeier InsO, § 4 Rn. 19; *Andres*, in: Andres/Leithaus InsO, § 56 Rn. 4; *Lüke*, in: Kübler/Prütting/Bork InsO, 87. Lfg. 3.21, § 56 Rn. 47; *ders.*, ZIP 2003, 557, 559 ff.; *Prütting*, in: Kübler/Prütting/Bork InsO, 54. Lfg. 8.13, § 4 Rn. 7; *Rüther*, in: HambKomm InsO, § 4 Rn. 14; *Spiekermann*, NZI 2020, 977, 978 f.; *Sternal*, in: HeidelbKomm InsO, § 4 Rn. 5; die Analogie lehnt auch ab: *Graf-Schlicker*, in: FS Kirchhof, S. 135, 138 ff., hält jedoch die Wertungen der §§ 41 f. ZPO für anwendbar; *dies.*, in: Graf-Schlicker InsO, § 56 Rn. 68; ähnlich auch *Ries*, in: K. Schmidt InsO, § 56 Rn. 24, man könne auf die Wertungen der §§ 41 f., 406 ZPO zurückgreifen, ohne dass die vorgesehenen Rechtsbehelfe Anwendung fänden; zustimmend insofern auch *Rechel*, in: Rattunde/Smid/Zeuner InsO, § 56 Rn. 35; ähnlich, aber wohl weniger weitreichend: *Smid*, in: Smid InsO, § 56 Rn. 11; ebenfalls zurückhaltend: *Kumpan*, KTS 2010, 169, 174 f.

413 BGHZ 113, 262, 277.

414 Jeweils in ihrer Funktion als Ermittler.

415 So für den Insolvenzverwalter z.B. *Schumann*, in: FS Geimer, S. 1043, 1048 f.

416 BGH, NJW-RR 2012, 953, 955; BGH, NZI 2011, 667, 668 f.; *Göcke*, in: BeckOK InsR, 25. Ed. 15.10.21, InsO, § 59 Rn. 3; *Graeber*, in: MünchKomm InsO, § 59 Rn. 18 f.; für den Restrukturierungsbeauftragten ausdrücklich: § 75 Abs. 2 Satz 3, 1. Hs. StaRUG.

Unabhängigkeit und Entlassung entschieden. Es ist nicht ersichtlich, dass der Gesetzgeber planwidrig eine Lücke im positiv normierten Recht gelassen hat, die eine Anwendung der §§ 41 f. ZPO in Insolvenz- und Restrukturierungsverfahren ermöglichen würde. Im Gegenteil: Der Gesetzgeber hat gerade im Bereich der Unabhängigkeit und Entlassung positive Normen geschaffen. Eine Regelungslücke scheint daher schon fernliegend.

Selbst wenn man jedoch über die nicht bestehende Regelungslücke hinwegsieht, besteht keinesfalls eine vergleichbare Interessenlage zwischen den Ämtern von Richtern einerseits und Insolvenzverwaltern, Restrukturierungsbeauftragten und Sanierungsmoderatoren etc.[417] andererseits. Den Vertretern dieser Ansicht ist zunächst zuzugestehen, dass die Unabhängigkeit des Ermittlers im obigen Sinne nach den für ihn geltenden Sondervorschriften in InsO und StaRUG häufig dann nicht gegeben sein wird, wenn ein Grund des § 41 ZPO vorliegt.[418] Das Überschneiden der inhaltlichen Bestimmungen indiziert jedoch für sich genommen nicht die direkte oder analoge Anwendbarkeit. Letztere haben keine mit dem Richter vergleichbare Stellung inne.

Im Übrigen wäre es ein Fehler, für die Vergleichbarkeit der Interessenlage auf den Insolvenz- bzw. Restrukturierungsrichter abzustellen. Hier geht es um den Vergleich der Ämter von Insolvenzverwaltern, Restrukturierungsbeauftragten und Sanierungsmoderatoren etc. und Richtern im Sinne der §§ 41 f. ZPO. Eine Vergleichbarkeit der Aufgabenfelder ist in keinerlei Hinsicht gegeben.[419] Die Ermittler werden tätig, um den Sachverhalt zu ermitteln. Ihre Tätigkeit ist weder als materielle Rechtsprechung noch als zweckorientierte Entscheidung zu klassifizieren. Die Ermittler sind weder Spruch- noch Insolvenz- oder Restrukturierungsrichter. Auch in Insolvenz- und Restrukturierungsverfahren obliegt die Entscheidung über hoheitliche Maßnahmen gegen die Beteiligten ausnahmslos den jeweiligen Gerichten.[420] Ferner sind nur die Gerichte für die Rechtsmäßigkeitskontrolle der Handlungen des Ermittlers zuständig.[421] Kurzum: Die Ämter von Richtern einerseits und Insolvenzverwaltern, Restrukturierungsbeauftragten und Sanierungsmoderatoren etc. andererseits sind keinesfalls miteinander vergleichbar.

---

417 Jeweils in ihrer Funktion als Ermittler.

418 *Graeber*, NZI 2002, 345, 347.

419 *Lüke*, in: Kübler/Prütting/Bork InsO, 87. Lfg. 3.21, § 56 Rn. 48.

420 Vgl. etwa: §§ 20, 98 InsO; §§ 51 Abs. 1, 63 Abs. 1 StaRUG.

421 Vgl. § 58 InsO und §§ 75 Abs. 1, 78 Abs. 3 i.V.m. § 75 Abs. 1 StaRUG.

Im Übrigen scheint auch der BGH – wie *Laukemann* anmerkt – nunmehr von einer analogen Anwendung der §§ 41 f. ZPO im Insolvenzverfahren abgerückt zu sein.[422] Wenngleich es wohl treffender ist, zu konstatieren, dass der BGH jedenfalls nicht ohne Weiteres von einer Anwendbarkeit der §§ 41 f. ZPO ausgeht.[423]

Die §§ 41 f. ZPO sind demnach mangels vergleichbarer Interessenlage nicht auf Insolvenzverwalter, Restrukturierungsbeauftragte und Sanierungsmoderatoren als Ermittler anzuwenden.

(b) Analoge Anwendung auf den Sachverständigen in Insolvenz- und Restrukturierungsverfahren

Etwas anderes könnte jedoch für die vom Gericht bestellten Sachverständigen gelten. Für diese könnte sich eine Anwendung der §§ 41 f. ZPO über § 4 Satz 1 InsO bzw. § 39 Satz 1 StaRUG i.V.m. § 406 ZPO ergeben. Auf den ersten Blick erscheint eine Anwendung hier naheliegend.[424] Immerhin handelt es sich um Sachverständige, wie sie auch die §§ 402 ff. ZPO vorsehen. Diese rein sprachliche Gemeinsamkeit kann gleichwohl nicht ausschlaggebend sein. Der Sachverständige der ZPO und der Sachverständige in InsO und StaRUG haben kaum Gemeinsamkeiten.[425] Während der ZPO-Sachverständige im Sinne der §§ 402 ff. ZPO hauptsächlich zur Klärung von vorbestimmten Fragen eingesetzt wird, die außerhalb der Expertise des Gerichts liegen, ist der Sachverständige in diesem Kontext ein Ermittler.[426] Er ist, wie oben gesehen, der verlängerte

---

422 *Laukemann*, Die Unabhängigkeit des Insolvenzverwalters, S. 97 ff.; unter Bezug auf: BGH, ZIP 2007, 548, 549 f.

423 So hat der BGH eine Anwendung der §§ 41 f. ZPO beispielsweise in BGH, WKRS 2012, 11349 nicht ausdrücklich ausgeschlossen.

424 Entsprechend wird eine Anwendbarkeit bejaht von: OLG Köln, ZIP 1990, 58, 60; *Becker*, in: Nerlich/Römermann InsO, 32. Lfg. 4.17, § 4 Rn. 19; *Graeber*, NZI 2002, 345, 346; *Wimmer*, in: FrankfKomm InsO, § 4 Rn. 31 f.; daran anknüpfend: LG München I, ZInsO 2001, 813, 815; wohl auch: OLG Hamm, ZIP 1986, 724, 725; LG Ulm (Donau), ZInsO 2004, 1268; *Sternal*, in: HeidelbKomm InsO, § 4 Rn. 17; a.A. BGH, NZI 2007, 284, 285; LG Frankfurt a.d.O., ZInsO 2006, 107, 108; AG Göttingen, ZInsO 2000, 347; AG Göttingen, ZInsO 2007, 720; *Ahrens*, in: Ahrens/Gehrlein/Ringstmeier InsO, § 4 Rn. 56; *Baumert*, in: Braun InsO, § 4 Rn. 7; *Ganter/Bruns*, in: MünchKomm InsO, § 4 Rn. 42; *Pape*, in: Uhlenbruck InsO, § 4 Rn. 14; *Rüther*, in: HambKomm InsO, § 4 Rn. 14; *Stephan*, in: K. Schmidt InsO, § 4 Rn. 8.

425 LG Frankfurt a.d.O., ZInsO 2006, 107, 108; AG Göttingen, ZInsO 2000, 347; AG Göttingen, ZInsO 2007, 720.

426 LG Frankfurt a.d.O., ZInsO 2006, 107, 108.

Arm des Insolvenz- und Restrukturierungsgerichts.[427] Seine Tätigkeiten haben kaum Gemeinsamkeiten mit denen des ZPO-Sachverständigen.[428] Er ist dem vorläufigen Insolvenzverwalter strukturell näherstehend als dem Sachverständigen der ZPO.[429] Mit anderen Worten: Der Sachverständige in InsO und StaRUG ist kein Sachverständiger im Sinne der §§ 402 ff. ZPO. Eine Anwendung der §§ 41 f. ZPO über § 4 Satz 1 InsO bzw. § 39 Satz 1 StaRUG i.V.m. § 406 ZPO scheidet deshalb bereits aus.

Die besseren Argumente sprechen somit dafür, den Maßstab der §§ 41 f. ZPO insgesamt nicht auf die Ermittler in unserem Sinne anzuwenden.[430] Eine Ausnahme soll für den Sachverständigen dann gelten, wenn dieser außerhalb des Insolvenzeröffnungsverfahrens tätig wird.[431] Verallgemeinerungsfähig ist dies indes nicht. Auf das Restrukturierungsverfahren kann dies ebenfalls nicht übertragen werden, da es keine vergleichbare Aufteilung des Verfahrens in ein Eröffnungs- und Hauptverfahren gibt. Die praktische Relevanz dürfte demnach gering sein.

(2) Der Maßstab der §§ 45 und 43a Abs. 4 BRAO

Daran anknüpfend könnte jedoch der Maßstab für die Unabhängigkeit von Rechtsanwälten aus den §§ 45 und 43a Abs. 4 BRAO geeignet für die inhaltliche Ausformung der Unabhängigkeit der Ermittler sein. Immerhin ist ein Großteil der Ermittler zugleich als Rechtsanwälte zugelassen.[432] Eine direkte oder analoge Anwendung der §§ 45 und 43a Abs. 4 BRAO auf Ermittler würde also durchaus naheliegen. Eben dies vertritt eine weit verbreitete Auffassung für die

---

427 Vgl. dazu nochmals oben: § 2 B. II. 1.; vgl. auch LG Frankfurt a.d.O., ZInsO 2006, 107, 108; *Pape*, in: Uhlenbruck InsO, § 4 Rn. 14.

428 LG Frankfurt a.d.O., ZInsO 2006, 107, 108; AG Göttingen, ZInsO 2000, 347; AG Göttingen, ZInsO 2007, 720.

429 LG Frankfurt a.d.O., ZInsO 2006, 107, 108.

430 So auch für den Insolvenzverwalter: *Laukemann*, Die Unabhängigkeit des Insolvenzverwalters, S. 96 ff.; *Zipperer*, in: Uhlenbruck InsO, § 56 Rn. 42.

431 OLG Köln, ZIP 1990, 58, 59; LG Stendal, ZInsO 2003, 721 f.; AG Göttingen, ZInsO 2000, 347, 348; *Pape*, in: Uhlenbruck InsO, § 4 Rn. 14; *Rüther*, in: HambKomm InsO, § 4 Rn. 14; *Sternal*, in: HeidelbKomm InsO, § 4 Rn. 17.

432 Ohne dass hierzu gesicherte Zahlen vorliegen, besteht Konsens dahingehend, dass ca. 95 % der Insolvenzverwalter gleichzeitig als Rechtsanwalt zugelassen sind, vgl. Presseerklärung Nr. 14 der BRAK v. 25.10.2019; *Flöther*, INDAT-Report 6/18, 34; *Frind*, NZI 2018, 729, 733. Damit ist noch nichts zu den übrigen Ermittlern in dem hier behandelten Kontext gesagt. Es erscheint jedoch naheliegend, dass sich der Anteil der zugelassenen Rechtsanwälte in einem ähnlichen Rahmen bewegen wird.

Beurteilung der Unabhängigkeit von Insolvenzverwaltern, die Rechtsanwälte sind.[433] Die gegenteilige Ansicht lehnt eine direkte oder analoge Anwendung der §§ 43a Abs. 4, 45 BRAO ab.[434]

Es empfiehlt sich indes – jedenfalls in dem hier vorliegenden Kontext der delegierten Ermittlungen – eine differenzierte Auffassung: Den Vertretern der (anlogen) Anwendung der §§ 43a Abs. 4, 45 BRAO ist zunächst zuzugeben, dass es sich bei den §§ 43a Abs. 4, 45 BRAO durchaus um Schwestervorschriften des § 56 Abs. 1 Satz 1 InsO, § 74 Abs. 1 StaRUG und § 94 Abs. 1 Satz 1 StaRUG handelt. Zudem werden Anwälte, die als (vorläufiger) Insolvenzverwalter, Restrukturierungsbeauftragter oder Sanierungsmoderator etc. bestellt werden, nicht durch die Bestellung von ihrer Bindung an die Bestimmungen der BRAO „befreit".[435]

Dennoch sollte der Maßstab der §§ 43a Abs. 4, 45 BRAO für die Unabhängigkeit der Ermittler nicht zu schnell direkt für Rechtsanwälte oder entsprechend für andere Berufsträger herangezogen werden.[436] Denn die zugrundeliegenden Interessenlagen unterscheiden sich doch gravierend: Der Rechtsanwalt im Sinne der BRAO ist Interessenvertreter seines Mandanten. Er richtet sein Handeln folglich allein an den Weisungen und Interessen des Mandanten aus.[437] Die §§ 43a Abs. 4, 45 BRAO dienen der Verwirklichung dieser intendierten einseitigen Vertretung der Interessen des Mandanten. Der Insolvenzverwalter,

---

433 OLG Celle, NZI 2001, 551, 553; *Frind*, in: HambKomm InsO, § 56 Rn. 73, unter Bezug auf: *Pape*, ZInsO 2016, 2149 ff.; *Vill*, ZInsO 2015, 2245, 2246 ff.; OLG Celle, ZInsO 2001, 755 ff.; AnwGH München, NZI 2014, 478, 479 ff.; siehe auch: *Hill*, ZInsO 2005, 1289, 1290; *Schmidt/Hölzle*, ZIP 2012, 2238, 2239; vgl. weiterführend *Römermann/Praß*, ZInsO 2011, 1576 ff.; *Thole*, NZI 2017, -737 ff.; für die Parallelproblematik bei Restrukturierungsbeauftragten und Sanierungsmoderatoren hat sich eine entsprechende Diskussion noch nicht entfaltet. Die Meinungen und Argumente werden sich jedoch auch auf die sich dort gleichermaßen ergebenden Probleme übertragen lassen.

434 *Kumpan*, KTS 2010, 169, 173; *ders.*, Der Interessenkonflikt im deutschen Privatrecht, S. 187; *Laukemann*, Die Unabhängigkeit des Insolvenzverwalters, S. 107 ff.

435 BGH, ZIP 2015, 1546, 1547; *Hess*, in: FS Uhlenbruck, S. 455, Fn. 8 (unter Verweis auf BVerfGE 21, 173, 179); *Henssler*, in: Prütting Insolvenzrecht 1996, S. 168 ff.; *Schumann*, in: FS Geimer, S. 1043, 1058; a.A. *Riggert*, NZI 2002, 352, 353 unter Verweis auf BGHSt 12, 231, 232. Dieser Beschluss des BGH erging jedoch zu § 356 StGB.

436 Siehe auch: *Kumpan*, KTS 2010, 169, 173; *ders.*, Der Interessenkonflikt im deutschen Privatrecht, S. 187; *Laukemann*, Die Unabhängigkeit des Insolvenzverwalters, S. 107 ff.

437 *Kumpan*, Der Interessenkonflikt im deutschen Privatrecht, S. 187.

der Restrukturierungsbeauftragte und der Sanierungsmoderator etc. hingegen sollen gerade nicht einseitig handeln.[438] Sie sind durch die Zwecke der Insolvenz- und Restrukturierungsverfahren an die Interessen aller, jedenfalls einer Vielzahl der Beteiligten gebunden. Der Rechtsanwalt wird also *bilateral* tätig.[439] Diese Tätigkeit wird durch die §§ 43a Abs. 4, 45 BRAO abgesichert. Der Insolvenzverwalter, der Restrukturierungsbeauftragte und der Sanierungsmoderator hingegen werden – ohnehin, aber besonders im Rahmen der delegierten Ermittlungen – *multilateral* tätig.[440] Zur Absicherung dessen können die §§ 43a Abs. 4, 45 BRAO nicht unmittelbar herangezogen werden. Die zugrundeliegende Interessenlage ist zu unterschiedlich. Die Ermittler werden schlichtweg nicht als Rechtsanwälte im Sinne der §§ 43a Abs. 4, 45 BRAO tätig.

(3) Zwischenergebnis

Es kann somit festgehalten werden: Weder der Maßstab der Unabhängigkeit aus den §§ 41 f. ZPO noch der aus §§ 43a Abs. 4, 45 BRAO kann unmittelbar für eine Bestimmung der Unabhängigkeit des Ermittlers herangezogen werden. Der Ermittler ist weder Richter noch wird er im Kontext der Ermittlungen als Anwalt im Sinne eines einseitigen Interessenvertreters tätig. Eine direkte oder analoge Anwendung der vorbenannten Vorschriften scheitert bereits an einer vergleichbaren Interessenlage bzw. den Anforderungen von § 4 Satz 1 InsO und § 39 Satz 1 StaRUG.

bb) Autonome Bestimmung der Unabhängigkeit des Ermittlers

Der Maßstab der Unabhängigkeit des Ermittlers ist folglich autonom aus der InsO und dem StaRUG zu bestimmen. Das soll dabei nicht bedeuten, dass es nicht zu einer Überschneidung der Maßstäbe kommen kann und soll. Ein gewisser Gleichlauf ist sogar wünschenswert. Als Vorgehensweise bietet es sich also an, den Maßstab der Unabhängigkeit aus dem Wortsinn zu ermitteln und sodann zur Angleichung und Vereinheitlichung der Maßstäbe um systematische Erwägungen zu ergänzen. *In concreto*:

---

438 *Laukemann*, Die Unabhängigkeit des Insolvenzverwalters, S. 61.
439 *Kumpan*, Der Interessenkonflikt im deutschen Privatrecht, S. 187.
440 *Kumpan*, Der Interessenkonflikt im deutschen Privatrecht, S. 187.

(1) Wortsinn

Aus dem Wort „Unabhängigkeit" lässt sich bereits einiges herleiten[441]: Es handelt sich um das Nichtbestehen einer Abhängigkeit, also das Fehlen einer Verbindung oder Beziehung von einem Subjekt oder Objekt mit einem anderen Subjekt oder Objekt und *vice versa*. Vor allem kann der Wortsinn aber an dem Gegenteil von Unabhängigkeit, der Abhängigkeit, verdeutlicht werden.[442] Abhängig ist, wer durch etwas bedingt oder bestimmt ist, oder entscheidend beeinflusst wird.[443]

Aus dem Wortlaut der entsprechenden Normen in InsO und StaRUG ist erkennbar, dass InsO und StaRUG nicht eine absolute und generelle Unabhängigkeit von Insolvenzverwalter, Restrukturierungsbeauftragtem oder Sanierungsmoderator fordern. Stattdessen wird sich auf die Unabhängigkeit von *dem* Schuldner und *den* Gläubigern beschränkt.[444] Es kommt damit zum Ausdruck, dass InsO und StaRUG vor allem die Unabhängigkeit von einzelnen Beteiligten und deren unvermittelten Interessen fordern.

Teilweise wird jedoch im Rahmen der Betrachtung des Wortlauts vertreten, dass eine völlige Unabhängigkeit in diesem Sinne aufgrund der Zweckverfolgung der Verfahren gar nicht möglich sei.[445] Dies übersieht jedoch m.E., dass die *Zweckgerichtetheit* der Insolvenz- und Restrukturierungsverfahren nicht eine *Abhängigkeit* von Beteiligten indiziert. Im Gegenteil: Derjenige Dritte, der Ermittlungen allein zur Verwirklichung und vor dem Hintergrund der Zwecke des jeweiligen Verfahrens durchführt, ist gerade von anderen Einflüssen unabhängig. Dass diese Zwecke mittelbar Beteiligten dienen, ist offensichtlich, aber auch unschädlich, da durch die Zweckgerichtetheit der Verfahren gerade indiziert und gesetzgeberisch gewollt.[446] Erst die Abhängigkeit von einzelnen Beteiligten und deren unvermittelten Interessen[447] führt zu einem Widerspruch zu den Verfahrenszwecken.

---

441 A.A. *Lüke*, ZIP 2003, 557, 559, nach dem u.a. der Wortlaut keine neuen Erkenntnisse bringe.

442 *Spiekermann*, NZI 2020, 977, 978.

443 https://www.duden.de/rechtschreibung/abhaengig#Bedeutung-1b (zuletzt abgerufen am: 10.01.2022).

444 *Spiekermann*, NZI 2020, 977, 978.

445 So für den Insolvenzverwalter: *Spiekermann*, NZI 2020, 977, 978.

446 So führt der BGH klarstellend und unmissverständlich aus, dass der Insolvenzverwalter weder Vertreter der Gläubiger noch des Schuldners ist, BGHZ 83, 102, 105.

447 In diesem Sinne führt der BGH, ZInsO 2016, 2196, 2198 aus, dass der Insolvenzverwalter bei Erfüllung seiner gesetzlichen Aufgaben die Interessen sämtlicher Beteiligten zu wahren habe. Eine Ausrichtung an den Interessen *aller* Beteiligten

Aus dem Wortsinn lässt sich also erstens ableiten, dass Unabhängigkeit des Ermittlers das Fehlen von inneren oder äußeren, vergangenen oder gegenwärtigen Beziehungen zu den Verfahrensbeteiligten ist, die den Ermittler in seinem Tun, Dulden oder Unterlassen im Kontext der delegierten Ermittlungen bedingen, bestimmen oder entscheidend beeinflussen (könnten[448]). Zweitens lässt sich ableiten, dass die Zweckgerichtetheit der Verfahren gerade nicht zu einer Abhängigkeit, sondern einer Unabhängigkeit der Ermittler führt.

(2) Ergänzung um systematische Erwägungen

Der Wortsinn bildet demnach den Kern dessen, was Inhalt der Unabhängigkeit ist. Es ist jedoch angezeigt, den Inhalt der Unabhängigkeit der Ermittler durch systematische Erwägungen zu ergänzen, die sich nicht unmittelbar aus dem Wortsinn ergeben. Dies dient nicht ausschließlich der Nuancierung, sondern auch der Systematisierung und Kontextualisierung des Begriffs der Unabhängigkeit der Ermittler im Kontext ihrer vielschichtigen Tätigkeit.[449]

Anknüpfungspunkte für die Systematisierung des Begriffs der Unabhängigkeit der Ermittler sind dabei zunächst vor allem die §§ 41 f. ZPO und die §§ 43a Abs. 4, 45 BRAO.[450] Dies widerspricht indes nicht den vorangegangenen Feststellungen, dass eine analoge Anwendung dieser Vorschriften auf die Ermittler unmöglich ist. Zur Kontextualisierung der Unabhängigkeit der Ermittler können die den §§ 41 f. ZPO und den §§ 43a Abs. 4, 45 BRAO zugrundeliegenden Wertungen herangezogen werden.[451] Gleichzeitig muss jedoch stets im Blick behalten werden, dass es einer Anpassung der Bestimmungen der §§ 41 f.

---

ist demnach unschädlich. Die Ausrichtung an den Interessen *einzelner* Beteiligter führt hingegen zur Abhängigkeit, vgl. auch *Graeber*, in: MünchKomm InsO, § 56 Rn. 37; *Zipperer*, in: Uhlenbruck InsO, § 56 Rn. 25.

448 Auf die bloße Besorgnis der Unabhängigkeit wird sogleich eingegangen, sie ist jedoch bereits hier anhand des Wortes „könnten" beschrieben.

449 Dies ist nicht gleichlaufend mit einer analogen Anwendung, wie sie oben abgelehnt wird.

450 Andere Bestimmungen der Unabhängigkeit finden sich z.B. in § 319 Abs. 3 HGB (vgl. schon *Bork*, ZIP 2006, 58, 59; *Riggert*, NZI 2002, 352, 353). Aus diesen kann jedoch in diesem Kontext nichts Weiterführendes gewonnen werden.

451 So für die §§ 41 f. ZPO auch: *Graf-Schlicker*, in: FS Kirchhof, S. 135, 140 f.; *Lüke*, ZIP 2003, 557, 560.

ZPO und der §§ 43a Abs. 4, 45 BRAO an den hiesigen Kontext der delegierten Ermittlung bedarf.[452]

Die Unabhängigkeit des Ermittlers wird demnach auch dann nicht mehr gewährleistet sein, wenn personen- oder familienbezogene Ausschlussgründe im Sinne des § 41 Nr. 1-3 ZPO vorliegen.[453] Der Ermittler ist so beispielsweise dann nicht mehr unabhängig, wenn er selbst Gläubiger des Schuldners ist oder sein Ehegatte oder Lebenspartner Gläubiger ist. Auch soweit der Ermittler im Sinne des § 41 Nr. 4 ZPO vor der Einsetzung als Ermittler als Prozessbevollmächtigter, Beistand oder gesetzlicher Vertreter des Schuldners tätig war, ist eine Unabhängigkeit des Ermittlers nicht mehr gegeben.[454]

In dem hier behandelten Kontext sollte aber auch die in § 42 Abs. 1 Alt. 2, Abs. 2 ZPO normierte Besorgnis der Befangenheit berücksichtigt werden. Denn damit ist der Aspekt des „beeinflussen *könnten*" angesprochen. Die Besorgnis der Befangenheit ist in § 42 Abs. 2 ZPO legal definiert als das Vorliegen eines Grundes, „der geeignet ist, Misstrauen gegen die Unparteilichkeit eines Richters zu rechtfertigen". In dem hier behandelten Kontext kommt es allerdings nicht auf die Unparteilichkeit, sondern auf die Unabhängigkeit des Ermittlers an. Eine Besorgnis der Befangenheit besteht dann, wenn ein Grund vorliegt, der geeignet ist, Misstrauen gegen die Unabhängigkeit eines Ermittlers zu rechtfertigen.

Zur weiteren Systematisierung kann demnach in dem hiesigen Kontext festgehalten werden: Die Unabhängigkeit des Ermittlers im obigen Sinne ist schon dann nicht mehr gewährleistet, wenn auch nur ein Anschein der Abhängigkeit besteht.[455] Das kann jedoch nicht bedeuten, dass es eines Antrags im Sinne des § 42 Abs. 3 ZPO der Beteiligten bedürfte, da eine Analogie – wie oben gezeigt – gerade nicht möglich ist. Stattdessen muss der Richter bei seiner Bestellung des Ermittlers auch die bloße Besorgnis der Befangenheit berücksichtigen. Kommt der Richter zu der Überzeugung, dass eine entsprechende Besorgnis der Befangenheit bei dem zu bestellenden Ermittler verwirklicht ist, hat die Bestellung zu unterbleiben, da eine Unabhängigkeit bereits dann nicht mehr gegeben ist.

---

452 Allgemein zur bereichsspezifischen Auslegung berufsrechtlicher Vorschriften: BGH, ZIP 2005, 176, 179; zur Anpassung der Vorschriften der §§ 41 f. ZPO im insolvenzrechtlichen Kontext: *Lüke*, ZIP 2003, 557, 561.

453 *Graf-Schlicker*, in: FS Kirchhof, S. 135, 141; *Lüke*, ZIP 2003, 557, 561.

454 *Graf-Schlicker*, in: FS Kirchhof, S. 135, 141 f.; ohne ausdrücklichen Bezug auf § 41 Nr. 4 ZPO auch: *Prütting*, ZIP 2002, 1965, 1971 f.

455 Vgl. bereits: Die neuen Richtlinien des Amtsgerichts Berlin-Mitte für die dort tätigen Konkursverwalter, KuT 1929, 69, 70 (mit Anm., *Levy*, KuT 1929, 85 f.).

Zur weiteren Systematisierung sollten auch die Vorschriften der §§ 43a Abs. 4, 45 BRAO berücksichtigt werden. Auch hier ist jedoch auf eine Kontextualisierung im Hinblick auf den Ermittler zu achten: Dies kann indes allein für die Regelungen des § 45 BRAO gelten. § 43a Abs. 4 BRAO, der ein Verbot der Vertretung widerstreitender Interessen normiert, ist von vornherein mit dem Verständnis eines Ermittlers in dem hier behandelten Kontext nicht vereinbar.[456] Der Ermittler soll und muss widerstreitende Interessen beachten und objektiv in sämtliche Richtungen ermitteln. Die Unabhängigkeit des Ermittlers ist gerade auch an der Fähigkeit zu messen, sämtliche Interessen zu beachten und seine Ermittlungen unabhängig von einzelnen Interessenlagen durchzuführen. Damit ist aber die Regelung des § 43a Abs. 4 BRAO – auch nicht angepasst auf den hier behandelten Kontext – anwendbar.

Dem § 45 BRAO kann jedoch durchaus eine indizielle Wirkung zukommen: Auch soweit kein Rechtsanwalt betroffen ist, führen die Inhabilitäten, die in § 45 BRAO aufgezählt sind, zu einer Unabhängigkeit des Ermittlers. Dieser Maßstab sollte daher bei der inhaltlichen Ausformung der Unabhängigkeit herangezogen werden. Insofern ist der Begriff der Unabhängigkeit in unserem Sinne auch um diese Wertungen bezüglich der Inhabilitäten zu erweitern.

Wertvoll für die inhaltliche Ausformung der Unabhängigkeit des Ermittlers ist auch der Rechtsgedanke des § 45 Abs. 3 BRAO. Dieser erweitert den Anwendungsbereich des § 45 Abs. 1 und 2 BRAO auf die mit dem Rechtsanwalt in Sozietät oder sonstiger Weise verbundenen oder verbunden gewesenen Rechtsanwälte oder Angehörige anderer Berufe und auch insoweit, als einer von diesen im Sinne des § 45 Abs. 1 und 2 BRAO befasst war. Dieser Rechtsgedanke sollte auch in dem hier behandelten Kontext der Ermittler berücksichtigt werden.[457] Die Unabhängigkeit des Ermittlers ist demnach auch in Anlehnung an § 45 Abs. 3 BRAO bezüglich assoziierter Kollegen etc. durch das Insolvenz- oder Restrukturierungsgericht zu ermitteln.[458]

---

456 *Prütting*, ZIP 2002, 1965, 1972 hingegen hält den Rechtsgedanken des § 43a Abs. 4 BRAO auf den Inhalt der Unabhängigkeit des Insolvenzverwalters anwendbar, wenn z.B. derselbe Insolvenzverwalter in den Insolvenzverfahren über das Vermögen der KG und ihrer Komplementär-GmbH bestellt würde.

457 Nur zu § 56 InsO: *Frind*, in: HambKomm InsO, § 56 Rn. 73.

458 Insoweit ist das Gericht in der Regel auf eine entsprechende Offenlegung durch den jeweiligen Ermittler angewiesen. Hierzu weiter unten, wenn es um die konkrete Ermittlung der Unabhängigkeit geht, siehe § 3 A. I. 4.

Zur weiteren Systematisierung des Begriffs können abschließend auch die Verhaltensrichtlinien für Insolvenzverwalter herangezogen werden.[459] So stellen beispielsweise die Grundsätze ordnungsgemäßer Insolvenz- und Eigenverwaltung (im Nachfolgenden: „GOI“) des Verbands Insolvenzverwalter und Sachwalter Deutschlands e.V. (VID) in Grundsatz 24 den mit § 42 Abs. 1 Alt. 2, Abs. 2 ZPO korrespondierenden Grundsatz auf, dass bereits Umstände anzeigepflichtig sind, die den Anschein der Abhängigkeit begründen.

(3) Zwischenergebnis

Rekapitulierend kann demnach festgehalten werden, dass Unabhängigkeit inhaltlich als das Fehlen von inneren oder äußeren, vergangenen oder gegenwärtigen Beziehungen zu den Verfahrensbeteiligten, die den Ermittler in seinem Tun, Dulden oder Unterlassen im Kontext der delegierten Ermittlungen bedingen, bestimmen oder entscheidend beeinflussen (könnten), zu definieren ist.

Im Zuge der Ergänzung um systematische Erwägungen bedarf es einer Erweiterung um die Rechtsgedanken der §§ 41 Nr. 1-4, 42 Abs. 1 Alt. 2, Abs. 2 ZPO, des § 45 BRAO (insbesondere des Rechtsgedankens der „Erstreckungsnorm“ des § 45 Abs. 3 BRAO) sowie ggf. über die GOI des VID. Anhand dieser Definition können die in der Literatur anerkannten Fallgruppen nachvollzogen werden. Für die Unabhängigkeit des Ermittlers im Rahmen der delegierten Ermittlungen ist somit der hier gefundene Maßstab anzulegen. Es handelt sich dabei um einen strengeren Maßstab, als er von anderen Stimmen in der Literatur[460] gefordert wird. Weiter kann festgehalten werden: Die Unabhängigkeit des Ermittlers ist nicht nur die Abwesenheit eines *punktuellen* Interessenkonflikts, sondern *global* zu verstehen als die Abwesenheit von jeglichen Interessenkonflikten.

---

459 Für die übrigen Ermittler in dem hier behandelten Sinne sind entsprechende Richtlinien (bisher) nicht ersichtlich. Unabhängig davon kann jedoch davon ausgegangen werden, dass sich diese inhaltlich kaum unterscheiden dürften. Insoweit erscheint eine Erstreckung der Richtlinien durch die Herausgeber auf Restrukturierungsbeauftragte und Sanierungsmoderatoren denkbar.

460 *Römermann*, ZInsO 2013, 218 ff.; vgl. in diesem Kontext auch: *ders.*, NJW 2019, 2986 ff.

III. Ergebnis zu 2. von Amts wegen

Damit kann insgesamt Folgendes festgehalten werden: Normadressat von § 5 Abs. 1 Satz 1 InsO und § 39 Abs. 1 Satz 1 StaRUG ist das jeweilige Gericht. Die Gerichte sind zu amtswegigen Ermittlungen berechtigt und verpflichtet.

In praxi werden die Ermittlungen jedoch zu großen Teilen auf Ermittler delegiert (werden müssen). Diese Delegation der Ermittlungen auf den Ermittler ist rechtlich grundsätzlich zulässig. Die Grenze der Zulässigkeit der Delegation ist dort gezogen, wo der Kernbereich gerichtlicher Ermittlungen berührt ist. Der Kernbereich gerichtlicher Amtsermittlungen kann demnach definiert werden als einen nichtdelegierbaren Bereich von Ermittlungen und Ermittlungsmaßnahmen, die aufgrund ihrer Eingriffsintensität und ihrer Grundrechtsrelevanz einem Hoheitsträger, namentlich dem Insolvenz- oder Restrukturierungsgericht, zugewiesen sind und funktionell durch den Richter oder den Rechtspfleger wahrgenommen werden müssen.

Eine Delegation auf den Ermittler selbst ist ebenfalls ausgeschlossen, wenn Ermittlungsgegenstand (auch) die ermittelnde Person selbst oder die Richtigkeit, der von ihr im Vorweg angestellten Ermittlungen sind.

Die Delegation der Ermittlungen ist zudem sowohl rechtlich als auch rechtstatsächlich erforderlich. Es ist insoweit das Postulat der *Effektivität der Ermittlungen* zu beachten. In der Regel können Ermittlungen effektiver durch die Ermittler durchgeführt werden. Zudem schafft die Delegation eine größere Distanz des Insolvenz- oder Restrukturierungsgerichts zu den Ermittlungen und fördert die Objektivität der Verfahren.

Besondere Voraussetzung für die Delegation ist die Unabhängigkeit des Ermittlers. Unabhängigkeit sollte als das Fehlen von inneren oder äußeren, vergangenen oder gegenwärtigen Beziehungen zu den Verfahrensbeteiligten, die den Ermittler in seinem Tun, Dulden oder Unterlassen im Kontext der delegierten Ermittlungen bedingen, bestimmen oder entscheidend beeinflussen (könnten), definiert werden. Das Erfordernis der Unabhängigkeit dient dem Schutz der betroffenen Grundrechtspositionen der Beteiligten, in die mit teilweise erheblicher Intensität eingegriffen wird. Insofern ist die Unabhängigkeit unmittelbarer Ausfluss des Rechtsstaatsprinzips aus Art. 20 Abs. 3 GG. Dies bedeutet zugleich, dass die Unabhängigkeit des Ermittlers indisponibel ist.

C. Ermittlung

Die dritte und letzte Säule der gemeinsamen Grundsätze der Amtsermittlung umfasst die eigentliche Ermittlung. Durch die anschließenden Ausführungen sollen die Gemeinsamkeiten und Unterschiede hinsichtlich der Ermittlung in Insolvenz- und Restrukturierungsverfahren dargestellt und kritisch bewertet werden. Dabei soll aufgezeigt werden, dass sich Insolvenz- und Restrukturierungsverfahren im Rahmen der Ermittlungen ähnlicher sind, als sie es noch im Rahmen der beiden vorbeschriebenen Oberbereiche „Von Amts wegen“ und „Bedeutung für das Verfahren“ sind. Ermittlungsanlass (I.), Ermittlungsmittel (II.) sowie der Zusammenhang von Ermittlung und Beweis (III.) weisen eine deutliche Konvergenz zwischen den beiden Verfahren auf. Vor allem bestehen für die Ermittlungen dieselben Grenzen, die sich vorrangig aus dem Grundgesetz ergeben (IV.). Im Einzelnen:

I. Anlass zur Ermittlung

Die Ausführungen zu der Ermittlung des Gerichts beginnen mit dem Anlass zur Ermittlung. Hier schließt sich der Kreis zwischen dem äußeren Umstand des Ermittlungsanlasses und der verfahrensinternen Frage der Bedeutung eines Umstands für das Verfahren. Beide Bereiche sind miteinander verwoben und bedingen einander. Soweit *Anlass* und *Bedeutung* zusammentreffen, sind in jedem Fall Ermittlungen von Amts wegen anzustellen. Die Bedeutung eines Umstands entscheidet verfahrensintern über die Aufnahme der Ermittlungen. Der Anlass bildet den Impuls für die Ermittlungen.

Für die Betrachtung des Anlasses zu Ermittlungen bedarf es deshalb einer grundlegenden Unterscheidung. Namentlich der Unterscheidung zwischen der *Berechtigung* und der *Pflicht* zur Ermittlung. Die Grenzziehung zwischen der *Berechtigung* und der *Pflicht* zur Ermittlung erfolgt anhand des Anlasses.

Wann besteht also ein solcher Anlass zu Ermittlungen? Ein Anlass zu Ermittlungen ergibt sich vorrangig aus gerichtsbekannten Umständen oder aufgrund von Angaben der Verfahrensbeteiligten.[461] Das Gericht hat weder im Insolvenz- noch im Restrukturierungsverfahren „ins Blaue hinein“ Ermittlungen anzustellen.[462] Anlass kann jedoch auch bestehen, wenn das Gericht aus eigenen Erfahrungssätzen Muster oder Anhaltspunkte sieht oder vermutet, die weitere Ermittlungen erforderlich machen. Zudem besteht stets dann Anlass zu Ermittlungen, wenn es sich um einen Umstand handelt, der das Ergebnis umfangreicher Bewertungen und Analysen, wie z.B. den Zustand der

---

461 BGH, ZInsO 2012, 143, 144; *Andres*, in: Andres/Leithaus InsO, § 5 Rn. 6; *Stephan*, in: K. Schmidt InsO, § 5 Rn. 2.

462 BGH, ZInsO 2012, 143, 144; *Kramer*, in: BeckOK StaRUG, 3. Ed. 15.11.21, § 39 Rn. 17; *Rüther*, in: HambKomm InsO, § 5 Rn. 11.

Zahlungsunfähigkeit im Sinne des § 17 InsO oder der drohenden Zahlungsunfähigkeit im Sinne des § 18 InsO, ist.[463] Dies ergibt sich daraus, dass sich hier nicht ohne Weiteres auf Angaben der Beteiligten verlassen werden kann, sondern aufgrund der Bedeutung der Umstände dringender Anlass für eigene, unabhängige Ermittlungen durch das Gericht besteht.[464]

Die Beurteilung der Frage, wann ein solcher Anlass vorliegt, liegt im pflichtgemäßen Ermessen des Gerichts.[465] Besteht jedoch nach der Überzeugung des Gerichts ein ausreichender Anlass für weitere Ermittlungen, ist es verpflichtet, weitere Ermittlungen aufzunehmen.[466] Das Ermessen des Gerichts ist auf null reduziert.[467] Die Amtsermittlungen sind eine echte Pflicht des Insolvenz- oder Restrukturierungsgerichts.[468] Dies ist wiederum darin begründet, dass der Amtsermittlungsgrundsatz der Verwirklichung der Zwecke der Insolvenz- und Restrukturierungsverfahren dient. Die Verfolgung der Zwecke ist für das Gericht nicht disponibel, weshalb bei Verletzungen der Amtsermittlungspflicht Haftungsansprüche aus Art. 34 Satz 1 GG i.V.m. § 839 Abs. 1 BGB gegen das Land, in dessen Diensten der Richter steht, in Frage kommen.[469] Daraus kann für das richterliche Ermessen abgeleitet werden: Je intensiver die Tatsachen und die zu ihrer Feststellung erforderlichen Ermittlungen mit den Zwecken des

---

463 *Kramer*, in: BeckOK StaRUG, 3. Ed. 15.11.21, § 39 Rn. 17.

464 *Kramer*, in: BeckOK StaRUG, 3. Ed. 15.11.21, § 39 Rn. 17, spricht von einer ggf. bestehenden „subjektiven Färbung" durch die Beteiligten.

465 BGH, ZInsO 2012, 143, 144; BGH KTS 1957, 12, 13; *Andres*, in: Andres/Leithaus InsO, § 5 Rn. 11; *Madaus*, in: BeckOK InsR, 25. Ed. 15.10.21, InsO, § 5 Rn. 19; *Rüther*, in: HambKomm InsO, § 5 Rn. 11; *Stephan*, in: K. Schmidt InsO, § 5 Rn. 2; *Sternal*, in: HeidelbKomm InsO, § 5 Rn. 7; a.A. *Ganter/Bruns*, in: MünchKomm InsO, § 5 Rn. 62, die weder einen Beurteilungs- noch ein Ermessensspielraum zubilligen. Im Ergebnis wird dies mit der hier vertretenen Auffassung gleichlaufen, da eine Ermessensreduktion auf null bei aus den Zwecken der Verfahren indizierter Erforderlichkeit besteht.

466 *Ahrens*, in: Ahrens/Gehrlein/Ringstmeier InsO, § 5 Rn. 6; *Kexel*, in: Graf-Schlicker InsO, § 5 Rn. 2; *Prütting*, in: Kübler/Prütting/Bork InsO, 59. Lfg. 6.14, § 5 Rn. 47; *Rüther*, in: HambKomm InsO, § 5 Rn. 11; *Stephan*, in: K. Schmidt InsO, § 5 Rn. 2; so im Ergebnis wohl auch: *Ganter/Bruns*, in: MünchKomm InsO, § 5 Rn. 62.

467 BGH, NZI 2012, 151, 152: „verpflichtet".

468 *Pape*, in: Uhlenbruck InsO, § 5 Rn. 27; *Stephan*, in: K. Schmidt InsO, § 5 Rn. 2.

469 *Ahrens*, in: Ahrens/Gehrlein/Ringstmeier InsO, § 5 Rn. 7; *Ganter/Bruns*, in: MünchKomm InsO, § 5 Rn. 62; *Pape*, in: Uhlenbruck InsO, § 5 Rn. 27; ausdrücklich auch unter Bezugnahme auf den Zweck der gleichmäßigen Befriedigung der Gläubiger: *Rüther*, in: HambKomm InsO, § 5 Rn. 2; vgl. für das StaRUG: *Wollenhaupt*, Amtsermittlungsgrundsatz im StaRUG, § 4.

Verfahrens in Berührung kommen, desto eher ist das Ermessen des Richters auf null reduziert.

Soweit ein entsprechender Anlass zu Ermittlungen besteht, sind Insolvenz- und Restrukturierungsgerichte zu amtswegigen Ermittlungen verpflichtet.[470] Damit ist jedoch noch nichts zu der Frage gesagt, ob Insolvenz- und Restrukturierungsgerichte auch außerhalb eines Anlasses zu Amtsermittlungen berechtigt sind. Im Grundsatz kann zu Amtsermittlungen außerhalb eines konkreten Anlasses konstatiert werden, dass sowohl das Insolvenz- als auch das Restrukturierungsgericht auch hier zu amtswegigen Ermittlungen berechtigt sind.

Vor allem im Rahmen des § 39 Abs. 1 StaRUG erscheint dies jedoch nicht unproblematisch. Denn der Gesetzgeber bringt in § 39 Abs. 1 Satz 1 StaRUG durch den Vorbehalt der Abweichung zum Ausdruck, dass in einem engeren Rahmen Amtsermittlungen zu erfolgen haben. Dies soll gerade der Beschleunigung des Restrukturierungsverfahrens dienen.[471] Die Vorstellung des Gesetzgebers vom Restrukturierungsrichter ist weniger die eines allsehenden Überwachers als vielmehr die eines Nachtwächters.[472] Damit soll gesagt sein, dass das Restrukturierungsgericht – jedenfalls nach der Vorstellung des Gesetzgebers – nicht proaktiv zur fortwährenden Überwachung des Schuldners tätig werden soll.[473] So dürfen Verstöße des Schuldners gegen § 32 StaRUG durch das Restrukturierungsgericht nicht ohne Anlass ermittelt werden.[474] Eine anlasslose uneingeschränkte Amtsermittlung besteht nach der Vorstellung des Gesetzgebers im StaRUG insgesamt nicht.[475] Außerhalb eines Anlasses ist das Restrukturierungsgericht nicht zu Amtsermittlungen berechtigt.[476] Dies würde den Vorgaben des Gesetzgebers diametral zuwiderlaufen.

Gegenteilig stellt sich die Lage im Rahmen des Insolvenzverfahrens dar. Schon der Wortlaut des § 5 Abs. 1 Satz 1 InsO sieht keine Einschränkungen wie die des § 39 Abs. 1 Satz 1 StaRUG vor. Daraus lässt sich *e contrario* ableiten,

---

470 *Sternal*, in: HeidelbKomm. InsO, § 5 Rn. 7; zustimmend: *Stephan*, in: K. Schmidt InsO, § 5 Rn. 2.

471 BT-Drs. 19/24181, S. 143.

472 *Frind*, in: Bieg/Borchardt/Frind, Unternehmenssanierung und Betriebsfortführung, Teil 2 B. VIII. Rn. 22.

473 BT-Drs. 19/24181, S. 139; siehe auch *Kramer*, in: BeckOK StaRUG, 3. Ed. 15.11.21, § 39 Rn. 17.

474 BT-Drs. 19/24181, S. 139.

475 BT-Drs. 19/24181, S. 139.

476 A.A.: *Wollenhaupt*, Amtsermittlungsgrundsatz im StaRUG, § 3 B. IV., der die Einschränkungen nur auf § 32 StaRUG begrenzt sieht.

dass Insolvenzgerichte auch außerhalb eines Anlasses zu Amtsermittlungen berechtigt sind.[477] Dieses Ergebnis findet seine Rückbindung nicht zuletzt auch darin, dass das Insolvenzgericht wegen § 58 InsO – anders als das Restrukturierungsgericht – der Rolle eines (allsehenden) Überwachers angenähert ist.[478] Das Insolvenzverfahren ist viel deutlicher von der starken Rolle des Insolvenzgerichts geprägt. Das Insolvenzgericht ist dabei in den Grenzen des Amtsermittlungsgrundsatzes und im Rahmen seines pflichtgemäßen Ermessens berechtigt, auch ohne einen Anlass Ermittlungen vorzunehmen.[479]

II. Ermittlungsmittel

Im Rahmen des Anlasses zu Ermittlungen sind deutliche Unterschiede zwischen InsO und StaRUG auszumachen. Anders stellt es sich hingegen im Rahmen der Ermittlungsmittel dar. Hier besteht eine starke Konvergenz zwischen den beiden Rechtssystemen:

Unter einem Ermittlungsmittel sind alle unmittelbaren und mittelbaren Erkenntnis- und Informationsquellen zu verstehen, die die Kognition relevanter Umstände durch das Gericht ermöglichen, indem sie eine Information transportieren oder beinhalten. Diese Ermittlungsmittel können vor dem Hintergrund des Konzepts der Delegation von Amtsermittlungen in Insolvenz- und Restrukturierungsverfahren in zwei Kategorien aufgeteilt werden: einerseits solche Ermittlungsmittel, die das Gericht vorrangig selbst einsetzt; andererseits solche Ermittlungsmittel, die durch den Ermittler eingesetzt werden. Die daraus gewonnenen Erkenntnisse werden dem Gericht zur Kognition mittelbar durch Zwischenberichte, Sachverständigengutachten sowie Verwalterberichte und sonstige Mitteilungen zur Verfügung gestellt. Als Ermittlungsmittel kommen die nachfolgenden Mittel in Betracht:

1. Ermittlungsmittel des Gerichts (Kernbereich)

Zunächst sind als Ermittlungsmittel sowohl in § 5 Abs. 1 Satz 2 InsO als auch in § 39 Abs. 1 Satz 2 StaRUG der Sachverständige und der Zeuge genannt. Der Sachverständigenbegriff ist weit zu verstehen. Alle Ermittler sind Ermittlungsmittel des Gerichts, die ihm delegierte Ermittlungen durchführen. Das Gericht

---

477 *Ganter/Bruns*, in: MünchKomm InsO, § 5 Rn. 21; *Madaus*, in: BeckOK InsR, 25. Ed. 15.10.21, InsO, § 5 Rn. 9.

478 Ähnlich: *Rüther*, in: HambKomm InsO, § 5 Rn. 8.

479 *Ganter/Bruns*, in: MünchKomm InsO, § 5 Rn. 21; *Madaus*, in: BeckOK InsR, 25. Ed. 15.10.21, InsO, § 5 Rn. 9.

kann den Ermittler befragen und die Erstattung eines Berichts verlangen. Dies ist ausdrücklich für den (vorläufigen) Insolvenzverwalter in § 58 Abs. 1 Satz 2 (i.V.m. 21 Abs. 2 Satz 1 Nr. 1) InsO, für den Sachwalter gem. § 274 Abs. 1 InsO, für den Restrukturierungsbeauftragten in § 75 Abs. 1 Satz 2 StaRUG und für den Sanierungsmoderator in geringerem Umfang in § 96 Abs. 3 StaRUG normiert. Durch die Berichterstattung und Erteilung von Auskünften vermittelt der Ermittler dem Gericht seine, ggf. durch originäre Ermittlungsmittel erworbenen, Erkenntnisse.[480]

Ausdrücklich ist in § 5 Abs. 1 Satz 2 InsO und in § 39 Abs. 1 Satz 2 StaRUG die Möglichkeit zur Vernehmung von Zeugen genannt. Das Gericht kann den Zeugen gem. § 4 Satz 1 InsO bzw. § 38 Satz 1 StaRUG i.V.m. §§ 373 ff. ZPO eidlich oder uneidlich vernehmen.[481] Das Gericht kann jedoch aufgrund der Geltung des Freibeweises auch schriftliche Aussagen der Zeugen einholen und verwerten.[482] Zeugen können vor allem ehemalige oder aktuelle Sanierungsberater, Rechtsanwälte, Steuerberater, Wirtschaftsprüfer, Steuerberater und ähnliche Berufsträger sein.[483] Gegenstand der Vernehmung können alle für das Verfahren relevanten Umstände sein.[484] Es kann z.B. der Verlauf und der Ausgang eines vorangegangenen Restrukturierungsverfahrens oder der Hergang eines Rechtsstreits erfragt werden. Zu beachten ist jedoch, dass den Zeugen ggf. ein Zeugnisverweigerungsrecht im Sinne von § 4 Satz 1 InsO bzw. § 38 Satz 1 StaRUG i.V.m. §§ 383 ff. ZPO zusteht. Eine Entbindung des Zeugen von einer Schweigepflicht kommt grundsätzlich nur durch denjenigen in Betracht, der verfügungsbefugt ist. Mit Eröffnung des Insolvenzverfahrens geht die Dispositionsbefugnis des Geheimnisherren gem. § 80 Abs. 1 InsO auf den Insolvenzverwalter über.[485] Der Insolvenzverwalter ist zu einer Entbindung befugt, soweit Angelegenheiten der Insolvenzmasse betroffen sind.[486] Gleiches gilt für

---

480 *Löffler*, in: Rattunde/Smid/Zeuner InsO, § 5 Rn. 15; *Rechel*, in: Rattunde/Smid/Zeuner InsO, § 58 Rn. 22.

481 *Ganter/Bruns*, in: MünchKomm InsO, § 5 Rn. 24; *Kramer*, in: BeckOK StaRUG, 3. Ed. 15.11.21, § 39 Rn. 27; *Rüther*, in: HambKomm InsO, § 5 Rn. 14; *Stephan*, in: K. Schmidt InsO, § 5 Rn. 9.

482 *Ganter/Bruns*, in: MünchKomm InsO, § 5 Rn. 24.

483 *Andres*, in: Andres/Leithaus InsO, § 5 Rn. 13; *Kramer*, in: BeckOK StaRUG, 3. Ed. 15.11.21, § 39 Rn. 27.

484 Für den Schuldner sowie den erweiterten Personenkreis des § 101 InsO folgt dies bereits aus § 97 InsO. Siehe auch *Pape*, in: Uhlenbruck InsO, § 5 Rn. 20.

485 BGHZ 109, 260, 270.

486 BGHZ 109, 260, 270; *Ganter/Bruns*, in: MünchKomm InsO, § 5 Rn. 28; *Madaus*, in: BeckOK InsR, 25. Ed. 15.10.21, InsO, § 5 Rn. 13.

den vorläufig „starken" Insolvenzverwalter und für den vorläufig „schwachen" Insolvenzverwalter, soweit dieser durch das Insolvenzgericht hierzu ermächtigt wurde.[487] Weder Sachverständige noch der (vorläufige) Sachwalter, der Restrukturierungsbeauftragte oder der Sanierungsmoderator sind zu einer entsprechenden Entbindung berechtigt, da sie keine Verfügungsbefugnis haben und eine Ermächtigung durch das Insolvenz- oder Restrukturierungsgericht einer Rechtsgrundlage entbehrt. Die Vernehmung von Zeugen ist ein Ermittlungsmittel, das ausschließlich durch das Gericht wahrgenommen werden kann. Es ist jedoch eine enge Zusammenarbeit von Gericht und Ermittler förderlich und wünschenswert.

Besonders geregelt ist für das Insolvenzgericht die Vernehmung des Schuldners sowie für den Fall, dass es sich bei der Schuldnerin um eine juristische Person handelt, und die Vernehmung der organschaftlichen Vertreter sowie der Angestellten der Schuldnerin in den §§ 20 Abs. 1 Satz 2, 97, 98 und 101 InsO. Die allgemeine Praxis hat gezeigt, dass die Durchsetzung der Pflichten des Schuldners, der organschaftlichen Vertreter sowie der Angestellten der Schuldnerin nur in Ausnahmefällen notwendig wird. In der Regel kann der Ermittler durch einfache Befragungen die erforderlichen Auskünfte erlangen. In schwierigeren Fällen wird jedoch eine ggf. zwangsweise Durchsetzung der Auskunfts- und Mitwirkungspflichten erforderlich. Hierbei handelt es sich ebenso wie bei den Rechten zur Einholung von Auskünften nach § 98 Abs. 1a InsO n.F. um Ermittlungsmittel, die ausschließlich dem Gericht zustehen. Auch hier wird jedoch deutlich, dass auf erster Stufe zunächst der Ermittler tätig werden soll. Erst bei Scheitern seiner Ermittlungen sollte in den Kernbereich gerichtlicher Ermittlungen eingetreten und Gebrauch von den Zwangsmitteln gemacht werden.

Möglich ist auch die Vernehmung von Gläubigern bzw. Planbetroffenen und Inhabern von Absonderungsanwartschaften sowie Inhabern von Anteils- und Mitgliedschaftsrechten als Partei im Sinne des § 4 Satz 1 InsO bzw. des § 38 Satz 1 StaRUG i.V.m. §§ 445 ff. ZPO.[488] Auch hier ist das Gericht nicht auf die Grundsätze des Strengbeweisverfahrens beschränkt.[489] Allerdings kann eine Partei des Verfahrens gem. § 4 Satz 1 InsO bzw. § 38 Satz 1 StaRUG

---

487 *Pape*, in: Uhlenbruck InsO, § 5 Rn. 20; *Rüther*, in: HambKomm InsO, § 5 Rn. 24; *Sternal*, in: HeidelbKomm InsO, § 5 Rn. 16.

488 *Ganter/Bruns*, in: MünchKomm InsO, § 5 Rn. 47; *Kramer*, in: BeckOK StaRUG, 3. Ed. 15.11.21, § 39 Rn. 31; *Pannen*, in: Pannen/Riedemann/Smid StaRUG, § 39 Rn. 36.

489 So auch: *Kramer*, in: BeckOK StaRUG, 3. Ed. 15.11.21, § 39 Rn. 20; *Pannen*, in: Pannen/Riedemann/Smid StaRUG, § 39 Rn. 11.

i.V.m. § 446 ZPO nicht zu einer Aussage gezwungen werden.[490] Es bietet sich auch hier eine Konsenslösung an, die durch den Ermittler herbeigeführt werden kann. Abschließend bietet sich auch für das Gericht die Möglichkeit der Inaugenscheinnahme. Hier können freibeweislich Umstände ermittelt werden. Die Möglichkeiten hierzu werden jedoch für das Gericht aufgrund der bereits geschilderten praktischen Hürden nur in geringerem Ausmaß als für den Ermittler bestehen.

2. *Ermittlungsmittel des Ermittlers*

Ermittlungsmittel, die in den Bereich der delegierten Ermittlungen fallen, sind vor allem die schon angesprochenen einfachen, d.h. zwanglosen Befragungen des Schuldners oder organschaftlicher Vertreter der Schuldnerin sowie von Auskunftswilligen. Diese Befragungen können durch den Ermittler ohne Weiteres durchgeführt werden, da sie auf der Freiwilligkeit des Befragten beruhen. Sobald jedoch Auskunftspflichten durchgesetzt werden müssen, handelt es sich um Ermittlungsmittel, die in den Kernbereich der gerichtlichen Ermittlungen fallen. Für die Effektivität der Ermittlungen ist es förderlich, nur dort, wo es keine andere Möglichkeit gibt, auf die zwangsweise Durchsetzung der Auskunfts- und Mitwirkungspflichten zu setzen. Der Ermittler ist gehalten, Befragungen so zu gestalten, dass die relevanten Informationen zwanglos erlangt werden. Dies trägt zu einem „positiven Insolvenz- oder Restrukturierungsklima“[491], aber auch zur Effektivität der Ermittlungen bei, da die gerichtliche Durchsetzung zeitaufwändiger ist.

Ebenfalls Ermittlungsmittel des Ermittlers ist das Betreten der schuldnerischen Geschäftsräumlichkeiten mit Einverständnis der Betroffenen. Hierüber können wichtige Informationen, vor allem im Rahmen eines laufenden Geschäftsbetriebs, erlangt werden. Dazu zählen beispielsweise: Art und Umfang der wirtschaftlichen Tätigkeit, Bestand und Beschaffenheit des Anlagevermögens oder die (grobe) Anzahl der Arbeitnehmer. Die allgemeine Praxis zeigt, dass hier in der Regel eine einvernehmliche Regelung zwischen Ermittler und Betroffenen gefunden wird, sodass die Anwendung von Zwang gar nicht erst erforderlich wird. Der vorläufige Insolvenzverwalter ist zum Betreten

---

490 OLG Düsseldorf, KTS 1966, 102, 103; LG Braunschweig MDR 1969, 674; *Ganter/Bruns*, in: MünchKomm InsO, § 5 Rn. 47; *Kramer*, in: BeckOK StaRUG, 3. Ed. 15.11.21, § 39 Rn. 31; *Madaus*, in: BeckOK InsR, 25. Ed. 15.10.21, InsO, § 5 Rn. 18; wohl auch OLG Düsseldorf KTS 1964, 245.

491 Vgl. zum Begriff des „positiven Insolvenzklimas“ *Rattunde*, ZIP 2003, 2103, 2108.

der schuldnerischen Geschäftsräumlichkeiten schon ausdrücklich gem. § 22 Abs. 3 Satz 1 InsO ermächtigt. Für den Insolvenzverwalter besteht keine Regelung *expressis verbis*. Zum Betreten der Räumlichkeiten des Schuldners ist der Insolvenzverwalter jedoch *a fortiori* ermächtigt, da ein vorläufiger Insolvenzverwalter nicht mehr Befugnisse haben kann als der endgültige Insolvenzverwalter.[492] Auch der Sachwalter ist gem. § 274 Abs. 2 Satz 3 InsO i.V.m. § 22 Abs. 3 Satz 1 InsO zum Betreten der Geschäftsräume des Schuldners berechtigt. Ein vergleichbares Recht des Restrukturierungsbeauftragten oder des Sanierungsmoderators zum Betreten der Wohnung oder der Geschäftsräume des Schuldners besteht nicht.[493] Der im Referentenentwurf enthaltene § 80 Abs. 6 Satz 1 StaRUG-RefE wurde gestrichen.[494] Der Gesetzgeber will nicht, dass ein Restrukturierungsbeauftragter vom Restrukturierungsgericht dazu ermächtigt wird, „die Geschäftsräume des Schuldners zu betreten und dort Nachforschungen anzustellen".[495] Auch der Sanierungsmoderator ist nicht zum Betreten der Räumlichkeiten des Schuldners berechtigt.[496] Auch der „einfache" Sachverständige kann nicht zum Betreten der Räumlichkeiten des Schuldners ermächtigt werden.[497]

Eng hiermit verknüpft sind die Sicherung und anschließende Sichtung von Geschäftsunterlagen durch den Ermittler. Auch hier sollte vorrangig eine einvernehmliche Lösung gefunden werden. Eine solche ist stets zulässig. Die Bedeutung der Sicherstellung der Geschäftsunterlagen, vor allem im Insolvenzverfahren, kann kaum unterschätzt werden. Es handelt sich hierbei um ein essenzielles Ermittlungsmittel des Ermittlers. Dem vorläufigen Insolvenzverwalter sowie dem Sachwalter ist gem. § 22 Abs. 3 Satz 2 InsO bzw. § 274 Abs. 2 Satz 3 InsO i.V.m. § 22 Abs. 3 Satz 2 InsO Einsicht in die Geschäftsunterlagen zu gewähren. Der Insolvenzverwalter ist gem. § 148 Abs. 1 InsO i.V.m. § 36 Abs. 2 Nr. 1, 1. Hs. InsO zur Inbesitznahme der Geschäftsunterlagen verpflichtet, im

---

492 Aus dem Erst-recht-Schluss herleitend: *Jaffé*, in: MünchKomm InsO, § 148 Rn. 67; siehe ebenso *Jarchow*, in: HambKomm InsO, § 148 Rn. 28; *Sinz*, in: Uhlenbruck InsO, § 148 Rn. 31.

493 *Blümle/Erbe*, in: Braun StaRUG, § 76 Rn. 30; *Flöther/Eckelt*, in: Flöther StaRUG, § 76 Rn. 48; *Pannen*, in: Pannen/Riedemann/Smid StaRUG, § 76 Rn. 36.

494 *Blümle/Erbe*, in: Braun StaRUG, § 76 Rn. 30; *Flöther/Eckelt*, in: Flöther StaRUG, § 76 Rn. 48; *Pannen*, in: Pannen/Riedemann/Smid StaRUG, § 76 Rn. 36.

495 BT-Drs. 19/24181, S. 175.

496 *Riedemann*, in: Pannen/Riedemann/Smid StaRUG, § 96 Rn. 10.

497 BGHZ 158, 212, 217 f.; zustimmend: *Ganter/Bruns*, in: MünchKomm InsO, § 5 Rn. 36; *Pape*, in: Uhlenbruck InsO, § 5 Rn. 15; a.A. *Wessel*, DZWIR 1999, 230, 232.

Umkehrschluss also auch berechtigt. Sowohl der Restrukturierungsbeauftragte als auch der Sanierungsmoderator sind gem. § 76 Abs. 5 StaRUG respektive § 96 Abs. 2 StaRUG zur Einsicht in die Geschäftsunterlagen berechtigt. Der Sachverständige kann wiederum nicht ermächtigt werden, Einsicht in die Geschäftsunterlagen zu nehmen, soweit der Schuldner ihm diese nicht freiwillig gewährt.[498]

Abschließend fällt unter die originären Ermittlungsmittel des Ermittlers die Einholung von Auskünften bei von ihm beauftragten Dienstleistern wie Detektiven oder Ermittlern für Sonderaktiva der Insolvenzmasse. Ebenso fällt hierunter die Abfrage der schuldnerischen Daten bei Auskunfteien wie der Creditreform oder der Schufa. Besonders relevant sind auch Auskunftsansprüche des Insolvenzverwalters gegen Sozialversicherungsträger oder Finanzämter. Zudem besteht für den Ermittler – mehr noch als für das Gericht – stets die Möglichkeit der Inaugenscheinnahme.

Zusammenfassend können die Ermittlungsmittel vor dem Hintergrund der Delegation der Ermittlungen auf den Ermittler und unter der Prämisse der Effektivität der Ermittlungen wie folgt kategorisiert werden:

Kategorien der Ermittlungsmittel		
Ermittlungsmittel im Kernbereich gerichtlicher Amtsermittlungen	**Ermittlungsmittel im Bereich zulässiger Delegation der Ermittlung**	**Originäre Ermittlungsmittel des Ermittlers**
- Der Ermittler - Zeugenvernehmung - (Zwangsweise) Einholung der Auskünfte im Sinne des § 98 Abs. 1a InsO n.F. - Parteivernehmung - Inaugenscheinnahme	- (einfache) Befragung des Schuldners bzw. der organschaftlichen Vertreter - (einfache) Befragung von Auskunftswilligen - Betreten der Räumlichkeiten des Schuldners - (Einfache) Sicherung und Sichtung der Geschäftsunterlagen	- Auskünfte der eingeschalteten Dienstleister - Abfrage von Auskunfteien - Einholung der im HR veröffentlichten Unterlagen - Einsicht des Bundesanzeigers - (Abgeleitete) Auskunftsansprüche (Art. 15 DSGVO etc.) - Inaugenscheinnahme

Abbildung 2: Kategorien der Ermittlungsmittel

Quelle: eigene Darstellung

498 Vgl. BGHZ 158, 212, 217 f.; *Ganter/Bruns*, in: MünchKomm InsO, § 5 Rn. 36; *Uhlenbruck*, in: FS Ganter, S. 381 ff.

III. Ermittlung und Beweis

In einem engen Zusammenhang zu den Ermittlungsmitteln stehen beweisrechtliche Fragen im Rahmen der Geltung des Amtsermittlungsgrundsatzes. Fragen der Beweislastverteilung, des erforderlichen Beweismaßes sowie des Verhältnisses von Haupt- und Gegenbeweis sind von einiger Bedeutung für das Verständnis des Amtsermittlungsgrundsatzes und für die Entscheidung der Gerichte. Von überragender Relevanz für die Ermittlungen und Entscheidungen des Gerichts und des Ermittlers ist jedoch die Frage, ob nach den Grundsätzen des Streng- oder Freibeweises zu verfahren ist.[499] Die Geltung des Freibeweises bedeutet dabei eine erhebliche Steigerung der Effektivität der Ermittlungen und trägt dadurch zu einer Beschleunigung der Verfahren bei. Die Betrachtungen sollen demnach zunächst die Frage der Geltung des Frei- oder Strengbeweises in Insolvenz- und Restrukturierungsverfahren beleuchten.

1. Uneingeschränkte Geltung des Freibeweises

Der Strengbeweis entspricht den Vorgaben des zivilprozessualen Erkenntnisverfahrens an ein förmliches Verfahren. Das Insolvenzverfahren unterscheidet sich jedoch grundlegend von einem zivilprozessualen Erkenntnisverfahren.[500] Für die ermittelnden Amtsrichter und Rechtspfleger bedeutet die Geltung der Grundsätze des Strengbeweises einen erheblichen Reibungsverlust im Rahmen der amtswegigen Ermittlungen. Ermittlungsmittel können so ohne die Beschränkungen des förmlichen Beweisverfahrens der ZPO eingesetzt werden.

Dabei kann auch nicht darauf verwiesen werden, dass auch im Zivilprozess der Freibeweis anwendbar ist. Im Zivilprozess ist die Anwendung des Freibeweises gem. § 284 Satz 2 ZPO nur bei Einverständnis der Parteien möglich. Würde das Insolvenzverfahren diesen engen Voraussetzungen unterliegen,

499 A.A. *Brehm*, Freiwillige Gerichtsbarkeit, S. 157, der die Bedeutung der Geltung des Freibeweises für überschätzt hält; vgl. ebenfalls *Kollhosser*, Zur Stellung und zum Begriff der Verfahrensbeteiligten im Erkenntnisverfahren der freiwilligen Gerichtsbarkeit, S. 184, der den Freibeweis für nicht geeignet hält, „richtige Beweisergebnisse" herbeizuführen. Im Rahmen des FamFG dürften entsprechende Bedenken jedoch durch den § 30 Abs. 3 FamFG ausgeräumt sein. Demnach ist ein förmliches Beweisverfahren durchzuführen, „wenn das Gericht seine Entscheidung maßgeblich auf die Feststellung dieser Tatsache stützen will und die Richtigkeit von einem Beteiligten ausdrücklich bestritten wird".

500 Vgl. nochmals die Ausführungen oben: § 1 B. I.

läge der Erfolg der Ermittlungen, der maßgeblich von der Nutzung des Freibeweises abhängt, in der Hand der Beteiligten. Bei einer für die Gerichte uneingeschränkten Möglichkeit der Nutzung des Freibeweises hingegen ist das Insolvenz- bzw. Restrukturierungsgericht nicht erst auf das Einverständnis der Beteiligten angewiesen. Somit würde ein höheres Maß an Unabhängigkeit und Effektivität der Ermittlungen gewährleistet.

a) Insolvenzverfahren

Aufgrund der abschließenden Aufzählung der Verfahren des FamFG in § 1 FamFG i.V.m. § 23a Abs. 2 GVG kann nicht auf eine Geltung des Freibeweises im Wege des § 29 Abs. 1 FamFG geschlossen werden. Die Vorschriften des FamFG sind ferner auch nicht über § 4 Satz 1 InsO anwendbar.[501]

Dennoch gilt im Insolvenzverfahren der Freibeweis.[502] Denn die grundsätzliche Geltung des Freibeweises folgt unmittelbar aus der Struktur des Insolvenzverfahrens als nichtstreitiges Verfahren der Rechtsfürsorge durch das Insolvenzgericht zum Zwecke der gleichmäßigen Gläubigerbefriedigung (§ 1 Satz 1 InsO) bzw. der Restschuldbefreiung des redlichen Schuldners (§ 1 Satz 2 InsO). Der Rechtsfürsorgecharakter gebietet von sich aus eine Geltung des Freibeweises.[503] Nur bei Geltung des Freibeweises ist das Gericht in die Lage versetzt, seine zweckgerichtete Aufgabe im Rahmen der Rechtsfürsorge effektiv wahrnehmen zu können.

---

501 BGH, Beschluss vom 18. Februar 2010 – IX ZB 252/09 –, juris; BGH, Beschluss vom 18. Februar 2010 – IX ZB 264/09 –, juris; *Prütting*, in: Kübler/Prütting/Bork InsO, 54. Lfg. 8.13, § 4 Rn. 4; differenzierend: *Ganter/Bruns*, in: MünchKomm InsO, § 4 Rn. 3; *Gerhardt*, in: Jaeger InsO, § 4 Rn. 2.

502 *Ahrens*, in: Ahrens/Gehrlein/Ringstmeier InsO, § 5 Rn. 26; *Baumert*, in: Braun InsO, § 5 Rn. 16; *Becker*, in: Nerlich/Römermann InsO, 38. Lfg. 1.19, § 5 Rn. 18; *Gerhardt*, in: Jaeger InsO, § 5 Rn. 13; *Häsemeyer*, Insolvenzrecht, S. 88, Rn. 6.06; *Kexel*, in: Graf-Schlicker InsO, § 5 Rn. 5; *Laumen/Vallender*, NZI 2016, 609, 610; *Madaus*, in: BeckOK InsR, 25. Ed. 15.10.21, InsO, § 5 Rn. 10; *Pape*, in: Uhlenbruck InsO, § 5 Rn. 21; *Prütting*, in: Kübler/Prütting/Bork InsO, 59. Lfg. 6.14, § 5 Rn. 47; *Schmerbach*, in: FrankfKomm InsO, § 5 Rn. 12; *Stephan*, in: K. Schmidt InsO, § 5 Rn. 6; *Sternal*, in: HeidelbKomm InsO, § 5 Rn. 8; *Wüstenberg*, Non liquet im Insolvenzverfahren, S. 51; a.A. *Ganter/Bruns*, in: MünchKomm InsO, § 5 Rn. 51; a.A. wohl auch: *Rüther*, in: HambKomm InsO, § 5 Rn. 14.

503 *Smid*, Rechtsprechung, S. 583; aus der Fürsorgetätigkeit des Staates leitet diese ebenfalls ab: *Rimmelspacher*, Prüfung von Amts wegen im Zivilprozess, S. 172 f.

Damit ist die Ansicht zu verwerfen, die eine Geltung des Strengbeweises aus § 4 Satz 1 InsO herleitet.[504] Die Anwendung der Regeln des Strengbeweises über § 4 Satz 1 InsO i.V.m. §§ 355 ff. ZPO verstößt gegen die Natur des Insolvenzverfahrens als Verfahren der Rechtsfürsorge[505], sodass sich eine Anwendung im Insolvenzverfahren verbietet.[506] Selbst dort, wo sich das Insolvenzgericht der Mittel des Strengbeweises bedient, ist es überzeugend, das Insolvenzgericht im Beweisverfahren nicht an die Grundsätze des Strengbeweises zu binden.[507] Denn die Bindung des Insolvenzgerichts an die Grundsätze des Strengbeweises im Beweisverfahren würde letztlich die Formstrenge einführen, die sich mit der Struktur des Insolvenzverfahrens nicht vereinbaren lässt. Sie hätte auch zur Konsequenz, dass es so mittelbar zu einer (vollständigen) Verdrängung des Freibeweises käme.[508]

Im Übrigen ist aber auch der Herleitung der Grundsätze des Freibeweises aus dem Amtsermittlungsgrundsatz selbst entgegenzutreten.[509] Nicht die Geltung des Amtsermittlungsgrundsatzes indiziert die Geltung der Grundsätze

---

504 So aber: *Ganter/Bruns*, in: MünchKomm InsO, § 5 Rn. 51; wohl auch: *Rüther*, in: HambKomm InsO, § 5 Rn. 14.

505 Ein solcher Verstoß gegen die Natur des Insolvenzverfahrens ist ausreichend, um eine entsprechende Anwendung der ZPO zu sperren, BGH, NJW 1961, 2016.

506 *Wüstenberg*, Non liquet im Insolvenzverfahren, S. 49, leitet dieses Ergebnis abweichend daraus ab, dass die InsO durch die Grundsätze des Amtsbetriebs und den Amtsermittlungsgrundsatz von den Regeln des Strengbeweises abweichende Prinzipien geschaffen habe.

507 So auch: *Ahrens*, in: Ahrens/Gehrlein/Ringstmeier InsO, § 5 Rn. 27; *Wüstenberg*, Non liquet im Insolvenzverfahren, S. 51; a.A. *Becker*, in: Nerlich/Römermann InsO, 38. Lfg. 1.19, § 5 Rn. 10; *Gerhardt*, in: Jaeger InsO, § 5 Rn. 13; *Sternal*, in: HeidelbKomm InsO, § 5 Rn. 16; ohnehin eine uneingeschränkte Geltung des Strengbeweises vertretend: *Ganter/Bruns*, in: MünchKomm InsO, § 5 Rn. 51; wohl auch: *Rüther*, in: HambKomm InsO, § 5 Rn. 14.

508 *Wüstenberg*, Non liquet im Insolvenzverfahren, S. 51.

509 So aber: *Ahrens*, in: Ahrens/Gehrlein/Ringstmeier InsO, § 5 Rn. 26; *Becker*, in: Nerlich/Römermann InsO, 38. Lfg. 1.19, § 5 Rn. 18; *Gerhardt*, in: Jaeger InsO, § 5 Rn. 13; *Häsemeyer*, Insolvenzrecht, S. 88, Rn. 6.06; *Kexel*, in: Graf-Schlicker InsO, § 5 Rn. 5; *Laumen/Vallender*, NZI 2016, 609, 610; wohl auch: *Prütting*, in: Kübler/Prütting/Bork InsO, 59. Lfg. 06.2014, § 5 Rn. 47; *Schmerbach*, in: FrankfKomm InsO, § 5 Rn. 12; *Stephan*, in: K. Schmidt InsO, § 5 Rn. 6; *Sternal*, in: HeidelbKomm InsO, § 5 Rn. 8; nur mit Verweis darauf, dass sich das Insolvenzgericht sämtlicher Beweismittel bedienen könne, ohne dass dies unmittelbar aus dem Amtsermittlungsgrundsatz hergeleitet wird: *Baumert*, in: Braun InsO, § 5 Rn. 16; *Madaus*, in: BeckOK InsR, 25. Ed. 15.10.21, InsO, § 5 Rn. 10; *Pape*, in: Uhlenbruck InsO, § 5 Rn. 21.

des Freibeweises. Vielmehr ist die Geltung des Amtsermittlungsgrundsatzes ebenso wie die Geltung der Grundsätze des Freibeweises Ausfluss der Struktur des Insolvenzverfahrens selbst.[510] Zudem bedeutet die Geltung des Amtsermittlungsgrundsatzes nur, dass das Gericht von Amts wegen die für den Prozess relevanten Tatsachen ermittelt.[511] Damit ist noch nichts zu dem Beweisverfahren selbst gesagt.[512] Eine Ableitung der Grundsätze des Freibeweises aus dem Amtsermittlungsgrundsatz selbst überdehnt damit seinen Aussagegehalt.

Aus der Geltung des Freibeweises folgt zudem keine Herabsetzung der sonstigen Anforderungen des Beweisrechts.[513] Etwa die Beweisbedürftigkeit oder das Beweismaß werden durch die Geltung des Freibeweises nicht beeinflusst.[514] Insofern folgt aus der Geltung des Freibeweises auch keine „mindere Qualität" des Beweises.

Rekapitulierend kann also festgehalten werden: Im (eröffneten)[515] Insolvenzverfahren gilt beweisverfahrensrechtlich der Grundsatz des Freibeweis. Dies lässt sich *ausschließlich* aus der Struktur des Insolvenzverfahrens selbst ableiten.

b) Restrukturierungsverfahren

Das Restrukturierungsverfahren ist ein nichtstreitiges Verfahren der rechtsfürsorgerischen Aufsicht des Restrukturierungsgerichts zum Zweck der Sanierung des Schuldners und der Befriedigung der Gläubiger. Im Restrukturierungsverfahren gilt deshalb grundsätzlich der Freibeweis.[516] Dies leitet sich ebenfalls

---

510 Siehe nochmals: *Smid*, Rechtsprechung, S. 583; aus der Fürsorgetätigkeit des Staates leitet diese ebenfalls ab: *Rimmelspacher*, Prüfung von Amts wegen im Zivilprozess, S. 172 f.

511 S. oben: A. I. 2.

512 *Wüstenberg*, Non liquet im Insolvenzverfahren, S. 50.

513 *Thole*, in: Stein/Jonas ZPO, § 284 Rn. 26.

514 BGH, NJW 1997, 3319; BGH, NJW 2008, 1531, 1533.

515 Wir hatten bereits festgestellt, dass das Eröffnungsverfahren ein quasi-streitiges Verfahren ist. Zwar gilt der Amtsermittlungsgrundsatz. Aus diesem lässt sich jedoch nicht unmittelbar die Geltung der Grundsätze des Freibeweises herleiten. *Wüstenberg*, Non liquet im Insolvenzverfahren, S. 52, 76 ff., hat indes bereits aufgezeigt, dass sodann nur eine Glaubhaftmachung erforderlich ist, die die Anwendung der Grundätze des Strengbeweises suspendiert. Insgesamt kann von einer umfassenden Geltung der Grundsätze des Freibeweises in Insolvenzverfahren gesprochen werden, vgl. *Laumen/Vallender*, NZI 2016, 609, 610; *Wüstenberg*, Non liquet im Insolvenzverfahren, S. 52, 76 ff.

516 So auch: *Kramer*, in: BeckOK StaRUG, 3. Ed. 15.11.21, § 39 Rn. 20; *Pannen*, in: Pannen/Riedemann/Smid StaRUG, § 39 Rn. 11.

unmittelbar aus dessen Struktur ab.[517] Wie schon zu dem Insolvenzverfahren oben ausgeführt, würde die Anwendung des förmlichen Beweisverfahrens gegen die Struktur des Restrukturierungsverfahrens verstoßen und auch hier zu einer Verdrängung des Freibeweises führen. Dies gilt umso mehr vor dem Hintergrund, dass es sich bei dem Restrukturierungsverfahren um ein Verfahren der besonderen Eilbedürftigkeit handelt.[518] Eine Anwendung des förmlichen Beweisverfahrens des Strengbeweises würde also auch diesem Charakter des Restrukturierungsverfahrens zuwiderlaufen.

2. Beweislast im Kontext des Amtsermittlungsgrundsatzes

Die Struktur der Insolvenz- und Restrukturierungsverfahren ist demnach für die Geltung des Freibeweises von entscheidender Bedeutung. Fragen der Beweislast in Insolvenz- und Restrukturierungsverfahren hingegen determiniert der jeweilige Grundsatz der Sachverhaltsrekonstruierung selbst. Im Kontext des Beibringungsgrundsatzes des Zivilprozesses sind Fragen der Beweislast

517 Dazu bereits oben: § 1 B. I.; a.A. *Pannen*, in: Pannen/Riedemann/Smid StaRUG, § 39 Rn. 11 f., der dies aus §§ 29, 30 FamFG herleitet. Dies ist jedoch m.E. nicht überzeugend, da eine entsprechende Anwendung des FamFG in § 38 Satz 1 StaRUG nicht vorgesehen ist. Für den Verweis in § 4 Satz 1 InsO entspricht es insofern der ganz h.M., einen Rückgriff auf die Regelungen des FamFG auszuschließen (vgl. BGH, Beschluss vom 18. Februar 2010 - IX ZB 252/09 –, juris; BGH, Beschluss vom 18. Februar 2010 - IX ZB 264/09 –, juris; *Prütting*, in: Kübler/Prütting/Bork InsO, 54. Lfg. 8.13, § 4 Rn. 4; differenzierend: *Ganter/Bruns*, in: MünchKomm InsO, § 4 Rn. 3; *Gerhardt*, in: Jaeger InsO, § 4 Rn. 2). Zudem ist ein Rückgriff auf die §§ 29, 30 FamFG auch nicht erforderlich, da sich die Geltung des Freibeweises bereits unmittelbar aus der Struktur des Restrukturierungsverfahrens ergibt, siehe oben. Wiederum a.A. auch *Kramer*, in: BeckOK StaRUG, 3. Ed. 15.11.21, § 39 Rn. 20, der die Geltung des Freibeweises aus § 38 S. 1 StaRUG i.V.m. § 284 Satz 2 ZPO herleitet. Auch dies vermag jedoch m.E. nicht zu überzeugen, da § 284 Satz 2 ZPO voraussetzt, dass die Parteien dem Freibeweisverfahren zustimmen. Damit würde die Geltung des Freibeweises aber im Restrukturierungsverfahren von einer Zustimmung der Beteiligten abhängen. Unklar ist insoweit schon, wer als Beteiligter in diesem Sinne gelten muss. Darüber hinaus würde ein Zustimmungserfordernis zu einer Einschränkung der Effektivität der Ermittlungen des Restrukturierungsgerichts führen und damit die Verwirklichung der Zwecke des Restrukturierungsverfahrens gefährden. Im Übrigen lässt sich die Geltung des Freibeweises (nur) aus der Struktur des Verfahrens herleiten.

518 BT-Drs. 19/24181, S. 131, 134, 198.

eingehend untersucht.[519] Die dortigen Erkenntnisse können jedoch auch für den vorliegenden Untersuchungsgegenstand fruchtbar gemacht werden.

An diese Erkenntnisse anknüpfend hat sich gezeigt, dass bereits die Bezeichnung „die Beweislast“ ungenau ist.[520] Stattdessen sollte zwischen der objektiven Beweislast (auch Feststellungslast) und der subjektiven Beweislast (auch Beweisführungslast) grundlegend unterschieden werden.[521] Die objektive Beweislast dient demnach der Entscheidung, zu welchen Lasten eine Entscheidung ergeht, wenn weder die Wahrheit noch die Unwahrheit einer entscheidungserheblichen Tatsache[522] erwiesen ist (sog. *non liquet*[523]).[524] Die subjektive Beweislast hingegen betrifft die Frage, wem die Führung des Beweises für bestrittene Tatsachen im Verfahren obliegt.[525] Davon wiederum zu unterscheiden ist die Behauptungslast. Diese ist den Fragen der Beweislast vorgeschaltet und betrifft die Frage, welche konkreten Tatsachen durch eine Partei behauptet werden müssen, um eine abstrakte Rechtsfolge zu erhalten.[526]

Sind die grundlegenden Begrifflichkeiten geklärt, stellt sich die Frage, ob und inwieweit Fragen der Beweis- und Behauptungslast in Insolvenz- und Restrukturierungsverfahren im Kontext des Amtsermittlungsgrundsatzes überhaupt eine Rolle spielen. Mitunter wird vertreten, dass sich jegliche Fragen der Beweis- oder Behauptungslast in Verfahren, in denen der Amtsermittlungsgrundsatz gilt, erübrigen.[527] Es bietet sich jedoch eine differenzierte Betrachtungsweise an: Statt eines pauschalen Ausschlusses der Relevanz von Fragen der Beweis- oder Behauptungslast in Insolvenz- und Restrukturierungsverfahren muss zwischen der objektiven und subjektiven Beweislast sowie der Behauptungslast unterschieden werden:

---

519 Grundlegend vor allem: *Musielak*, Grundlagen der Beweislast; *Prütting*, Gegenwartsprobleme der Beweislast.

520 *Musielak*, Grundlagen der Beweislast; *Prütting*, Gegenwartsprobleme der Beweislast.

521 *Musielak*, Grundlagen der Beweislast, S. 32 ff., 50; daran anknüpfend *Prütting*, Gegenwartsprobleme der Beweislast, S. 5.

522 Zu dem Tatsachenbegriff bereits oben: § 2 A. I.

523 Speziell hierzu im Insolvenzverfahren: *Wüstenberg*, Non liquet im Insolvenzverfahren.

524 *Bacher*, in: BeckOK ZPO, 42. Ed. 01.09.21, § 284 Rn. 64; *Prütting*, in: MünchKomm ZPO, § 286 Rn. 103.

525 *Bacher*, in: BeckOK ZPO, 42. Ed. 01.09.21, § 284 Rn. 65; *Foerste*, in: Musielak/Voit ZPO, § 286 Rn. 33; *Prütting*, in: MünchKomm ZPO, § 286 Rn. 101.

526 *Prütting*, Gegenwartsprobleme der Beweislast, S. 44 ff.; *ders.*, in: MünchKomm ZPO, § 286 Rn. 137.

527 So für die freiwillige Gerichtsbarkeit: *Bärmann*, AcP 154 (1955), 373, 400.

a) *Objektive Beweislast*

Fragen der objektiven Beweislast stellen sich auch in Verfahren, in denen der Amtsermittlungsgrundsatz gilt,[528] also auch in Insolvenz- und Restrukturierungsverfahren. Auch im Rahmen dieser Verfahren kann die Möglichkeit eines *non liquet* bestehen bleiben, sodass es Regeln einer objektiven Beweislast bedarf.[529] So kann im Insolvenzverfahren ein *non liquet* hinsichtlich des Eröffnungsgrundes im Sinne der §§ 16 ff. InsO vorliegen.[530] Die Regeln der objektiven Beweislast bestimmen sodann, wie das Insolvenzgericht über den Antrag zu entscheiden hat. Zweifel gehen insoweit zulasten des Antragstellers.[531] Gleiches gilt für Restrukturierungsverfahren. Hier kann ein *non liquet* z.B. im Rahmen des Antrags auf Stabilisierungsanordnung gem. § 49 Abs. 1 StaRUG dergestalt vorliegen, dass nicht erwiesen ist, ob die Stabilisierungsanordnung zur Wahrung der Aussichten auf die Verwirklichung des Restrukturierungsziels erforderlich ist. Regeln der objektiven Beweislast sind also auch in Verfahren, in denen der Sachverhalt von Amts wegen ermittelt wird, erforderlich, um ein *non liquet* aufzulösen.

b) *Subjektive Beweislast*

Hingegen ist in Insolvenz- und Restrukturierungsverfahren eine subjektive Beweislast grundsätzlich ausgeschlossen.[532] Selbst wenn man (richtigerweise) davon ausgeht, dass auch in diesen Verfahren die Beteiligten versuchen werden, die Sachverhaltsaufklärung in ihrem Sinne zu fördern, folgt hieraus keine echte *Last* der Beteiligten.[533] Der Begriff würde überdehnt, denn an das Untätigbleiben knüpfen sich nicht zwangsläufig negative Folgen für den Beteiligten, da ja das jeweilige Insolvenz- oder Restrukturierungsgericht weiterhin zur

---

528 *Prütting*, Gegenwartsprobleme der Beweislast, S. 40.

529 *Prütting*, Gegenwartsprobleme der Beweislast, S. 40; zur InsO insbesondere: *Wüstenberg*, Non liquet im Insolvenzverfahren, S. 74 ff.

530 LG Kassel, ZInsO 2015, 2591; AG Ludwigshafen, NZI 2016, 917, 918; *Mock*, in: Uhlenbruck InsO, § 16 Rn. 18; *Müller*, in: Jaeger InsO, § 16 Rn. 15; *Schröder*, in: HambKomm InsO, § 16 Rn. 18; *Vuia*, in: MünchKomm InsO, § 16 Rn. 40.

531 LG Kassel, ZInsO 2015, 2591; AG Ludwigshafen, NZI 2016, 917, 918; *Mock*, in: Uhlenbruck InsO, § 16 Rn. 18; *Müller*, in: Jaeger InsO, § 16 Rn. 15; *Schröder*, in: HambKomm InsO, § 16 Rn. 18; *Vuia*, in: MünchKomm InsO, § 16 Rn. 40.

532 *Ganter/Bruns*, in: MünchKomm InsO, § 5 Rn. 54; *Laumen/Vallender*, NZI 2016, 609, 612; *Sternal*, in: HeidelbKomm InsO, § 5 Rn. 18.

533 *Prütting*, Gegenwartsprobleme der Beweislast, S. 25; a.A. *Musielak*, Grundlagen der Beweislast, S. 38 f.; so auch: *Wüstenberg*, Non liquet im Insolvenzverfahren, S. 41.

Ermittlung des Sachverhalts verpflichtet bleibt.[534] In der Konsequenz bleibt es bei einer Entscheidung nach der objektiven Beweislast.[535]

Lediglich im Zulassungsverfahren, in dem noch kein Amtsermittlungsgrundsatz gilt,[536] kann von einer subjektiven Beweislast gesprochen werden.[537] Hier ist das Insolvenzgericht nicht zu amtswegigen Ermittlungen verpflichtet, sodass den Antragsteller eine subjektive Beweislast hinsichtlich der Führung des Beweises obliegen kann.[538] Ein mit der InsO vergleichbares Zulassungsverfahren besteht in Restrukturierungsverfahren nach dem StaRUG nicht.[539] Der Amtsermittlungsgrundsatz gem. § 39 Abs. 1 StaRUG gilt mit Beginn des gerichtlichen Verfahrens.[540] Beginn des gerichtlichen Verfahrens ist der Eingang der Restrukturierungsanzeige im Sinne des § 31 StaRUG, durch die die Restrukturierungssache ohne weitere Prüfungen unmittelbar rechtshängig wird.[541] Insofern gilt im gesamten Restrukturierungsverfahren der Amtsermittlungsgrundsatz, ohne dass es ein vorgeschaltetes Zulassungsverfahren analog der InsO gäbe. Eine subjektive Beweislast ist im StaRUG damit insgesamt ausgeschlossen.

3. *Beweismaß im Kontext des Amtsermittlungsgrundsatzes*

Von äußerster Relevanz im Kontext der objektiven Beweislast ist der Grad der richterlichen Überzeugung von der Wahrheit einer Tatsache.[542] Dabei handelt es sich um Fragen des Beweismaßes, die von den Fragen der Beweiswürdigung

---

534 So für Verfahren, in denen der Untersuchungsgrundsatz gilt: *Prütting*, Gegenwartsprobleme der Beweislast, S. 25.

535 *Prütting*, Gegenwartsprobleme der Beweislast, S. 25.

536 BGHZ 153, 205, 207; BGH, NZI 2012, 151, 152; AG Dresden, ZIP 2002, 862.

537 *Laumen/Vallender*, NZI 2016, 609, 612.

538 *Laumen/Vallender*, NZI 2016, 609, 612.

539 *Kramer*, in: BeckOK StaRUG, 3. Ed. 15.11.21, § 39 Rn. 9, 9.1; vgl. auch BT-Drs. 19/24181, S. 93.

540 *Kramer*, in: BeckOK StaRUG, 3. Ed. 15.11.21, § 39 Rn. 9; a.A., offenbar de lege ferenda: *Deppenkemper*, ZIP 2020, 2432, 2437.

541 *Kramer*, in: BeckOK StaRUG, 3. Ed. 15.11.21, § 39 Rn. 9; *Pannen*, in: Pannen/Riedemann/Smid StaRUG, § 31 Rn. 17; vgl. auch BT-Drs. 19/24181, S. 93.

542 Die Wahrheit einer Tatsache ist seit der sog. Anastasia-Entscheidung des BGH (BGHZ 53, 245, 256) als Anknüpfungspunkt des Beweismaßes verwandt worden. Obschon weiterhin Uneinigkeit darüber besteht, ob der Anknüpfungspunkt nicht stattdessen ein vorab gesetzgeberisch definierter Grad an Wahrscheinlichkeit sein sollte, vgl. zum Ganzen: *Foerste*, in: Musielak/Voit ZPO, § 286 Rn. 17; *Prütting*, in: MünchKomm ZPO, § 286 Rn. 32 ff.

zu unterscheiden sind.[543] Die Beweiswürdigung betrifft die Frage, ob ein Beweis im konkreten Einzelfall geführt wurde. Das Beweismaß betrifft die Frage, wann ein Beweis erbracht wurde.[544] Innerhalb des Beweismaßes lassen sich sodann zwei Obergruppen unterscheiden: der Vollbeweis des § 286 Abs. 1 Satz 1 ZPO als Regelbeweismaß und die Glaubhaftmachung im Sinne des § 294 ZPO.[545]

Im Rahmen des Vollbeweises gem. § 286 Abs. 1 Satz 1 ZPO kann dennoch keine Gewissheit gefordert werden, da eine solche unerreichbar ist.[546] „Vielmehr darf und muss sich der Richter in tatsächlich zweifelhaften Fällen mit einem für das praktische Leben brauchbaren Grad von Gewissheit begnügen, der den Zweifeln Schweigen gebietet, ohne sie völlig auszuschließen.“[547] Diese Grundsätze gelten genauso auch in Verfahren, in denen der Amtsermittlungsgrundsatz zugrunde liegt.[548]

Für die Glaubhaftmachung im Sinne des § 294 ZPO reicht ein von diesem Grundsatz abweichendes geringeres Maß an Überzeugung aus.[549] Eine behauptete Tatsache ist bereits dann glaubhaft gemacht, wenn ihr Vorliegen überwiegend wahrscheinlich ist.[550] In dem Insolvenzverfahren hat die Glaubhaftmachung eine herausragende Bedeutung aufgrund der häufigen Anwendung in der InsO.[551] Vor allem im Rahmen des Insolvenzeröffnungsverfahrens ist der Antrag eines Gläubigers gem. § 14 Abs. 1 Satz 1 InsO nur zulässig, wenn dieser seine Forderung und einen Insolvenzgrund glaubhaft macht. Auch im StaRUG wird an mehreren Stellen die Glaubhaftmachung bestimmter Umstände gefordert.[552]

---

543 Dazu: *Prütting*, Gegenwartsprobleme der Beweislast, S. 58 ff.; *Prütting*, in: MünchKomm ZPO, § 286 Rn. 28.

544 *Laumen*, in: Prütting/Gehrlein ZPO, § 286 Rn. 4, 23.

545 *Prütting*, in: MünchKomm. ZPO, § 286 Rn. 36.

546 BGH, NJW 1998, 2969, 2971.

547 St. Rspr. des BGH: BGHZ 53, 245, 256; zuletzt BGH, NJW 2019, 3147, 3149 f.

548 So: BGH, NJW 1987, 2296; BGH, NJW 1990, 2312, 2313.

549 BGH, NJW-RR 2011, 136, 137; *Laumen*, in: Prütting/Gehrlein ZPO, § 294 Rn. 2.

550 BVerfGE 38, 35, 39; BGH, BeckRS 1976, 30396402; BGHZ 156, 139, 141 f.; BGH, NJW-RR 2017, 308, 309; vgl. auch: *Bacher*, in: BeckOK ZPO, 42. Ed. 01.09.21, § 294 Rn. 3; *Huber*, in: Musielak/Voit ZPO, § 294 Rn. 3; *Prütting*, in: MünchKomm ZPO, § 294 Rn. 24.

551 *Laumen/Vallender*, NZI 2016, 609, 611; *Wüstenberg*, Non liquet im Insolvenzverfahren, S. 45 mit Verweis auf die Aufzählung auf S. 34, Fn. 64.

552 Die Glaubhaftmachung wird gefordert in: §§ 59 Abs. 2, 64 Abs. 2, 71 Abs. 3, 75 Abs. 2 Satz 3, 2. Hs. StaRUG.

Sie wirkt sich im Übrigen zudem auf das Beweisverfahren aus.[553] Zum einen können gem. § 294 Abs. 2 ZPO nur präsente Beweismittel herangezogen werden.[554] Zum anderen gilt aus der Glaubhaftmachung heraus bereits der Freibeweis.[555] Letzteres ist jedoch in Insolvenz- und Restrukturierungsverfahren weniger bedeutsam als im Zivilprozess, da in Insolvenz- und Restrukturierungsverfahren ohnehin der Grundsatz des Freibeweises aus der Struktur der Verfahren gilt.

4. Haupt- und Gegenbeweis im Kontext des Amtsermittlungsgrundsatzes

Die objektive Beweislast sowie das Beweismaß sind demnach von besonderer Bedeutung auch in der Praxis der Insolvenz- und Restrukturierungsverfahren. Von weniger praktischer Relevanz[556] ist hingegen die Unterscheidung zwischen Haupt- und Gegenbeweis, sodass an dieser Stelle nur zum Zweck der Klärung der Begrifflichkeit darauf einzugehen ist.

Der Hauptbeweis ist der Beweis von Tatsachen, die den Tatbestandsvoraussetzungen einer Rechtsnorm zugrunde liegen, durch die beweisbelastete Partei.[557] Der Gegenbeweis ist der Beweis der nicht beweisbelasteten Partei, der den Beweis der Tatsachen durch die beweisbelastete Partei in Zweifel ziehen soll.[558] Zu unterscheiden ist hiervon zuletzt noch der sog. Beweis des Gegenteils, vgl. § 291 Satz 1 ZPO. Dieser ist eine Unterform des Hauptbeweises.[559] Mit ihm

553 *Laumen/Vallender*, NZI 2016, 609, 611; *Wüstenberg*, Non liquet im Insolvenzverfahren, S. 45.

554 BGHZ 156, 139, 141; *Laumen*, in: Handbuch der Beweislast, Bd. 1, Kap. 2 Rn. 17; *Prütting*, in: MünchKomm ZPO, § 294 Rn. 22.

555 BGHZ 156, 139, 141; *Bacher*, in: BeckOK ZPO, 42. Ed. 01.09.21, § 294 Rn. 7; *Laumen*, in: Prütting/Gehrlein ZPO, § 294 Rn. 3; *Laumen/Vallender*, NZI 2016, 609, 611.

556 Auch an der grundsätzlichen Unterscheidung kann hinsichtlich der Bedeutung für Fragen der Beweislast gezweifelt werden, vgl. nur *Prütting*, Gegenwartsprobleme der Beweislast, S. 13.

557 *Bacher*, in: BeckOK ZPO, 42. Ed. 01.09.21, § 284 Rn. 66; *Foerste*, in: Musielak/Voit ZPO, § 286 Rn. 6; *Laumen*, in: Prütting/Gehrlein ZPO, § 284 Rn. 13; *Prütting*, in: MünchKomm ZPO, § 284 Rn. 20; *Thole*, in: Stein/Jonas ZPO, § 284 Rn. 4.

558 *Bacher*, in: BeckOK ZPO, 42. Ed. 01.09.21, § 284 Rn. 66; *Foerste*, in: Musielak/Voit ZPO, § 286 Rn. 6; *Laumen*, in: Prütting/Gehrlein ZPO, § 284 Rn. 14; *Prütting*, in: MünchKomm ZPO, § 284 Rn. 21; *Thole*, in: Stein/Jonas ZPO, § 284 Rn. 6.

559 BAG, ZIP 1998, 1809, 1810; *Thole*, in: Stein/Jonas ZPO, § 284 Rn. 5.

können gesetzliche Vermutungen, Beweisregeln und öffentliche Urkunden im Sinne der §§ 415 ff. ZPO widerlegt werden.[560]

Dies kann im Rahmen der InsO vor allem im Bereich gesetzlicher Vermutungen relevant werden. Nicht abschließend seien in diesem Kontext die gesetzlichen Vermutungen aus §§ 17 Abs. 2, 81 Abs. 3 Satz 1, 125 Abs. 1 Satz 1 Nr. 1 und 133 Abs. 3 InsO genannt. Ebenso stellen sich Fragen der Glaubhaftmachung und Gegenglaubhaftmachung im Rahmen des § 14 InsO.[561]

Im Rahmen der gesetzlichen Vermutungen des Anfechtungsrechts nach den §§ 129 ff. InsO sind keine beweisrechtlichen Besonderheiten aus dem Amtsermittlungsgrundsatz festzustellen. Werden die Anfechtungsansprüche gerichtlich durch den Insolvenzverwalter geltend gemacht, gilt der Beibringungsgrundsatz, da es sich um Leistungsklagen vor den ordentlichen Zivilgerichten handelt. Das Insolvenzgericht darf auch nicht aus dem Amtsermittlungsgrundsatz heraus Ermittlungen hinsichtlich der Anfechtungstatbestände anstellen[562], sodass auch insofern der Beweis des Gegenteils im Rahmen von gesetzlichen Vermutungen nicht durch Amtsermittlungen beeinflusst wird. Im StaRUG sind insgesamt nur wenige gesetzliche Vermutungen normiert. Insbesondere enthält § 35 Satz 2 StaRUG keine gesetzliche Vermutung hinsichtlich der örtlichen Zuständigkeit des Restrukturierungsgerichts.[563] Eine unwiderlegliche Vermutung, die nicht mit dem Beweis des Gegenteils angegriffen werden kann, ist in § 59 Abs. 1 Nr. 4 lit. b) StaRUG normiert.[564] Um eine gesetzliche Vermutung, die dem Beweis des Gegenteils zugänglich ist, handelt es sich allerdings z.B. bei § 33 Abs. 2 Satz 1 Nr. 4 StaRUG.[565]

---

560 *Bacher*, in: BeckOK ZPO, 42. Ed. 01.09.21, § 284 Rn. 67; *Foerste*, in: Musielak/Voit ZPO, § 286 Rn. 6; *Laumen*, in: Prütting/Gehrlein ZPO, § 284 Rn. 15; *Prütting*, in: MünchKomm ZPO, § 284 Rn. 22.

561 *Wüstenberg*, Non liquet im Insolvenzverfahren, S. 77 ff.

562 S. ausführlich unten: § 3 A. II.; *Pape*, in: Uhlenbruck InsO, § 5 Rn. 22; a.A. LG Hamburg, ZIP 1988, 590, 591: In dem zugrundeliegenden Fall wurden Mitarbeiter einer Bank, die möglicherweise Anfechtungsgegnerin sein konnte, hinsichtlich der Frage, wann und in welchem Umfang Sicherheiten durch die Konkursschuldnerin gewährt wurden, durch das Konkursgericht befragt. Das Konkursgericht sah auch eine entsprechende auf die Ermittlung von etwaigen Anfechtungsansprüchen gerichtete Befragung als zulässig an. In diesem Sinne hatte auch bereits das LG Hildesheim, ZIP 1983, 598, entschieden.

563 *Kramer*, in: BeckOK StaRUG, 3. Ed. 15.11.21, § 35 Rn. 18.

564 BT-Drs. 19/24181, S. 160.

565 BT-Drs. 19/24181, S. 140.

IV. Grenzen der Ermittlung

Ihren Abschluss finden die vorstehenden Betrachtungen zu den Ermittlungen in der Beleuchtung der Grenzen der Ermittlungen. Gemeint sind dabei nicht die verfahrensinternen Grenzen der Ermittlungen. Diese werden durch den Wortlaut von § 5 Abs. 1 Satz 1 InsO und § 39 Abs. 1 Satz 1 StaRUG vorgegeben. Die verfahrensinterne Grenze für Ermittlungen verläuft demnach anhand der Bedeutsamkeit eines Umstands für das Verfahren.[566] Im Folgenden soll im Gegensatz hierzu auf die verfahrensexternen Grenzen der Ermittlungen eingegangen werden. Diese Grenzen sind vor allem Ausfluss des Verhältnismäßigkeitsgrundsatzes und des Grundsatzes der Waffengleichheit.

1. Verhältnismäßigkeitsgrundsatz

Der Verhältnismäßigkeitsgrundsatz leitet sich unmittelbar aus dem Rechtsstaatsprinzip aus Art. 20 Abs. 3 GG bzw. aus den Grundrechten selbst ab[567] und ist durch Art. 1 Abs. 3 GG auch für Insolvenz- und Restrukturierungsgerichte bindend. Maßnahmen und Entscheidungen der Insolvenz- und Restrukturierungsgerichte müssen zur Verfolgung eines legitimen Zwecks geeignet, erforderlich und angemessen sein.[568]

Auf die Amtsermittlungen des Gerichts wirkt sich dies etwa bei den besonders eingriffsintensiven Maßnahmen des § 98 InsO aus. So muss die eidesstattliche Versicherung gem. § 98 Abs. 1 Satz 1 InsO zur Herbeiführung wahrheitsgemäßer Aussagen erforderlich erscheinen. Der Verhältnismäßigkeitsgrundsatz ist aufgrund des Eingriffs in Art. 2 Abs. 2 Satz 2 GG insbesondere bei der zwangsweisen Vorführung bzw. Inhaftierung des Schuldners oder eines (ehemaligen) organschaftlichen Vertreters gem. § 98 Abs. 2 InsO respektive § 101 Abs. 1 i.V.m. § 98 Abs. 2 InsO zu beachten.[569]

Auch im Übrigen haben Insolvenz- und Restrukturierungsgerichte im Rahmen ihrer Ermittlungen den Grundsatz der Verhältnismäßigkeit zu beachten.[570] Dabei sind stets die betroffenen Grundrechte der Beteiligten, namentlich

---

566 S. oben: § 2 A. II.

567 BVerfGE 19, 342, 348 f.; BVerfGE 61, 126, 134; BVerfGE 108, 129, 136; BVerfGE 111, 54, 82; BVerfGE 113, 154, 162.

568 Vgl. zu der drei- bzw. vierstufigen Prüfungsstruktur des Verhältnismäßigkeitsgrundsatzes etwa BVerfGE 61, 126, 134; BVerfGE 80, 137, 158 ff.

569 BGHZ 162, 187, 194; BGH, NZI 2004, 86; siehe auch *Kramer*, in: BeckOK InsR, 25. Ed. 15.10.21, InsO, § 98 Rn. 31; *Rüther*, in: HambKomm InsO, § 5 Rn. 28.

570 *Ahrens*, in: Ahrens/Gehrlein/Ringstmeier InsO, § 5 Rn. 12; *Beth*, NZI 2014, 487, 491.

vor allem Art. 14 Abs. 1 GG zugunsten von Schuldner und Gläubigern sowie auch Art. 2 Abs. 1 i.V.m. Art. 1 Abs. 1 GG in Form des Allgemeinen Persönlichkeitsrechts, gegeneinander abzuwägen und in ihrer Geltung in Ausgleich zu bringen (praktische Konkordanz).[571]

2. Grundsatz der prozessualen Waffengleichheit

Verfahrensextern begrenzt auch der Grundsatz der prozessualen Waffengleichheit die Amtsermittlungen des Gerichts. Inhalt dieses Grundsatzes, der sich aus Art. 20 Abs. 3 GG i.V.m. Art. 3 Abs. 1 GG herleitet[572], ist die prozessuale Gleichwertigkeit der Verfahrensbeteiligten vor dem Richter.[573] Für Insolvenz- und Restrukturierungsgerichte bedeutet dies, dass sie nicht einseitig ermitteln dürfen.[574] Die Ermittlungen von Amts wegen determinieren die „Richtung" des Verfahrens. Den Insolvenz- und Restrukturierungsgerichten kommt die Macht zu, durch ihre Ermittlungen in die eine oder andere Richtung das Verfahren zu lenken. Diese Macht findet ihre Grenzen auch in dem Grundsatz der Waffengleichheit.

In concreto bedeutet dies etwa, dass das Insolvenzgericht nicht bereits von Amts wegen Voraussetzungen für einen Anfechtungsanspruch nach den §§ 129 ff. InsO ermittelt, um eine Geltendmachung durch den Insolvenzverwalter zu ermöglichen.[575]

Das Restrukturierungsgericht hat, ohne eine Veranlassung hierzu, nicht von Amts wegen Straf- oder Aufhebungstatbestände zu ermitteln.[576] Ausdruck des Grundsatzes der Waffengleichheit im Kontext der Amtsermittlungen ist, dass das „scharfe Schwert" der amtswegigen Ermittlungen nicht einseitig gegen den einen oder anderen Beteiligten gerichtet wird. Stattdessen dienen Amtsermittlungen allein der objektiven Verfolgung der Zwecke von Insolvenz- und Restrukturierungsverfahren.[577]

---

571 Zur praktischen Konkordanz: BVerfGE 129, 78, 102.

572 BVerfGE 52, 131, 144; BVerfG, NJW 2021, 2020, 2022; BVerfG, NJW 2018, 3631, 3632.

573 BVerfG, NJW 2021, 2020, 2022.

574 A.A. *Büttner*, in: HambKomm InsO, Anhang zu § 5 Rn. 7 f. Nach *Büttner* ergibt sich aus dem Grundsatz der Waffengleichheit keine Grenze für die Amtsermittlungen. Insbesondere solle dies gegenüber der Finanzverwaltung gelten (Konfusionsargument, Art. 1 Abs. 3 GG).

575 *Uhlenbruck*, in: Uhlenbruck InsO, § 5 Rn. 22; *Rüther*, in: HambKomm InsO, § 5 Rn. 31.

576 BT-Drs. 19/24181, S. 139; siehe auch *Kramer*, in: BeckOK StaRUG, 3. Ed. 15.11.21, § 39 Rn. 17.

577 Siehe nochmals oben: § 1 B. I. 1.

3. *Bindung der Ermittler*

An diese verfahrensexternen Grenzen sind auch die Ermittler gebunden. Zwar besteht für die Ermittler keine unmittelbare Grundrechtsbindung, da sie ein privates Amt ausüben.[578] Dennoch entfalten die Grundrechte, inklusive der Grundsätze der Verhältnismäßigkeit und der Waffengleichheit, für die Ermittler mittelbare Drittwirkung. Denn das Grundgesetz bildet eine objektive Werteordnung.[579] Die Grundrechte entfalten eine Ausstrahlungswirkung, die auf das Zivilrecht und Privatpersonen einwirkt.[580] Dabei fungieren die Grundrechte nach der Rechtsprechung des BVerfG im und für das Zivilrecht als „Richtlinien".[581] Die Reichweite und die Ausprägung der Einwirkung hängen von den Umständen des Einzelfalls ab.[582] Insbesondere sind dabei die „Unausweichlichkeit von Situationen, das Ungleichgewicht zwischen sich gegenüberstehenden Parteien, die gesellschaftliche Bedeutung bestimmter Leistungen oder die soziale Mächtigkeit einer Seite" zu berücksichtigen.[583]

Unter Zugrundelegung dieses Maßstabs haben sämtliche Ermittler die Grundsätze der Verhältnismäßigkeit und der Waffengleichheit zu wahren. Es handelt sich sowohl im Rahmen der Ermittlungen in Insolvenz- als auch Restrukturierungsverfahren häufig um grundrechtssensible Bereiche.[584] Ferner ist zu beachten, dass der Ermittler – gleich welcher Art – die Ermittlungen zum Großteil im Wege einer Delegation durch das Insolvenz- oder Restrukturierungsgericht ausführt. Zwar besteht kein öffentliches Amt des Ermittlers, dennoch handelt er in besonderer Nähe zu den gem. Art. 1 Abs. 3 GG unmittelbar an die Grundrechte gebundenen Insolvenz- und Restrukturierungsgerichten. Demnach haben auch die Ermittler die Grundsätze der Verhältnismäßigkeit und der Waffengleichheit im Rahmen ihrer Ermittlungen zu beachten.

---

578 BVerfGE 116, 1, 13: „der Insolvenzverwalter übt kein öffentliches Amt aus"; *Graeber*, in: MünchKomm InsO, § 56 Rn. 142: der Insolvenzverwalter „hat keine staatliche Macht"; *Mock*, in: Uhlenbruck InsO, § 80 Rn. 59: „Das Verwalteramt ist kein öffentliches Amt"; ausführlich: *Lepa*, Insolvenzordnung und Verfassungsrecht, S. 231 ff.; a.A. *Ullrich/Seidenstücker*, ZInsO 2004, 126, 131; *Werres*, Grundrechtsschutz in der Insolvenz, S. 30 ff.

579 BVerfGE 81, 242, 254; BVerfGE 7, 198, 205; BVerfGE 2, 1, 12.

580 BVerfGE 152, 152, 185; BVerfGE 73, 261, 269.

581 BVerfGE 152, 152, 185; BVerfGE 89, 214, 229.

582 BVerfGE 152, 152, 185.

583 BVerfGE 152, 152, 185 unter Bezug auf: BVerfGE 89, 214, 232 ff.; BVerfGE 128, 226, 249 f.; BVerfGE 148, 267, 280 f.

584 Vgl. oben: § 2 B. II. 4.

Die verfahrensexternen Grenzen des Amtsermittlungsgrundsatzes lassen sich wie nachfolgend grafisch darstellen:

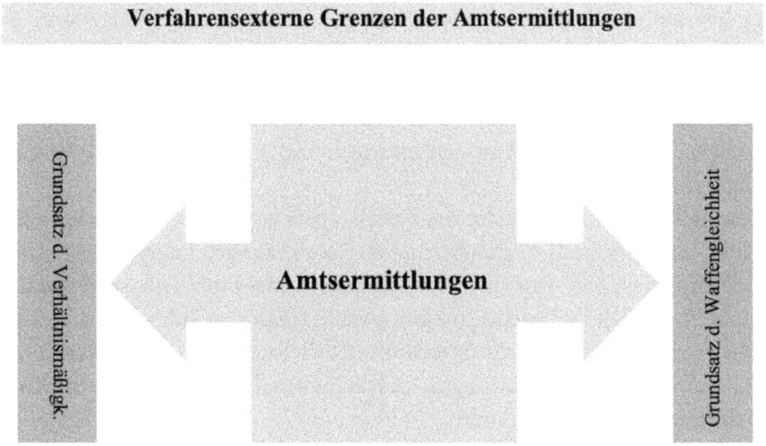

Abbildung 3: Verfahrensexterne Grenzen der Amtsermittlung
Quelle: eigene Darstellung

V. Zusammenfassung der Ergebnisse zu den Ermittlungen

Ein Anlass zu Ermittlungen ergibt sich vorrangig aus gerichtsbekannten Umständen oder aufgrund von Angaben der Verfahrensbeteiligten. Anlass kann jedoch auch bestehen, wenn das Gericht aus eigenen Erfahrungssätzen Muster oder Anhaltspunkte sieht oder vermutet, die weitere Ermittlungen erforderlich machen. Zudem besteht stets dann Anlass zu Ermittlungen, wenn es sich um einen Umstand handelt, der das Ergebnis umfangreicher Bewertungen und Analysen, wie z.B. den Zustand der Zahlungsunfähigkeit im Sinne des § 17 InsO oder der drohenden Zahlungsunfähigkeit im Sinne des § 18 InsO, ist.

Wann ein ausreichender Ermittlungsanlass besteht, unterfällt dem Ermessen des Gerichts. Je intensiver die Tatsachen und die zu ihrer Feststellung erforderlichen Ermittlungen mit den Zwecken des Verfahrens in Berührung kommen, desto eher ist das Ermessen des Richters auf null reduziert. Auch außerhalb eines konkreten Ermittlungsanlasses sind Insolvenzgerichte zu Amtsermittlungen berechtigt. Nach dem gesetzgeberischen Willen sind im Restrukturierungsverfahren die Möglichkeiten der Ermittlungen außerhalb eines Anlasses hingegen erheblich reduziert.

Als Ermittlungsmittel sind alle unmittelbaren und mittelbaren Erkenntnis- und Informationsquellen zu verstehen, die die Kognition relevanter Umstände durch das Gericht ermöglichen, indem sie eine Information transportieren oder beinhalten. Vor dem Hintergrund des Konzepts der Delegation[869] von Amtsermittlungen in Insolvenz- und Restrukturierungsverfahren können die Ermittlungsmittel in drei Kategorien aufgeteilt werden: 1. Ermittlungsmittel im Kernbereich gerichtlicher Amtsermittlungen, 2. Ermittlungsmittel im Bereich zulässiger Delegation der Amtsermittlungen und 3. originäre Ermittlungsmittel der Ermittler.

Ein Großteil der Grundsätze des Beweisrechts des Zivilprozessrechts gilt für die InsO und das StaRUG gleichermaßen. Der praktisch folgenreichste Unterschied ist jedoch der, dass in Insolvenz- und Restrukturierungsverfahren der Freibeweis gilt. Dieser bedeutsame Unterschied lässt sich indes nicht bereits aus der Geltung des Amtsermittlungsgrundsatzes selbst herleiten. Stattdessen folgt die Geltung des Amtsermittlungsgrundsatzes aus der Struktur von Insolvenz- und Restrukturierungsverfahren.

Aus der Geltung des Amtsermittlungsgrundsatzes selbst folgt hingegen, dass in Insolvenz- und Restrukturierungsverfahren ausschließlich eine objektive Beweislast zum Tragen kommt. Auch in Insolvenz- und Restrukturierungsverfahren bedarf es Regeln zur Auflösung eines *non liquet*. Hingegen ist eine subjektive Beweislast unter Geltung des Amtsermittlungsgrundsatzes ausgeschlossen. Eine Ausnahme besteht für das Zulassungsverfahren der InsO, in dem der Amtsermittlungsgrundsatz noch nicht gilt.

Die Grundlagen des Beweismaßes aus dem Zivilprozess gelten trotz der Geltung des Amtsermittlungsgrundsatzes in gleicher Weise auch für das Insolvenz- und das Restrukturierungsverfahren. Von besonderer praktischer Bedeutung sind dabei die Grundsätze der Glaubhaftmachung im Sinne des § 294 ZPO. Die Unterscheidung des Haupt- und Gegenbeweises im Kontext des Amtsermittlungsgrundsatzes vor allem über den Beweis des Gegenteils hat im Rahmen gesetzlicher Vermutungen eine erhöhte Bedeutung für die InsO und das StaRUG.

Die verfahrensexternen Grenzen ergeben sich vorrangig aus dem Grundsatz der Verhältnismäßigkeit und der prozessualen Waffengleichheit. Die Gerichte sind an diese gem. Art. 1 Abs. 3 GG unmittelbar gebunden. Für die Ermittler besteht keine unmittelbare Bindung. Aufgrund der Ausstrahlungswirkung des Grundgesetzes haben sie diese jedoch ebenfalls zu beachten. Hierfür spricht vor allem ihre besondere Nähe zu den Gerichten, da sie Ermittlungen im Rahmen der Delegation wahrnehmen.

§ 3 Konkrete Amtsermittlungen in Insolvenz- und Restrukturierungsverfahren

Die gemeinsamen Grundsätze und die Unterschiede zwischen Amtsermittlungen in Insolvenz- und Restrukturierungsverfahren bilden die Grundlage für das folgende Kapitel. In diesem sollen die soeben aufgestellten Grundsätze anhand konkreter Ermittlungen nachgezeichnet werden. Dabei werden vor allem Art und Umfang des Zusammenspiels von Gericht und Ermittler bei den Ermittlungen betrachtet.

Zunächst werden die Ermittlungen des Gerichts im Kernbereich gerichtlicher Ermittlungen untersucht. Auch hier zeigt sich, dass dennoch ein enges Zusammenwirken von Gericht und Ermittler förderlich ist. Anschließend werden die Ermittlungen betrachtet, die durch das Gericht an einen Ermittler delegiert werden. Die Untersuchung der konkreten Ermittlungen erfolgt anhand ausgewählter Fallbeispiele. Diese verdeutlichen die gemeinsamen Grundsätze der Amtsermittlungen in Insolvenz- und Restrukturierungsverfahren. Sie beanspruchen gleichwohl keine Abgeschlossenheit der Betrachtung.

A. Ermittlungen im Kernbereich gerichtlicher Ermittlungen

Die Betrachtungen beginnen indes mit Ermittlungen, die in den Kernbereich der gerichtlichen Ermittlungen fallen. Wie oben bereits konstatiert werden konnte, beginnt der Kernbereich der Amtsermittlungen dort, wo in besonderer Intensität in Rechtspositionen, insbesondere in Grundrechte und grundrechtsgleiche Rechte, eines Beteiligten der Verfahren eingegriffen wird.[585] Der Kernbereich gerichtlicher Amtsermittlungen kann demnach definiert werden als ein nichtdelegierbarer Bereich von Ermittlungen und Ermittlungsmaßnahmen, die aufgrund ihrer Eingriffsintensität und ihrer Grundrechtsrelevanz einem Hoheitsträger, namentlich dem Insolvenz- oder Restrukturierungsgericht, zugewiesen sind und funktionell durch den Richter oder den Rechtspfleger wahrgenommen werden müssen.[586]

585 Siehe oben: § 2 B. II. 4. a).
586 Vgl. § 2 B. II. 4. a).

I. Ermittlungen im Rahmen der Bestellung des Ermittlers

In diesen Kernbereich der Ermittlungen fallen sämtliche Ermittlungen, die das Gericht im Rahmen der Bestellung seiner Ermittler in dem hier behandelten Sinne vorzunehmen hat. Für Insolvenzverwalter ergeben sich die Anforderungen an den Kandidaten unmittelbar aus § 56 Abs. 1 Satz 1 InsO, für den vorläufigen Insolvenzverwalter aus §§ 21 Abs. 2 Nr. 1, 56 Abs. 1 Satz 1 InsO, für den Sachwalter aus §§ 274 Abs. 1, 56 Abs. 1 Satz 1 InsO, für den Restrukturierungsbeauftragten aus § 74 Abs. 1 StaRUG und für den Sanierungsmoderator aus § 94 Abs. 1 Satz 1 StaRUG. Auch für die Sachverständigen werden indes dieselben oder jedenfalls ähnliche Anforderungen gelten müssen.[587]

1. Zuordnung zum Kernbereich gerichtlicher Ermittlungen

Die Entscheidung über die Bestellung eines Ermittlers steht dem Insolvenz- oder Restrukturierungsgericht zu. Die Ermittlungen, die es ggf. hinsichtlich der Eignung des Ermittlers anstellt, unterfallen dem Kernbereich gerichtlicher Ermittlungen.

Für den Insolvenzverwalter ergibt sich dies bereits aus der Grundrechtsrelevanz der Entscheidung über die Bestellung (oder Nichtbestellung) für Art. 12 Abs. 1, 3 Abs. 1 GG.[588] Das BVerfG hat bereits 2004 festgestellt, dass es sich bei der Ausübung der Tätigkeit eines Insolvenzverwalters um einen Beruf im Sinne des Art. 12 Abs. 1 GG handelt.[589] Weiterhin hat der Richter aufgrund des Verbots der willkürlichen Ungleichbehandlung aus Art. 3 Abs. 1 GG sein Auswahlermessen im Rahmen der Bestellung pflichtgemäß auszuüben.[590] Dies dürfte zukünftig gleichermaßen auch für den Restrukturierungsbeauftragten

587 *Pape*, in: Uhlenbruck InsO, § 5 Rn. 11; *Stephan*, in: K. Schmidt InsO, § 5 Rn. 11; zustimmend *Ahrens*, in: Ahrens/Gehrlein/Ringstmeier InsO, § 5 Rn. 29; dafür spricht, dass die Tätigkeit von Sachverständigen und den vorbenannten Personen – insbesondere im Rahmen der Ermittlungen – weitestgehend gleichläuft. Zudem nimmt die Bestellung eines Sachverständigen im Insolvenzverfahren in der Regel die Bestellung zum (vorläufigen) Insolvenzverwalter vorweg.

588 BVerfGE 141, 121, 131; BVerfG, NZI 2004, 574, 576; siehe auch BGH, NZI 2016, 508, 509.

589 BVerfGE 141, 121, 131; BVerfG, NZI 2004, 574, 576; siehe auch BGH, NZI 2016, 508, 509.

590 BVerfGE 116, 1, 12; BVerfG, ZIP 2006, 1954, 1955; BVerfG, NZI 2004, 574, 576; siehe auch BGH, NZI 2016, 508, 509.

gelten, da auch hier nicht bloß eine Nebentätigkeit vorliegt.[591] Zukünftig ist davon auszugehen, dass geeignete Personen das Amt des Restrukturierungsbeauftragten dauerhaft und auf die Schaffung und Erhaltung der Lebensgrundlage ausgerichtet wahrnehmen.[592] Für die Bestellung von Insolvenzverwaltern und Restrukturierungsbeauftragten ergibt sich die Zuordnung zum Kernbereich gerichtlicher Ermittlungen demnach bereits aus der Grundrechtsrelevanz der Bestellungsentscheidung und der ihre zugrundeliegenden Ermittlungen an sich.

Die übrigen Ämter des Ermittlers sind keine Berufe im Sinne des Art. 12 Abs. 1 GG. Dennoch haftet auch diesen Entscheidungen und somit auch den zugrundeliegenden Ermittlungen eine besondere Grundrechtsrelevanz an. Dies ergibt sich zunächst daraus, dass auch bei der Auswahl von vorläufigen Insolvenzverwaltern, Sachwaltern, Sachverständigen und Sanierungsmoderatoren das Verbot der willkürlichen Ungleichbehandlung aus Art. 3 Abs. 1 GG im Rahmen der Auswahlentscheidung beachtet werden muss.[593] Ferner ist die Bestellungsentscheidung der vorbenannten Ämter grundrechtsrelevant für die Beteiligten der Verfahren. Sowohl in Insolvenz- als auch in Restrukturierungsverfahren werden unmittelbar grundrechtlich geschützte Privatinteressen berührt.[594] Dazu zählen vor allem die privaten vermögenswerten Rechte der Gläubiger im Sinne des Art. 14 Abs. 1 GG, aber auch Interessen des Schuldners an dem Erhalt seines Unternehmens im Sinne des Art. 14 Abs. 1 GG.[595] Weiter sind Belange des Sozialstaatsprinzips aus Art. 20 Abs. 1 GG berührt, wenn es um Fragen der Restschuldbefreiung und Entschuldung des Schuldners geht.[596] Sämtliche dieser Belange werden mittelbar durch die Bestellungsentscheidung berührt. Denn die Auswahl der Ermittler ist, so wie es *Jaeger*[597] einst

---

591 *Flöther/Eckelt*, in: Flöther StaRUG, § 74 Rn. 9; anders *Frind*, ZRI 2021, 397, 402, der den Restrukturierungsbeauftragten nicht als eigenständigen Beruf ansieht, da „sich bisher weder ein Berufsbild verfestigt noch eine entsprechende Erwerbstätigkeit mit allein durch solche Bestellungen auskömmlicher Vergütungsbasis entwickelt" habe. Aktuell ist die Einschätzung *Frinds* zu teilen. Zukünftig wird sich m.E. jedoch ein eigenes Berufsbild des Restrukturierungsbeauftragten verfestigen.

592 *Flöther/Eckelt*, in: Flöther StaRUG, § 74 Rn. 9.

593 So ausdrücklich beispielsweise für den Sachverständigen im Insolvenzverfahren: BVerfG, NZI 2006, 636.

594 Nur für das Insolvenzverfahren: BVerfGE 116, 1, 13 f.

595 BVerfGE 116, 1, 13 f.

596 BVerfGE 116, 1, 14.

597 *Jaeger*, KO, 7. Aufl. 1936, § 78 Rn. 7.

für den Konkursverwalter formulierte, die Schicksalsfrage von Insolvenz- und Restrukturierungsverfahren. Somit sind auch die grundrechtlich geschützten Interessen der Beteiligten mittelbar bereits durch die Bestellungsentscheidungen der Ermittler betroffen.

Aufgrund der Eingriffsintensität und der Grundrechtsrelevanz der Bestellungsentscheidung unterfallen diese dem Kernbereich der gerichtlichen Tätigkeit und damit dem Kernbereich gerichtlicher Ermittlungen.

2. *Ermittlung der Voraussetzungen der §§ 56 InsO, 74 Abs. 1 StaRUG etc.*

Im Rahmen des Kernbereichs haben die Gerichte eine für den jeweiligen Einzelfall geeignete, insbesondere geschäftskundige und von den Gläubigern und dem Schuldner unabhängige natürliche Person auszuwählen. Das Hauptaugenmerk liegt dabei auf der Frage der Geeignetheit eines Kandidaten für das jeweilige Amt. Unterschieden wird zwischen dem Vorauswahlverfahren, das die generelle Geeignetheit eines Kandidaten untersucht, und der konkreten Bestellung, die die Geeignetheit im konkreten Einzelfall voraussetzt.[598] Der Ermittlung der Eignung der jeweiligen Person für ein entsprechendes Amt in Insolvenz- und Restrukturierungsverfahren kommt eine herausragende Bedeutung für das spätere Verfahren zu. Die Auswahlentscheidung ist im Grunde genommen eine antizipierte Aufsicht durch das Insolvenz- oder Restrukturierungsgericht.[599] Die Ermittlungen, die der Auswahlentscheidung zugrunde liegen, sind daher mit besonderer Sorgfalt durchzuführen.

Zu der generellen Eignung gehören ausweislich des jeweiligen Wortlauts von § 56 Abs. 1 Satz 1 InsO, §§ 21 Abs. 2 Nr. 1, 56 Abs. 1 Satz 1 InsO, §§ 274 Abs. 1, 56 Abs. 1 Satz 1 InsO, § 74 Abs. 1 StaRUG und § 94 Abs. 1 Satz 1 StaRUG insbesondere die Geschäftskunde sowie die Unabhängigkeit von den Beteiligten. Hinzu treten weitere ungeschriebene Kriterien für die Eignung. Welche ungeschriebenen Kriterien ein Richter seiner Entscheidung zugrunde legt, steht in seinem Beurteilungsspielraum, das seine Grenze jedoch in der Sachgerechtigkeit der Kriterien findet.[600] Ein Ermessen des Richters hinsichtlich der Aufnahme

---

598 BVerfG, NZI 2004, 574, 575.

599 *Rechel*, Die Aufsicht des Insolvenzgerichts über den Insolvenzverwalter, S. 250; zustimmend: *Knop*, Amtshaftungsansprüche bei insolvenzgerichtlichen Pflichtverletzungen, S. 41.

600 BVerfGE 116, 1, 17; BVerfG, NZI 2009, 641, 642; BGH, NZI 2008, 161, 162.

eines generell geeigneten Bewerbers auf die Vorauswahlliste besteht hingegen nicht.[601] Dies würde eine mittelbare Berufszugangsbeschränkung bedeuten.[602]

Die Entscheidung des BVerfG vom 03.08.2004 hat wiederum Klarheit über das Verfahren der Vorauswahl von Insolvenzverwaltern geschaffen.[603] Die Gerichte haben eine Vorauswahlliste mit generell geeigneten Kandidaten zu führen.[604] Dieses Erfordernis ergibt sich daraus, dass es sich bei den Entscheidungen des Richters im Rahmen des Vorauswahlverfahrens um einen Justizverwaltungsakt im Sinne der §§ 23 ff. EGGVG handelt.[605] Insofern muss es sich um einen transparenten und nachvollziehbaren Akt der Auswahl und Bestellung handeln, da die Entscheidung justiziabel ist.[606] Zuständig für die Führung der Liste ist der einzelne Insolvenzrichter.[607] Auch die Führung der Vorauswahlliste fällt damit in den Kernbereich der gerichtlichen Ermittlung. Richtigerweise wird man jedoch annehmen müssen, dass diese eine Kooperation mehrerer Insolvenzrichter nicht verhindert.[608] Ferner sind die Auswahlkriterien durch den Richter transparent und zugänglich zu machen, etwa durch Hochladen auf der Internetseite des Gerichts oder durch Fragebögen.[609]

Die Art und der Umfang der Vorauswahl haben nach der Rechtsprechung des BVerfG die „Erhebung, Verifizierung und Strukturierung der Daten [zu] gewährleisten, die nach der Einschätzung des jeweiligen Insolvenzrichters nicht

---

601 BGH, NZI 2008, 161, 162.

602 *Pape*, ZInsO 2017, 1341, 1346.

603 BVerfG, NZI 2004, 574 ff.; siehe zu der Vereinbarkeit mit den Art. 26 und 27 der Rest-RL: *Zipperer*, ZIP 2021, 2618 ff.

604 BVerfG, NZI 2004, 574, 575.

605 BVerfG, NZI 2004, 574, 575; siehe auch BGH, NZI 2016, 508, 509;

606 BVerfG, NZI 2004, 574, 575; BGH, NZI 2016, 508, 509; *Frind*, in: HambKomm InsO, § 56 Rn. 16.

607 *Graeber*, in: MünchKomm InsO, § 56 Rn. 93; kritisch dazu jüngst die Konferenz der Justizministerinnen und Justizminister: Die „Rechtslage, nach der es grundsätzlich der einzelnen Insolvenzrichterin oder dem einzelnen Insolvenzrichter obliegt, eine eigene Vorauswahlliste für Insolvenzverwalterinnen und Insolvenzverwalter zu erstellen und zu pflegen“ führe „zu einem unbefriedigenden, durch Uneinheitlichkeit geprägten Zustand“, Beschluss TOP I. 6, Bericht der Arbeitsgruppe “Vorauswahlliste Insolvenzverwalterinnen und Insolvenzverwalter” der 92. Konferenz der Justizministerinnen und Justizminister vom 11./12.11.2021, abrufbar unter: https://www.justiz.nrw.de/JM/jumiko/beschluesse/2021/Herbstkonferenz_2021/index.php (zuletzt abgerufen: 10.01.2022).

608 *Graeber*, in: MünchKomm InsO, § 56 Rn. 94.

609 BGH, NZI 2016, 508, 511.

nur für die Feststellung der Eignung eines Bewerbers im konkreten Fall maßgebend sind, sondern vor allem auch eine sachgerechte Ermessensausübung bei der Auswahl des Insolvenzverwalters aus dem Kreis der geeigneten Bewerber ermöglichen."[610] Mit anderen Worten muss jede Form der Vorauswahl sämtliche Daten bezüglich der Kriterien der Eignung erheben, die Richtigkeit der Daten untersuchen sowie diese Daten anschließend darstellen, sodass diese der Auswahlentscheidung zugrunde gelegt werden können. Umgekehrt bedeutet dies jedoch auch, dass die Erhebung der Daten allein an den Zweck der generellen oder konkreten Eignung eines Kandidaten gebunden ist. Außerhalb dieser Grenzen sind Daten nicht zu erheben.[611]

Der Richter hat demnach transparent und öffentlich die Geeignetheit einzelner Kandidaten zu ermitteln und seiner Auswahlentscheidung zugrunde zu legen. Die Form der Auswahl ist dabei nicht an eine Vorauswahlliste gebunden. Jede Form der Vorauswahl muss allerdings eine Erhebung, Verifizierung und Strukturierung der relevanten Daten leisten können. Dass auch die Ermittlungen im Rahmen des (Vor-)Auswahlverfahrens von Amts wegen durchzuführen sind, entspricht der allgemeinen Meinung.[612] Flankiert wird der Amtsermittlungsgrundsatz dabei von den Mitwirkungsobliegenheiten des Bewerbers, der dem Gericht gegenüber detaillierte und überprüfbare Angaben machen muss.[613]

Gleiches muss indes auch für die Bestellung der sonstigen Ermittler gelten. Es ist kein Grund ersichtlich, warum hier ein weniger strenger Maßstab an die Auswahlentscheidung anzulegen wäre.

Damit stellt sich aber dennoch *in praxi* die Frage, wie die Geeignetheit der Kandidaten durch den Richter zu ermitteln ist.

3. *Besonderheit: Hannoveraner Modell*

Eine entsprechende Möglichkeit zur Erhebung, Verifizierung und Strukturierung der relevanten Daten bietet das sog. Hannoveraner Modell.

610 BVerfGE 116, 1, 17.

611 *Bork*, ZIP 2017, 2173, 2174.

612 OLG Hamburg, NZI 2011, 762, 765; OLG Koblenz, NZI 2005, 453, 458; *Frind*, in: HambKomm InsO, § 56 Rn. 23; *Göcke*, in: BeckOK InsR, 25. Ed. 15.10.21, InsO, § 56 Rn. 13; *Graeber*, in: MünchKomm InsO, § 56 Rn. 31d; *Lüke*, in: Kübler/Prütting/Bork InsO, 87. Lfg. 3.21, § 56 Rn. 23; *Ries*, in: K. Schmidt InsO, § 56 Rn. 13; *Zipperer*, in: Uhlenbruck InsO, § 56 Rn. 33.

613 OLG Hamburg, NZI 2011, 762, 765; *Göcke*, in: BeckOK InsR, 25. Ed. 15.10.21, InsO, § 56 Rn. 13; *Zipperer*, in: Uhlenbruck InsO, § 56 Rn. 33; siehe auch *Bork*, ZIP 2017, 2173, 2174.

a) Inhalt des Hannoveraner Modells

Das Hannoveraner Modell wurde vor über zehn Jahren von den Amtsrichtern des Amtsgerichts Hannover – Insolvenzgericht – begründet.[614] Es ist seitdem Grundlage für die Erhebung, Verifizierung und Strukturierung der für die Insolvenzverwalterbestellung relevanten Daten.

Grundlage für das Hannoveraner Modell ist eine Verfahrensordnung des Amtsgerichts Hannover – Insolvenzgericht –, die regelt, welche Voraussetzungen ein Bewerber erfüllen muss, um überhaupt auf die Vorauswahlliste aufgenommen zu werden.[615] Zu diesen Grundvoraussetzungen zählen etwa die Befähigung zum Richteramt bzw. der Abschluss eines betriebs- oder volkswirtschaftlichen Hochschulstudiums bzw. eine Zulassung als Steuerberater, Wirtschaftsprüfer oder eine vergleichbare Qualifikation.[616] Darüber hinaus wird etwa gefordert, dass über kompatible Insolvenzsoftware (bundeseinheitliche Schnittstelle) und über Personal für die Bearbeitung der Insolvenztabelle und die Personalbuchhaltung verfügt wird.[617]

Insoweit liegen keine Besonderheiten zu dem Auswahlverfahren bei anderen Insolvenzgerichten in Deutschland vor. Der zweite Schritt des Vorauswahlverfahrens hingegen macht die eigentliche Besonderheit des Hannoveraner Modells aus. In diesem zweiten Schritt haben Bewerber im Abstand von zwei Jahren einen Fragebogen auszufüllen.[618] Inhalt dieses Fragebogens sind einzelne Fragen, die durch einen Algorithmus in 13 Kategorien aufgeteilt werden und nach Gewichtung der Kategorien zu einem Punkteergebnis führen.[619] Zu den abgefragten Daten, die die Bewerber in dem Fragebogen angeben müssen, zählen z.B. die durchschnittliche Ausschüttungsquote in den angegebenen

614 S. auch die (eigene) Darstellung bei *Blankenburg*, NZI 2020, 768 f.; *Blankenburg/Kramer/Noll/Sauer-Colberg*, ZInsO 2017, 1018 ff.; vgl. ebenfalls die Darstellung des KG, NZI 2020 753 ff.; sowie *Moderegger*, NZI 2017, 241, 242 f.

615 *Blankenburg*, NZI 2020, 768 f.; die Verfahrensordnung kann im Internet unter https://amtsgericht-hannover.niedersachsen.de/startseite/service/downloads/downloads-63611.html (im Folgenden: „Verfahrensordnung-AG-Hannover"; zuletzt abgerufen am: 14.11.2021) abgerufen werden. Der aktuelle Stand der Verfahrensordnung-AG-Hannover ist der 02.07.2021.

616 Verfahrensordnung-AG-Hannover, S. 1, 2. (1) a).

617 Verfahrensordnung-AG-Hannover, S. 1, 2. (1) b).

618 *Blankenburg*, NZI 2020, 768 f.; *Blankenburg/Kramer/Noll/Sauer-Colberg*, ZInsO 2017, 1018, 1019.

619 *Blankenburg*, NZI 2020, 768 f.; *Blankenburg/Kramer/Noll/Sauer-Colberg*, ZInsO 2017, 1018; KG, NZI 2020 753 f.

Verfahren, die Kostenquote in den angegebenen Verfahren, die durchgeführten Sanierungen oder der Wert der Massesteigerung.[620]

Für jeden einzelnen Bewerber wird eine Punktzahl errechnet.[621] Zudem wird die Durchschnittspunktzahl aller weiteren Bewerber errechnet und ins Verhältnis zu der Punktzahl des einzelnen Bewerbers gesetzt.[622] Je nachdem, ob die Punktzahl über- oder unterdurchschnittlich ist, kann der Bewerber mit regelmäßigen oder (nur) gelegentlichen Bestellungen rechnen.[623]

Das Hannoveraner Modell stellt damit eine Möglichkeit zur Erhebung, Verifizierung und Strukturierung der relevanten Daten im Rahmen der Bestellung von Insolvenzverwaltern dar. Letztlich wird durch das Hannoveraner Modell die Eignung eines Kandidaten im Sinne des § 56 Abs. 1 Satz 1 InsO amtswegig erhoben. Insofern ist das Modell als Ausformung von Amtsermittlungen im Kernbereich gerichtlicher Ermittlungen von besonderem Interesse.

b) Bewertung des Hannoveraner Modells

Die Frage, inwieweit das Hannoveraner Modell zulässig ist, beschäftigt die insolvenzrechtliche Rechtsprechung und Literatur bereits seit geraumer Zeit. Dies ist nicht verwunderlich, determiniert das Hannoveraner Modell doch den Zugang zu dem wirtschaftlich lukrativen Bereich der Insolvenzverwaltung. Die Diskussion hat dabei jüngst wieder an Fahrt aufgenommen. Grund hierfür ist ein Beschluss des Kammergerichts vom 14.05.2020.[624]

Die Kritik sollte dabei insgesamt differenziert betrachtet werden: Es muss unterschieden werden zwischen einer grundsätzlichen Kritik an der Einführung eines Punktesystems nach dem Hannoveraner Vorbild und der konkreten Ausgestaltung eines solchen Systems:

---

620 Als Massesteigerung gelten gem. Nr. 7 der Bearbeitungshinweise zum Fragebogen des Amtsgerichts – Insolvenzgericht – Hannover u.a. die Rückgängigmachung von Lastschriften sowie der Einzug von Beträgen im Wege der Insolvenzanfechtung nach den §§ 129 ff. InsO und dem AnfG. Hierzu zählen auch die eingezogenen Beträge aus Organhaftungsansprüchen (die Bearbeitungshinweise können unter https://amtsgericht-hannover.niedersachsen.de/startseite/service/downloads/downloads-63611.html abgerufen werden; zuletzt abgerufen am: 10.01.2022).

621 *Blankenburg*, NZI 2020, 768, 769.

622 *Blankenburg*, NZI 2020, 768, 769.

623 So ausdrücklich: *Blankenburg*, NZI 2020, 768, 769; *Moderegger*, NZI 2017, 241, 244; siehe auch die Darstellung des KG, NZI 2020 753, 757, aus der eine entsprechende Handhabung hervorgeht.

624 KG, NZI 2020, 753 ff.

aa) Grundsätzliche Einführung eines Punktesystems

Die Einführung eines Punktesystems im oben beschriebenen Sinne ist begrüßenswert. Ein Punktesystem im vorbeschriebenen Sinne kann zu einer Objektivierung der Bestellungspraxis führen.[625] Dadurch wird es möglich, die Bestellung orientiert an den Leistungen eines Bewerbers vorzunehmen. Dies ist ein Fortschritt im Vergleich zu einer zufälligen Bestellung nach einer Liste oder einer Bestellung nach persönlicher und subjektiver Präferenz der Richter.[626] Damit führt das Hannoveraner Modell zu einem leistungsorientierten Ansatz, der nur begrüßt werden kann.

Kritikwürdig ist das Hannoveraner Modell hingegen, wenn die Vorauswahllisten in zwei bzw. drei Teillisten aufgeteilt werden.[627] Problematisch ist dies, weil dann die Einteilung im Rahmen der Vorauswahlliste in Verwalter, die regelmäßig oder nur gelegentlich mit einer Bestellung zu rechnen haben, auf eine faktische Berufszugangsbeschränkung hinausläuft.[628] Denn das Gericht hätte dann bereits über die Einteilung im Rahmen der Vorauswahl in zwei bzw. drei Listen die konkreten Chancen auf Art und Umfang der Bestellung als Insolvenzverwalter determiniert.[629] Dies liefe aber dem Recht auf Chancengleichheit aus Art. 3 Abs. 1 GG zuwider und würde die Ausübung eines Ermessens bedeuten, das dem Gericht im Stadium der Vorauswahlliste überhaupt nicht zukommt.[630] Dem kann nur entgegengehalten werden, dass das Punktesystem eigentlich erst im Rahmen der konkreten Auswahlentscheidung herangezogen wird.[631] Dann erscheint aber die Einteilung in zwei Listen im Rahmen der Vorauswahl mehr als fraglich. Entweder diese Einteilung hätte dann keine Bedeutung oder sie stellt eben doch eine Determinierung der konkreten Auswahl dar. Jedenfalls wäre dann die Einteilung in zwei bzw. drei Listen entweder nicht erforderlich oder unzulässig.

---

625 *Thole*, in: Bork/Thole, Die Verwalterauswahl, S. 105.

626 *Blankenburg*, NZI 2020, 768, 770 f.

627 In diesem Sinne auch: *Pape*, ZInsO 2017, 1341, 1345; *Frind*, ZInsO 2011, 169, 170; wohl auch *Frind*, in: HambKomm InsO, § 56 Rn. 57; kritisch auch *Moderegger*, NZI 2017, 241 ff.

628 *Pape*, ZInsO 2017, 1341, 1346; zustimmend KG, NZI 2020, 753, 758.

629 *Pape*, ZInsO 2017, 1341, 1346; zustimmend KG, NZI 2020, 753, 758.

630 Zu dem Recht auf Chancengleichheit im Vorauswahlverfahren: BVerfG, NZI 2004, 574, 575 f.; KG, NZI 2020, 753, 756; vgl. zu dem nicht bestehenden Ermessen im Rahmen der Vorauswahl: BGH, NZI 2008, 161, 162; KG, NZI 2020, 753, 758.

631 So *Blankenburg*, NZI 2020, 768, 772; *Blankenburg/Kramer/Noll/Sauer-Colberg*, ZInsO 2017, 1018, 1021.

bb) Konkrete Ausgestaltung

Darüber hinaus ist auch die konkrete Ausgestaltung einiger Kriterien des Hannoveraner Modells nicht unproblematisch. Dies betrifft dabei sowohl leistungsabhängige wie auch leistungsunabhängige Kriterien.

Für leistungsunabhängige Kriterien, wie Sprachkenntnisse oder Anzahl und Aus- sowie Fortbildungsstand der Mitarbeiter, ist der Zusammenhang zwischen diesen Kriterien und einer (leistungsabhängigen) Eignung des Bewerbers fraglich.[632] Hinzu kommt, dass die Gewichtung der Kriterien für den Bewerber intransparent ist und einer für den Bewerber schwer nachvollziehbaren Gewichtungsentscheidung der Richter entspringt.[633] Dies entspricht jedoch nicht den Anforderungen des BVerfG an einen transparenten und nachvollziehbaren Akt der Auswahl und Bestellung.[634] Die Auswahl und Gewichtung der leistungsunabhängigen Kriterien ist zudem anfällig für einen Bestätigungsfehler (*confirmation bias*). Denn bevor ein entsprechendes Punktesystem entworfen bzw. der zugrundeliegende Algorithmus geschrieben wird, werden die Entwerfer lebensnah gerade die leistungsunabhängigen Kriterien berücksichtigt haben, die sie bei, nach ihrer subjektiven Auffassung, besonders geeigneten Bewerbern identifizieren konnten. Ein Zusammenhang besteht indes nicht zwangsläufig zwischen leistungsunabhängigen Kriterien und einer besonderen Eignung. Aufgrund der (Über-)Gewichtung in dem Punktesystem kann sich jedoch dann gerade das Ergebnis des *confirmation bias* materialisieren.

Die leistungsabhängigen Kriterien hingegen sind begrüßenswert. So sollen sie gerade anhand objektivierbarer Kennzahlen die Leistung eines Bewerbers in der Vergangenheit abbilden, um eine Projektion der Leistung des Bewerbers in zukünftigen Verfahren zu ermöglichen. Allerdings ist hier zu beachten, dass es selbst bei ausschließlicher Berücksichtigung leistungsabhängiger Kriterien zu Verzerrungen kommen kann.[635] Auch leistungsabhängige Kriterien dürfen nicht (zwangsläufig) zu einer Perpetuierung des *Status quo* führen.[636] Das bedeutet, dass nicht nur den „High-Performern“ solche Verfahren zugeteilt

---

632 *Frind*, ZInsO 2011, 169, 170.

633 *Frind*, ZInsO 2011, 169, 170; *ders.*, in: HambKomm InsO, § 56 Rn. 57; a.A. *Blankenburg*, NZI 2020, 768, 772; *Blankenburg/Kramer/Noll/Sauer-Colberg*, ZInsO 2017, 1018, 1021; zur Gewichtung der einzelnen Kriterien: *Neubert*, ZInsO 2010, 73, 75.

634 S. dazu nochmals: BVerfG, NZI 2004, 574, 575; BGH, NZI 2016, 508, 509.

635 *Laroche*, EWiR 2020, 727, 728.

636 *Laroche*, EWiR 2020, 727, 728.

werden dürfen, die die Aussicht haben, eine hohe Bewertung anhand der leistungsabhängigen Kriterien nach sich zu ziehen.

Im Übrigen muss berücksichtigt werden, dass es zu statistischen Abweichungen innerhalb eines definierten Betrachtungszeitraums kommen kann.[637] Sowohl Ausreißer nach oben als auch Ausreißer nach unten sind im Rahmen eines Punktesystems zu beachten. Dies ist, soweit ersichtlich, im Rahmen des Hannoveraner Modells nicht geschehen.

Möglichkeiten zur Entfernung von Ausreißern sind z.B. die *Winsorizing-Methode* oder die *Trimming-Methode*.[638] *Trimming* bedeutet die Streichung einer vorab definierten Anzahl an Daten am unteren und oberen Ende der Datenreihe innerhalb eines leistungsabhängigen Kriteriums.[639] *Winsorizing* würde im Beispiel des Hannoveraner Modells bedeuten, dass der Wert der oberen bzw. unteren Ausreißer durch den höchsten bzw. niedrigsten Wert ersetzt wird, der kein Ausreißer mehr ist.[640] Beide Methoden erreichen das Ziel der Entfernung von Ausreißern. Die *Winsorizing-Methode* gilt jedoch als die stabilere der beiden Verfahren zur Datenanalyse.[641] Sofern entsprechende Methoden in dem Hannoveraner Modell noch nicht implementiert sind, könnten die vorbenannten Methoden die Verzerrung des Mittelwerts durch Extremwerte (Ausreißer) minimieren.

cc) Ergebnis

Insgesamt ist das Hannoveraner Modell demnach begrüßenswert als Grundlage für die konkrete Bestellungsentscheidung. Soweit eine Voreinteilung in zwei Listen die Anzahl und Qualität der Bestellung bereits im Rahmen der Vorauswahl determiniert, ist dies im Hinblick auf den Berufszugang der Bewerber problematisch. Positiv hervorzuheben ist jedoch die Bewertung anhand leistungsabhängiger Kriterien. Diese Maßstäbe sollten auch im Rahmen der Bestellung anderer Ermittler herangezogen werden. Allerdings ist hier, insbesondere im StaRUG, eine erhebliche Anpassung der Kriterien erforderlich.[642]

---

637 *Laroche*, EWiR 2020, 727, 728.

638 *Tukey*, Ann. Math. Statist. 1962 Vol. 33 No. 1, S. 17 ff.

639 *Tukey*, Ann. Math. Statist. 1962 Vol. 33 No. 1, S. 17; so in diesem Kontext auch: *Laroche*, EWiR 2020, 727, 728.

640 *Tukey*, Ann. Math. Statist. 1962 Vol. 33 No. 1, S. 18.

641 *Dixon*, Ann. Math. Statist. 1960 Vol. 32 No. 2, S. 385; zustimmend: *Tukey*, Ann. Math. Statist. 1962 Vol. 33 No. 1, S. 18.

642 Kriterien der Quote, Massesteigerung etc. dürften im Rahmen des StaRUG irrelevant sein. Vornehmliches Kriterium für die Leistung eines Restrukturierungsbeauftragten oder Sanierungsmoderators dürfte der Abschluss des

Der Gesetzgeber sollte hier unbedingt tätig werden und den Zugang zu den Ämtern der Insolvenzverwalter, Restrukturierungsbeauftragten und Co. ausdrücklich regeln.[643]

4. *Besonderheit: Unabhängigkeit des Ermittlers*

Das Hannoveraner Modell versucht die Eignung eines Bewerbers objektiv zu ermitteln. Durch das Hannoveraner Modell kann jedoch keine Ermittlung hinsichtlich der Unabhängigkeit eines Insolvenzverwalters erfolgen. Auch diese ist indes durch das Gericht zu ermitteln. Die Unabhängigkeit des Insolvenzverwalters, Restrukturierungsbeauftragten usw. ist Kernbestandteil der Eignung. Die Schicksalsfrage ist hier umgekehrt: Die Unabhängigkeit entscheidet maßgeblich über die Eignung.

Insofern stellt sich die Frage, wie effektiv und objektiv eine Ermittlung der Unabhängigkeit eines Ermittlers erfolgen kann. Dass diese ermittelt werden muss, steht außer Frage. Die Unabhängigkeit des Ermittlers ist nicht disponibel.[644] Dies gilt auch für die Ermittler im StaRUG.[645]

Auch die Ermittlung der Unabhängigkeit als Teil der Geeignetheit ist von Amts wegen durchzuführen.[646] Flankiert wird der Amtsermittlungsgrundsatz dabei auch hier von den Mitwirkungsobliegenheiten des Bewerbers, der dem Gericht gegenüber detaillierte und überprüfbare Angaben machen muss.[647]

Restrukturierungsverfahrens im Wege eines Restrukturierungsplans sein. Auch könnte eine Nachhaltigkeit der Sanierung (vgl. § 90 Abs. 1 StaRUG) für die Bewertung relevant werden.

643 In dem hier vorliegenden Kontext so auch: *Pape*, ZInsO 2017, 1341, 1345; *Pohlmann*, NZI 2020, 759, 760; zu den Vorauswahllisten sowie der immer wieder auflebenden Forderung nach einer Berufsordnung für Insolvenzverwalter: *Vallender*, NZI 2017, 641 ff.

644 S. bereits oben § 2 B. II. 5.; zum Verhältnis von Amtsermittlungen und dem Vorschlag hinsichtlich Insolvenzverwaltern, Restrukturierungsbeauftragten etc. sogleich § 3 A. I. 4.

645 Zutreffend: *Frind*, ZRI 2021, 397, 405.

646 OLG Hamburg, NZI 2011, 762, 765; OLG Koblenz, NZI 2005, 453, 458; *Frind*, in: HambKomm InsO, § 56 Rn. 23; *Göcke*, in: BeckOK InsR, 25. Ed. 15.10.21, InsO, § 56 Rn. 13; *Graeber*, in: MünchKomm InsO, § 56 Rn. 31d; *Lüke*, in: Kübler/Prütting/Bork InsO, 87. Lfg. 3.21, § 56 Rn. 23; *Ries*, in: K. Schmidt InsO, § 56 Rn. 13; *Zipperer*, in: Uhlenbruck InsO, § 56 Rn. 33.

647 OLG Hamburg, NZI 2011, 762, 765; *Göcke*, in: BeckOK InsR, 25. Ed. 15.10.21, InsO, § 56 Rn. 13; *Zipperer*, in: Uhlenbruck InsO, § 56 Rn. 33; siehe auch *Bork*, ZIP 2017, 2173, 2174.

Die Abhängigkeit eines Insolvenzverwalters, eines Restrukturierungsbeauftragten oder eines Sanierungsmoderators etc. ergibt sich jedoch in der Regel aus Umständen und Zusammenhängen, die für den Richter schwer bzw. nicht ersichtlich sind. Im Lichte der Rechtsprechung des BVerfG müssen aber auch im Rahmen der Ermittlung der Unabhängigkeit die erforderlichen Daten erhoben, verifiziert und strukturiert werden.[648] Das stellt die bestellenden Richter vor die Problematik, dass sie ohne eine systematische Abfrage auf die Angaben der Bewerber angewiesen sind.

Eine mögliche Lösung für diese Problematik bieten die Fragebögen zur Unabhängigkeit des VID e.V./BAKinso e.V.[649] und des AG Nürnberg an.[650] Diese enthalten verschiedene Fragen, aus deren Beantwortung sich ein möglicher Interessenkonflikt des Bewerbers offenbaren könnte. Zu den Fragen zählt z.B.: „Handelt es sich bei dem Schuldner, einem Gläubiger in diesem Verfahren oder einem in diesem Verfahren tätigen Dienstleistungsunternehmen (z.B. Rechtsanwälte, Steuerberater, Unternehmensberater etc.) um eine Ihnen nahestehende Person im Sinne des § 138 InsO?“[651] Frage 10 lautet hingegen: „Bestehen über die vorstehenden Sachverhalte bzw. Fragestellungen hinaus Anhaltspunkte, welche die Besorgnis begründen könnten, dass ihre Unabhängigkeit zu den in Punkt 1 genannten Personen in Frage steht?“[652]

Aus einer Bejahung der Fragen folgt nicht zwangsläufig die Abhängigkeit des Bewerbers.[653] Allerdings bilden die Auskünfte des Bewerbers die Grundlage für eine Entscheidung oder weitere Nachforschungen des Richters. Zu diesen ist er aufgrund von § 5 Abs. 1 Satz 1 InsO und § 39 Abs. 1 Satz 1 StaRUG berechtigt.[654]

---

648 BVerfGE 116, 1, 17.

649 BAKinso – Bundesarbeitskreis Insolvenzgerichte e.V. (im Folgenden: BAKinso); der Fragebogen des VID ist abrufbar unter: https://www.vid.de/der-verband/qualitaetsstandards/fragebogen-unabhaengigkeit/ (zuletzt abgerufen am 10.01.2022); der Fragebogen des BAKinso ist abrufbar unter: https://www.bak-inso.de/dokumente-stellungnahmen/verwalterauswahl/ (zuletzt abgerufen am 10.01.2022) und in ZInsO 2012, 2249 ff. veröffentlicht.

650 ZInsO 2020, 77 ff.

651 Frage 1 des Fragebogens des VID und des BAKinso.

652 Frage 10 des Fragebogens des VID und des BAKinso.

653 *Frind*, in: HambKomm InsO, § 56 Rn. 97; *Spiekermann*, NZI 2020, 977, 980.

654 OLG Hamburg, NZI 2011, 762, 765; OLG Koblenz, NZI 2005, 453, 458; *Frind*, in: HambKomm InsO, § 56 Rn. 23; *Göcke*, in: BeckOK InsR, 25. Ed. 15.10.21, InsO, § 56 Rn. 13; *Graeber*, in: MünchKomm InsO, § 56 Rn. 31d; *Lüke*, in: Kübler/Prütting/

Anders als im Rahmen der GOI des VID stellt sich im Rahmen der Fragebögen auch nicht die Frage nach deren Rechtsqualität.[655] Denn der jeweilige Richter kann im Rahmen seines Mittelauswahlermessens entscheiden, welche Mittel für die Ermittlung eingesetzt werden.[656] Insoweit ist jeder Insolvenz- und Restrukturierungsrichter berechtigt, vor oder nach einer Bestellung die Ausfüllung eines Fragebogens zur Unabhängigkeit zu verlangen. Je nach Ergebnis der Auswertung des Fragebogens kann der Richter im Rahmen seines pflichtgemäßen Ermessens entscheiden, ob ein Bewerber unabhängig ist oder nicht. Gleiches gilt für den Fall des Nichtausfüllens des Fragebogens.[657]

Die Fragebögen stellen insofern eine einfach zu handhabende Möglichkeit dar, die erforderlichen Daten über die Unabhängigkeit eines Bewerbers amtswegig zu erheben. Sie sollten daher nicht nur im Rahmen der Bestellung von Insolvenzverwaltern herangezogen werden. Stattdessen sollten die vorbenannten Fragebögen auch im Rahmen der Bestellung der übrigen Ermittler, also auch für Restrukturierungsbeauftragte, Sanierungsmoderatoren und Sachverständige, herangezogen werden. Einem möglichen Zeit- und Reibungsverlust durch das Übersenden der Fragebögen[658] kann entgegengewirkt werden, indem die Bewerber diesen bereits von sich aus ausfüllen und übersenden. Zu einer Anzeige von Inhabilitäten sind die Bewerber ohnehin verpflichtet.[659] Insofern dürfte die Übersendung kaum Mehrarbeit für die Bewerber bedeuten.

5. *Besonderheit: Ermittlung bei einem Vorschlag durch Beteiligte der Verfahren*

Im Komplex unter dem Oberbegriff der Bestellung der Ermittler soll abschließend auf die Amtsermittlung eingegangen werden, wenn Verfahrensbeteiligte einen Vorschlag für die Bestellung einer bestimmten Person an das Gericht richten. Diese Möglichkeit wird den Verfahrensbeteiligten in der InsO gem. §§ 56a Abs. 1, 57 InsO und im StaRUG gem. § 74 Abs. 2 bzw. § 78 Abs. 2 StaRUG eingeräumt. In der InsO können aufgrund der Verweisungen insofern

---

Bork InsO, 87. Lfg. 3.21, § 56 Rn. 23; *Ries*, in: K. Schmidt InsO, § 56 Rn. 13; *Zipperer*, in: Uhlenbruck InsO, § 56 Rn. 33.

655 Vgl. zu der Rechtsqualität der GOI des VID zuletzt *Smid*, NZI 2021, 710, 711.

656 *Kramer*, in: BeckOK StaRUG, 3. Ed. 15.11.21, § 39 Rn. 20; *Madaus*, in: BeckOK InsR, 25. Ed. 15.10.21, InsO, § 5 Rn. 10; *Pannen*, in: Pannen/Riedemann/Smid StaRUG, § 39 Rn. 28; *Pape*, in: Uhlenbruck InsO, § 5 Rn. 8.

657 *Spiekermann*, NZI 2020, 977, 979 f.

658 *Frind*, ZInsO 2017, 363, 368.

659 BGHZ 113, 262, 277.

vorläufige Insolvenzverwalter, Insolvenzverwalter und Sachwalter durch die Beteiligten vorgeschlagen werden. Im StaRUG ergibt sich diese Möglichkeit nur für den Restrukturierungsbeauftragten, nicht jedoch für den Sanierungsmoderator. Sachverständige können durch die Beteiligten hingegen nie vorgeschlagen werden.

a) Fallbeispiel: die Transatlantic Trade GmbH

Die Auswirkungen des Vorschlags einer bestimmten Person durch die Verfahrensbeteiligten auf die Amtsermittlungen des Gerichts im Rahmen der Bestellung sollen anhand des nachfolgenden Fallbeispiels verdeutlicht werden:[660] Eine Sozialversicherungsträgerin stellt einen Antrag auf Eröffnung des Insolvenzverfahrens über das Vermögen der Transatlantic Trade GmbH (im Folgenden T-GmbH) wegen rückständiger Sozialversicherungsbeiträge in Höhe von ca. 60.000 EUR. Die T-GmbH wurde vorinsolvenzlich durch einen Sanierungsberater, den R, beraten, der in einer mittelständischen Großkanzlei (im Folgenden: M-Kanzlei) Partner ist. Die M-Kanzlei berät auch die örtliche Sparkasse (einschließlich sämtlicher Tochtergesellschaften). Eine Tochtergesellschaft der örtlichen Sparkasse, die S-AG, an der die örtliche Sparkasse 100 % der Aktien hält, hat der T-GmbH in den letzten drei Jahren vor Antragstellung Darlehen im Wert von ca. 1 Mio. EUR gewährt. Die Darlehensrückzahlung ist ausgeblieben. Allerdings hat die T-GmbH, auf Anraten des R, der S-AG noch zwei Monate vor Antragstellung umfangreiche Sicherheiten an Warenlagern gestellt. Das Insolvenzverfahren über das Vermögen der T-GmbH wird eröffnet. Der vorläufige Gläubigerausschuss wählt daraufhin einstimmig den W, der ebenfalls in der M-Kanzlei tätig ist, zum Insolvenzverwalter. Im Rahmen der Abstimmung hatte sich vor allem die S-AG für den W ausgesprochen. Dem Gericht ist nicht bekannt, dass die M-Kanzlei in einem Mandatsverhältnis zu der S-AG steht. Dennoch hegt es Zweifel an der Geeignetheit, insbesondere der Unabhängigkeit des W. Es bestehen Verdachtsmomente, aber keine Kenntnisse des Gerichts von einer Abhängigkeit des W. Eine Anzeige der (möglichen) Inhabilität seitens des W erfolgt nicht.

Das geschilderte Szenario ist gleichermaßen auch bei der Bestellung eines Sachwalters und eines Restrukturierungsbeauftragten denkbar.

660 Es handelt sich bei dem Fallbeispiel bewusst um ein Extrembeispiel. Dies dient nicht der Unterstellung, dass eine solche Vorgehensweise der Regel entspräche. Es soll aber untermauern, anhand welcher Extremsituationen die Effektivität der Amtsermittlungen zu messen ist.

b) Lösung nach der aktuellen Gesetzeslage

Die Möglichkeiten zur amtswegigen Ermittlung der Geeignetheit, insbesondere der Unabhängigkeit des W unterscheiden sich gravierend je nachdem, ob ein Insolvenzverwalter, Restrukturierungsbeauftragter oder Sachwalter bestellt wird.

aa) Lösung nach den §§ 56a Abs. 2, 57 Satz 3 InsO

Die InsO regelt das Prozedere in § 56a Abs. 2 Satz 1 InsO für den Vorschlag des vorläufigen Gläubigerausschusses und in § 57 Satz 3 InsO für die Wahl durch die erste Gläubigerversammlung. Demnach kann das Gericht von einem einstimmig vorgeschlagenen Insolvenzverwalter (§ 56a Abs. 2 Satz 1 InsO) bzw. einem durch die Gläubigerversammlung gewählten Insolvenzverwalter (§ 57 Satz 3 InsO) nur dann abweichen bzw. dessen Bestellung versagen, wenn dieser für die Übernahme des Amts nicht geeignet ist. Ob die vorgeschlagene oder gewählte Person geeignet ist, muss das Insolvenzgericht von Amts wegen ermitteln.[661] Es gilt der Grundsatz des § 5 Abs. 1 Satz 1 InsO. Dabei hat das Gericht positiv die Geeignetheit festzustellen.[662] Es ist nicht ausreichend, die Prüfung auf die Nichteignung zu beschränken.[663] Insbesondere die Unabhängigkeit ist positiv festzustellen. Die Unabhängigkeit ist einfachgesetzlicher Ausdruck des Rechtsstaatsprinzips.[664] Die verfassungsrechtliche Fundierung in Art. 20 Abs. 3 GG gebietet daher die positive Feststellung der Unabhängigkeit. Der Aufwand hält sich nach hier vertretener Auffassung unter Verwendung von Fragebögen ohnehin in Grenzen.

Für den vorliegenden Fall bedeutet dies, dass das Insolvenzgericht zur Ermittlung der Unabhängigkeit des W in einem ersten Schritt mindestens den Fragebogen des VID/BAKinso übersenden und Ausfüllung durch den W verlangen muss. Die Unabhängigkeit muss insofern „mit einem für das praktische

---

661 *Frind*, NZI 2012, 650, 652; *ders.*, ZInsO 2013, 59 ff.; *ders.*, in: HambKomm InsO, § 56a Rn. 26 ff.; *Göcke*, in: BeckOK InsR, 25. Ed. 15.10.21, InsO, § 56a Rn. 22; *Graeber*, in: MünchKomm InsO, § 56a Rn. 37; *Lüke*, in: Kübler/Prütting/Bork InsO, 87. Lfg. 3.21, § 56a Rn. 13b; *Ries*, in: K. Schmidt InsO, § 56a Rn. 21; *Zipperer*, in: Uhlenbruck InsO, § 56a Rn. 9; wohl auch: *Römermann*, in: Nerlich/Römermann InsO, 31. Lfg. 1.17, § 56a Rn. 15; mit Einschränkungen: *Blümle*, in: Braun InsO, § 56a Rn. 31.

662 *Frind*, in: HambKomm InsO, § 56a Rn. 26 ff.; *Lüke*, in: Kübler/Prütting/Bork InsO, 87. Lfg. 3.21, § 56a Rn. 13b; differenzierend: *Smid*, ZInsO 2013, 209, 217 f.

663 A.A. *Göcke*, in: BeckOK InsR, 25. Ed. 15.10.21, InsO, § 56a Rn. 22; *Graeber*, in: MünchKomm InsO, § 56a Rn. 37; *Zipperer*, in: Uhlenbruck InsO, § 56a Rn. 9.

664 Siehe ausführlich oben: § 2 B. II. 5. a) aa).

Leben brauchbaren Grad von Gewissheit"[665] im Sinne des § 286 Abs. 1 Satz 1 ZPO festgestellt werden können. In dem vorliegenden Beispiel wird sich die Abhängigkeit des W bei gewissenhafter und zutreffender Ausfüllung des Fragebogens offenbaren. Das Insolvenzgericht ist demnach in dem vorliegenden Beispiel befugt, von dem Vorschlag des W als Insolvenzverwalter gem. § 56a Abs. 2 Satz 1 InsO abzuweichen. Sollte die Ermittlung der Unabhängigkeit mittels des Fragebogens und ggf. weiterer Ermittlungsmaßnahmen dennoch nicht zur Überzeugung des Richters möglich sein, muss der W im vorliegenden Fall als abhängig betrachtet werden. Eine Bestellung hat dann zu unterbleiben. Die Amtsermittlungen unterbinden somit effektiv die Bestellung eines abhängigen Insolvenzverwalters.

bb) Lösung nach den §§ 74 Abs. 2, 78 Abs. 2 StaRUG

Der Fall nimmt eine andere Wendung, wenn W in dem Beispielsfall nicht zum Insolvenzverwalter, sondern zum Restrukturierungsbeauftragten bestellt werden soll. Wiederum wird W vorgeschlagen. Hierbei kann es sich grundsätzlich gem. § 74 Abs. 2 Satz 1 StaRUG um Vorschläge des Schuldners, der Gläubiger und der an dem Schuldner beteiligten Personen handeln. Diese Vorschläge sind durch das Restrukturierungsgericht zu berücksichtigen, allerdings nicht bindend.[666]

§ 74 Abs. 2 Satz 2 StaRUG regelt hingegen, dass ein Vorschlag des Schuldners grundsätzlich bindend ist, wenn „der Schuldner die Bescheinigung eines in Restrukturierungs- und Insolvenzsachen erfahrenen Steuerberaters, Wirtschaftsprüfers, Rechtsanwalts oder einer Person mit vergleichbarer Qualifikation vorgelegt [hat], aus der sich ergibt, dass der Schuldner die Voraussetzungen des § 51 Abs. 1, 2 StaRUG erfüllt". Grundsätzlich bindend für das Restrukturierungsgericht ist auch ein Vorschlag von Planbetroffenen, „auf welche in jeder der nach § 9 [StaRUG] gebildeten oder zu bildenden Gruppen von Inhabern von Restrukturierungsforderungen und Absonderungsanwartschaften mehr als 25 Prozent des Stimmrechts entfallen oder voraussichtlich entfallen werden",

665 St. Rspr. des BGH seit der sog. Anastasia-Entscheidung, BGHZ 53, 245, 256; zuletzt BGH, NJW 2019, 3147, 3149 f.

666 *Flöther/Eckelt*, in: Flöther StaRUG, § 56 Rn. 12; *Hänel*, in: BeckOK StaRUG, 3. Ed. 15.11.21, § 74 Rn. 68.

wenn diese einen gemeinschaftlichen Vorschlag unterbreiten und zudem keine Bindung des Gerichts nach § 74 Abs. 2 Satz 2 StaRUG besteht.[667]

In diesen beiden Fällen kann das Restrukturierungsgericht von den Vorschlägen nur abweichen, wenn die vorgeschlagene Person *offensichtlich* ungeeignet ist (§ 74 Abs. 2 Satz 2, 1. Hs., Abs. 2 Satz 3, 1. Hs. StaRUG).

Im Fall der fakultativen Bestellung eines Restrukturierungsbeauftragten ist gem. § 78 Abs. 2 StaRUG ein Vorschlag „von Gläubigern, die zusammen alle voraussichtlich in den Restrukturierungsplan einbezogenen Gruppen repräsentieren" für das Gericht bindend, es sei denn, die vorgeschlagene Person ist *offensichtlich* ungeeignet „oder, falls der Beauftragte lediglich zum Zwecke der Förderung der Verhandlungen zwischen den Beteiligten bestellt werden soll, der Schuldner dem Vorschlag widerspricht".

Für das Fallbeispiel bedeutet dies, dass die Unabhängigkeit des W für das Restrukturierungsgericht „mit den Händen greifbar" sein muss.[668] Der Gesetzgeber hat hier die Amtsermittlungen beschränkt. Zurückgreifen kann das Restrukturierungsgericht im Fallbeispiel auf solche Tatsachen, die im Sinne des § 291 ZPO (i.V.m. § 38 Satz 1 StaRUG) bei dem Gericht offenkundig sind.[669] Dies würde greifen, wenn dem Gericht die Unabhängigkeit des W positiv bekannt wäre. Dies ist jedoch im Beispiel nicht der Fall. Das Restrukturierungsgericht kann auch Informationen aus allgemein zugänglichen Quellen ermitteln.[670] Dies umfasst auch solche Tatsachen, die aus dem Internet ersichtlich sind.[671]

---

667 § 93 Abs. 2 StaRUG: „Ist ein Gläubigerbeirat eingerichtet, tritt an die Stelle des gemeinschaftlichen Vorschlags der Planbetroffenen nach § 74 Absatz 2 Satz 3 der einstimmige Beschluss des Gläubigerbeirats."

668 So auch *Vallender*, ZRI 2021, 165, 170; unter Bezug auf *Zipperer*, in: Uhlenbruck InsO, § 270b Rn. 60; siehe auch *Kern*, in: MünchKomm InsO, § 270b Rn. 96; siehe auch *Hoegen*, NZI-Beilage 2021, 59, 60: „auf der Hand liegt"; *Cranshaw/Portisch*, ZInsO 2020, 2561, 2575.

669 *Cranshaw/Portisch*, ZInsO 2020, 2561, 2575; *Frind*, NZI 2021, 609, 612; *ders.*, in: Bieg/Borchardt/Frind, Unternehmenssanierung und Betriebsfortführung, Teil 2 B. VIII. Rn. 20; *ders.*, ZRI 2021, 397, 404; *Hoegen*, NZI-Beilage 2021, 59, 60; *Kramer*, in: BeckOK StaRUG, 3. Ed. 15.11.21, § 38 Rn. 60; *Riedemann*, in: Pannen/Riedemann/Smid StaRUG, § 51 Rn. 6, § 96 Rn. 20; zweifelnd: *Hänel*, in: BeckOK StaRUG, 3. Ed. 15.11.21, § 94 Rn. 26.

670 BGHSt 6, 292, 293; *Huber*, in: Musielak/Voit ZPO, § 291 Rn. 1; *Prütting*, in: MünchKomm ZPO, § 291 Rn. 8.

671 Im Kontext des § 290 InsO: AG Köln, NZI 2021, 285, 289; BGH, NZI 2020, 679, 681; zustimmend *Frind*, NZI 2021, 609, 612; *ders.*, in: Bieg/Borchardt/Frind, Unternehmenssanierung und Betriebsfortführung, Teil 2 B. VIII. Rn. 20; *ders.*, ZRI 2021, 397, 404.

Wenn also beispielsweise auf der Internetseite der M-Kanzlei eine Mandatsliste geführt wird, könnte diese durch das Restrukturierungsgericht herangezogen werden.[672] Dies erscheint hier jedoch äußerst zweifelhaft.[673]

Ohne eine Selbstauskunft des W oder eine Auskunft eines Dritten, die als offenkundige Tatsachen verwertbar wären, darf das Restrukturierungsgericht trotz der Zweifel an der (möglichen) Unabhängigkeit des W nicht weiter ermitteln. Insbesondere kann das Restrukturierungsgericht *de lege lata* ohne weitere Anhaltspunkte nicht von dem W verlangen, die o.g. Fragebögen zur Unabhängigkeit auszufüllen. Die Amtsermittlung ist hier durch den Gesetzgeber bewusst begrenzt worden.

cc) Lösung nach § 270d Abs. 2 InsO

Dieses Ergebnis deckt sich auch mit der Gesetzeslage zu der Bestellung des Sachwalters. Gem. § 270d Abs. 2 Satz 3, 1. Hs. InsO kann das Insolvenzgericht von den Vorschlägen des Schuldners nur abweichen, wenn die vorgeschlagene Person *offensichtlich* ungeeignet ist. I.S.d. obigen Grundsätze ist auch hier eine Ermittlung eingeschränkt.[674] Die weiteren Umstände sind als nicht von Bedeutung für das Verfahren anzusehen.[675]

dd) Ergebnis de lege lata

Um einen vorgeschlagenen Restrukturierungsbeauftragten oder Sachwalter ablehnen zu können, muss das Gericht aber die Abhängigkeit des W „mit einem für das praktische Leben brauchbaren Grad von Gewissheit“[676] im Sinne des § 286 Abs. 1 Satz 1 ZPO feststellen können. Ist dies aufgrund von Umständen, die „mit den Händen greifbar sind“, nicht möglich, darf das Gericht den W nicht ablehnen.[677] Das *non liquet* ist zugunsten des Vorschlags und der vorgeschlagenen Person aufzulösen.

---

672 Ähnlich: *Frind*, ZRI 2021, 397, 404.

673 Vgl. für die Parallelproblematik im Rahmen der Bestellung des Sachwalters: *Korch*, ZIP 2018, 109, 114.

674 S. bereits oben: § 2 A. II. 2. a) bb); vgl. auch *Zipperer*, in: Uhlenbruck InsO, § 270b Rn. 60; *Brinkmann/Zipperer*, ZIP 2011, 1337, 1342, 1344; a.A. *Kern*, in: MünchKomm InsO, § 270b Rn. 96.

675 Vgl. zu dieser Regelungstechnik, die der einer Fiktion ähnelt, oben: § 2 A. II. 2. b).

676 St. Rspr. des BGH: BGHZ 53, 245, 256; zuletzt BGH, NJW 2019, 3147, 3149 f.

677 Für den Sachwalter: *Ellers/Martini*, in: BeckOK InsR, 25. Ed. 15.10.21, InsO, § 270d Rn. 48; *Riggert*, in: Braun InsO, § 270b Rn. 11; wohl auch *Flöther/Eckelt*, in: Flöther StaRUG, § 56 Rn. 12, nach denen ein Restrukturierungsbeauftragter als unabhängig anzusehen ist. Dies ist wohl als Vermutung für die Unabhängigkeit zu lesen; vgl.

Das Ergebnis der geltenden Gesetzeslage in § 74 Abs. 2 Satz 3 StaRUG und § 270d Abs. 2 Satz 3 InsO ist höchst unbefriedigend.[678] In dem vorliegenden Fallbeispiel hat das Gericht Zweifel an der Unabhängigkeit des W. Der Gesetzgeber verwehrt dem Gericht jedoch, weitere Ermittlungen anzustellen. Dies schwächt das Gericht in seiner Kontrollfunktion.[679] Zudem bietet es den Beteiligten die Möglichkeit, einen abhängigen Restrukturierungsbeauftragten oder Sachwalter „mitzubringen". Damit kann – wenngleich es sich um Extremfälle handeln mag – die Voraussetzung der Geeignetheit, vor allem die Unabhängigkeit, *ad absurdum* geführt werden. Das Gericht ist gezwungen, „sehenden Auges" einen Restrukturierungsbeauftragten oder Sachwalter zu bestellen, der abhängig ist. Dieses Ergebnis ist zwingend *de lege ferenda* zu korrigieren.[680]

II. Ermittlungen hinsichtlich der Insolvenzmasse durch das Insolvenzgericht

In einem völlig anderen Spannungsfeld bewegen sich Ermittlungen des Insolvenzgerichts hinsichtlich der Insolvenzmasse im Insolvenzeröffnungsverfahren und im eröffneten Insolvenzverfahren.

1. Vorüberlegungen

Ausgangspunkt für die folgenden Überlegungen muss zunächst der Wortlaut des § 5 Abs. 1 Satz 1 InsO sein. Das Insolvenzgericht hat „von Amts wegen alle Umstände zu ermitteln, die für das Insolvenzverfahren von Bedeutung sind." Die Bedeutung eines Umstands für das Insolvenzverfahren ist dabei extensiv zu verstehen. Ermittlungen hinsichtlich der Insolvenzmasse im Sinne des § 35 Abs. 1 InsO sind nicht von vornherein von der Ermittlungspflicht des

---

auch *Hänel*, in: BeckOK StaRUG, 3. Ed. 15.11.21, § 74 Rn. 110, der vertritt, dass in Zweifelsfällen die Hürde für eine Abweichung von dem Vorschlag höher anzusetzen ist als im Eigenverwaltungsrecht. Als Argument hierfür nennt er die Möglichkeit der Bestellung eines weiteren Restrukturierungsbeauftragten gem. § 74 Abs. 3 StaRUG.

678 Ebenso: *Hofman*, NZI 2010, 798, 804; *Hölzle*, NZI 2011, 124, 125 f.; *Korch*, ZIP 2018, 109, 114 f.; *Urlaub*, ZIP 2011, 1040, 1043; a.A. *Zipperer*, in: Uhlenbruck InsO, § 270b Rn. 58.

679 *Wollenhaupt*, Amtsermittlungsgrundsatz im StaRUG, § 3 E. IV.: „Vertrauen ist gut, Kontrolle ist besser."

680 S. dazu den Gesetzgebungsvorschlag: § 4 A. I. 5.

Insolvenzgerichts ausgenommen. Im Ausgangspunkt besteht eine umfassende Ermittlungspflicht des Insolvenzgerichts.

2. Fallbeispiel: Rausche-Seevetal IT GmbH

Dies vorangestellt soll die Frage, ob und inwieweit Ermittlungen des Insolvenzgerichts hinsichtlich der Insolvenzmasse im Sinne des § 35 Abs. 1 InsO zulässig sind, anhand des folgenden Beispiels beantwortet werden:

Die Rausche-Seevetal IT GmbH (im Folgenden: S-GmbH) wurde im Jahr 2010 gegründet. Gegenstand des Unternehmens ist die Erbringung von IT-Dienstleistungen, insbesondere im Bereich des Aufbaus von Netzwerken und der Installation von Software für gewerblich handelnde Kunden. Nach einem fruchtlosen Vollstreckungsversuch stellt das zuständige Finanzamt einen Antrag auf Eröffnung des Insolvenzverfahrens über das Vermögen der S-GmbH. Das zuständige Insolvenzgericht bestellt den R zum Sachverständigen und wenige Tage später zum vorläufigen Insolvenzverwalter mit Zustimmungsvorbehalt. Der Gutachtenauftrag lautet auszugsweise: „Dabei sind auch insolvenzspezifische Ansprüche (Haftung von verantwortlichen Organen, Anfechtungsansprüche) zu prüfen und darzustellen, wann die Zahlungsunfähigkeit/Überschuldung eingetreten ist. § 1 Abs. 1 Satz 3 COVInsAG ist zu berücksichtigen."[681] Der R hat Schwierigkeiten die Sonderaktiva zu ermitteln. Er regt gegenüber dem Insolvenzgericht an, dass das Insolvenzgericht sich an die Bank der S-GmbH wenden möge, um Auskünfte, insbesondere Kontoverdichtungen, einzuholen. Zudem regt er die Befragung der Mitarbeiter der Bank an, um das Zahlungsverhalten der S-GmbH zu erfragen. Das Insolvenzgericht teilt auf die Anregung des R hin mit, dass die Ermittlung der Sonderaktiva Aufgabe des Sachverständigen sei und der Anregung des R nicht entsprochen werden wird.

Abwandlung: Nach Eröffnung des Insolvenzverfahrens über das Vermögen der S-GmbH richtet der R dieselbe Anregung an das Insolvenzgericht.

---

681 Angelehnt an den Musterbeschluss des Amtsgerichts Hannover – Insolvenzgericht – für die Sachverständigenbestellung.

3. *Lösungsansatz*

Für die Lösung ist zu differenzieren:

a) *Lösung im Eröffnungsverfahren*

Für das Eröffnungsverfahren ist zu konstatieren, dass das Amtsgericht Ermittlungen hinsichtlich der Insolvenzmasse anzustellen hat.[682] Dies ergibt sich aus der umfassenden Verpflichtung zur amtswegigen Ermittlung der bedeutsamen Umstände gem. § 5 Abs. 1 Satz 1 InsO. Es besteht keine Bereichsausnahme für das Insolvenzeröffnungsverfahren. Zudem kann sich das Insolvenzgericht im Eröffnungsverfahren auch nicht darauf berufen, die Ermittlungen hinsichtlich der Insolvenzmasse fielen ausschließlich in den Zuständigkeitsbereich des Sachverständigen bzw. vorläufigen Insolvenzverwalters.[683] Im Rahmen des Insolvenzeröffnungsverfahrens besteht (noch) keine strikte Trennung der Aufgaben von Gericht und Sachverständigem bzw. vorläufigem Insolvenzverwalter. Für Letzteren ist zwar auch § 58 InsO anwendbar, dennoch ist es in der Regel auch originäre Aufgabe des vorläufigen Insolvenzverwalters, dem Gericht als Sachverständiger zur Verfügung zu stehen.[684] Das Insolvenzgericht kann sich nicht auf eine Trennung der Zuständigkeit berufen, die sich überhaupt erst in einem eröffneten Insolvenzverfahren ergeben könnte.

Verdeutlicht wird dies dadurch, dass das Insolvenzgericht die Ermittlung der Sonderaktiva selbst in den Sachverständigenbeschluss aufnimmt. Damit bringt es zum Ausdruck, dass es sich bei dem Bestand der Sonderaktiva um bedeutsame Umstände handelt, auf die sich die Amtsermittlungspflicht bezieht. Wenn sich das Insolvenzgericht dann aber darauf beruft, dass Ermittlungen hinsichtlich der Sonderaktiva nicht anzustellen seien, handelt es nicht nur entgegen dem eigenen Gutachtenbeschlusses (*venire contra factum proprium*), sondern auch entgegen seiner Pflicht zur Amtsermittlung aus § 5 Abs. 1 Satz 1 InsO. Mit anderen Worten: Die Delegation einzelner Ermittlungen befreit das Gericht nicht von seiner Verpflichtung, alle Umstände von Bedeutung für das Verfahren von Amts wegen zu ermitteln. Dies ist gerade das Wesen einer Delegation. Es hat demnach den Anregungen des R zu entsprechen und Amtsermittlungen einzuleiten.

b) *Lösung im eröffneten Insolvenzverfahren*

Etwas anderes könnte sich für das eröffnete Insolvenzverfahren und die Abwandlung zu dem obigen Fallbeispiel ergeben. Hier wird vertreten, dass

682 OLG Hamm, ZInsO 2005, 217, 218.

683 Vgl. zu diesem Argument, das vor allem für das eröffnete Insolvenzverfahren angeführt wird: *Pape*, in: Uhlenbruck InsO, § 5 Rn. 22.

684 Vgl. *Blankenburg*, in: Kübler/Prütting/Bork InsO, 76. Lfg. 5.18, § 22 Rn. 340.

sich aus den §§ 58 f. InsO ergebe, dass Ermittlungen des Insolvenzgerichts hinsichtlich der Insolvenzmasse der Verteilung der Zuständigkeiten im eröffneten Insolvenzverfahren entgegenstehen.[685] Ermittlungen hinsichtlich der Insolvenzmasse seien alleinige Aufgabe des Insolvenzverwalters.[686]

Diese Ansicht lässt sich jedoch nicht mit § 5 Abs. 1 Satz 1 InsO vereinen. Ausgehend vom Wortlaut des § 5 Abs. 1 Satz 1 InsO besteht zunächst kein Anlass zu einer Einschränkung. Der Bestand von Sonderaktiva dem Grunde und der Höhe nach ist ein für das Insolvenzverfahren bedeutsamer Umstand. Nicht selten können hierüber hohe Beträge zur Masse gezogen werden und so der gleichmäßigen Verteilung an die Gläubiger (§ 1 Satz 1 InsO) zugeführt werden. Die Sonderaktiva, insbesondere die Anfechtungsansprüche der §§ 129 ff. InsO, sind unmittelbar auf den Zweck der gleichmäßigen Gläubigerbefriedigung gerichtet. Das Insolvenzgericht trifft demnach hinsichtlich der Ermittlung von Sonderaktiva grundsätzlich die Amtsermittlungspflicht aus § 5 Abs. 1 Satz 1 InsO.[687]

Richtigerweise erfährt dieser Grundsatz zwei Einschränkungen: Erstens kann die Amtsermittlungspflicht nicht dazu führen, dass ohne Anregung in die Geschäftsführung des Insolvenzverwalters eingegriffen wird.[688] Dies würde gegen den Rechtsgedanken des § 58 InsO verstoßen, der dem Insolvenzgericht ausschließlich eine Rechtmäßigkeitskontrolle zuweist.[689] Ein Eingriff liegt aber wiederum dann nicht vor, wenn der Insolvenzverwalter eine entsprechende Ermittlung anregt.[690] So liegt gerade auch die vorliegende Abwandlung.

Zweitens liegt die Grenze der Ermittlungen hinsichtlich der Insolvenzmasse in dem Grundsatz der prozessualen Waffengleichheit.[691] Historisch gewachsen,

---

685 *Ahrens*, in: Ahrens/Gehrlein/Ringstmeier InsO, § 5 Rn. 25; *Kexel*, in: Graf-Schlicker InsO, § 5 Rn. 3.

686 In dieser Konsequenz wohl: *Ahrens*, in: Ahrens/Gehrlein/Ringstmeier InsO, § 5 Rn. 25; *Kexel*, in: Graf-Schlicker InsO, § 5 Rn. 3.

687 So bereits LG Hamburg, ZIP 1988, 590, 591; LG Hildesheim, ZIP 1983, 598, 599; *Ganter/Bruns*, in: MünchKomm InsO, § 5 Rn. 16; *Gerhardt*, in: Jaeger InsO, § 5 Rn. 7; *Schmerbach*, in: FrankfKomm InsO, § 5 Rn. 36.

688 *Gerhardt*, in: Jaeger InsO, § 5 Rn. 8; *Rüther*, in: HambKomm InsO, § 5 Rn. 29; *Stephan*, in: K. Schmidt InsO, § 5 Rn. 5.

689 *Ahrens*, in: Ahrens/Gehrlein/Ringstmeier InsO, § 5 Rn. 25; *Gerhardt*, in: Jaeger InsO, § 5 Rn. 8; *Rüther*, in: HambKomm InsO, § 5 Rn. 29; *Stephan*, in: K. Schmidt InsO, § 5 Rn. 5.

690 *Gerhardt*, in: Jaeger InsO, § 5 Rn. 9; *Rüther*, in: HambKomm InsO, § 5 Rn. 29; *Stephan*, in: K. Schmidt InsO, § 5 Rn. 5.

691 *Rüther*, in: HambKomm InsO, § 5 Rn. 31; vgl. dazu auch oben: § 2 C. IV. 2.

sind die Rechtsstreitigkeiten bezüglich der Insolvenzmasse der ordentlichen Gerichtsbarkeit zugewiesen. Unzulässig ist eine durch den Insolvenzverwalter angestrebte Vorwegnahme der Beweisaufnahme des Zivilprozesses oder die Ermittlung der wirtschaftlichen Leistungsfähigkeit des Gegners, um das Ausfallrisiko abschätzen zu können.[692] Dies würde den Anspruchsgegner in seiner Prozessführung benachteiligen, sodass eine diesbezügliche Amtsermittlung unzulässig ist. Dies gilt gleichermaßen auch im Insolvenzeröffnungsverfahren.

Festgehalten werden kann demnach: Grundsätzlich ist das Amtsgericht auch verpflichtet, amtswegige Ermittlungen hinsichtlich der Insolvenzmasse anzustellen. Die Grenzen finden sich in dem Rechtsgedanken des § 58 InsO und dem Grundsatz der Waffengleichheit.[693]

III. Ermittlungen im Rahmen der §§ 97, 98, 101 InsO

Die Ermittlungen hinsichtlich der Insolvenzmasse zeigen vor allem auch eines: Für effektive Ermittlungen ist die Zusammenarbeit von Gericht und Ermittler unerlässlich. Diese Zusammenarbeit lässt sich gerade auch im Rahmen der §§ 97, 98 und 101 InsO illustrieren.

1. Fallbeispiel: der flüchtige Herr Mertens

Dafür soll folgendes Fallbeispiel zugrunde liegen: Eine Sozialversicherungsträgerin A stellt einen Antrag auf Eröffnung des Insolvenzverfahrens über das Vermögen der Raumlicht Elektro Darmstadt GmbH (im Folgenden: RE-GmbH). Geschäftsführender Gesellschafter der RE-GmbH ist Herr Mertens (im Folgenden: M). Dieser hat in der Vergangenheit mehrfach Gelder von den Geschäftskonten der RE-GmbH entnommen, ohne dass es hierfür eine entsprechende Rechtsgrundlage gab. Die RE-GmbH ist auch schon seit längerem in Schieflage. Herr Mertens ist sich seiner persönlichen Haftung bewusst. Bevor man ihn selbst noch in die Insolvenz treibt, fährt er mit dem Zug in das nahegelegene Metz in Frankreich.[694] Dort kommt er bei einer Freundin unter. Er hat

692 *Ganter/Bruns*, in: MünchKomm InsO, § 5 Rn. 17; *Rüther*, in: HambKomm InsO, § 5 Rn. 30; *Pape*, in: Uhlenbruck InsO, § 5 Rn. 22; a.A. *Schmerbach*, in: FrankfKomm InsO, § 5 Rn. 36, der dies wohl für zulässig hält; *Gerhardt*, in: Jaeger InsO, § 5 Rn. 8, hält nur die Vorwegnahme der Beweiswürdigung durch das Zivilgericht für unzulässig.

693 Siehe die Darstellung bei: *Wollenhaupt*, Amtsermittlungsgrundsatz im StaRUG, § 3. B. IV. b).

694 Frühere Rechtordnungen des Konkursrechts kannten die Flucht eines Schuldners als „Insolvenzgrund". So etwa *statuta populi et communis Florentiae* im *tractatus de*

vor, dort zu bleiben, bis sich die Sache wieder beruhigt. Gelegentlich hat er vor, zu seinem Haus zu fahren, um Briefe abzuholen und Bekannte zu treffen.

Die Aufklärung des Sachverhalts hängt maßgeblich von den Auskünften des M ab. Es sind keine Arbeitnehmer bekannt. Auch sonstige Auskunftspersonen sind nicht erreichbar. Die Geschäftsunterlagen lagert M in seinem Keller in seinem Privathaus.

2. Lösungsansätze

Das Insolvenzgericht wird zunächst Anschreiben an die RE-GmbH und den M richten. Gleichzeitig wird ein Sachverständiger bestellt werden. Regelmäßig werden durch das Insolvenzgericht die Ermittlungen auf einen Sachverständigen als Ermittler delegiert.

Spätestens nachdem dieser festgestellt hat, dass es zu keinerlei Reaktionen kommt, wird i.d.R. eine vorläufige Insolvenzverwaltung mit Zustimmungsvorbehalt beantragt werden. Diese ist nicht nur zur Sicherung der Vermögenswerte in einem möglicherweise noch laufenden Geschäftsbetrieb, sondern auch zur weiteren Ermittlung erforderlich. Denn durch § 22 Abs. 3 InsO wird der vorläufige Insolvenzverwalter zu weitreichenderen Ermittlungen ermächtigt. Der vorläufige Insolvenzverwalter ist gem. § 22 Abs. 3 Satz 1 InsO berechtigt, die Geschäftsräume des Schuldners zu betreten und dort sachdienliche Nachforschungen anzustellen. Eine besondere Anordnung des Insolvenzgerichts ist nicht erforderlich, da der Beschluss über die Bestellung des vorläufigen Insolvenzverwalters eine richterliche Anordnung im Sinne des Art. 13 Abs. 2 GG enthält.[695] Der Bestellungsbeschluss ist ferner gem. § 794 Abs. 1 Nr. 3 ZPO ein Vollstreckungstitel, sodass das Zutrittsrecht analog §§ 883, 885 ZPO durch den Gerichtsvollzieher durchgesetzt werden kann.[696] Hier wird sich der vorläufige Insolvenzverwalter also Zutritt zu den Geschäftsräumen der RE-GmbH, erforderlichenfalls mit Hilfe eines Gerichtsvollziehers, verschaffen. Hierdurch können wichtige Erkenntnisse über Art und Umfang des schuldnerischen Betriebs gewonnen werden.

---

cessantibus et fugitivis; vgl. zum Ganzen: *Streuber*, Die Flucht des Schuldners und die Reaktionstechniken eines Gesamtvollstreckungsrechts.

695 BGH, NZI 2008, 179; *Kopp*, in: MünchKomm InsO, § 22 Rn. 88.

696 *Blankenburg*, in: Kübler/Prütting/Bork InsO, 76. Lfg. 5.18, § 22 Rn. 317; *Laroche*, in: HeidelbKomm InsO, § 5 Rn. 66; *Lohkemper*, ZIP 1995, 1641, 1649; *Vallender*, in: Uhlenbruck InsO, § 22 Rn. 284.

Flankierend[697] kann der vorläufige Insolvenzverwalter eine EMA-Anfrage stellen. Diese wird hier jedoch keine neuen Erkenntnisse bringen. Zudem können sonstige Ermittlungsmittel zum Einsatz kommen, wie die Abfrage bei Auskunfteien, die Sichtung von Gesellschaftsunterlagen aus dem Handelsregister etc. Insbesondere kann von Banken Auskunft verlangt werden. Hierzu wird das Insolvenzgericht den vorläufigen Insolvenzverwalter gem. §§ 21, 22 Abs. 2 Satz 1 InsO ermächtigen.[698] Ist die Bank der RE-GmbH nicht bekannt, sind sämtliche in Frage kommende Banken „kalt" anzuschreiben. In der Regel wird das Konto bei einer der üblichen Banken geführt. Sodann können Kontoauszüge eingeholt werden. Daraus sind Gläubiger und Schuldner ersichtlich, die zur weiteren Aufklärung des Sachverhalts befragt werden können. Ebenfalls kann das Finanzamt der Schuldnerin kontaktiert werden. Es entspricht jedoch der allgemeinen Erfahrung, dass Finanzämter wenig „auskunftsfreudig" sind.

Alle diese Mittel haben jedoch wenig Aussicht auf Erfolg, wenn M mit genügend krimineller Energie vorgeht. Vorliegend kann dann noch eine Privatdetektei eingeschaltet werden. Hierüber können vor allem grenzübergreifend weitere Ermittlungen angestellt werden. Angenommen der eingeschaltete Privatdetektiv stellt fest, dass der M gerade für eine kurze Zeit in seinem Haus in Darmstadt ist, ist besondere Eile geboten.[699] Der Detektiv wird dem vorläufigen Insolvenzverwalter entsprechenden Bericht erstatten. Dieser wird gegenüber dem Insolvenzgericht die zwangsweise Vorführung des M gem. §§ 22 Abs. 3 Satz 3, 2. Hs., 98 Abs. 2 Nr. 2, 101 Abs. 1 Satz 1 InsO anregen. Wird die zwangsweise Vorführung kurzfristig erlassen, kann diese durch den Gerichtsvollzieher vollstreckt werden. So wird der M zu einem Anhörungstermin vorgeführt. Richter und vorläufiger Insolvenzverwalter können den M befragen. Die Auskünfte können erlangt werden.

Das vorliegende Beispiel verdeutlicht, wie eine enge Zusammenarbeit von Gericht und Ermittler aussehen sollte. Das Gericht wird in seinem Kernbereich tätig. Der Ermittler schafft die Datenbasis, die dem Gericht eine effektive Entscheidung ermöglicht. Das Zusammenwirken von Gericht und Ermittler gewährleistet daher die effektive Ermittlung.

---

697 Hier ist zukünftig auch der § 98 Abs. 1a InsO zu nutzen.

698 *Schröder*, in: HambKomm InsO, § 22 Rn. 182.

699 Dies entspricht der Entwicklung in dem Verfahren, nach dem dieser vorliegende Fall gebildet wurde und an dem der Verfasser beteiligt war. Alle Namen, Orte und sonstigen Beteiligten sind hier jedoch fiktiv. Ähnlichkeiten mit real existierenden Personen sind rein zufällig und durch den Verfasser nicht beabsichtigt.

B. Ermittlungen im Rahmen der Delegation

Während sich die vorbeschriebenen Fallbeispiele und Ermittlungen vor allem im Kernbereich der gerichtlichen Ermittlungen abspielten, soll nunmehr anhand ausgewählter Fallbeispiele und Themen das Konzept der Delegation von Ermittlungen auf den Ermittler *in concreto* illustriert werden.

I. Ermittlung der Insolvenzreife bzw. der drohenden Zahlungsunfähigkeit

Von herausragender Wichtigkeit in Insolvenz- und Restrukturierungsverfahren sind Ermittlungen hinsichtlich des Eintritts der materiellen Insolvenzreife (§§ 17, 19 InsO) bzw. hinsichtlich der drohenden Zahlungsunfähigkeit gem. § 18 InsO. Gem. § 16 InsO setzt die Eröffnung eines Insolvenzverfahrens voraus, dass ein Insolvenzeröffnungsgrund gegeben ist. § 29 Abs. 1 StaRUG normiert, dass die Verfahrensinstrumente nur zur nachhaltigen Beseitigung einer bestehenden drohenden Zahlungsunfähigkeit im Sinne des § 18 InsO in Anspruch genommen werden können. Sowohl für Insolvenz- als auch Restrukturierungsverfahren ist das Bestehen einer materiellen Insolvenzreife oder der drohenden Zahlungsunfähigkeit Voraussetzung für den Eintritt in das jeweilige Verfahren.

1. Vorüberlegungen

Dadurch kommt den Ermittlungen bezüglich der materiellen Insolvenzreife und der drohenden Zahlungsunfähigkeit besondere Wichtigkeit zu. Denn mit der Feststellung der materiellen Insolvenzreife oder der drohenden Zahlungsunfähigkeit steht und fällt der Eintritt in das Insolvenz- oder Restrukturierungsverfahren. Die Gerichte haben mit besonderer Sorgfalt zu ermitteln.[700] Dabei müssen die Ermittlungen sicherstellen, dass diejenigen, die die Voraussetzungen für den Verfahrenseintritt erfüllen, auch tatsächlich Zugang zu dem jeweiligen Verfahren erlangen. Ebenso sind die Ermittlungen hinsichtlich der materiellen Insolvenzreife oder der drohenden Zahlungsunfähigkeit Garant dafür, dass die Verfahren nicht durch diejenigen in Anspruch genommen werden können, die die Eintrittsvoraussetzungen nicht erfüllen. Die Ermittlungen der materiellen Insolvenzreife oder der drohenden Zahlungsunfähigkeit haben damit eine verfahrensbegründende und missbrauchsverhindernde Funktion.

---

700 BGH, KTS 1957, 12, 13; zustimmend: *Mock*, in: Uhlenbruck InsO, § 16 Rn. 8; *Vuia*, in: MünchKomm InsO, § 16 Rn. 8.

2. *Fallbeispiel: die Nordpower AG*

Dies vorangestellt, sollen die konkreten Ermittlungen der materiellen Insolvenzreife oder der drohenden Zahlungsunfähigkeit anhand des nachstehenden Beispiels verdeutlicht werden: Im November des Jahres 2021 sollte ein Großprojekt durch die N-AG fertiggestellt werden. Stichtag ist der 15.11.2021. Aufgrund aktueller, globaler Verzögerungen innerhalb der Lieferketten der N-AG ist für die N-AG am 15.11.2021 ersichtlich, dass eine fristgerechte Fertigstellung nicht realisierbar ist. Ab dem 16.11.2021 werden daher täglich Strafzahlungen fällig, die zwischen dem Auftraggeber, den finanzierenden Banken und der N-AG vereinbart wurden. Derzeit stehen ausreichend liquide Mittel zur Verfügung. Es ist jedoch nicht absehbar, wann das Projekt fertiggestellt werden kann. In spätestens zehn Monaten – so die Mutmaßung des Vorstands – würde die Liquidität der N-AG nicht mehr ausreichen, alle fälligen Verbindlichkeiten zu befriedigen.

Die N-AG beschließt daher nach Beratung durch die Kanzlei M, ihre Restrukturierungssache gegenüber dem Restrukturierungsgericht R anzuzeigen. Gleichzeitig wird eine Stabilisierungsanordnung beantragt, da einige Gläubiger die Zwangsvollstreckung bzw. Verwertung ihres Eigentums androhen. Zudem soll die Kündigung von Darlehen durch die finanzierenden Banken verhindert werden (§ 55 Abs. 1 Satz 1, 1. Hs. StaRUG, § 55 Abs. 3 Satz 2 StaRUG *argumentum e contrario*). Geplant ist, die Liquidität der N-AG durch die Fremdfinanzierung und Debt-Equity-Swaps im Wege eines Restrukturierungsplans zu sichern.

3. *Lösungsansätze*

Aus dem vorbeschriebenen Fallbeispiel ergeben sich nunmehr zwei Problemschwerpunkte: Zuerst stellt sich die Frage, wann die Amtsermittlungspflicht hinsichtlich der drohenden Zahlungsunfähigkeit einsetzt (a). Zweitens stellt sich die Frage, wie konkrete Ermittlungen ausgestaltet werden müssen (b).

a) *Einsetzen der Ermittlungspflicht*

Für das Gericht stellt sich in dem obigen Beispiel der N-AG die Frage, ab wann es gem. § 39 Abs. 1 Satz 1 StaRUG zu Ermittlungen hinsichtlich der drohenden Zahlungsunfähigkeit berechtigt oder gar verpflichtet ist.

aa) Einsetzen mit der Anzeige der Restrukturierungssache?

Als frühestmöglicher Zeitpunkt für Amtsermittlungen hinsichtlich der drohenden Zahlungsunfähigkeit der N-AG kommt die Anzeige der Restrukturierungssache durch die N-AG in Betracht. Ausgehend vom Wortlaut des § 39 Abs. 1 Satz 1 StaRUG spricht für eine Berechtigung und Verpflichtung zu Amtsermittlungen zunächst, dass die drohende Zahlungsunfähigkeit zweifelsohne ein für das Verfahren bedeutsamer, weil konstitutiver Umstand ist. Auch sind Amtsermittlungen hinsichtlich der drohenden Zahlungsunfähigkeit oder materiellen Insolvenzreife nicht entsprechend dem Vorbehalt in § 39 Abs. 1 Satz 1, 2. Hs. StaRUG ausdrücklich ausgeschlossen.

Allerdings würde die Berechtigung und erst recht die Verpflichtung des Restrukturierungsgerichts zu amtswegigen Ermittlungen hinsichtlich der drohenden Zahlungsunfähigkeit bei Anzeige der Restrukturierungssache der Systematik und dem Willen des Gesetzgebers zuwiderlaufen. Die Anzeige der Restrukturierungssache ist zwar nicht folgenlos. Sie bewirkt gem. § 42 Abs. 1 StaRUG eine Umwandlung der Insolvenzantragspflicht in eine Anzeigepflicht gegenüber dem Restrukturierungsgericht.[701] Allerdings zeigt § 33 Abs. 2 Nr. 1, 1. Hs. StaRUG, dass gerade keine Amtsermittlungen hinsichtlich der drohenden Zahlungsunfähigkeit oder der materiellen Insolvenzreife anzustellen sind.[702] Denn dieser beschränkt die Möglichkeit der Aufhebung der Restrukturierungssache darauf, dass dem Gericht die entsprechenden Umstände, die eine materielle Insolvenzreife stützen, bereits *bekannt* sind. Dabei handelt es sich, wie oben gezeigt wurde, um eine Beschränkung des Amtsermittlungsgrundsatzes.[703] *Argumentum a maiore ad minus* kann das Restrukturierungsgericht bei einer bloßen Anzeige der Restrukturierungssache nicht die drohende Zahlungsunfähigkeit der N-AG ermitteln. Dies würde die vom Gesetzgeber für § 33 Abs. 2 Nr. 1, 1. Hs. StaRUG gewählte Systematik unterlaufen.[704]

Für dieses Ergebnis spricht auch der Wille des Gesetzgebers. Die Vorstellung des Gesetzgebers vom Restrukturierungsrichter ist weniger die eines

701 Für den Schuldner besteht eine Anzeigepflicht gem. § 32 Abs. 3 StaRUG.

702 *Kramer*, in: BeckOK StaRUG, 3. Ed. 15.11.21, § 29 Rn. 44.

703 Anknüpfungspunkt ist die „Bedeutung" eines Umstands für das Verfahren; siehe auch: *Vallender*, ZInsO 2020, 2579, 2583; *ders.*, ZRI 2021, 165, 168.

704 *Skauradszun*, in: BeckOK StaRUG, 3. Ed. 15.11.21, § 63 Rn. 5; dennoch ist es aus Sicht des Schuldners empfehlenswert, die drohende Zahlungsunfähigkeit darzustellen: *Wollring/Quitzau*, ZRI 2021, 785, 791 f.

allsehenden Überwachers als vielmehr die eines „Nachtwächters".[705] Nach der Vorstellung des Gesetzgebers wird das Restrukturierungsgericht nicht proaktiv zur fortwährenden Überwachung des Schuldners tätig.[706] So dürfen Verstöße des Schuldners gegen § 32 StaRUG durch das Restrukturierungsgericht nicht ohne Anlass ermittelt werden.[707] Anlasslos darf daher auch nicht der Zustand der materiellen Insolvenzreife ermittelt werden, da sich hierauf gerade die Anzeigepflicht aus § 32 Abs. 3 StaRUG bezieht. Dem würde das Einsetzen einer Pflicht oder Berechtigung zur Ermittlung der drohenden Zahlungsunfähigkeit mit der bloßen Anzeige der Restrukturierungssache widersprechen.

Das Restrukturierungsgericht ist demnach durch die Anzeige der Restrukturierungssache zu Ermittlungen hinsichtlich der drohenden Zahlungsunfähigkeit der N-AG weder verpflichtet noch berechtigt. Daraus ergibt sich die Möglichkeit zum Missbrauch und der weiteren Insolvenzverschleppung.[708] Denn sofern dem Restrukturierungsgericht keine Umstände bekannt sind, darf es keine weiteren Ermittlungen anstellen. Für missbräuchlich agierende Schuldner bedeutet dies, dass ggf. weitere Zeit gewonnen wird, beispielsweise um Vermögenswerte beiseitezuschaffen, und eine Insolvenz verschleppt werden kann. Denn die Antragspflicht im Sinne des § 15a InsO ist ausgesetzt, sodass auch eine Haftung nach § 15b Abs. 4 Satz 1 InsO suspendiert ist. Insofern ist es Sache der Beteiligten des Verfahrens, dem Gericht einen Sachverhalt vorzutragen, der Anhaltspunkte beinhaltet, die gegen eine drohende Zahlungsunfähigkeit sprechen.[709] Damit wird die Last, den Ermittlungsanlass zu begründen, auf die Beteiligten des Verfahrens verlagert. *De lege lata* ist dieses Ergebnis aufgrund der vom Gesetzgeber gewählten Systematik zu akzeptieren. Eine andere Auslegung wäre *contra legem*. *De lege ferenda* besteht Bedarf zur Korrektur.[710]

---

705 *Frind*, in: Bieg/Borchardt/Frind, Unternehmenssanierung und Betriebsfortführung, Teil 2 B. VIII. Rn. 22.

706 BT-Drs. 19/24181, S. 139; in dem hier vorliegenden Kontext: *Kramer*, in: BeckOK StaRUG, 3. Ed. 15.11.21, § 29 Rn. 44.

707 BT-Drs. 19/24181, S. 139; siehe auch *Kramer*, in: BeckOK StaRUG, 3. Ed. 15.11.21, § 29 Rn. 44.

708 *Frind*, ZInsO 2020, 2241, 2243.

709 *Fiebig*, ZRI 2021, 561, 565.

710 Zu den möglichen Änderungen *de lege ferenda*: § 4 A. I.

bb) Einsetzen mit Inanspruchnahme von Instrumenten im Sinne des § 29 Abs. 2 StaRUG

Stattdessen setzt die Berechtigung und Verpflichtung zu Amtsermittlungen hinsichtlich der drohenden Zahlungsunfähigkeit hinsichtlich der N-AG grundsätzlich mit Inanspruchnahme eines oder mehrerer Instrumente im Sinne des § 29 Abs. 2 StaRUG ein.[711]

Das Restrukturierungsgericht hat demnach spätestens bei der Beantragung der Stabilisierungsanordnung in den Grenzen des § 39 Abs. 1 Satz 1 StaRUG von Amts wegen zu ermitteln, ob die N-AG drohend zahlungsunfähig im Sinne des § 18 InsO ist.[712] Allerdings greifen die Berechtigung sowie die Verpflichtung zu Amtsermittlungen im Rahmen der Stabilisierungsanordnung nur, wenn bereits Umstände *bekannt* sind, aus denen sich eine drohende Zahlungsunfähigkeit der N-AG ergibt. Sind keine entsprechenden Umstände bekannt, erfolgt im vorliegenden Beispiel auch im Rahmen der Beantragung der Stabilisierungsanordnung keine Prüfung der drohenden Zahlungsunfähigkeit der N-AG. Dies will der Gesetzgeber darin begründet sehen, „dass die Stabilisierungsanordnung, die unter Umständen zeitkritisch sein kann, nicht erst nach einer langwierigen Prüfung ergehen kann, für die gegebenenfalls sogar die Einschaltung eines Restrukturierungsbeauftragten als Sachverständiger erforderlich wäre."[713]

In der Konsequenz bedeutet dies, dass das Restrukturierungsgericht in dem vorliegenden Fall lediglich in zwei Konstellationen zu Amtsermittlungen hinsichtlich der drohenden Zahlungsunfähigkeit der N-AG berechtigt und verpflichtet ist: erstens, wenn dies in einem Vorprüfungstermin gem. § 46 Abs. 1 Nr. 3 StaRUG geklärt werden soll. Dies hängt jedoch grundsätzlich von einem Antrag gem. §§ 46 Abs. 1 Satz 1, 47 Satz 1 StaRUG der N-AG ab. Nur im gerichtlichen Abstimmungsverfahren kann ein Vorprüfungstermin gem. § 46 Abs. 3 StaRUG auch von Amts wegen anberaumt werden.[714]

---

711 *Balthasar*, NZI-Beilage 2021, 18; *Vallender*, ZInsO 2020, 2579, 2583; *ders.*, ZRI 2021, 165, 168.

712 Vgl. auch *Balthasar*, NZI-Beilage 2021, 18; *Vallender*, ZInsO 2020, 2579, 2583; *ders.*, ZRI 2021, 165, 168.

713 BT-Drs. 19/24181, S. 155; siehe auch *Smid*, ZInsO 2021, 198, 200; *Streeck*, in: Wolgast/Grauer StaRUG.online, § 51 Rn. 19.

714 Nach *Wollenhaupt*, Amtsermittlungsgrundsatz im StaRUG, § 3 F. I. 2. ist die Kompetenz des Restrukturierungsgerichts zur Bestimmung eines Vorprüfungstermins nach § 46 Abs. 3 StaRUG nachrangig hinter der entsprechenden Möglichkeit des Schuldners ist.

Zweitens, wenn die N-AG einen Antrag auf gerichtliche Bestätigung des Restrukturierungsplans gem. § 60 Abs. 1 StaRUG stellt. Insoweit hat das Restrukturierungsgericht dann Ermittlungen hinsichtlich der drohenden Zahlungsunfähigkeit gem. § 63 Abs. 1 Nr. 1 StaRUG anzustellen.

Nur soweit Umstände bei dem Gericht bekannt werden, die Anlass zur Ermittlung der drohenden Zahlungsunfähigkeit geben, kann bereits früher zu entsprechenden Ermittlungen übergegangen werden. Außerhalb dessen zeigt sich, dass die vom Gesetzgeber gewählte Systematik zu einer weitreichenden Einschränkung von Amtsermittlungen führt. Dies reicht so weit, dass selbst die Grundvoraussetzung für die Inanspruchnahme des Verfahrensrahmens, die drohende Zahlungsunfähigkeit, in Extremfällen durch das Restrukturierungsgericht bis zur gerichtlichen Bestätigung des Restrukturierungsplans nicht überprüft werden darf.[715] Damit wird dem Restrukturierungsgericht die Wahrnehmung der Rolle der „Nachtwächterin" umso schwerer gemacht. Hier bedarf es einer nuancierten Anpassung des StaRUG.[716]

b) Konkrete Ermittlungen

Sofern die Amtsermittlungspflicht greift, stellt sich zunächst die Frage, was inhaltlich durch das Gericht zu ermitteln ist. Anschließend stellt sich die Frage, wie durch das Gericht zu ermitteln ist.

aa) Inhaltliche Reichweite der Amtsermittlungen

Ausgehend vom Wortlaut der §§ 46 Abs. 1 Nr. 3, 51 Abs. 1 Nr. 3, 63 Abs. 1 Nr. 1 StaRUG hat das Gericht nur das Bestehen der drohenden Zahlungsunfähigkeit zu überprüfen. Das kann jedoch nicht bedeuten, dass sich die Ermittlungen hinsichtlich der drohenden Zahlungsunfähigkeit erschöpfen. Stattdessen hat das Restrukturierungsgericht, wenn es eine Amtsermittlungspflicht aus § 39 Abs. 1 Satz 1 StaRUG trifft, auch das Bestehen einer materiellen Insolvenzreife zu ermitteln.[717] Dies ergibt sich aus den folgenden Erwägungen:

---

715 *Skauradszun*, in: BeckOK StaRUG, 3. Ed. 15.11.21, § 63 Rn. 9 („spätestens"); *Vallender*, ZInsO 2020, 2677, 2679 („spätestens"); zur Richtlinie: *Skauradszun*, KTS 2019, 161, 167.

716 S. dazu unten: § 4 A. I.

717 *Skauradszun*, in: BeckOK StaRUG, 3. Ed. 15.11.21, § 63 Rn. 11; im Ergebnis wohl auch: *Fendel*, in: Braun StaRUG, § 63 Rn. 3.

Der Wortlaut der vorbenannten Paragrafen[718] knüpft die Rechtsfolgen daran, dass drohende Zahlungsunfähigkeit des Schuldners *nicht* vorliegt. Es ist damit nicht zu prüfen, dass eine drohende Zahlungsunfähigkeit im positiven Sinne vorliegt; sondern negativ, ob diese nicht vorliegt, damit die jeweilige Rechtsfolge ergriffen werden kann.[719] Eine drohende Zahlungsunfähigkeit ist nicht gegeben, wenn der Schuldner entweder *noch* nicht drohend zahlungsunfähig oder *schon* insolvenzreif ist. In der Konsequenz hat das Gericht stets beide Alternativen zu ermitteln.[720] Eine Ausnahme hiervon könnte man angesichts des Wortlauts bei § 51 Abs. 1 Nr. 3 StaRUG begründet sehen. Dort bezieht sich die Prüfung nur auf die *noch* nicht drohende Zahlungsunfähigkeit. Dabei kann es sich nur um eine Ungenauigkeit des Gesetzgebers handeln. *Argumentum a maiore ad minus* ist auch hier die Insolvenzreife zu prüfen.[721] Denn besteht Insolvenzreife, darf die Stabilisierungsanordnung erst recht nicht erlassen werden. Vielmehr ist die Restrukturierungssache grundsätzlich gem. § 33 Abs. 2 Nr. 1, 1. Hs. StaRUG aufzuheben.[722]

Im Übrigen entspricht dies auch den europarechtlichen Vorgaben der Rest-RL. Denn Art. 1 Abs. 1 und Art. 4 Abs. 1 der Rest-RL geben vor, dass die Verfahrensinstrumente nur zur Verfügung stehen, wenn die Insolvenz wahrscheinlich ist. Dem entspricht auch der Erwägungsgrund 24 der Rest-RL. Insolvenzreifen Schuldnern sollen die Verfahrensinstrumente *argumentum e contrario* damit gar nicht erst offenstehen. Durch die Bejahung der drohenden Zahlungsunfähigkeit ist jedoch noch nicht festgestellt, ob nicht auch Insolvenzreife vorliegt. Dies ist insbesondere problematisch, wenn es sich um Kapitalgesellschaften handelt, für die auch die Überschuldung im Sinne des § 19 InsO die Insolvenzreife begründet. Denn es besteht eine starke Konvergenz zwischen

---

718 Ausnahme: § 46 StaRUG. Auch hier kann jedoch der Maßstab der späteren Bestätigungsentscheidung angelegt werden, AG Köln, NZI 2021, 433; *Thole*, NZI 2021, 436.

719 *Thole*, NZI 2021, 436; zustimmend: *Skauradszun*, in: BeckOK StaRUG, 3. Ed. 15.11.21, § 63 Rn. 12; a.A. wohl AG Köln, NZI 2021, 433 f.

720 *Laroche*, in: Flöther StaRUG, § 63 Rn. 6; a.A. wohl AG Dresden, ZInsO 2021, 1398, 1399 f., demnach sei die drohende Zahlungsunfähigkeit eine Mindestanforderung.

721 Anders wohl: *Mock*, in: BeckOK StaRUG, 3. Ed. 15.11.21, § 51 Rn. 10 f.

722 Nur bei einer Nichtaufhebungsentscheidung im Sinne des § 33 Abs. 2 Nr. 1 StaRUG durch das Restrukturierungsgericht können weitere Instrumente durch den Schuldner in Anspruch genommen werden. Auch eine gerichtliche Planbestätigung steht dem Schuldner offen, AG Dresden, ZInsO 2021, 1398, 1399 f.

Überschuldung und drohender Zahlungsunfähigkeit.[723] Auch der nationale Gesetzgeber hält in der Gesetzesbegründung fest, dass die Instrumente des StaRUG insolvenzreifen Schuldnern grundsätzlich verwehrt bleiben.[724]

Die erste Frage ist demnach so zu beantworten, dass das Restrukturierungsgericht ermitteln muss, ob der Schuldner nicht drohend zahlungsunfähig im Sinne des § 18 InsO ist. Eine drohende Zahlungsunfähigkeit ist nicht gegeben, wenn der Schuldner entweder *noch* nicht drohend zahlungsunfähig oder *schon* insolvenzreif ist.

bb) Konkrete Ausgestaltung der Amtsermittlungen

Dies vorangestellt sollten die Ermittlungen auf einen Sachverständigen oder vorzugsweise auf einen Restrukturierungsbeauftragten delegiert werden. Insbesondere im Rahmen des § 63 Abs. 1 Nr. 1 StaRUG geht auch der Gesetzgeber davon aus, dass die Prüfungen durch einen Restrukturierungsbeauftragten durchgeführt werden können. Dies ergibt sich unmittelbar aus § 73 Abs. 3 Nr. 1 StaRUG.

Der Einschätzung des Gesetzgebers, dass insbesondere bei der Ermittlung der Frage, ob der Schuldner entweder *noch* nicht drohend zahlungsunfähig oder *schon* insolvenzreif ist, der Restrukturierungsbeauftragte zur Ermittlung eingesetzt werden kann, ist zuzustimmen. Mehr noch: Mit Ausnahme von einfach gelagerten Fällen sollten die entsprechenden Ermittlungen stets von einem Restrukturierungsbeauftragten durchgeführt werden. Der Restrukturierungsbeauftragte ist das „geborene Ermittlungsorgan" des Restrukturierungsgerichts.[725] Insbesondere bei den Ermittlungen bezüglich der drohenden Zahlungsunfähigkeit und der materiellen Insolvenzreife sollte sich das Restrukturierungsgericht der Expertise und Erfahrung des Restrukturierungsbeauftragten bedienen. Denn die Ermittlungen hinsichtlich der drohenden Zahlungsunfähigkeit sind besonders aufwändig und komplex. Drohende Zahlungsunfähigkeit liegt gem. § 18 Abs. 2 Satz 1 InsO vor, wenn der Schuldner „voraussichtlich nicht in der Lage sein wird, die bestehenden Zahlungspflichten im Zeitpunkt der Fälligkeit zu erfüllen." Praktisch bedeutet dies, dass die N-AG

---

723 Vor allem die Messmethoden sind ähnlich, sodass es zu einem Gleichlauf kommen kann: siehe bereits BT-Drs. 12/7302, S. 157; vgl. zum Stand in der Literatur: *Drukarczyk*, in: MünchKomm InsO, § 18 Rn. 29 Fn. 31.

724 Allg. Teil, BT-Drs. 19/24181, S. 90; BT-Drs. 19/24181, S. 137; siehe auch *Skauradszun*, in: BeckOK StaRUG, 3. Ed. 15.11.21, § 63 Rn. 11.

725 *Pannen*, in: Pannen/Riedemann/Smid StaRUG, § 76 Rn. 4; *Smid*, ZInsO 2020, 2184, 2187.

stichtagsgenau darlegen muss, wann voraussichtlich die Zahlungsunfähigkeit eintreten wird.[726] In einfachen Fällen kann hierzu ausreichen, einen Sachverhalt vorzutragen, aus dem sich eine hinreichende Wahrscheinlichkeit für den Eintritt der Zahlungsunfähigkeit ergibt.[727] In allen anderen Fällen wird man jedoch eine dezidierte Finanzplanung fordern müssen, anhand derer ersichtlich wird, wann genau im Betrachtungszeitraum der Zeitpunkt der Zahlungsunfähigkeit eintritt.

Auch für die Ermittlung der Insolvenzreife bedarf es aufwändiger Ermittlungen und Bewertungen. Diese können durch den Restrukturierungsrichter kaum höchstpersönlich bewerkstelligt werden. Effektiver ist es deshalb auch hier, die Ermittlungen auf den Restrukturierungsbeauftragten zu delegieren. Ist kein Restrukturierungsbeauftragter bestellt, können die Ermittlungen auch einem Sachverständigen delegiert werden. So wird für die Ermittlung der Zahlungsunfähigkeit eines Schuldners eine Liquiditätsbilanz zu erstellen sein. Diese muss mindestens durch den Restrukturierungsbeauftragten auf ihre Schlüssigkeit und bei Zweifel auf ihre Richtigkeit kontrolliert werden. Dasselbe gilt für die aufzustellende Überschuldungsbilanz sowie, sofern erforderlich, die Fortführungsprognose.

Zusammenfassend kann konstatiert werden: Das Restrukturierungsgericht muss ermitteln, ob der Schuldner nicht drohend zahlungsunfähig im Sinne des § 18 InsO ist. Eine drohende Zahlungsunfähigkeit ist nicht gegeben, wenn der Schuldner entweder *noch* nicht drohend zahlungsunfähig oder *schon* insolvenzreif ist. Die Ermittlungen sollten in den allermeisten Fällen auf einen Sachverständigen oder Restrukturierungsbeauftragten delegiert werden. So können die Ermittlungen effektiv ausgestaltet werden.

4. *Ermittlung der Insolvenzreife im Insolvenzverfahren*

Die soeben dargestellten Grundsätze gelten auch für das Insolvenzverfahren. Hier gilt der Amtsermittlungsgrundsatz jedoch uneingeschränkt. § 16 InsO schreibt vor, dass ein Insolvenzverfahren nur eröffnet werden kann, wenn ein Insolvenzgrund vorliegt. Dies ist zwingend durch das Insolvenzgericht zu ermitteln und festzustellen. Es wird erneut deutlich, wie stark die Ermittlungsdichte zwischen Insolvenz- und Restrukturierungsverfahren auseinandergeht. Aus Effizienzgründen wird aber auch hier in den meisten Fällen eine Delegation

726 *Drukarczyk*, in: Münch.-Komm. InsO, § 18 Rn. 50 ff.
727 *Drukarczyk*, in: Münch.-Komm. InsO, § 18 Rn. 50 ff.

der Ermittlungen auf einen Sachverständigen oder vorläufigen Insolvenzverwalter erfolgen.

II. Ermittlungen des Sonderinsolvenzverwalters

Im soeben analysierten Beispiel erfolgt die Delegation der Ermittlungen aus Gründen der Effektivität. Im Folgenden soll ein weiterer Aspekt der Delegation beleuchtet werden: Die Erforderlichkeit der Delegation von Ermittlungen auf einen Sonderinsolvenzverwalter aus Gründen der Lösung oder Vermeidung von punktuellen Interessenkonflikten.

1. Grundsatz: Auflösung punktueller Interessenkonflikte durch den Sonderinsolvenzverwalter

Tritt in Insolvenz- und Restrukturierungsverfahren ein punktueller Interessenkonflikt[728] bei dem Insolvenzverwalter auf, ist dieser auflösungsbedürftig. Richtigerweise wird sich das Gericht nicht einfach mit den Berichten und Auskünften desjenigen begnügen dürfen, der dem Interessenkonflikt zugrunde liegt. § 5 Abs. 1 Satz 1 InsO verpflichtet das Gericht, bedeutsame Umstände von Amts wegen zu ermitteln. Dazu können auch die Umstände gehören, die einen punktuellen Interessenkonflikt begründen.

Allerdings verfügt das Insolvenzgericht selbst nicht über den entsprechenden Ermittlungsapparat, der eine adäquate Ermittlung der den Interessenkonflikt begründenden Umstände ermöglichen würde.[729] In offensichtlichen und einfach gelagerten Fällen kann das Gericht eigenständige Ermittlungen anstellen. In schwierig gelagerten Fällen hingegen sollte auf das Konzept der Delegation zurückgegriffen werden. Es muss ein „neuer" Ermittler eingesetzt werden. Insofern handelt sich hier um eine Unterkategorie der vorübergehenden Ersetzung des (ursprünglich eingesetzten) Interessenwahrers.[730]

Im Rahmen des Insolvenzverfahrens ist die vorübergehende Ersetzung des Interessenwahrers (des Insolvenzverwalters) durch einen Sonderinsolvenzverwalter vorgesehen.[731] Es stellt sich zunächst die Frage, ob der

---

728 *Graf/Wunsch*, DZWIR 2002, 177 ff.; zu einzelnen Fallgruppen des punktuellen Interessenkonflikts siehe: *Rechel*, in: Rattunde/Smid/Zeuner InsO, § 56 Rn. 52.

729 *Smid*, ZInsO 2021, 981, 1000.

730 Vgl. dazu insgesamt: *Kumpan*, Der Interessenkonflikt im deutschen Privatrecht, S. 346 ff.

731 BGHZ 113, 262, 270; BT-Drs. 12/7302, S. 162; *Delhaes/Römermann*, in: Nerlich/Römermann InsO, 42. Lfg. 2.21, § 56 Rn. 29 ff.; *Graeber*, in: MünchKomm InsO,

Sonderinsolvenzverwalter auch als neuer Ermittler in dem vorliegenden Kontext geeignet ist. Mit anderen Worten stellt sich die Frage, ob die Einsetzung eines Sonderinsolvenzverwalters auch zulässig ist, wenn dies vorrangig aus Gründen der Delegation der Amtsermittlungen geschieht.

Einige Stimmen in der Literatur scheinen dies abzulehnen. So werden die Anwendungsbereiche für die Einsetzung eines Sonderinsolvenzverwalters auf die tatsächliche Verhinderung des Insolvenzverwalters, rechtliche Inhabilität hinsichtlich einzelner Prüfungsfragen („i.d.R. Forderung") sowie die Geltendmachung eines Gesamtschadens im Sinne des § 92 Satz 2 InsO begrenzt.[732] Einigkeit besteht wohl aber darüber, dass innerhalb der o.g. Fallgruppen Ermittlungen durch den Sonderinsolvenzverwalter angestellt werden dürfen und sollen.

Im Rahmen des Konzepts der Delegation von Ermittlungen auf einen Ermittler ist jedoch auch über diese Fallgruppen hinaus die Bestellung eines Sonderinsolvenzverwalters zulässig. Der BGH hat insofern ausgeführt, dass die Bestellung eines Sonderinsolvenzverwalters zulässig ist, wenn der Insolvenzverwalter aus tatsächlichen oder rechtlichen Gründen an der Ausführung seiner Aufgaben verhindert ist.[733] In dem vorliegenden Kontext ist die auszuführende Aufgabe die Wahrnehmung der Ermittlungen, die dem Insolvenzverwalter durch das Insolvenzgericht delegiert wurden. Ist der Insolvenzverwalter aus tatsächlichen oder rechtlichen Gründen daran gehindert, die Ermittlungen vorzunehmen, kann das Insolvenzgericht einen Sonderinsolvenzverwalter bestellen. Diesem können dann an Stelle des Insolvenzverwalters die Ermittlungen in einem konkreten Punkt delegiert werden.

Mit der Bestellung eines Sonderinsolvenzverwalters sollte das Insolvenzgericht dabei zurückhaltend umgehen. In einfach gelagerten Fällen wird das

§ 56 Rn. 153 ff.; *Kumpan*, Der Interessenkonflikt im deutschen Privatrecht, S. 347 ff.; *Lüke*, ZIP 2004, 1693, 1694 f.; *ders.*, in: Kübler/Prütting/Bork InsO, 87. Lfg. 3.21, § 56 Rn. 75 ff.; *Rechel*, in: Rattunde/Smid/Zeuner InsO, § 56 Rn. 49 ff.; *Smid*, in: Smid InsO, § 56 Rn. 30; *Zipperer*, in: Uhlenbruck InsO, § 56 Rn. 57; vgl. auch § 92 Satz 2 InsO, der für einen sich gegen den Insolvenzverwalter richtenden Gesamtschadensersatzanspruch im Sinne des § 92 Satz 1 InsO die Geltendmachung nur durch einen „neu bestellten" Insolvenzverwalter zulässt.

732 *Frind*, in: HambKomm InsO, § 56 Rn. 122; wohl auch *Graeber*, in: MünchKomm InsO, § 56 Rn. 155 f.;

733 § 77 InsO-RegE, BT-Drs. 12/7302, S. 28; BGH, NZI 2006, 474, 475; LG Frankfurt/Oder, ZInsO 1999, 45; *Smid*, ZInsO 2021, 2177, 2179; *Zipperer*, in: Uhlenbruck InsO, § 56 Rn. 57.

Insolvenzgericht selbst ermitteln oder einen Sachverständigen mit der Ermittlung beauftragen. Dabei handelt es sich jedenfalls um kostensparende Maßnahmen. Allerdings stehen dem Sachverständigen weniger Ermittlungsbefugnisse zu als dem Sonderinsolvenzverwalter. Sofern also umfangreichere Ermittlungen erforderlich werden, sollte das Insolvenzgericht aus Gründen der Effektivität der Ermittlungen einen Sonderinsolvenzverwalter bestellen.

2. Besonderheit: Bremer Modell

Solche umfangreichen Ermittlungen ergeben sich im Besonderen im Rahmen des Bremer Modells. Auch hier wird jüngst u.a. über die Bestellung von Sonderinsolvenzverwaltern nachgedacht.[734] Dies soll zum Anlass genommen werden, Fragen der Amtsermittlung im Rahmen des Bremer Modells genauer in den Blick zu nehmen. Dabei wird auch auf die mögliche Rolle eines Sonderinsolvenzverwalters einzugehen sein.

a) Sachverhalt, der dem Bremer Modell zugrunde liegt

Dem Bremer Modell liegt dabei folgender Sachverhalt zugrunde:[735] Der Rechtsanwalt B aus der deutschlandweit tätigen Kanzlei G soll sich im Frühjahr des Jahres 2020 bei einer Rechtsanwältin A gemeldet haben. Diese war mandatiert für die Sanierung der G-GmbH. In einem Treffen von B und A soll Ersterer auf die Möglichkeit einer Insolvenz hingewiesen haben, nachdem er, B, von Gläubigern der G-GmbH angesprochen wurde. Bei einem weiteren Treffen von Vertretern der G-GmbH, A und B skizziert Letzterer, wie eine mögliche Insolvenz aussehen könnte: Es sollen in Zusammenarbeit mit einer Steuerberatungsgesellschaft die Gesellschaftsanteile übertragen, der Geschäftsführer ausgetauscht und der Sitz der G-GmbH nach Bremen verlegt werden. Laut

---

734 Dafür: *Smid*, ZInsO 2021, 2177 ff.; *Holzer*, INDat Report 07/2021, 10, 15; dagegen: *Madaus*, in: BeckOK InsR, 25. Ed. 15.10.21, InsO, § 5 Rn. 15.

735 Der Sachverhalt ist in gekürzter Form dem Rechtsgutachten zu Fragen „Der örtlichen Zuständigkeit des Insolvenzgerichts bei vollzogener oder in Vollzug befindlicher Sitzverlegung, Umfirmierung und Austauschs des Geschäftsleiters des schuldnerischen Unternehmensträgers und damit zusammenhängender Gegenstände" im Auftrag der Frau Senatorin für Justiz und Verfassung der Freien und Hansestadt Bremen erstellt durch Prof. Dr. *Smid*, abrufbar unter: https://sd.bremische-buergerschaft.de/vorgang/?__=UGhVM0hpd2NXNFdFcExjZc7t2S8mZv6bYcBVXnn2LKw (zuletzt abgerufen am: 10.01.2022), entnommen. Die Daten der Beteiligten werden hier anonymisiert wiedergegeben; vgl. zum Sachverhalt auch *Smid*, ZInsO 2021, 981 f.

Protokoll der A soll B gesagt haben, dass man in Bremen aufgrund von „anonymen Vorgesprächen mit dem Gerichtspräsidenten“ garantieren könne, dass H, ebenfalls Anwalt in der Kanzlei G, zum Insolvenzverwalter bestellt werde. Die vorbenannten Schritte werden ergriffen und das Insolvenzverfahren am AG Bremen –Insolvenzgericht – eröffnet.

b) Vorüberlegungen

Der oben skizzierte Sachverhalt wirft eine Reihe von Fragen auf.[736] Nicht alle davon sind amtswegig durch das Insolvenzgericht zu ermitteln. Wird ein Insolvenzgericht allerdings mit einem ähnlich gelagerten Fall konfrontiert, hat es auf Grundlage seiner Amtsermittlungspflicht gem. § 5 Abs. 1 Satz 1 InsO wenigstens die folgenden Fragen aufzuklären:

Amtswegig zu ermittelnde und zu prüfende Umstände im Rahmen des Bremer Modells	
Verfahrensstadium	**Fragestellung**
Zulassungsverfahren[737]	- Zulässigkeit des Insolvenzantrags unter dem Aspekt der möglichen Firmenbestattung - Zuständigkeit des Insolvenzgerichts, § 3 Abs. 1 Satz 1 InsO
Insolvenzeröffnungsverfahren	- Konkrete Geeignetheit des vorgeschlagenen Insolvenzverwalters[738] - Überprüfung der Darstellung und Begründung der materiellen Insolvenzreife

(wird auf nächster Seite fortgeführt)

736 Vgl. *Smid*, ZInsO 2021, 981, 982 f.; *ders.*, ZInsO 2021, 2177.

737 Ermittlungen finden erst im Insolvenzeröffnungsverfahren statt, da im Zulassungsverfahren noch kein Amtsermittlungsgrundsatz gilt.

738 Diese Fragen muss sich das Insolvenzgericht bereits im Stadium des Insolvenzeröffnungsverfahrens stellen, da die Bestellung eines Sachverständigen oder vorläufigen Insolvenzverwalters häufig die Entscheidung über die Personalie des Insolvenzverwalters vorwegnimmt.

Abbildung 4: Fortsetzung

Amtswegig zu ermittelnde und zu prüfende Umstände im Rahmen des Bremer Modells	
Eröffnetes Insolvenzverfahren	- Rechtmäßiger Umgang mit Insolvenzsonderaktiva - Rechtmäßiger Umgang mit Ansprüchen gegen „alte" und „neue" Gesellschafter - Rechtmäßiger Umgang mit konzerninternen wechselseitigen Ansprüchen - Art und Umfang der Einschaltung von Dienstleistern, insbesondere unter dem Aspekt der Begründung von Masseverbindlichkeiten - Mögliche Schäden im Sinne des § 92 InsO (nur bei Anhaltspunkten)

Abbildung 4: Amtswegig zu ermittelnde und zu prüfende Umstände im Rahmen des Bremer Modells

Quelle: eigene Darstellung; einzelne Fragen sind dem vorbenannten Gutachten von *Smid* entnommen

c) Lösungsansätze auf Grundlage der o.g. gemeinsamen Grundsätze der Amtsermittlung

Die vorstehende Tabelle verdeutlicht, welchen möglichen Fragen das Insolvenzgericht nachzugehen hat, sollte es einem wie im Bremer Modell gelagerten Fall begegnen. Sämtliche Umstände, die sich auf die vorbenannten Fragen beziehen, sind gem. § 5 Abs. 1 Satz 1 InsO von Amts wegen zu ermitteln. Es handelt sich um für das jeweilige Verfahren bedeutsame Umstände, da es um die Zulässigkeit des Insolvenzantrags, die örtliche Zuständigkeit, die konkrete Geeignetheit der vorgeschlagenen Person oder um die rechtmäßige Abwicklung und Bearbeitung des Verfahrens geht. Sind Anzeichen für ein Vorgehen nach dem Bremer Modell vorhanden, muss das Gericht Ermittlungen vornehmen. Hier besteht kein Entschließungsermessen des Insolvenzgerichts.

Praktisch wird das Insolvenzgericht dabei eine Gratwanderung vollziehen müssen. Denn im Kontext der Delegation von Amtsermittlungen auf den Sachverständigen oder (vorläufigen) Insolvenzverwalter stellt sich für das Bremer Modell die Frage, inwieweit sich das Insolvenzgericht auf dessen Ermittlungen verlassen kann.

Im Folgenden wird daher aufgezeigt, dass auch das Bremer Modell die Zulässigkeit der Delegation von Ermittlungen nicht in Frage stellt. Dabei wird erneut deutlich, dass die Ermittlung der Unabhängigkeit des Insolvenzverwalters von herausragender Bedeutung ist. Im Übrigen kann das Insolvenzgericht zur Auflösung punktueller Interessenkonflikte einen weiteren (unbeteiligten) Sachverständigen oder einen Sonderinsolvenzverwalter bestellen. Im Einzelnen:

aa) Ermittlungen im Zulassungsverfahren?

Im Kontext des Bremer Modells stellen sich bereits im Zulassungsverfahren zwei entscheidende Frage. Namentlich, ob eine Firmenbestattung[739] vorliegt, die die Unzulässigkeit des Antrags auf Eröffnung des Insolvenzverfahrens zur Folge hätte, und ob das Gericht örtlich zuständig im Sinne des § 3 Abs. 1 Satz 1 InsO ist. Es ist allerdings zu bedenken, dass das Insolvenzgericht im Zulassungsverfahren keine Amtsermittlungen anstellt.[740] Der Amtsermittlungsgrundsatz gilt noch nicht. Amtsermittlungen im Kontext des Bremer Modells erfolgen daher (noch) nicht im Zulassungsverfahren.

---

739 Eine Firmenbestattung ist ein Vorgang, „bei dem sich die Verantwortlichen dazu entschließen, eine Gesellschaft verdeckt zu liquidieren, um ein Insolvenzverfahren zu vermeiden oder so lange wie möglich hinauszuzögern" (BGH, NZI 2020, 679, 680; siehe auch *Petersen*, Firmenbestattung, S. 28 ff.). Äußere Anzeichen, die auf eine Firmenbestattung hindeuten, sind vor allem: der Austausch der Vertretungsorgane der Schuldnerin, die Übertragung der Gesellschaftsanteile, der Verlust bzw. die Beiseiteschaffung der Geschäftsunterlagen und der Antrag auf Eröffnung des Insolvenzverfahrens, der keinerlei verwertbare Vermögensgegenstände mehr ausweist (BGH, NZI 2020, 679, 680). Ein solcher Antrag ist mangels eines Rechtsschutzbedürfnisses unzulässig (BGH, NZI 2020, 679, 680). Grund für das fehlende Rechtsschutzinteresse ist, dass das Ziel der gleichmäßigen und gemeinschaftlichen Gläubigerbefriedigung aus § 1 Satz 1 InsO von vornherein nicht mehr erreicht werden kann (BGH, NZI 2020, 679, 680).

740 BGHZ 153, 205, 208; BGH, NZI 2003, 647; *Kexel*, in: Graf-Schlicker InsO, § 13 Rn. 27; *Pape*, in: Kübler/Prütting/Bork InsO, 75. Lfg. 3.18, § 13 Rn. 13a; *Wegener*, in: Uhlenbruck InsO, § 13 Rn. 142.

bb) Ermittlungen im Insolvenzeröffnungsverfahren

Die Ermittlungen im Rahmen der Zulässigkeit des Insolvenzantrags werden jedoch in das Eröffnungsverfahren verlagert. Wird der Antrag zugelassen, sind bei Ermittlungsanlass die Voraussetzungen der Unzulässigkeit eines Insolvenzantrags und der örtlichen Zuständigkeit nachträglich durch das Insolvenzgericht zu ermitteln.[741] Die Zulassung eines Insolvenzantrags schließt seine Abweisung als unzulässig nicht aus.[742]

Zunächst sollte jedoch unbedingt die konkrete Unabhängigkeit des vorgeschlagenen Insolvenzverwalters geprüft werden. Eine solche Prüfung muss bereits im Eröffnungsverfahren erfolgen, da die als Insolvenzverwalter vorgeschlagene Person in aller Regel auch zum Sachverständigen bzw. vorläufigen Insolvenzverwalter bestellt werden würde. Zwingend ist insofern die Ausfüllung und Übersendung eines Fragebogens bezüglich der Unabhängigkeit des vorgeschlagenen Prätendenten durch das Insolvenzgericht. Bestehen Zweifel an der Unabhängigkeit der vorgeschlagenen Person, ist eine andere Person zu bestellen. Die Unabhängigkeit muss zur vollen richterlichen Überzeugung feststehen.[743] Ist die Unabhängigkeit hingegen positiv festgestellt, bedeutet dies, dass Ermittlungen auf den Sachverständigen bzw. vorläufigen Insolvenzverwalter delegiert werden können. Dies führt zu einer effektiveren und objektiveren Ermittlung des Sachverhalts. Es ist demnach zu konstatieren, dass die wirksamen Ermittlungen im Rahmen des Bremer Modells (auch) mit der Unabhängigkeit des Sachverständigen bzw. vorläufigen Insolvenzverwalter stehen und fallen.

Anschließend hat das Insolvenzgericht bzw. der Ermittler im Kontext des Bremer Modells Ermittlungen bezüglich einer möglichen Firmenbestattung und seiner örtlichen Zuständigkeit anzustellen. Zu ermitteln sind die äußeren Anzeichen einer Firmenbestattung.[744] Das heißt, es sind Auskünfte beim Handelsregister einzuholen. Aus diesen wird ersichtlich, ob und wann die Vertretungsorgane wechselten, ob der Sitz der Gesellschaft verlegt wurde und ob die Gesellschaftsanteile übertragen wurden. Diese Ermittlungen können dem Sachverständigen oder vorläufigen Insolvenzverwalter delegiert werden.

---

741 BGH, NZI 2020, 679, 681.

742 BGH, NZI 2020, 679, 681.

743 In diesem Kontext: *Smid*, ZInsO 2021, 1893, 1895.

744 Siehe nochmals: *Petersen*, Firmenbestattung, S. 28 ff.; siehe auch BGH, NZI 2020, 679, 680.

Werden im Rahmen der Ermittlungen Umstände festgestellt, die eine Firmenbestattung begründen, ist der Antrag auf Eröffnung des Insolvenzverfahrens als unzulässig abzuweisen.[745] Gleichermaßen ist bei einer ggf. rechtswidrigen Sitzverlegung dem Antragsteller gem. § 4 Satz 1 InsO i.V.m. § 139 Abs. 1 Satz 2 ZPO zunächst die Möglichkeit zu gewähren, einen Verweisungsantrag zu stellen.[746] Wird ein Verweisungsantrag gestellt, wird das Insolvenzgericht die Sache gem. § 4 Satz 1 InsO i.V.m. §§ 495 Abs. 1, 281 Abs. 1 Satz 1 ZPO an das örtlich zuständige Insolvenzgericht verweisen.[747] Erfolgt kein ordnungsgemäßer Verweisungsantrag, wird der Antrag auf Eröffnung des Insolvenzverfahrens als unzulässig abgewiesen.[748]

cc) Ermittlungen im eröffneten Insolvenzverfahren

Ermittlungen im Kontext des Bremer Modells können aber auch erst im eröffneten Verfahren angestellt werden, wenn die Anzeichen erst dann auffallen.[749] Dabei stellen sich über die grundsätzlichen Fragen hinaus weitere konkrete Fragen. Diese Fragen beziehen sich vor allem auf die konkreten Auswirkungen des Bremer Modells. In den Blick zu nehmen ist dabei als Oberfrage: Wurden Gläubiger geschädigt?[750]

Um diese übergeordnete Frage zu beantworten, können sich u.a. die folgenden (Unter-)Fragen gestellt werden:[751]

- Rechtmäßiger Umgang mit Insolvenzsonderaktiva
- Rechtmäßiger Umgang mit Ansprüchen gegen „alte" und „neue" Gesellschafter (Unterdeckungshaftung, Ansprüche aus negativen Kapitalkonten etc.)
- Rechtmäßiger Umgang mit konzerninternen wechselseitigen Ansprüchen
- Art und Umfang der Einschaltung von Dienstleistern, insbesondere unter dem Aspekt der Begründung von Masseverbindlichkeiten

---

745 BGH, NZI 2020, 679, 680.

746 *Ganter/Bruns*, in: MünchKomm InsO, § 3 Rn. 27; *Madaus*, in: BeckOK InsR, 25. Ed. 15.10.21, InsO, § 3 Rn. 23.

747 RGZ 131, 197, 200; vgl. dazu im Kontext des Bremer Modells: LG Bremen, NZI 2021, 83 ff.; kritisch *Blankenburg*, ZInsO 2020, 2523 ff.

748 Vgl. AG Göttingen, ZIP 2001, 387; *Ganter/Bruns*, in: MünchKomm InsO, § 3 Rn. 27; *Madaus*, in: BeckOK InsR, 25. Ed. 15.10.21, InsO, § 3 Rn. 23.

749 So wird der Fall liegen für die bereits eröffneten Verfahren am AG Bremen, die der gleichen oder ähnlichen Systematik wie der vorbeschriebenen folgen.

750 *Smid*, ZInsO 2021, 981, 982.

751 Siehe *Smid*, ZInsO 2021, 981, 982.

Weitere Fragen können sich aus einer abweichenden Gestaltung im Einzelfall ergeben.

Diese Fragen, die sich im Kontext des Bremer Modells im eröffneten Insolvenzverfahren stellen, sollten auf einen Sachverständigen oder Sonderinsolvenzverwalter delegiert werden.[752] Denn nicht nur die *Geltendmachung* (§ 92 Satz 2 InsO), sondern auch die *Ermittlung* der Gesamtschadensansprüche sollte delegiert werden, da die Ansprüche durch einen Ermittler im obigen Sinne effektiver und objektiver ermittelt werden können. Vor allem der Sonderinsolvenzverwalter hat weitreichende Ermittlungskompetenzen. Dies trägt dazu bei, dass etwaige Schäden der Gläubiger schnellstmöglich ermittelt und anschließend ausgeglichen werden können. Im Übrigen führt dies auch nicht zu einer „unzulässigen Chimäre".[753] Es ist stets Aufgabe von Insolvenzverwaltern und Sonderinsolvenzverwaltern den für sie relevanten Sachverhalt aufzuklären. Eine Trennung dergestalt, dass Sachverhaltsfragen nur durch einen Sachverständigen zu klären seien, besteht in der InsO nicht.[754] Für den Sonderinsolvenzverwalter ist der Sachverhalt, der beispielsweise dem Bremer Modell zugrunde liegt, für die Geltendmachung eines Gesamtschadensanspruchs jedoch erforderlich. Er hat diesen folglich auch zu ermitteln. Alles andere wäre ineffektiv und würde die Gläubiger in unzulässiger Weise benachteiligen.

Der Sachverständige oder Sonderinsolvenzverwalter hat bezüglich der vorbenannten Fragen z.B. die Verwalter- und Sachstandsberichte der verschiedenen gruppenangehörigen Schuldnerinnen zu vergleichen. Hier lassen sich ggf. Unstimmigkeiten bei konzerninternen Ansprüchen feststellen. Auf diese Möglichkeit weist bereits § 56b Abs. 1 Satz 2 InsO hin. Auch ist zu untersuchen, wie die Insolvenzsonderaktiva durch den Insolvenzverwalter gehandhabt wurden. Eine Rechtmäßigkeitsprüfung kann demnach bedeuten, dass Gutachten und Berichte hinsichtlich der Durchsetzung von Anfechtungs- oder Haftungsansprüchen abgeglichen werden. Auch kann das häufige „Ausbuchen" von Forderungen Anlass für Nachfragen gebieten.

Zudem wird zu ermitteln sein, ob Ansprüche gegen aktuelle und ehemalige Gesellschafter durch den Insolvenzverwalter geltend gemacht wurden. Ferner

---

752 Ebenso *Smid*, ZInsO 2021, 2177, 2179 f., der von einer „Verlagerung der Amtsermittlungen" spricht; dagegen: *Madaus*, in: BeckOK InsR, 25. Ed. 15.10.21, InsO, § 5 Rn. 15.

753 So aber: *Madaus*, in: BeckOK InsR, 25. Ed. 15.10.21, InsO, § 5 Rn. 15.

754 Darauf läuft die Ansicht von *Madaus*, in: BeckOK InsR, 25. Ed. 15.10.21, InsO, § 5 Rn. 15, aber hinaus.

muss eine Kontrolle von Art und Umfang der begründeten Masseverbindlichkeiten für die „Dienstleister"[755] erfolgen.

dd) Ergebnis zum Bremer Modell

Die komplexen tatsächlichen und rechtlichen Fragen, die sich im Kontext des Bremer Modells stellen, sind durch das Gericht gem. § 5 Abs. 1 Satz 1 InsO zu ermitteln. Die Ermittlungen sind, soweit erforderlich, zu delegieren. Ggf. wird bei Zweifeln an der Unabhängigkeit des bisherigen Sachverständigen oder (vorläufigen) Insolvenzverwalters ein neuer Sachverständiger, (vorläufiger) Insolvenzverwalter oder Sonderinsolvenzverwalter zu bestellen sein. So kann die Unabhängigkeit gewahrt werden. Ist dies der Fall, bestehen keine Bedenken, dieser Person Ermittlungen zu delegieren. Dies trägt zu einer effektiven und objektiven Ermittlung bei.

III. Vorprüfungen des Gerichts

Das Bedürfnis für objektive und gleichermaßen effektive Ermittlungen besteht auch im Rahmen gerichtlicher Vorprüfungen. Auch hier gilt grundsätzlich der Amtsermittlungsgrundsatz. Das Insolvenz- oder Restrukturierungsgericht ist zudem berechtigt, Ermittlungen an einen Ermittler zu delegieren. Im Einzelnen:

1. Gerichtliche Vorprüfung gem. § 231 Abs. 1 InsO

§ 231 Abs. 1 InsO normiert die Pflicht des Insolvenzgerichts, nach Vorlage des Insolvenzplans gem. § 218 Abs. 1 InsO in eine Vorprüfung des Insolvenzplans einzusteigen. Die Entscheidung im Rahmen der Vorprüfung *soll* dabei gem. § 218 Abs. 1 Satz 2 InsO innerhalb von zwei Wochen nach Vorlage des Insolvenzplans erfolgen. Das Insolvenzgericht ist dabei zu der entsprechenden Prüfung verpflichtet. So muss sich zunächst die Frage stellen, auf welcher Tatsachengrundlage das Insolvenzgericht zu entscheiden hat und ob und in welchem Umfang das Insolvenzgericht zur Ermittlung des Sachverhalts von Amts wegen berechtigt ist.

a) Berechtigung zu amtswegigen Ermittlungen

Eine Ansicht geht indes davon aus, dass das Insolvenzgericht im Rahmen seiner Vorprüfung gem. § 231 Abs. 1 InsO nicht zur amtswegigen Ermittlung des

---

755 Vgl. zu einer terminlogischen Klarstellung: *Smid*, ZInsO 2021, 981, 982.

Sachverhalts berechtigt sei.[756] Eine andere Ansicht hingegen hält Amtsermittlungen für zulässig.[757] Überzeugend ist die letztgenannte Ansicht:

Ausgangspunkt für die Beantwortung der Frage der Geltung des Amtsermittlungsgrundsatzes in § 231 Abs. 1 InsO muss stets der § 5 Abs. 1 Satz 1 InsO sein. Dieser normiert, dass im Insolvenzverfahren der Amtsermittlungsgrundsatz gilt. Würde man sich auf den Standpunkt stellen wollen, es gelte in § 231 Abs. 1 InsO kein Amtsermittlungsgrundsatz, müsste also entweder das Insolvenzplanverfahren kein Verfahren im Sinne des § 5 Abs. 1 Satz 1 InsO sein oder eine Ausnahme von dem Grundsatz des § 5 Abs. 1 Satz 1 InsO normiert sein. Beides ist jedoch nicht gegeben.

Auch das Insolvenzplanverfahren ist ein *Verfahren* im Sinne des § 5 Abs. 1 Satz 1 InsO.[758] Dies ergibt sich schon daraus, dass das Insolvenzverfahren dem gesetzgeberischen Willen nach ein einheitliches Verfahren ist.[759] Dies macht der Gesetzgeber sprachlich bereits dadurch in § 1 Satz 1 InsO deutlich, dass er die Liquidation sowie die planweise Regelung als alternative Formen der Beendigung eines Insolvenzverfahrens normiert.[760] Insoweit gelten auch im Rahmen des Insolvenzplanverfahrens der §§ 217 ff. InsO die allgemeinen Grundsätze der §§ 1-10 InsO.[761]

---

756 *Andres*, in: Andres/Leithaus InsO, § 231 Rn. 7; *Braun/Frank*, in: Braun InsO, § 231 Rn. 1; *Breuer*, in: MünchKomm InsO, § 231 Rn. 6; *Haas*, in: HeidelbKomm InsO, § 231 Rn. 8, 12; *Lüer/Streit*, in: Uhlenbruck InsO, § 231 Rn. 4; *Ober*, in: Nerlich/Römermann InsO, 38. Lfg. 1.19, § 231 Rn. 6; *Paul*, ZInsO 2012, 259, 260; *Spliedt*, in: K. Schmidt InsO, § 231 Rn. 14; *Stapper/Jacobi*, ZInsO 2014, 1821, 1824; *Thies/Lieder*, in: HambKomm InsO, § 231 Rn. 27.

757 LG Dresden, ZInsO 2005, 831, 832; *Hess/Obermüller*, Insolvenzplan, Restschuldbefreiung und Verbraucherinsolvenz, S. 13; *Kebekus/Wehler*, in: Graf-Schlicker InsO, § 231 Rn. 1; *Smid*, ZInsO 2016, 61, 68 f.; *ders.*, in: FS Pawlowski, S. 387, 405; wohl auch: *Hermann/Zistler*, ZInsO 2018, 10, 13; unklar: *Geiwitz/von Danckelmann*, in: BeckOK InsR, 25. Ed. 15.10.21, InsO, § 231 Rn. 4, die nur keine *Pflicht* zur Amtsermittlung begründet sehen.

758 *Madaus*, in: BeckOK InsR, 25. Ed. 15.10.21, InsO, § 5 Rn. 7.1; *ders.*, Insolvenzplan, S. 399 f.; a. A. *Lüer/Streit*, in: Uhlenbruck InsO, § 231 Rn. 4.

759 In diesem Kontext: *Madaus*, Insolvenzplan, S. 400.

760 „Das Insolvenzverfahren dient dazu, die Gläubiger eines Schuldners gemeinschaftlich zu befriedigen, indem das Vermögen des Schuldners verwertet und der Erlös verteilt oder in einem Insolvenzplan eine abweichende Regelung insbesondere zum Erhalt des Unternehmens getroffen wird", § 1 Satz 1 InsO.

761 *Andres*, in: Andres/Leithaus InsO, Vorbem. vor §§ 2-10, Rn. 1; *Becker*, in: Nerlich/Römermann InsO, 30. Lfg. 7.16, Vorbem. vor §§ 1-10, Rn. 2, der grundsätzliche

Ferner fehlt es auch an einer weiteren Bereichsausnahme in den §§ 217 ff. InsO.[762] Der § 217 InsO normiert gerade nur, dass die „Befriedigung der absonderungsberechtigten Gläubiger und der Insolvenzgläubiger, die Verwertung der Insolvenzmasse und deren Verteilung an die Beteiligten sowie die Verfahrensabwicklung und die Haftung des Schuldners nach der Beendigung des Insolvenzverfahrens“ in einem Insolvenzplan abweichend von den Bestimmungen der InsO geregelt werden können. Damit wird eine enge Ausnahme für den Fall geregelt, dass sich die Beteiligten privatautonom auf eine von dem Grundgerüst der InsO abweichende Regelung einigen. Diese Ausnahme findet ihre Grenzen jedoch im Wortlaut des § 217 InsO. Die Bestimmungen, die nicht durch § 217 InsO genannt sind, stehen nicht zur Disposition der Beteiligten.[763] Demnach sieht der § 217 InsO gerade keine Möglichkeit zur Abweichung von § 5 Abs. 1 InsO vor.[764]

Auch § 231 Abs. 1 InsO normiert keine Bereichsausnahme von § 5 Abs. 1 Satz 1 InsO. Im Gegenteil: Die Systematik des § 231 Abs. 1 Satz 1 InsO verdeutlicht, dass das Insolvenzgericht gerade im Rahmen der Vorprüfung grundsätzlich zu Amtsermittlungen verpflichtet ist.[765] Denn in den Nr. 2 und Nr. 3 des § 231 Abs. 1 Satz 1 InsO wird durch die Normierung der Grenze der „Offensichtlichkeit“ zum Ausdruck gebracht, dass hier die Amtsermittlungen auf solche Umstände begrenzt sind, die mit den Händen greifbar sind.[766] Umstände, die nicht offensichtlich in diesem Sinne sind, sind durch das Insolvenzgericht nicht zu ermitteln. Diese sind nach dem gesetzgeberischen Willen nicht von Bedeutung. *Argumentum e contrario* bedeutet dies aber, dass überhaupt erst der Amtsermittlungsgrundsatz gelten muss. Ansonsten bedürfte es nicht erst der Begrenzung.

Zuzugestehen ist, dass das Insolvenzgericht aufgrund des § 231 Abs. 1 Satz 2 InsO besonders zügig mit den Ermittlungen voranschreiten sollte. Dies schließt

---

Kritik an einem allgemeinen Teil übt, jedoch jedenfalls § 5 InsO die Allgemeingültigkeit zuerkennt; *Ludwig*, in: Braun InsO, Vorbem. vor §§ 1-10, Rn. 1; *Madaus*, Insolvenzplan, S. 400; *Sternal*, in: HeidelbKomm InsO, § 2 Rn. 1; a.A. *Lüer/Streit*, in: Uhlenbruck InsO, § 231 Rn. 4; *Ober*, in: Nerlich/Römermann InsO, 38. Lfg. 1.19, § 231 Rn. 6.

762 *Eidenmüller*, NJW 1999, 1837, 1838; *ders.*, ZGR 2001, 680, 698; *ders.*, in: MünchKomm InsO, Vor. §§ 217-269 Rn. 50.

763 *Lüer/Streit*, in: Uhlenbruck InsO, § 217 Rn. 26; *Thies/Lieder*, in: Hamb.-Komm. InsO, § 217 Rn. 7.

764 *Smid*, ZInsO 2016, 61, 69.

765 *Smid*, ZInsO 2016, 61, 69; wohl auch BGH, NZI 2015, 697, 698.

766 S. zu dieser Systematik oben: § 2 A. II. 2. b).

eine Ermittlung von Amts wegen jedoch nicht aus. Die Befragung von Gläubigern und Schuldner, selbst die Einholung eines (Kurz-)Gutachtens[767] innerhalb von zwei Wochen ist möglich.

b) Konkrete Ermittlungen

In concreto kann das Insolvenzgericht demnach – mit den Einschränkungen des § 231 Abs. 1 Satz 1 Nr. 2, 3 InsO – amtswegige Ermittlungen vornehmen. Insbesondere kann ein Sachverständiger mit der Begutachtung einzelner Fragen beauftragt werden, wenngleich von dieser Möglichkeit restriktiv Gebrauch gemacht werden sollte.[768] Die Insolvenzmasse sollte nicht unnötig belastet werden. Zudem ist das berechtigte Interesse der Beteiligten an einer zügigen Prüfung zu achten.[769] Ferner können Schuldner, Gläubiger oder deren Vertreter befragt werden.

Insbesondere kann daher die Bildung der Gläubigergruppen überprüft werden. Die unterschiedlichen Rechtsstellungen sind gem. § 222 Abs. 1 Satz 1 InsO angemessen zu berücksichtigen. Dahingehend können demnach Amtsermittlungen in Frage kommen. Im Übrigen können auch hinsichtlich der Einhaltung der Vorgaben der §§ 219-230 InsO Ermittlungen angestellt werden.

2. Gerichtliche Vorprüfung gem. §§ 46 ff. StaRUG

Auch für die gerichtliche Vorprüfung im StaRUG im Rahmen der §§ 46 ff. StaRUG stellt sich die Frage der Reichweite des Amtsermittlungsgrundsatzes. Im Gegensatz zu § 231 InsO handelt es sich bei der Vorprüfung nach den §§ 46 ff. StaRUG um eine fakultative Prüfung.[770] Der Schuldner *kann* einen Antrag auf Inanspruchnahme der Vorprüfung gem. § 46 Abs. 1 bzw. § 47 Satz 1 StaRUG stellen. Daneben *kann* das Gericht, sofern der Restrukturierungsplan im gerichtlichen Abstimmungsverfahren zur Abstimmung gebracht werden soll, eine Vorprüfung gem. § 46 Abs. 3 StaRUG von Amts wegen einleiten, wenn dies zweckmäßig ist. Eine Pflicht besteht indes nicht.[771]

---

767 Zweifelnd, ob dies einen Erkenntnisgewinn bringe, *Wollenhaupt*, Amtsermittlungsgrundsatz im StaRUG, § 3 F. II. 3.

768 *Smid*, ZInsO 2016, 61, 69.

769 Dies hebt *Wollenhaupt*, Amtsermittlungsgrundsatz im StaRUG, § 3 F. II. 3. besonders hervor.

770 BT-Drs. 19/24181, S. 148.

771 *Wollenhaupt*, Amtsermittlungsgrundsatz im StaRUG, § 3 F. I. 2., ist sogar der Meinung, dass die Kompetenz des Restrukturierungsgerichts zur Bestimmung eines

Gegenstand der Vorprüfung kann dabei gem. §§ 46 Abs. 1 Satz 1, 47 Satz 1 StaRUG jede Frage sein, die für die Bestätigung des Restrukturierungsplans erheblich ist. Insbesondere (*argumentum e contrario*: nicht abschließend) zählt § 46 Abs. 1 Satz 2 StaRUG auf, ob die Auswahl der Planbetroffenen und die Einteilung der Planbetroffenen in Gruppen den Anforderungen der §§ 8, 9 StaRUG entsprechen, welches Stimmrecht eine Restrukturierungsforderung, eine Absonderungsanwartschaft oder ein Anteils- oder Mitgliedschaftsrecht gewährt oder ob dem Schuldner die Zahlungsunfähigkeit im Sinne des § 18 InsO droht.

Wird eine Vorprüfung entsprechender Fragen beantragt, hat das Gericht in seine Ermittlung und Prüfung einzusteigen. Es kann dabei selbst als „Sachverständige“[772] tätig werden, oder einen Sachverständigen bzw. Restrukturierungsbeauftragten mit der Ermittlung und Prüfung beauftragen.[773] Mit der Hinzuziehung sollte dabei sparsam umgegangen werden.[774] Zum einen werden für den Schuldner weitere Kosten verursacht.[775] Zum anderen bedarf es nicht stets einer externen Begutachtung durch einen Sachverständigen. Das Restrukturierungsgericht wird eine Vielzahl von Vorfragen eigenständig beantworten können. Dort, wo weitere Ermittlungen und/oder aufwändige Prüfungen erforderlich sind, sollte aber ein Sachverständiger oder Restrukturierungsbeauftragter beauftragt werden.

Eine besondere Frage stellt sich jedoch hinsichtlich der zulässigen Reichweite amtswegiger Ermittlungen sowohl durch das Restrukturierungsgericht

---

Vorprüfungstermins nach § 46 Abs. 3 StaRUG nachrangig hinter der entsprechenden Möglichkeit des Schuldners ist.

772 *Frind*, ZInsO 2020, 2241, 2245; *ders.*, NZI 2021, 609, 612; *Skauradszun*, ZRI 2020, 625, 626, Fn. 9; *Vallender*, ZInsO 2020, 2677, 2680.

773 *Frind*, in: Bieg/Borchardt/Frind, Unternehmenssanierung und Betriebsfortführung, Teil 2 B. VIII. Rn. 19; *ders.*, ZRI 2021, 397, 398; *ders.*, ZInsO 2021, 1093, 1098; *Vallender*, ZInsO 2020, 2677, 2681.

774 *Vallender*, ZInsO 2020, 2677, 2681.

775 Der Sachverständige wird naheliegenderweise einen Stundensatz von 120,00 EUR netto aus § 9 Abs. 4 Satz 1 JVEG analog verlangen können, vgl. *Frind*, in: Bieg/Borchardt/Frind, Unternehmenssanierung und Betriebsfortführung, Teil 2 B. VIII. Rn. 19. Insofern sind die durch den Sachverständigen verursachten Kosten i.d.R. geringer als die des Restrukturierungsbeauftragten. Dennoch kann es im Einzelfall sinnvoll sein, den Restrukturierungsbeauftragten mit der Ermittlung im Rahmen der §§ 46 ff. StaRUG zu beauftragen, wenn diese aufgrund seiner vorigen Einbindung bereits in das Verfahren eingearbeitet ist. Die Abwägung den Kosten nach bleibt jedoch dem Einzelfall vorbehalten.

selbst als auch durch Ermittler. Namentlich, ob die geltenden Einschränkungen des Amtsermittlungsgrundsatzes innerhalb des StaRUG auch für die Ermittlungen im Rahmen der Vorprüfung gelten.[776] Es geht also um die Frage, ob auch im Vorverfahren (beispielsweise im Rahmen von §§ 33 Abs. 2 Satz 1 Nr. 1, 1. Hs., 63 Abs. 1 Nr. 3 StaRUG) Ermittlungen durch die Formulierungen „offensichtlich" und „(keine) Umstände bekannt" eingeschränkt werden. *Frind* spricht sich für eine solche Fortgeltung der Einschränkungen auch im Vorverfahren aus.[777] Dem ist grundsätzlich zuzustimmen. Denn die vom Gesetzgeber gewählte Systematik sollte nicht durch das Restrukturierungsgericht im Wege von Vorprüfungen durchbrochen werden dürfen. Auch würden sich dann Fragen der „Verwertbarkeit" der Erkenntnisse stellen, wenn die Ergebnisse der Vorprüfung im Rahmen der endgültigen Entscheidung, beispielsweise über eine Stabilisierungsanordnung gem. § 51 StaRUG, herangezogen werden sollen.[778]

Anders liegt dies jedoch m.E., wenn der Schuldner sich mit weitreichenderen Ermittlungen einverstanden erklärt. Denn die Einschränkungen der Amtsermittlung dienen nach der Vorstellung des Gesetzgebers dafür, das Verfahren zu beschleunigen.[779] Wenn aber der Schuldner diese Beschleunigung nicht will, sondern eine eingehende Prüfung im Rahmen der Vorprüfung wünscht, ist dies zulässig.[780] Dann ist das Gericht nicht an die Beschränkungen gebunden. Diese sind kein Selbstzweck. Will der Schuldner die bezweckte Beschleunigung nicht, ist ihm diese nicht zwangsläufig durch den Gesetzgeber oder das Restrukturierungsgericht zu oktroyieren. Denn eine Vorprüfung soll gerade auch schwierige Vorfragen ausloten, um den Beteiligten im weiteren Verlauf Sicherheit zu geben. Dies kann umso mehr geschehen, wenn die Ermittlungen und Prüfungen mit Einverständnis des Schuldners über das geforderte (Mindest-)Maß der Ermittlungsdichte hinausgehen. Auch die Planbetroffenen würden durch ein solches Vorgehen nicht unbillig benachteiligt. Die von den Vorprüfungsfragen berührten Planbetroffenen sind gem. § 48 Abs. 1 StaRUG anzuhören. Hier können sie etwaige Bedenken gegen eine ausführlichere Prüfung äußern. Diese hat das Restrukturierungsgericht dann zu berücksichtigen.

---

776 *Frind*, NZI 2021, 609, 612 bejaht dies; zustimmend: *Kramer*, in: BeckOK StaRUG, 3. Ed. 15.11.21, § 39 Rn. 14a.

777 *Frind*, NZI 2021, 609, 612; *Kramer*, in: BeckOK StaRUG, 3. Ed. 15.11.21, § 39 Rn. 14a; zustimmend wohl auch *Laroche*, in: Flöther StaRUG, § 46 Rn. 3.

778 Ähnlich: *Frind*, NZI 2021, 609, 612.

779 BT-Drs. 19/24181, S. 143.

780 Offenlassend: *Wollenhaupt*, Amtsermittlungsgrundsatz im StaRUG, § 3 F. I. 2.

IV. Ergebnis zu den konkreten Ermittlungen im Rahmen der Delegation

Die vorstehenden repräsentativen Beispiele verdeutlichen, wie Gerichte und Ermittler zusammenwirken, um die Tatsachenermittlung in Insolvenz- und Restrukturierungsverfahren möglichst effektiv zu gestalten. Der Kernbereich der Ermittlungen sowie der Bereich, in dem der Ermittler im Rahmen der Delegation tätig wird, greifen ineinander. Dogmatisch sind beide Bereiche getrennt. Praktisch zeigt sich jedoch, dass die Grenzen fließend sind. Nur durch eine vertrauensvolle Zusammenarbeit von Gericht und Ermittler kann daher den Zwecken der Verfahren durch Amtsermittlungen entsprochen werden.

C. Originäre Ermittlungen des Ermittlers

Flankierend zu den Ermittlungen, die das Gericht in seinem Kernbereich ergreift, und den Ermittlungen, die an einen Ermittler delegiert werden, treten solche Ermittlungen, die originär nur dem Ermittler zustehen. Diese unterfallen dennoch dem Oberbegriff der Amtsermittlungen, da diese wiederum den Berichten und Auskünften des Ermittlers an das Gericht zugrunde gelegt werden können.

Zu den originären Ermittlungen und Ermittlungsmaßnahmen des Ermittlers gehören einerseits solche Auskunftsansprüche, die originär dem Ermittler zustehen, und solche, die sich vom Schuldner ableiten, und andererseits Maßnahmen, die der Ermittler auf eigene Veranlassung hin vornimmt und die dem Gericht (grundsätzlich) nicht eröffnet sind.

I. Eigene Auskunftsansprüche des Ermittlers

Besondere Relevanz haben originäre Auskunftsansprüche des Ermittlers gegen Beteiligte. Diese richten sich vor allem gegen institutionelle Gläubiger wie Finanzämter und Banken. Besonders in Insolvenzverfahren kommt ihnen deshalb ein erhebliches Gewicht für den Erfolg der Ermittlungen zu, da die Akten der beteiligten Kreditinstitute oder der Finanzämter in aller Regel wichtige Informationen hinsichtlich des Eintritts der materiellen Insolvenzreife, der Beschaffenheit der Insolvenzmasse sowie möglicher Anfechtungsansprüche nach den §§ 129 ff. InsO enthalten. Gleichzeitig besteht ein inhärentes Interesse der institutionellen Gläubiger, diese Informationen unter Verschluss zu halten. Nicht selten würden die Akten nämlich Ansprüche gegen die institutionellen Gläubiger selbst offenbaren. In diesem (praktischen) Spannungsfeld stellt sich demnach die Frage, inwieweit Ermittler ihre originären Auskunftsansprüche für die Ermittlungen fruchtbar machen können. Im Einzelnen:

1. Auskunftsanspruch aus Art. 15 DSGVO (direkt)

Ein Auskunftsanspruch des (vorläufigen) Insolvenzverwalters könnte sich zunächst aus Art. 15 Abs. 1 der Datenschutz-Grundverordnung[781] (im Folgenden: DSGVO) ergeben. Der Anspruchsteller muss dafür Betroffener im Sinne der DSGVO sein. Betroffener ist gem. Art. 4 Abs. 1 Nr. 1, 1. Hs. DSGVO eine identifizierte oder identifizierbare natürliche Person. Nicht betroffen sind Dritte im Sinne des Art. 4 Abs. 1 Nr. 10 DSGVO. Der Insolvenzverwalter müsste also Betroffener sein, um überhaupt einen Anspruch aus Art. 15 Abs. 1 DSGVO geltend machen zu können. Die Betroffenenstellung des Insolvenzverwalters ist jedoch richtigerweise zu verneinen.[782] Der Auskunftsanspruch ist ein höchstpersönliches Recht des Schuldners.[783] Der Insolvenzverwalter ist durch die Daten nicht höchstpersönlich betroffen. Dieses Ergebnis kann kaum bestritten werden und ist auch nicht systematisch zu korrigieren.[784]

Dem Insolvenzverwalter kommt somit beispielsweise gegen Banken oder das zuständige Finanzamt kein Auskunftsanspruch aus Art. 15 Abs. 1 DSGVO zu. Dieser steht ausschließlich dem Schuldner zu.

Allerdings besteht eine Pflicht des Schuldners, seinen Auskunftsanspruch aus Art. 15 Abs. 1 DSGVO geltend zu machen.[785] Dies ergibt sich unmittelbar aus den Mitwirkungspflichten des Schuldners gem. §§ 20 Abs. 1 Satz 1, 97 Abs. 1 InsO.[786] Demnach hat der Schuldner das Insolvenzgericht und den

---

781 Verordnung (EU) 2016/679 des Europäischen Parlaments und des Rates vom 27. April 2016 zum Schutz natürlicher Personen bei der Verarbeitung personenbezogener Daten, zum freien Datenverkehr und zur Aufhebung der Richtlinie 95/46/EG, ABl. L 119 v. 04.05.2016, S. 1–88.

782 Ausführlich: BVerwG, ZInsO 2020, 2658, 2660 ff.; zustimmend: *Brink/Krieger*, NVwZ, 2020, 84, 85; *Hacker*, NZI 2021, 151 f.; *Rüther*, in: HambKomm InsO, § 5 Rn. 34; a.A. *Büttner*, in: HambKomm InsO, Anhang zu § 5 InsO Rn. 112 ff.

783 BVerwG, ZIP 2020, 86, 87; BVerwG, ZInsO 2019, 1841, 1842; OVG Lüneburg, ZIP 2019, 1388, 1390; VG Gießen, NZI 2020, 36, 38; *Birnbreier*, EWiR 2019, 663, 664; *Schmittmann*, NZI 2020, 39, 40; a.A. VG Hannover, BeckRS 2017, 142768, Rn. 25.

784 A.A. wohl: *Büttner*, in: HambKomm InsO, Anhang zu § 5 InsO Rn. 112 ff.

785 *Büttner*, in: HambKomm InsO, Anhang zu § 5 InsO Rn. 12; *Schmittmann*, NZI 2020, 39, 40 f.

786 *Büttner*, in: HambKomm InsO, Anhang zu § 5 InsO Rn. 12; *Schmittmann*, NZI 2020, 39, 40 f.

Insolvenzverwalter bei der Erfüllung ihrer Aufgaben zu unterstützen. Zu diesen Aufgaben gehören u.a. die Feststellung einer die Verfahrenskosten deckenden Masse (vgl. § 26 InsO) und des Vorliegens eines Insolvenzgrundes (vgl. §§ 16 ff. InsO) sowie die Feststellung möglicher Anfechtungsansprüche nach den §§ 129 ff. InsO, um eine gleichmäßige Befriedigung der Gläubiger im Sinne des § 1 Satz 1 InsO zu ermöglichen. Dazu kann die Geltendmachung von Auskunftsansprüchen gegen institutionelle Gläubiger beitragen. Insofern ist der Schuldner gem. §§ 20 Abs. 1 Satz 1, 97 Abs. 1 InsO zu ihrer Geltendmachung verpflichtet. Die Erkenntnisse daraus sind dem Insolvenzgericht oder dem Insolvenzverwalter offenzulegen.[787]

2. *Auskunftsansprüche aus Bundes- und Landes-IFG*

Auf eine Geltendmachung durch den Schuldner kommt es hingegen im Rahmen von Auskunftsansprüchen nach dem Bundes- und Landes-IFG nicht an. Der (vorläufige) Insolvenzverwalter selbst ist Inhaber des Auskunftsanspruchs: Der (vorläufige) Insolvenzverwalter ist „Jeder" im Sinne des § 1 Abs. 1 Satz 1 IFG.[788] Grundsätzlich kann insofern von Behörden der Zugang zu amtlichen Informationen verlangt werden. Dies gilt auch gegenüber Finanzämtern, da ein Informationsanspruch gegenüber dem Finanzamt nicht von der AO erfasst ist und sich somit keine Sperrwirkung ergibt.[789] Zu beachten ist allerdings, dass einige Landesgesetze besondere Ausschlussgründe vorsehen,[790] die einen Anspruch ausschließen.[791]

Gegenüber sonstigen Behörden, insbesondere auch den Sozialversicherungsträgern, ist eine Geltendmachung jedoch weiterhin möglich.[792] Die praktische Bedeutung kann dabei kaum überschätzt werden. Vor allem in solchen Verfahren, in denen die schuldnerischen Unterlagen mangelhaft sind (Stichwort: „waschkorbartige Unterlagen und Buchhaltung"), bildet der Anspruch aus § 1 Abs. 1 Satz 1 IFG ein wichtiges Werkzeug für den (vorläufigen)

---

787 *Büttner*, in: HambKomm InsO, Anhang zu § 5 InsO Rn. 12; *Schmittmann*, NZI 2020, 39, 40 f.

788 OVG Hamburg, ZInsO 2012, 989, 990.

789 BVerwG, ZInsO 2020, 719 ff.; BVerwG ZInsO 2012, 1268 ff.

790 Etwa § 5 Nr. 4 Hmb.-TG; vgl. zu den weiteren Ländern, in denen vergleichbare Regelungen bestehen: *Rüther*, in: HambKomm InsO, § 5 Rn. 33.

791 BVerwG, ZInsO 2016, 271 ff.; OVG Hamburg, ZInsO 2018, 729 ff.

792 OVG Berlin-Brandenburg, ZInsO 2016, 1895, 1896 f.; OVG Hamburg, ZInsO 2012, 989, 990 ff.; OVG Münster, ZInsO 2008, 927 f.

Insolvenzverwalter, um ggf. eine Insolvenzreife und Anfechtungsansprüche zu ermitteln. Diese sollten durch den Ermittler daher unbedingt genutzt werden.

II. Auskunftsansprüche, die sich vom Schuldner ableiten

Auskunftsansprüche könnten sich jedoch zugunsten der Ermittler ggf. vom Schuldner ableiten. Dies könnte sich daraus ergeben, dass auf die Ermittler die Verwaltungs- und Verfügungsbefugnis übergegangen sein kann. Hinsichtlich der abgeleiteten Auskunftsansprüche muss daher zwischen Ermittlern mit und ohne Verwaltungs- und Verfügungsbefugnis (vgl. § 80 Abs. 1 InsO) differenziert werden:

1. Auskunftsanspruch aus Art. 15 DSGVO i.V.m. § 80 Abs. 1 InsO

Ein Auskunftsanspruch des (vorläufigen) Insolvenzverwalters könnte sich zunächst aus Art. 15 Abs. 1 DSGVO i.V.m. § 80 Abs. 1 InsO ergeben. Dieser Gedanke folgt der Argumentation, dass der Anspruch zwar nur dem Schuldner zusteht, der (vorläufige) Insolvenzverwalter jedoch den Auskunftsanspruch aufgrund von § 80 Abs. 1 InsO geltend machen kann.[793] Auch dieser Argumentation kann jedoch nicht gefolgt werden.[794] Denn der Auskunftsanspruch aus Art. 15 Abs. 1 DSGVO ist ein höchstpersönliches Recht.[795] Solche sind aber nicht vom Insolvenzbeschlag umfasst.[796] Für die entsprechenden Rechte und Ansprüche geht folglich auch nicht gem. § 80 Abs. 1 InsO die Verwaltungs- und Verfügungsbefugnis auf den Insolvenzverwalter über, da dieser nur die Insolvenzmasse betrifft („das zur Insolvenzmasse gehörende Vermögen“, vgl.

---

793 Vgl. dazu: *Büttner*, in: HambKomm InsO, Anhang zu § 5 InsO Rn. 145, der jedoch selbst entgegen der hier vertretenen Ansicht den Anspruch bereits bei dem Insolvenzverwalter begründet sieht, die Ausführungen zu § 80 Abs. 1 InsO also hilfsweise anstellt.

794 Ausführlich: BVerwG, ZInsO 2020, 2658, 2660 ff.; zustimmend: *Brink/Krieger*, NVwZ, 2020, 84, 85; *Hacker*, NZI 2021, 151 f.; *Rüther*, in: HambKomm InsO, § 5 Rn. 34; a.A. *Büttner*, in: HambKomm InsO, Anhang zu § 5 InsO Rn. 112 ff.

795 BVerwG, ZIP 2020, 86, 87; BVerwG, ZInsO 2019, 1841, 1842; OVG Lüneburg, ZIP 2019, 1388, 1390; VG Gießen, NZI 2020, 36, 38; *Birnbreier*, EWiR 2019, 663, 664; *Kirchner*, in: BeckOK InsR, 25. Ed. 15.10.21, InsO, § 35 Rn. 55; *Schmittmann*, NZI 2020, 39, 40; a.A. VG Hannover, BeckRS 2017, 142768, Rn. 25.

796 *Büteröwe*, in: K. Schmidt InsO, § 35 Rn. 36; *Hirte/Praß*, in: Uhlenbruck InsO, § 35 Rn. 69; *Kirchner*, in: BeckOK InsR, 25. Ed. 15.10.21, InsO, § 35 Rn. 55; *Peters*, in: MünchKomm InsO, § 35 Rn. 420.

§ 80 Abs. 1 InsO). Dies ist keine Spezifikum der DSGVO, sondern folgt allein den insolvenzrechtlichen Grundsätzen.

Insofern kann bezüglich des Auskunftsanspruchs aus Art. 15 Abs. 1 DSGVO konstatiert werden, dass dieser weder originär noch vermittelt durch § 80 Abs. 1 InsO dem (vorläufigen) Insolvenzverwalter geltend gemacht werden kann.

2. *Sonstige Auskunftsansprüche*

Weitere Ansprüche des Schuldners auf Auskunft können sich etwa aus § 29 VwVfG (analog), § 242 BGB oder einer einzelvertraglichen Grundlage ergeben.[797] Solange es sich nicht um höchstpersönliche Ansprüche des Schuldners handelt, können diese gem. § 80 Abs. 1 InsO durch den (vorläufigen) Insolvenzverwalter geltend gemacht werden.[798] Auch diese können sodann fruchtbar gemacht werden, um die erforderlichen Tatsachen zu ermitteln. Das Hauptaugenmerk wird jedoch zunächst auf den Ansprüchen aus Art. 15 Abs. 1 DSGVO und § 1 Abs. 1 Satz 1 IFG liegen. In der Praxis treten die sonstigen Ansprüche in der Regel hinter diese zurück. Dies mag auch daran liegen, dass zu den vorbenannten Ansprüchen aus DSGVO und IFG durch zahlreiche (höchstrichterliche) Entscheidungen deutlich mehr Rechtssicherheit hinsichtlich Reichweite und Ausübung besteht.

3. *Ableitung der Auskunftsansprüche auch für Ermittler ohne Verwaltungs- und Verfügungsbefugnis?*

Festgehalten werden kann also, dass insbesondere bei Übergang der Verwaltungs- und Verfügungsbefugnis auf den (vorläufigen) Insolvenzverwalter einige Auskunftsansprüche zur Verfügung stehen. Damit stellt sich jedoch die Frage, wie es um Auskunftsansprüche zugunsten derjenigen Ermittler bestellt ist, die keine Verwaltungs- und Verfügungsbefugnis über das schuldnerische Vermögen haben. Dabei muss zwischen dem vorläufigen Insolvenzverwalter ohne Verwaltungs- und Verfügungsbefugnis und dem isolierten Sachverständigen in Insolvenzverfahren einerseits und den Ermittlern im Restrukturierungsverfahren andererseits unterschieden werden:

---

797 Überblick: *Büttner*, in: HambKomm InsO, Anhang zu § 5 InsO Rn. 189 ff.

798 Zu höchstpersönlichen Ansprüchen: *Büteröwe*, in: K. Schmidt InsO, § 35 Rn. 36; *Hirte/Praß*, in: Uhlenbruck InsO, § 35 Rn. 69; *Kirchner*, in: BeckOK InsR, 25. Ed. 15.10.21, InsO, § 35 Rn. 55; *Peters*, in: MünchKomm InsO, § 35 Rn. 420.

a) *Insolvenzverfahren*

Einige sind der Ansicht, das Insolvenzgericht könne den vorläufigen Insolvenzverwalter ohne Verwaltungs- und Verfügungsbefugnis und den isolierten Sachverständigen gem. § 21 Abs. 1 Satz 1 InsO ermächtigen, Auskunftsansprüche des Schuldners geltend zu machen, sofern diese nicht höchstpersönlicher Natur sind.[799] Taugliche Rechtsgrundlage hierfür sei § 21 Abs. 1 Satz 1 InsO.[800] Demnach kann das Insolvenzgericht sämtliche Maßnahmen treffen, die zur nachteiligen Veränderung der Vermögenslage des Schuldners im Laufe des Insolvenzeröffnungsverfahrens erforderlich erscheinen.

Wenngleich sicherlich praktische Erwägungen wie die Reduktion von Kosten[801] für ein solches Vorgehen sprechen, ist dies nicht mit der Systematik der InsO vereinbar.[802] Der Gesetzgeber hat vorgegeben, dass nur bei Übergang der Verwaltungs- und Verfügungsbefugnis Auskunftsansprüche durch einen (vorläufigen) Insolvenzverwalter geltend gemacht werden können, vgl. §§ 21, 22 InsO. Diese Systematik würde dadurch unterlaufen, dass auch einem Sachverständigen Auskunftsansprüche zur Geltendmachung übertragen werden.[803] Eine „dritte Variante" des vorläufigen Insolvenzverwalters gibt es jedoch in der Systematik der InsO nicht.[804] Es gibt keinen „starken

---

799 AG Charlottenburg, ZInsO 2019, 625; zustimmend: *Haarmeyer*, ZInsO 2019, 625 f.; *Voß/Lienau*, in: Graf-Schlicker InsO, § 21 Rn. 2; wohl auch: *Wessel*, DZWIR 1999, 230, 231.

800 AG Charlottenburg, ZInsO 2019, 625; zustimmend: *Haarmeyer*, ZInsO 2019, 625 f.; *Voß/Lienau*, in: Graf-Schlicker InsO, § 21 Rn. 2; ablehnend: LG Göttingen, ZInsO 2002, 1093, 1094; *Jacobi/Böhme*, ZInsO 2019, 1357 ff.; *Madaus*, in: BeckOK InsR, 25. Ed. 15.10.21, InsO, § 5 Rn. 15.

801 *Haarmeyer*, ZInsO 2019, 625 f.

802 BGHZ 158, 212, 217; OLG Nürnberg, ZInsO 2006, 761, 762 f.; LG Göttingen, ZInsO 2002, 1093, 1094; *Baumert*, in: Braun InsO, § 5 Rn. 25; *Jacobi/Böhme*, ZInsO 2019, 1357 ff.; *Madaus*, in: BeckOK InsR, 25. Ed. 15.10.21, InsO, § 5 Rn. 15; *Pape*, ZInsO 2001, 830 ff.; *Schröder*, in: HambKomm InsO, § 21 Rn. 80; *Uhlenbruck*, in: FS Ganter, S. 381 ff.; *Wolgast*, in: Schmidt PrivatinsR, InsO, § 21 Rn. 65.

803 BGHZ 158, 212, 217; OLG Nürnberg, ZInsO 2006, 761, 762 f.; LG Göttingen, ZInsO 2002, 1093, 1094; *Baumert*, in: Braun InsO, § 5 Rn. 25; *Jacobi/Böhme*, ZInsO 2019, 1357 ff.; *Madaus*, in: BeckOK InsR, 25. Ed. 15.10.21, InsO, § 5 Rn. 15; *Pape*, ZInsO 2001, 830 ff.; *Schröder*, in: HambKomm InsO, § 21 Rn. 80; *Uhlenbruck*, in: FS Ganter, S. 381 ff.; *Wolgast*, in: Schmidt PrivatinsR, InsO, § 21 Rn. 65.

804 OLG Nürnberg, ZInsO 2006, 761, 762 f.; *Baumert*, in: Braun InsO, § 5 Rn. 25; *Pape*, ZInsO 2001, 830 ff.; *Mönning*, in: Nerlich/Römermann InsO, 27. Lfg. 8.14, § 22 Rn. 14; *Steffek*, in: Kübler/Prütting/Bork InsO, 69. Lfg. 11.16, § 16 Rn. 24; *Uhlenbruck*, in: FS Ganter, S. 381 ff.

Gutachter".[805] Überträgt man dem Sachverständigen indes Auskunftsansprüche, wird damit nichts anderes geschaffen als eine solche dritte Variante des vorläufigen Insolvenzverwalters. Dies ist *contra legem* und damit nicht zulässig.[806] Die Geltendmachung von Auskunftsansprüchen durch einen Sachverständigen kommt demnach auch nicht im Wege einer Ermächtigung gem. § 21 Abs. 1 InsO in Betracht.

Eine Ermächtigung des vorläufigen Insolvenzverwalters mit Zustimmungsvorbehalt zur Geltendmachung von Auskunftsansprüchen ist hingegen denkbar. Rechtsgrundlage ist § 21 Abs. 1 Satz 1 InsO.[807]

b) Restrukturierungsverfahren

In Restrukturierungsverfahren kommt eine entsprechende Ermächtigung nicht in Betracht. Zunächst fehlt es schon an einer mit § 21 Abs. 1 Satz 1 InsO vergleichbaren Rechtsgrundlage. Ferner wäre die Übertragung von Auskunftsansprüchen auf einen Ermittler im Restrukturierungsverfahren systemfremd. Im Rahmen des StaRUG besteht zwischen Schuldner und Ermittler ein völlig anderes Verhältnis. Das StaRUG ist auf die Zusammenarbeit beider ausgerichtet. Den sich dem Restrukturierungsgericht oder einem Ermittler entziehenden Schuldner kann es im StaRUG eigentlich nicht geben. Das StaRUG geht davon aus, dass ein Schuldner mitwirkt, gerade weil dies in seinem Interesse ist. Im Übrigen ist er dazu gem. § 32 StaRUG verpflichtet. Verstößt der Schuldner gegen seine Mitwirkungspflichten in schwerwiegender Weise, hebt das Restrukturierungsgericht die Restrukturierungssache gem. § 33 Abs. 1 Nr. 3 StaRUG von Amts wegen auf. Es bedarf also schon keiner Ermächtigung zur Geltendmachung von Auskunftsansprüchen im StaRUG. Der redliche Schuldner wird die

---

805 OLG Nürnberg, ZInsO 2006, 761, 762 f.; *Baumert*, in: Braun InsO, § 5 Rn. 25; *Pape*, ZInsO 2001, 830 ff.; *Mönning*, in: Nerlich/Römermann InsO, 27. Lfg. 8.14, § 22 Rn. 14; *Steffek*, in: Kübler/Prütting/Bork InsO, 69. Lfg. 11.16, § 16 Rn. 24; *Uhlenbruck*, in: FS Ganter, S. 381 ff.; *Wolgast*, in: Schmidt PrivatinsR, InsO, § 21 Rn. 65.

806 BGHZ 158, 212, 217; OLG Nürnberg, ZInsO 2006, 761, 762 f.; LG Göttingen, ZInsO 2002, 1093, 1094; *Baumert*, in: Braun InsO, § 5 Rn. 25; *Jacobi/Böhme*, ZInsO 2019, 1357 ff.; *Madaus*, in: BeckOK InsR, 25. Ed. 15.10.21, InsO, § 5 Rn. 15; *Pape*, ZInsO 2001, 830 ff.; *Schröder*, in: HambKomm InsO, § 21 Rn. 80; *Uhlenbruck*, in: FS Ganter, S. 381 ff.; *Wolgast*, in: Schmidt PrivatinsR, InsO, § 21 Rn. 65.

807 Die Rechte des vorläufigen Insolvenzverwalters mit Zustimmungsvorbehalt können gleich denen eines vorläufigen Insolvenzverwalters mit Verwaltungs- und Verfügungsbefugnis sein (*argumentum e contrario* § 22 Abs. 2 InsO, der nur eine Begrenzung für Pflichten vornimmt). Insofern bestehen keine Bedenken hinsichtlich einer entsprechenden Ermächtigung zur Geltendmachung von Auskunftsansprüchen.

relevanten Informationen ohne Weiteres zur Verfügung stellen. Der unredliche Schuldner sieht sich der Aufhebung seiner Restrukturierungssache gem. § 33 Abs. 1 Nr. 3 StaRUG ausgesetzt. Die Frage weiterer Auskunftsansprüche stellt sich dann erst wieder in einem etwaigen Insolvenzverfahren.

III. „Ermittlung" bei den Organen der Gläubigerselbstverwaltung und anderen Beteiligten der Verfahren

Zudem besteht auch außerhalb eines zivilrechtlichen Anspruchs auf Informationserteilung die Möglichkeit für den Ermittler, von den Beteiligten eines Verfahrens wertvolle Informationen zu erlangen.

Dabei ist zunächst an eine „Ermittlung" bei dem Gläubigerausschuss zu denken. Dieser hat den Insolvenzverwalter gem. § 69 Satz 1 InsO bei seiner Geschäftsführung zu unterstützen. Dies meint zunächst eine aktive Hilfspflicht der Mitglieder des Gläubigerausschusses dem Insolvenzverwalter gegenüber.[808] Es muss indes auch die Unterstützung durch Weitergabe von Informationen an den Insolvenzverwalter umfassen.[809] Unabhängig davon, ob ein Recht oder sogar eine Pflicht für das Ausschussmitglied zur Weitergabe von Informationen an den Insolvenzverwalter besteht,[810] sind Nachfragen des Insolvenzverwalters bei den Ausschussmitgliedern opportun. Auch die Nachfrage stellt eine Form der Ermittlung dar. Die Ausschussmitglieder können dabei wertvolle Informationen beispielsweise über die Werthaltigkeit von Massegegenständen oder die vergangene wirtschaftliche Entwicklung des Schuldners erteilen. Diese können durch den Ermittler verwertet und ggf. weiteren Ermittlungen zugrunde gelegt werden.

Auch bei anderen Beteiligten der Verfahren kann der Ermittler Ermittlungen anstellen. Es ist allgemeine Praxis, dass u.a. der Betriebsrat befragt werden kann. Diese haben i.d.R. genaue Informationen über den schuldnerischen Betrieb, vor allem mit arbeitsrechtlichem Einschlag. Ebenso kann bei Vertretern der Gewerkschaften nachgefragt werden. Auch hier können Ermittlungen durch den Ermittler angestellt werden. Diese sind oftmals nicht zwangsweise durchzusetzen. Die Erfahrung lehrt jedoch, dass auch einvernehmliche Gespräche und Nachfragen ermittlerischen Mehrwert haben. Der Ermittler sollte auf diese Mittel unbedingt zugreifen.

---

808 *Frind*, in: HambKomm InsO, § 69 Rn. 3; *Knof*, in: Uhlenbruck InsO, § 69 Rn. 21.

809 So auch: *Eicke*, ZInsO 2006, 798, 800; zustimmend: *Frind*, in: HambKomm InsO, § 69 Rn. 3.

810 Dazu: *Eicke*, ZInsO 2006, 798, 800 f.

IV. Die Inaugenscheinnahme durch den Ermittler

Gleichermaßen wertvoll ist auch die persönliche Inaugenscheinnahme durch den Ermittler. In der Regel werden Betriebsstätten, Grundstücke oder auch Baustellen für eine Inaugenscheinnahme in Frage kommen. Hierzu ist selbstverständlich auch der Richter oder der Rechtspfleger berechtigt. Allerdings werden Richter und Rechtspfleger in tatsächlicher Hinsicht häufig daran gehindert sein, persönliche Inaugenscheinnahmen durchzuführen. Hieran erkennt man die praktischen Hürden einer Ermittlung durch Richter und Rechtspfleger. Die Inaugenscheinnahme ist nicht selten besonders zeitaufwändig. Die Praxis zeigt, dass oftmals mehrstündige An- und Rückreisen eingeplant werden müssen. Auch ist die Inaugenscheinnahme selbst mit teils erheblichem zeitlichem Aufwand verbunden. Vor dem Hintergrund der begrenzten zeitlichen Ressourcen, die durch Richter und Rechtspfleger aufgebracht werden können, kann es opportun sein, eine Inaugenscheinnahme durch den Ermittler durchführen zu lassen. Dies entspricht auch am ehesten der gängigen Praxis. Insofern sind die Ermittler ggf. auch geübter bei entsprechenden Terminen und können so die Ermittlungen effektiver durchführen.

Durch eine Inaugenscheinnahme kann vor allem ein ganzheitlicherer Eindruck von bedeutsamen Umständen er- und vermittelt werden. Es ist z.B. dadurch möglich einzuschätzen, wie die Lage eines Grundstücks ist, was wiederum Rückschlüsse auf den Verkehrswert geben kann. Oder es wird durch die Begehung einer Baustelle tagesaktuell ein Eindruck des Fortschritts und von einer etwaigen Dauer für die Fertigstellung gewonnen. Durch die Inaugenscheinnahme sind somit unmittelbare Ermittlungen möglich, die deshalb von entscheidender Bedeutung für Entscheidungen in den Verfahren sein können. Daher sind Inaugenscheinnahmen als besonders wertvolles Ermittlungsmittel einzustufen.

V. Sonstige originäre Ermittlungsmittel und -maßnahmen des Ermittlers

Neben die Auskunftsansprüche und die Nachfragen bei sonstigen Verfahrensbeteiligten treten noch weitere Ermittlungsmittel und -maßnahmen, die praktisch allein durch den Ermittler eingesetzt werden. Dazu zählt vor allem das Einschalten eines Privatdetektivs. Dieser kann mit besonders aufwändigen Überwachungs- und Ermittlungsaufgaben betraut werden. In der Regel werden die Kosten eines Privatdetektivs durch den gerichtlich bestellten Ermittler verauslagt, damit die Gläubiger bzw. die Masse nicht belastet wird. Insofern bestehen keine Bedenken gegen den Einsatz solcher Privatdetektive.

§ 4 Gesetzgebungsvorschläge für die Verbesserung der Effektivität der Amtsermittlungen in InsO und StaRUG

In den vorstehenden zwei Paragrafen wurden die theoretischen und praktischen Grundsätze des Amtsermittlungsgrundsatzes in Insolvenz- und Restrukturierungsverfahren erörtert. Es konnte anhand der dogmatischen Grundlagen und der gemeinsamen Grundsätze an konkreten Beispielen verdeutlicht werden, wie die Mechanismen der Amtsermittlung zusammenwirken. Allgemein kann festgehalten werden: Die Ermittlungen im Zuge des Amtsermittlungsgrundsatzes sind effektiv. In den meisten Fällen ermöglichen die Ermittlungen eine der Struktur der Verfahren entsprechende Verfolgung der Zwecke.

Es ist jedoch auch deutlich geworden, dass an einigen Stellen in der InsO und dem StaRUG Bedarf zur Nachbesserung durch den Gesetzgeber besteht. Teilweise werden Hürden aufgebaut, die die effektive Ermittlung der bedeutsamen Umstände durch Gericht und Ermittler erheblich erschweren. Dies führt an einigen wichtigen Stellen zu unbefriedigenden Ergebnissen, die korrekturbedürftig sind. Grundsätzlich sollte dabei die vom Gesetzgeber gewählte Systematik ge- und beachtet werden. Dies gilt für das StaRUG umso mehr, als dass es sich um ein besonders junges Gesetz handelt. Immerhin ist es erst zum 01.01.2021 in Kraft getreten. Eben weil der Wille des Gesetzgebers hier besonders aktuell zum Ausdruck gebracht wurde, kommt diesem im Rahmen der Auslegung der Vorschriften ein besonderes Gewicht zu.[811] Der Wille des Gesetzgebers im StaRUG ist, sehr weitreichende Einschränkungen der Ermittlungen von Gericht und Ermittler vorzuschreiben. Dieser Wille kann nicht einfach durch eine gegenteilige Auslegung umgangen werden. Der Wille des Gesetzgebers ist hier *de lege lata* verbindlich.[812] Eine abweichende Auslegung kommt nicht in Frage. Deshalb ist es hier erforderlich, Vorschläge für gesetzgeberische Anpassungen *de lege ferenda* zu unterbreiten.

---

811 *Pawlowski*, Methodenlehre, S. 302 f., 341.

812 Vgl. dazu: *Pawlowski*, Methodenlehre, S. 302 f.

A. Anpassungen des StaRUG *de lege ferenda*

Größerer Bedarf für eine gesetzgeberische Anpassung hinsichtlich Art und Umfang der zulässigen Amtsermittlungen besteht im StaRUG. Gleichzeitig ist hier mit besonderer Vorsicht vorzugehen. Es ist zur Lösung der praktischen Ermittlungsprobleme nicht tragbar, die Amtsermittlungen im StaRUG einfach „nach oben" an die InsO anzupassen. Dies würde unberücksichtigt lassen, dass InsO und StaRUG auf unterschiedlichen Systemen beruhen.[813] Die Entscheidung des Gesetzgebers, den Amtsermittlungsgrundsatz im StaRUG eingeschränkter zu normieren, ist grundsätzlich zu achten. Die folgenden Vorschläge für eine Anpassung des StaRUG *de lege ferenda* stellen deshalb diese Grundsatzentscheidung des Gesetzgebers nicht in Frage. Stattdessen sollen sie aber dem Missbrauchspotenzial dadurch Einhalt gebieten, dass Amtsermittlungen nicht auf normativer Ebene ausgeschlossen werden, als vielmehr verstärkt in das Ermessen des Restrukturierungsgerichts unter Berücksichtigung der Struktur des Restrukturierungsverfahrens und seiner besonderen Eilbedürftigkeit gestellt werden:

I. Anpassungen im Rahmen der Prüfung der drohenden Zahlungsunfähigkeit/Insolvenzreife

Die obigen Fallbeispiele haben verdeutlicht, dass in einzelnen Fallgestaltungen eine gerichtliche Überprüfung der drohenden Zahlungsunfähigkeit im Sinne des § 18 InsO „umgangen" werden kann. In Extremfällen wird eine tatsächliche gerichtliche Prüfung der drohenden Zahlungsunfähigkeit erst im Rahmen einer gerichtlichen Bestätigung des Restrukturierungsplans gem. § 63 Abs. 1 Nr. 1 StaRUG erfolgen. Dies ist deutlich zu spät. Die drohende Zahlungsunfähigkeit ist nicht nur bloße Voraussetzung für einzelne Instrumente. Sie ist vielmehr das Eintrittsrecht in den Verfahrensrahmen.[814] Durch die drohende

---

813 Vgl. dazu nochmals: *Skauradszun*, KTS 2021, 1, 3 ff.; *ders.*, in: BeckOK StaRUG, 3. Ed. 15.11.21, Einleitung Rn. 15; a.A. *Bork*, ZRI 2021, 345, 348, der davon ausgeht, dass auch das StaRUG vorrangig der Lösung des Common-Pool-Problems dient; allgemein zu der Problematik des Common-Pools: *Jackson*, The Logic and Limits of Bankruptcy Law, S. 11 ff.; *Madaus*, in: BeckOK InsR, 25. Ed. 15.10.21, InsO, § 1 Rn. 22.1.

814 Allg. Begr., BT-Drs. 19/24181, S. 90; *Deppenkemper*, ZIP 2020, 2432, 2434; *Hoffmann/Braun*, in: Flöther StaRUG, § 29 Rn. 2; *Hölzle*, in: Bieg/Borchardt/Frind, Unternehmenssanierung und Betriebsfortführung, Teil 2 B. II. Rn. 20; für Art. 4 Abs. 1 der Rest-RL: *Garcimartin*, in: Paulus/Dammann, European Preventive Restructuring,

Zahlungsunfähigkeit setzt der nationale Gesetzgeber die Anforderung des Art. 4 Abs. 1 Rest-RL um, nach dem Eintrittsvoraussetzung eine wahrscheinliche Insolvenz („*a likelihood of insolvency*“) ist. Das Vorliegen der drohenden Zahlungsunfähigkeit ist die Rechtfertigung dafür, dass im Rahmen eines gerichtlichen Verfahrens schwerwiegende Eingriffe in grundgesetzlich gesicherte Rechtspositionen der Gläubiger vorgenommen werden dürfen.[815] Mit diesem besonderen Gewicht der drohenden Zahlungsunfähigkeit lässt sich eine „verspätete“ Prüfung, wie sie *de lege lata* erfolgt, nicht vereinbaren. Es sollten demnach die folgenden Änderungen *de lege ferenda* vorgenommen werden.

1. Anpassung der §§ 31, 33 StaRUG

Anpassungsbedürftig sind zum Teil die §§ 31, 33 StaRUG.

a) Gesetzestext § 31 StaRUG-Entwurf

§ 31 StaRUG-Entwurf
[gleichbleibend: Abs. 1-3]
(4) [1]Das Gericht prüft nach Eingang der Anzeige der Restrukturierungssache auf Grundlage der vom Schuldner eingereichten Unterlagen, ob der Schuldner drohend zahlungsunfähig im Sinne des § 18 InsO ist. [2]Sofern das Gericht Zweifel an der drohenden Zahlungsunfähigkeit des Schuldners hat, kann es den Schuldner auffordern, ergänzende Nachweise für das Vorliegen der drohenden Zahlungsunfähigkeit vorzulegen.
(5) [Gleich wie Absatz 4 des § 31 StaRUG in der aktuellen Fassung.]

Abbildung 5: § 31 StaRUG-Entwurf
Quelle: eigene Darstellung

RL (EU) 2019/1023, Art. 4 Rn. 13; kritisch zu dem Ansatz des nationalen Gesetzgebers: *Skauradszun*, in: BeckOK StaRUG, 3. Ed. 15.11.21, Einleitung Rn. 19 ff.

815 *Hoffmann/Braun*, in: Flöther StaRUG, § 29 Rn. 2 f.; *Hölzle*, in: Bieg/Borchardt/Frind, Unternehmenssanierung und Betriebsfortführung, Teil 2 B. II. Rn. 20; für Art. 4 Abs. 1 der Rest-RL: *Garcimartin*, in: Paulus/Dammann, European Preventive Restructuring, RL (EU) 2019/1023, Art. 4 Rn. 13; kritisch zu dem Ansatz des nationalen Gesetzgebers: *Skauradszun*, in: BeckOK StaRUG, 3. Ed. 15.11.21, Einleitung Rn. 19 ff.

b) Gesetzestext § 33 StaRUG-Entwurf

§ 33 StaRUG-Entwurf
[gleichbleibend: Abs. 1]
(2) Das Gericht hebt die Restrukturierungssache ferner auf, wenn
[Nr. 1]
2. Umstände bekannt sind, aus denen sich ergibt, dass der Schuldner nicht drohend zahlungsunfähig im Sinne des § 18 InsO ist.
[Daran anschließend: gleichbleibend, mit angepasster Nummerierung]

Abbildung 6: § 33 StaRUG-Entwurf
Quelle: eigene Darstellung

c) Den Gesetzesänderungen zugrundeliegende Erwägungen

Möglichst frühzeitig wird die drohende Zahlungsunfähigkeit im Sinne des § 18 InsO geprüft, indem dies unmittelbar nach Eingang der Anzeige der Restrukturierungssache geschieht. Dabei sollte sich das Restrukturierungsgericht auf die Angaben des Schuldners stützen, die dieser im Rahmen der Anzeige der Restrukturierungssache getätigt hat. Reichen die Angaben des Schuldners nach Auffassung des Restrukturierungsgerichts nicht aus, um die drohende Zahlungsunfähigkeit des Schuldners zu überprüfen, kann es den Schuldner auffordern, weitere Nachweise vorzulegen. Dies ist in das pflichtgemäße Ermessen des Restrukturierungsgerichts gestellt. Es wird dabei unter Abwägung der getätigten Angaben, der Eilbedürftigkeit des Verfahrens und der Mitwirkung des Schuldners über die Erforderlichkeit weiterer Maßnahmen entscheiden.

Stellt das Restrukturierungsgericht auf dieser Grundlage fest, dass der Schuldner nicht drohend zahlungsunfähig ist, hebt es die Restrukturierungssache gem. § 33 Abs. 2 Nr. 2 StaRUG-Entwurf auf. Kommt der Schuldner einer Aufforderung des Gerichts im Sinne des § 31 Abs. 4 Satz 2 StaRUG-Entwurf nicht nach, kann hierin unter Abwägung der Gesamtumstände des Einzelfalls ein Aufhebungsgrund im Sinne des § 33 Abs. 1 Nr. 2 StaRUG liegen. Insofern fügen sich die hier vorgeschlagenen Änderungen in die bestehende Systematik ein.

Eine strengere Prüfung durch die Restrukturierungsgerichte ist zudem auch mit der Rest-RL vereinbar. Art. 4 Abs. 6 Rest-RL sieht vor, dass Bestimmungen erlassen werden *können*, „mit denen die Beteiligung einer Justiz- oder Verwaltungsbehörde an präventiven Restrukturierungsrahmen auf das Erforderliche und Angemessene beschränkt wird, wobei zugleich sicherzustellen ist, dass die Rechte betroffener Parteien und einschlägiger Interessenträger gewahrt werden." Dem Mitgliedstaat kommt also gem. Art. 288 Abs. 3 AEUV ein Umsetzungsspielraum zu. Eine Beschränkung der Beteiligung der Justiz- oder Verwaltungsbehörden ist ausweislich Art. 4 Abs. 6 Rest-RL nicht verpflichtend. *Argumentum e contrario* hätte der Mitgliedstaat auch keine Beschränkungen der Beteiligung von Justiz- oder Verwaltungsbehörde vornehmen können.[816] Jedenfalls kann also – wie im Folgenden vorgeschlagen – ein im Vergleich zu dem geltenden Recht strengerer Maßstab gewählt werden.

Durch die vorgeschlagenen Regelungen wird der Stellenwert, der dem Vorliegen der drohenden Zahlungsunfähigkeit zukommt, Rechnung getragen. Dabei wird auch in keiner Weise das Restrukturierungsverfahren „entstellt". Die Darstellung der drohenden Zahlungsunfähigkeit bereits im Rahmen der Anzeige der Restrukturierungssache dürfte der allgemeinen Praxis entsprechen. Jeder redliche Schuldner wird eine entsprechende Darstellung vornehmen.[817] Damit folgt aus den vorgeschlagenen Änderungen insofern auch kein Mehraufwand für den Schuldner. Lediglich die Prüfungsdichte des Restrukturierungsgerichts wird erhöht. Dies ist jedoch aus den vorgenannten Gründen insgesamt angemessen.

Eine frühere Überprüfung ist dabei auch im Interesse aller gegenwärtigen und zukünftigen Beteiligten des restrukturierungsgerichtlichen Verfahrens. Denn durch die gerichtliche Überprüfung und Feststellung der drohenden Zahlungsunfähigkeit eines Schuldners können sich Planbetroffene darauf verlassen, dass der Zugang zu dem Verfahrensrahmen des StaRUG berechtigterweise gewährt wurde. Dies schafft Vertrauen der Planbetroffenen und fördert so ggf. auch eine Bereitschaft der Planbetroffenen, an einer planweisen Lösung mitzuwirken. Damit ist die Prüfung auch im Interesse eines redlichen Schuldners. Lediglich der unredliche Schuldner, der sich missbräuchlich Zugang zu einem Restrukturierungsverfahren verschaffen will, wird durch den Gesetzesvorschlag frühzeitig an einem Zutritt zum Verfahrensrahmen und ggf. anschließender Inanspruchnahme von Verfahrenshilfen gehindert.

2. Anpassung des § 51 StaRUG

Das besondere Gewicht, das der drohenden Zahlungsunfähigkeit im Kontext des Restrukturierungsverfahrens zukommt, sollte auch im Rahmen der Stabilisierungsanordnung im Sinne der §§ 49 ff. StaRUG stärker zum Ausdruck gebracht werden. Es wird der folgende Entwurf des § 51 StaRUG vorgeschlagen:

---

816 *Garcimartin*, in: Paulus/Dammann, European Preventive Restructuring, RL (EU) 2019/1023, Art. 4 Rn. 39.

817 *Wollring/Quitzau*, ZRI 2021, 785, 791 f.

a) Gesetzestext § 51 StaRUG-Entwurf

§ 51 StaRUG-Entwurf
(1) [1]Die Stabilisierungsanordnung ergeht, wenn die von dem Schuldner vorgelegte Restrukturierungsplanung vollständig und schlüssig ist*, der Schuldner drohend zahlungsunfähig im Sinne des § 18 InsO ist* und keine Umstände bekannt sind, aus denen sich ergibt, dass
1. die Restrukturierungsplanung oder die Erklärungen zu § 50 Absatz 3 in wesentlichen Punkten auf unzutreffenden Tatsachen beruht oder beruhen,
2. die Restrukturierung aussichtslos ist, weil keine Aussicht darauf besteht, dass ein das Restrukturierungskonzept umsetzender Plan von den Planbetroffenen angenommen oder vom Gericht bestätigt werden würde,
~~3. der Schuldner noch nicht drohend zahlungsunfähig ist oder~~
[3.] die beantragte Anordnung nicht erforderlich ist, um das Restrukturierungsziel zu verwirklichen.
[Daran anschließend gleichbleibend]

Abbildung 7: § 51 StaRUG-Entwurf
Quelle: eigene Darstellung

b) Den Gesetzesänderungen zugrundeliegende Erwägungen

Die Stabilisierungsanordnung stellt ein äußerst scharfes Schwert für den Schuldner dar.[818] Durch eine Vollstreckungssperre im Sinne des § 49 Abs. 1 Nr. 1 StaRUG können Maßnahmen der Zwangsvollstreckung gegen den Schuldner untersagt oder einstweilen eingestellt werden. Die Verwertungssperre im Sinne des § 49 Abs. 1 Nr. 2 StaRUG bewirkt, „dass Rechte an Gegenständen des beweglichen Vermögens, die im Fall der Eröffnung eines Insolvenzverfahrens als Ab- oder Aussonderungsrecht geltend gemacht werden könnten, von dem Gläubiger nicht durchgesetzt werden dürfen und dass solche Gegenstände zur Fortführung des Unternehmens des Schuldners eingesetzt werden können, soweit sie hierfür von erheblicher Bedeutung sind.“ Die Dauer der Stabilisierungsanordnungen kann dabei insgesamt gem. § 53 Abs. 3 Satz 1 StaRUG bis zu acht Monate betragen. In den Grenzen des § 54 StaRUG gehen damit empfindliche Einschränkungen in der Ausübung der Gläubigerrechte einher, die über Art. 14 GG grundgesetzlich abgesichert sind.[819] Hinzu treten noch die

818 *Smid*, ZInsO 2021, 198, 199.
819 Siehe auch: *Smid*, ZInsO 2021, 198, 199.

vertragsrechtlichen Wirkungen des § 55 StaRUG, die weitere Einschränkungen der Rechtsposition von Gläubigern bedeuten.

Festgehalten werden kann, dass es sich bei der Stabilisierungsanordnung um eine für die Rechtspositionen der betroffenen Gläubiger invasive Maßnahme handelt. Diese ist nur dann gerechtfertigt, wenn der Schuldner tatsächlich ein materielles Eintrittsrecht in den Verfahrensrahmen des StaRUG hat, also drohend zahlungsunfähig im Sinne des § 18 InsO ist. So ergibt sich das Erfordernis, dass die drohende Zahlungsunfähigkeit des Schuldners im Sinne des § 18 InsO auch bei Beantragung einer Stabilisierungsanordnung durch das Restrukturierungsgericht geprüft werden muss. Dabei muss diese positiv festgestellt werden. Nur dann sind die weitreichenden Eingriffe in die Gläubigerrechte gerechtfertigt.

Dem entspricht die vorgeschlagene Regelung nach hier vertretener Auffassung mehr als die aktuell geltende Fassung des § 51 StaRUG. Da die drohende Zahlungsunfähigkeit nach dem vorliegenden Vorschlag positiv festgestellt wird, erübrigt sich die Nr. 3 des § 51 Abs. 1 StaRUG in der aktuell geltenden Fassung. Dieser wurde insofern in dem vorliegenden Vorschlag gestrichen.

Das Restrukturierungsgericht wird durch den hier unterbreiteten Vorschlag in die Lage versetzt, das materielle Eintrittsrecht vollständig zu ermitteln und zu prüfen. Dies erhöht vor allem auch die Akzeptanz derjenigen Gläubiger, gegen die sich die Stabilisierungsanordnung richtet.

3. Anpassung des § 60 Abs. 1 StaRUG

Auch die gerichtliche Planbestätigung gem. § 60 Abs. 1 StaRUG muss stärker auf die Prüfung der drohenden Zahlungsunfähigkeit im Sinne des § 18 InsO ausgerichtet werden.

a) Gesetzestext § 60 StaRUG-Entwurf

§ 60 StaRUG-Entwurf
(1) [1]Auf Antrag des Schuldners bestätigt das Gericht den von den Planbetroffenen angenommenen Restrukturierungsplan durch Beschluss. [2]*Im Zuge der gerichtlichen Bestätigung des von den Planbetroffenen angenommenen Restrukturierungsplans prüft das Gericht, ob der Schuldner drohend zahlungsunfähig im Sinne des § 18 InsO ist.*
[Daran anschließend gleichbleibend, mit neuer Nummerierung der Sätze des Absatzes 1]

Abbildung 8: § 60 StaRUG-Entwurf
Quelle: eigene Darstellung

b) Den Gesetzesänderungen zugrundeliegende Erwägungen

Auch im Rahmen der gerichtlichen Planbestätigung muss eine Prüfung der drohenden Zahlungsunfähigkeit im Sinne des § 18 InsO erfolgen. Dies stellt der vorstehende Entwurf nunmehr klar. Es besteht eine Pflicht zur Prüfung der drohenden Zahlungsunfähigkeit im positiven Sinne. Dies ergänzt insofern § 63 Abs. 1 Nr. 1 StaRUG in der geltenden Fassung. Im Rahmen dessen ist die gerichtliche Planbestätigung zu versagen, wenn der Schuldner nicht drohend zahlungsunfähig ist. Somit ergänzen sich die positiven und negativen Prüfungen des Gerichts.

4. Ergebnis zu den Anpassungen des StaRUG im Rahmen der Prüfung der drohenden Zahlungsunfähigkeit

Durch die vorstehenden Vorschläge wird m.E. sichergestellt, dass das materielle Eintrittsrecht der drohenden Zahlungsunfähigkeit gem. § 18 InsO stärker herausgehoben wird. Die Restrukturierungsgerichte haben die Möglichkeit und Pflicht, das Vorliegen der drohenden Zahlungsunfähigkeit im Sinne des § 18 InsO positiv festzustellen. Dies ist aufgrund der Eingriffe in grundgesetzlich gesicherte Rechtspositionen der Betroffenen erforderlich. Denjenigen Schuldnern, die tatsächlich drohend zahlungsunfähig sind, wird der Zutritt zu dem Verfahrensrahmen des StaRUG gewährt. Solchen Schuldnern, die sich (missbräuchlich) zum Verfahrensrahmen Zugang verschaffen wollen, ohne dass ihnen die Zahlungsunfähigkeit droht, wird dies verwehrt. Dies entspricht den Vorstellungen des europäischen und nationalen Gesetzgebers.

II. Anpassung der §§ 74, 78 StaRUG

Auch Art und Umfang der Amtsermittlungen im Rahmen der Bestellung eines Restrukturierungsbeauftragten sind anpassungsbedürftig. Der obige Beispielsfall hat deutlich gezeigt, dass es einer strengeren Prüfung der Geeignetheit eines Kandidaten für das Amt des Restrukturierungsbeauftragten bedarf. Die Prüfung der Geeignetheit gewinnt insbesondere dann an Bedeutung, wenn ein Kandidat durch Beteiligte vorgeschlagen wird. Nach der aktuellen Gesetzeslage hat das Restrukturierungsgericht kaum Möglichkeiten, die Geeignetheit einer vorgeschlagenen Person zu kontrollieren, sofern nicht bereits greifbare Momente für eine Ungeeignetheit vorliegen. Dies bedarf einer gesetzgeberischen Korrektur. Dazu wird im Folgenden ein Vorschlag unterbreitet:

1. Gesetzestext § 74 StaRUG-Entwurf

§ 74 StaRUG-Entwurf
[Abs. 1 gleichbleibend]
(2) [1]Das Restrukturierungsgericht berücksichtigt bei der Auswahl eines Restrukturierungsbeauftragten nach § 73 Absatz 1 und 2 Vorschläge des Schuldners, der Gläubiger und der an dem Schuldner beteiligten Personen. [2]Hat der Schuldner die Bescheinigung eines in Restrukturierungs- und Insolvenzsachen erfahrenen Steuerberaters, Wirtschaftsprüfers, Rechtsanwalts oder einer Person mit vergleichbarer Qualifikation vorgelegt, aus der sich ergibt, dass der Schuldner die Voraussetzungen des § 51 Absatz 1 und 2 erfüllt, kann das Gericht vom Vorschlag des Schuldners nur dann abweichen, wenn die vorgeschlagene Person ~~offensichtlich~~ ungeeignet ist; dies ist zu begründen. [3]Wenn Planbetroffene, auf welche in jeder der nach § 9 gebildeten oder zu bildenden Gruppen von Inhabern von Restrukturierungsforderungen und Absonderungsanwartschaften mehr als 25 Prozent des Stimmrechts entfallen oder voraussichtlich entfallen werden, einen gemeinschaftlichen Vorschlag unterbreiten und wenn keine Bindung des Gerichts nach Satz 2 besteht, kann das Gericht vom gemeinsamen Vorschlag der Planbetroffenen nur dann abweichen, wenn die vorgeschlagene Person ~~offensichtlich~~ ungeeignet ist; dies ist zu begründen.
[Abs. 3 gleichbleibend]

Abbildung 9: § 74 StaRUG-Entwurf
Quelle: eigene Darstellung

2. Gesetzestext § 78 StaRUG-Entwurf

§ 78 StaRUG-Entwurf
[Abs. 1 gleichbleibend]
(2) Wird von Gläubigern, die zusammen alle voraussichtlich in den Restrukturierungsplan einbezogenen Gruppen repräsentieren, ein Vorschlag zur Person des fakultativen Restrukturierungsbeauftragten gemacht, kann das Gericht von diesem nur dann abweichen, wenn die Person ~~offensichtlich~~ ungeeignet ist oder, falls der Beauftragte lediglich zum Zwecke der Förderung der Verhandlungen zwischen den Beteiligten bestellt werden soll, der Schuldner dem Vorschlag widerspricht; eine Abweichung ist zu begründen.
[Abs. 3 gleichbleibend]

Abbildung 10: § 78 StaRUG-Entwurf
Quelle: eigene Darstellung

3. Den Gesetzesänderungen zugrundeliegende Erwägungen

Die Geeignetheit, allem voran die Unabhängigkeit des Restrukturierungsbeauftragten, ist von herausragender Bedeutung für das StaRUG. Dennoch ist die Überprüfung der Geeignetheit durch das Restrukturierungsgericht bei Vorschlägen nach §§ 74 Abs. 2 Satz 2 und 3, 78 Abs. 2 StaRUG *de lege lata* stark beschränkt. Nach der aktuellen Gesetzeslage muss die Ungeeignetheit des Restrukturierungsbeauftragten für das Restrukturierungsgericht offensichtlich, d.h. „mit den Händen greifbar" sein.[820] Zurückgreifen kann das Restrukturierungsgericht daher nur auf solche Tatsachen, die im Sinne des § 291 ZPO (i.V.m. § 38 Satz 1 StaRUG) bei dem Gericht offenkundig sind.[821] Das Restrukturierungsgericht kann auch Informationen aus allgemein zugänglichen Quellen

---

820 So auch *Vallender*, ZRI 2021, 165, 170; unter Bezug auf *Zipperer*, in: Uhlenbruck InsO, § 270b Rn. 60; siehe auch *Kern*, in: MünchKomm InsO, § 270b Rn. 96; siehe auch *Hoegen*, NZI-Beilage 2021, 59, 60: „auf der Hand liegt"; *Cranshaw/Portisch*, ZInsO 2020, 2561, 2575.

821 *Cranshaw/Portisch*, ZInsO 2020, 2561, 2575; *Frind*, NZI 2021, 609, 612; *ders.*, in: Bieg/Borchardt/Frind, Unternehmenssanierung und Betriebsfortführung, Teil 2 B. VIII. Rn. 20; *ders.*, ZRI 2021, 397, 404; *Hoegen*, NZI-Beilage 2021, 59, 60; *Kramer*, in: BeckOK StaRUG, 3. Ed. 15.11.21, § 38 Rn. 60; *Riedemann*, in: Pannen/Riedemann/Smid StaRUG, § 51 Rn. 6, § 96 Rn. 20; zweifelnd: *Hänel*, in: BeckOK StaRUG, 3. Ed. 15.11.21, § 94 Rn. 26.

ermitteln.[822] Dies umfasst auch solche Tatsachen, die aus dem Internet ersichtlich sind.[823]

Insgesamt reichen diese Ermittlungsbefugnisse jedoch bei qualifizierten Vorschlägen der Beteiligten im Sinne der §§ 74 Abs. 2 Satz 2 und 3, 78 Abs. 2 StaRUG nicht aus. Die Beschränkung auf die Offensichtlichkeit der Ungeeignetheit einer vorgeschlagenen Person verhindert die erforderliche Prüfung. Diese Beschränkungen der Ermittlung und Prüfung der Geeignetheit, insbesondere der Unabhängigkeit, des Restrukturierungsbeauftragten sind daher nicht mit den Vorgaben des Art. 27 Abs. 1 Rest-RL vereinbar. Demnach müssen die Mitgliedstaaten geeignete Aufsichts- und Regulierungsmechanismen einrichten, „um sicherzustellen, dass die Arbeit von Verwaltern wirksam überwacht wird, damit gewährleistet ist, dass ihre Dienste wirksam und sachkundig und gegenüber den beteiligten Parteien unparteiisch und unabhängig erbracht werden." Die Beschränkung der Ermittlung und Prüfung auf eine Offensichtlichkeit der Ungeeignetheit ist kein Mechanismus, der sicherstellt, dass eine wirksame Überwachung stattfinden kann. Im Gegenteil: In Extremfällen verhindert er gerade die vom europäischen Gesetzgeber geforderte wirksame Überwachung.

Die Lösung dieser Unzulänglichkeit der §§ 74 Abs. 2 Satz 2 und 3, 78 Abs. 2 StaRUG liegt somit auf der Hand. Meines Erachtens sollte jeweils das Wort „offensichtlich" gestrichen werden. Dadurch wird es dem Restrukturierungsgericht im Rahmen seines pflichtgemäßen Ermessens ermöglicht, die Ungeeignetheit der vorgeschlagenen Person vollumfänglich zu prüfen. Insbesondere wird es dem Restrukturierungsgericht ermöglicht, durch die Aufforderung zur Ausfüllung und Übersendung eines der o.g. Fragebögen zur Unabhängigkeit die abstrakte und generelle Unabhängigkeit der vorgeschlagenen Person zu ermitteln.

Der Empfehlung schränkt die Möglichkeit der Beteiligten, einen Vorschlag für das Amt des Restrukturierungsbeauftragten zu machen, nicht ein. Sie versetzt das Restrukturierungsgericht hingegen in die Lage, eine den Umständen des Einzelfalls entsprechend angemessene Ermittlung und Prüfung der Geeignetheit der vorgeschlagenen Person vorzunehmen. Dies kann nur im Interesse sämtlicher Verfahrensbeteiligten sein.

---

822 BGHSt 6, 292, 293; *Huber*, in: Musielak/Voit ZPO, § 291 Rn. 1; *Prütting*, in: MünchKomm ZPO, § 291 Rn. 8.

823 Im Kontext des § 290 InsO: AG Köln, NZI 2021, 285, 289; BGH, NZI 2020, 679, 681; zustimmend *Frind*, NZI 2021, 609, 612; *ders.*, in: Bieg/Borchardt/Frind, Unternehmenssanierung und Betriebsfortführung, Teil 2 B. VIII. Rn. 20; *ders.*, ZRI 2021, 397, 404.

III. Ergebnis zu den Anpassungen des StaRUG

Mit den vorstehenden Vorschlägen sind meines Erachtens die beiden größten „Unzulänglichkeiten" des StaRUG beseitigt: zum einen die geringe Prüfungsdichte im Rahmen der Bestellung eines Restrukturierungsbeauftragten, vor allem bei qualifizierten Vorschlägen der Beteiligten. Zum anderen die zu späte und zu wenig intensive Ermittlung und Prüfung der drohenden Zahlungsunfähigkeit im Sinne des § 18 InsO. Es gäbe weitere Anknüpfungspunkte im StaRUG, die eine Einschränkung der Amtsermittlung des Restrukturierungsgerichts vornehmen. Diese sind jedoch nicht von solch herausragender Bedeutung, dass auch hier zwangsläufig eine Korrektur erforderlich wird. Die vorliegenden Vorschläge sind daher auf das Wesentliche beschränkt. Der Charakter des StaRUG wird durch sie nicht „entstellt". Insgesamt liegt m.E. eine ausgewogenere Regelung vor. Die Gerichte werden in die Lage versetzt, die nach den Umständen des Einzelfalls erforderlichen Ermittlungen anzustellen. So wird dem Missbrauch des Restrukturierungsrahmens effektiv Einhalt geboten. Dies kann nur im Interesse aller Beteiligten der Verfahren sein.

B. Anpassungen der InsO *de lege ferenda*

Der Amtsermittlungsgrundsatz ist in der InsO im Vergleich zu dem StaRUG ausgeprägter. Es besteht hier insgesamt kaum Anlass für Anpassungen. Die Amtsermittlungen sind ausgewogen. Missbrauch wird effektiv vorgebeugt. Die bedeutsamen Umstände können effektiv durch Insolvenzgericht und Ermittler ermittelt werden.

Die Ausnahme hiervon stellt § 270d InsO dar. Wie im obigen Fallbeispiel der Transatlantic Trade GmbH gezeigt wurde, ist die Ermittlung der Geeignetheit einer für das Amt des Sachwalters vorgeschlagenen Person erheblich eingeschränkt. Eine extensive Auslegung des § 270d InsO kommt angesichts des eindeutigen Wortlauts nicht in Betracht. Auch hier besteht daher Anpassungsbedarf analog zu den §§ 74, 78 StaRUG:

I. Gesetzestext § 270d InsO-Entwurf

§ 270d InsO-Entwurf
[Abs. 1 gleichbleibend]
(2) [1]Der Aussteller der Bescheinigung nach Absatz 1 darf nicht zum vorläufigen Sachwalter bestellt werden. [2]Der Schuldner kann dem Gericht Vorschläge für die Person des vorläufigen Sachwalters unterbreiten. [3]Das Gericht kann von einem Vorschlag des Schuldners nur abweichen, wenn die vorgeschlagene Person ~~offensichtlich~~ für die Übernahme des Amtes nicht geeignet ist; dies ist vom Gericht schriftlich zu begründen.
[Abs. 3-4 gleichbleibend]

Abbildung 11: § 270d InsO-Entwurf
Quelle: eigene Darstellung

II. Der Änderung zugrundeliegende Erwägungen

De lege lata kann das Insolvenzgericht nur bei einer offensichtlichen Ungeeignetheit einer vorgeschlagenen Person für das Amt des Sachwalters von dem Vorschlag des Schuldners abweichen. Damit ist wie auch im StaRUG die Ermittlung und Prüfung auf solche Umstände beschränkt, die „mit den Händen greifbar sind“.[824] Dies lässt auch hier eine Lücke in der Ermittlung und Prüfung der Geeignetheit, insbesondere der Unabhängigkeit zurück.

Auch für den § 270d Abs. 2 Satz 3 InsO ist daher die naheliegende Lösung, das Wort „offensichtlich“ aus der Norm zu streichen. Dadurch greift der Amtsermittlungsgrundsatz wieder voll ein. Die Geeignetheit der vorgeschlagenen Person kann nunmehr vollständig ermittelt und geprüft werden. Dabei ist das Insolvenzgericht zu Ermittlungen im Rahmen seines pflichtgemäßen Ermessens berechtigt und verpflichtet. Soweit ggf. die Befürchtung besteht, dass es durch den Amtsermittlungsgrundsatz zu Verzögerungen käme, ist dies nicht begründet. Die Geschwindigkeit der Ermittlung, Prüfung und Bestellung der Personen für die Ämter des vorläufigen und endgültigen Insolvenzverwalters zeigt, dass hier mit keinen nennenswerten Verzögerungen zu rechnen ist. Insbesondere im Rahmen des ebenfalls eilbedürftigen vorläufigen Insolvenzverfahrens gilt auch uneingeschränkt der Amtsermittlungsgrundsatz hinsichtlich der Geeignetheit eines Kandidaten für das Amt des vorläufigen

824 Vgl. in diesem Kontext nur: *Zipperer*, in: Uhlenbruck InsO, § 270b Rn. 60; *Kern*, in: MünchKomm InsO, § 270b Rn. 96.

Insolvenzverwalters. Es ist nicht bekannt, dass hier bisher Probleme mit der Geschwindigkeit der Ermittlung und Prüfung der Geeignetheit eines Kandidaten und anschließenden Bestellung aufgekommen sind. Dies dürfte daher gleichermaßen auch für das Eigenverwaltungsrecht der §§ 270 ff. InsO gelten. Stattdessen erhöhen gerade die vollständige Ermittlung und Feststellung der Geeignetheit, insbesondere der Unabhängigkeit, der vorgeschlagenen Person das Vertrauen in diese. Dies ist den Erfolgsaussichten des Eigenverwaltungsverfahrens nur zuträglich.

§ 5 Schlussteil

A. Zusammenfassung der wesentlichen Ergebnisse

Die Ergebnisse der vorstehenden Ausführungen lassen sich thesenartig wie nachfolgend zusammenfassen:

I. Thesen zu § 1 Grundlagen des Amtsermittlungsgrundsatzes

1. Zur begrifflichen Definition des Amtsermittlungsgrundsatzes in Insolvenz- und Restrukturierungsverfahren kann auf die allgemeine Definition zurückgegriffen werden. Der Amtsermittlungsgrundsatz ist demnach das Prinzip, dass das Gericht von Amts wegen die für den Prozess relevanten Tatsachen ermittelt, sie in den Prozess einbringt und ihre Wahrheit bzw. Richtigkeit feststellt.
2. Der Amtsermittlungsgrundsatz wird in Insolvenz- und Restrukturierungsverfahren sowohl von dem Offizial- als auch dem Dispositionsgrundsatz flankiert.
3. Die Struktur des Insolvenzverfahrens ist die eines nichtstreitigen Verfahrens der Rechtsfürsorge durch das Insolvenzgericht zum Zwecke der gleichmäßigen Gläubigerbefriedigung (§ 1 Satz 1 InsO) bzw. der Restschuldbefreiung des redlichen Schuldners (§ 1 Satz 2 InsO).
   a) Die herrschende Meinung, die das Insolvenzverfahren als Zwangsvollstreckungsverfahren und damit als ein streitiges Verfahren einordnet, überzeugt nicht:
      aa) Wortlaut und Systematik sprechen gegen die herrschende Meinung. Die prozessuale Gestaltung (vor allem im Sinne einer *vis attractiva concursus*) ist seit Inkrafttreten der KO überwunden. Der Verweis in § 4 Satz 1 InsO hat lediglich den Zweck, die Gesetzesökonomie zu fördern. Aus ihm folgt keine Zuordnung zur streitigen Gerichtsbarkeit.
      bb) Auch das Telos spricht gegen die herrschende Meinung. Das Insolvenzverfahren ist nicht ausschließlich als Haftungsrecht einzuordnen. Gleichrangiger Zweck zur *par conditio creditorum* (§ 1 Satz 1 InsO) ist die Entschuldung des redlichen Schuldners (§ 1 Satz 2 InsO). Diese nimmt rechtstatsächlich eine prägende Stellung ein. Auch die Einordnung als Verfahren der Zwangsvollstreckung überzeugt nicht. Die Unterschiede zwischen dem Zwangsvollstreckungsverfahren

der ZPO und dem Insolvenzverfahren sind zu weitreichend, um diesen Schluss zu tragen.

b) Auch der anderen Ansicht, die das Insolvenzverfahren als Verfahren der freiwilligen Gerichtsbarkeit versteht, ist nicht uneingeschränkt zu folgen.

aa) Nicht überzeugend ist das Argument, aus der Nichtanwendbarkeit der Vorschriften der Einzelzwangsvollstreckung in der ZPO auf eine Einordnung des Insolvenzverfahrens als Verfahren der freiwilligen Gerichtsbarkeit zu schließen. Daraus ergibt sich noch keine positive Zuordnung zur freiwilligen Gerichtsbarkeit.

bb) Tatsächlich bestehen zwischen Insolvenzverfahren und Verfahren der freiwilligen Gerichtsbarkeit deutliche Gemeinsamkeiten. Auch diese reichen indes für eine positive Einordnung des Insolvenzverfahrens als Verfahren der freiwilligen Gerichtsbarkeit nicht aus.

cc) Das Insolvenzverfahren dient jedoch vorrangig der Regelung im Sinne der Schaffung einer Rechtslage. Zudem hat es Rechts- bzw. Vermögensfürsorgecharakter. Damit ist das Insolvenzverfahren insgesamt ein nichtstreitiges Verfahren der Rechtsfürsorge durch das Insolvenzgericht zum Zwecke der gleichmäßigen Gläubigerbefriedigung (§ 1 Satz 1 InsO) bzw. der Restschuldbefreiung des redlichen Schuldners (§ 1 Satz 2 InsO). Dem FamFG kann es jedoch aufgrund seiner abschließenden, formellen Definition (§ 1 FamFG) nicht unterstellt werden. Dies schließt gleichwohl seine Einordnung als nichtstreitiges Verfahren nicht aus.

4. Für das Restrukturierungsverfahren bilden sich die gleichen Meinungen zu der Struktur des Verfahrens wie für das Insolvenzverfahren heraus. Die Argumentationsstruktur ist ebenfalls gleich. Überzeugend ist das Restrukturierungsverfahren als ein nichtstreitiges Verfahren der rechtsfürsorgerischen Aufsicht des Restrukturierungsgerichts zum Zweck der Sanierung des Schuldners und der Befriedigung der Gläubiger einzuordnen. Es ist jedoch ebenfalls kein Verfahren der freiwilligen Gerichtsbarkeit (§ 1 FamFG)
5. Normativ lässt sich der Amtsermittlungsgrundsatz in Insolvenz- und Restrukturierungsverfahren nicht allein als Garant für die materielle Wahrheit begründen. Insolvenz- und Restrukturierungsverfahren sind neben dem Aspekt der Wahrheit auch an den Kategorien zweck- und unzweckmäßig zu messen. Normativ wird der Amtsermittlungsgrundsatz deshalb in Insolvenz- und Restrukturierungsverfahren zusätzlich aus ihrer

Zweckgerichtetheit impliziert. Daraus folgt, dass im Rahmen der Amtsermittlungen stets eine Rückbindung auf die jeweiligen Zwecke der Verfahren vorgenommen werden muss.

II. Thesen zu § 2 Gemeinsame Grundsätze und Unterschiede der amtswegigen Ermittlungen in Insolvenz- und Restrukturierungsverfahren

1. In Insolvenz- und Restrukturierungsverfahren lassen sich hinsichtlich des Amtsermittlungsgrundsatzes drei Grundsätze identifizieren. Es sind nur solche Umstände zu ermitteln, die von Bedeutung für das Verfahren sind (A). Das jeweilige Gericht hat von Amts wegen tätig zu werden (B). Es sind besondere Grundsätze hinsichtlich Art und Umfang der Ermittlungen zu beachten (C).
2. Es sind nur solche Umstände zu ermitteln, die von Bedeutung für das Verfahren sind.
   a) Umstände sind synonym für Tatsachen.
   b) Der Begriff des „Verfahrens" ist umfassend zu verstehen. Sowohl in Insolvenz- als auch in Restrukturierungsverfahren ist damit das gesamte Verfahren gemeint. Einschränkungen bestehen grundsätzlich nicht. Auch soweit eine Glaubhaftmachung gewisser Umstände durch einen Antragsteller gefordert wird, greift auf zweiter Stufe der Amtsermittlungsgrundsatz ein. Dies gilt in Insolvenz- und Restrukturierungsverfahren.
   c) Der Begriff der Bedeutung eines Umstands ist dual zu verstehen: Zum einen ist ein Umstand dann von Bedeutung für das Verfahren, wenn er mit dem den Verfahren zugrundeliegenden Zweck in Berührung kommt. Diese Berührung ist dabei extensiv zu verstehen. Zum anderen kann ein Umstand auch außerhalb einer solchen (unmittelbaren) Berührung mit den Verfahrenszwecken von Bedeutung sein, wenn er konstitutiv für das Verfahren ist.

      aa) In Insolvenzverfahren lautet der Grundsatz, dass grundsätzlich alle Umstände im obigen Sinne von Bedeutung für das Verfahren sind. Die Bedeutung eines Umstands für das Verfahren ist in der InsO nur an wenigen Stellen ausgeschlossen. Dies geschieht über die Formulierungen „offensichtlich" und „bekannt".

      bb) Diese Formulierungen werden vor allem im StaRUG durch den Gesetzgeber eingesetzt, um Amtsermittlungen einzuschränken.

Wird die Formulierung „[keine] Umstände bekannt sind, aus denen sich ergibt, dass […]“ eingesetzt, sind weitere Amtsermittlungen außerhalb bekannter Umstände ausgeschlossen. Unbekannte Umstände haben dadurch keine Bedeutung für das Restrukturierungsverfahren. Diese Art der Gesetzesmethodik entfaltet dabei eine Wirkung, die der einer gesetzlichen Fiktion ähnelt. Gleiches gilt bei einer Beschränkung auf „offensichtliche“ Umstände. Umstände, die nicht offensichtlich sind, dürfen durch das Restrukturierungsgericht ebenfalls nicht ermittelt werden. Solche Umstände haben ebenfalls keine Bedeutung für das Restrukturierungsverfahren. Auch dieser Mechanismus gleicht dem einer gesetzlichen Fiktion (nämlich, dass entsprechende Umstände nicht von Bedeutung für das Verfahren sind).

cc) Dieser vom Gesetzgeber gewählte Mechanismus ist kritisch zu betrachten. Er kann jedoch *de lege lata* nicht abgewandelt werden. Dies würde einer Auslegung *contra legem* entsprechen. Eine Korrektur hat *de lege ferenda* stattzufinden.

3. Insolvenz- und Restrukturierungsgerichte haben von Amts wegen tätig zu werden.
   a) Normadressat ist das jeweilige Gericht. In den Grenzen der Zumutbarkeit hat der Richter oder Rechtspfleger eigene Ermittlungen anzustellen. Außerhalb der Grenzen der Zumutbarkeit können Richter und Rechtspfleger nicht verpflichtet sein, Ermittlungen eigens anzustellen.
   b) Ist eine eigene Ermittlung nicht (mehr) zumutbar, können Ermittlungen auf einen Ermittler delegiert werden.

      aa) Ermittler sind sog. „isolierte“ Gutachter im Rahmen des Insolvenzeröffnungsverfahrens, der vorläufige Insolvenzverwalter, der Insolvenzverwalter, der vorläufige Sachwalter, der Sachwalter, der Restrukturierungbeauftragte und ein ggf. gem. § 38 Satz 1 StaRUG i.V.m. §§ 402 ff. ZPO bestellter Sachverständiger sowie auch der Sanierungsmoderator gem. § 96 StaRUG in Restrukturierungsverfahren. Nur diesem Personenkreis können Ermittlungen delegiert werden.
      bb) Die Delegation der Ermittlungen auf einen Ermittler ist zulässig. Der Wortlaut des § 5 Abs. 1 InsO und § 39 Abs. 1 StaRUG indiziert die Zulässigkeit, indem Sachverständige ausdrücklich als Ermittlungsmittel des Gerichts genannt werden. Im Übrigen zeigt auch ein Vergleich mit der ZPO, dass die Ermittlung von Befundtatsachen

durch den Sachverständigen der ZPO zulässig ist. In Insolvenz- und Restrukturierungsverfahren liegen zu einem Großteil Befundtatsachen vor, sodass diese durch den Ermittler eigenständig ermittelt werden können. Dem steht auch nicht der Unmittelbarkeitsgrundsatz entgegen, da dieser in Insolvenz- und Restrukturierungsverfahren nur eingeschränkt anwendbar ist.

cc) Die Delegation der Ermittlungen ist erforderlich, soweit eigene Ermittlungen des Gerichts ineffektiv sind und es zur sachgerechten Erfüllung der Amtsermittlungspflicht der Delegation der Ermittlungen auf einen Ermittler bedarf (Postulat der Effektivität der Ermittlungen). Dadurch wird der besonderen Eilbedürftigkeit der Verfahren entsprochen. Zudem gebietet die Zweckgerichtetheit der Insolvenz- und Restrukturierungsverfahren eine effektive Ermittlung der bedeutsamen Umstände. Nur so können die Verfahrenszwecke wirksam verfolgt werden. Im Übrigen trägt die Delegation der Ermittlungen zu einer größeren Objektivität der Ermittlungen bei.

dd) Die Grenze der Zulässigkeit der Delegation von Amtsermittlungen ist dort erreicht, wo der Kernbereich gerichtlicher Ermittlungen beginnt. Der Kernbereich dieser Amtsermittlungen beginnt dort, wo in besonderer Intensität in Rechtspositionen, insbesondere in Grundrechte und grundrechtsgleiche Rechte, eines Beteiligten eingegriffen wird. Der Kernbereich gerichtlicher Amtsermittlungen kann demnach definiert werden als ein nicht delegierbarer Bereich von Ermittlungen und Ermittlungsmaßnahmen, die aufgrund ihrer Eingriffsintensität und ihrer Grundrechtsrelevanz einem Hoheitsträger, namentlich dem Insolvenz- oder Restrukturierungsgericht, zugewiesen sind und funktionell durch den Richter oder den Rechtspfleger wahrgenommen werden müssen. In diesen fallen etwa die Ermittlungen nach den §§ 97, 98 und 101 InsO. Eine Delegation auf einen Ermittler ist ebenfalls unzulässig, wenn bei diesem ein punktueller Interessenkonflikt besteht. Sodann sind eigene Ermittlungen anzustellen. Sofern erforderlich, kann die Delegation auf einen anderen (als den ursprünglichen) Ermittler geschehen.

ee) Folge der Delegation der Ermittlungen ist, dass die unbedingte Unabhängigkeit der Ermittler gefordert werden muss. Dieses Erfordernis ergibt sich aus dem Rechtsstaatsprinzip gem. Art. 20 Abs. 3 GG sowie aus der Zweckgerichtetheit der Insolvenz- und Restrukturierungsverfahren. Insofern ist die Unabhängigkeit der Ermittler auch nicht disponibel für die Beteiligten der Verfahren. Die Unabhängigkeit sollte innerhalb der Insolvenz- und Restrukturierungsverfahren autonom bestimmt werden. Ein Rückgriff auf Maßstäbe aus den §§ 41 f. ZPO und den Bestimmungen der BRAO sowie der GOI des VID sollte nur im Rahmen der Systematisierung des autonomen Unabhängigkeitsbegriffs der InsO und des StaRUG erfolgen. Unabhängigkeit ist daher inhaltlich als das Fehlen von inneren oder äußeren, vergangenen oder gegenwärtigen Beziehungen zu den Verfahrensbeteiligten, die den Ermittler in seinem Tun, Dulden oder Unterlassen im Kontext der delegierten Ermittlungen bedingen, bestimmen oder entscheidend beeinflussen (könnten), zu definieren.

4. Es sind besondere Grundsätze hinsichtlich Art und Umfang der Ermittlungen zu beachten.

   a) Der Ermittlungsanlass und die Bedeutung eines Umstands für das Verfahren sind miteinander verwoben. Soweit Anlass und Bedeutung zusammentreffen, sind in jedem Fall Ermittlungen von Amts wegen anzustellen. Die Bedeutung eines Umstands entscheidet verfahrensintern über die Aufnahme der Ermittlungen. Der Anlass bildet den Impuls für die Ermittlungen. Ein Anlass zu Ermittlungen ergibt sich vorrangig aus gerichtsbekannten Umständen oder aufgrund von Angaben der Verfahrensbeteiligten. Anlass kann jedoch auch bestehen, wenn das Gericht aus eigenen Erfahrungssätzen Muster oder Anhaltspunkte sieht oder vermutet, die weitere Ermittlungen erforderlich machen. Zudem besteht stets dann Anlass zu Ermittlungen, wenn es sich um einen Umstand handelt, der das Ergebnis umfangreicher Bewertungen und Analysen ist. Bei der Beurteilung der Frage, ob ein Anlass zu Ermittlungen besteht, kommt dem Gericht ein Beurteilungsspielraum zu. Je intensiver die Tatsachen und die zu ihrer Feststellung erforderlichen Ermittlungen mit den Zwecken des Verfahrens in Berührung kommen, desto eher ist das Ermessen des Richters auf null reduziert. Auch außerhalb eines Anlasses sind Insolvenzgerichte zu Amtsermittlungen berechtigt. Restrukturierungsgerichte hingegen sind hierzu nicht berechtigt. Der Gesetzgeber wollte gerade dies verhindern.
   b) Die Ermittlungsmittel lassen sich in drei Kategorien aufteilen. Solche Ermittlungsmittel, die in den Kernbereich gerichtlicher Amtsermittlungen fallen. Dazu zählen etwa die Ermittlungsmittel des § 98 InsO. Solche Ermittlungsmittel, die in den Bereich der zulässigen

Delegation der Amtsermittlungen auf einen Ermittler fallen. Hierzu zählen z.B. zwangslose Befragungen sowie das Betreten und Durchsuchen von schuldnerischen Räumlichkeiten. Und als dritte Kategorie solche Ermittlungsmittel, die originär dem Ermittler zustehen. Dies ist beispielsweise bei Auskunftsrechten der Ermittler aus § 1 IFG der Fall.

c) In Insolvenz- und Restrukturierungsverfahren gilt der Grundsatz des Freibeweises. Dies ergibt sich nicht aus § 29 FamFG. Vorschriften des FamFG sind in der InsO und dem StaRUG nicht anwendbar. Stattdessen folgt die Geltung der Grundsätze des Freibeweises unmittelbar aus der Struktur der Verfahren als nichtstreitige Verfahren der Rechtsfürsorge. Denn diese Struktur gebietet *eo ipso* die Geltung der Grundsätze des Freibeweises, da ansonsten eine effektive Verfolgung der Zwecke erschwert würde.

d) Auch im Rahmen des Insolvenzverfahrens bedarf es einer objektiven Beweislast, um ein *non liquet* aufzulösen. Außer im Zulassungsverfahren des Insolvenzverfahrens besteht hingegen keine subjektive Beweislast. In Restrukturierungsverfahren gibt es kein Zulassungsverfahren, sodass hier insgesamt keine subjektive Beweislast besteht.

e) Die Regeln des Beweismaßes aus der ZPO gelten unverändert auch in Insolvenz- und Restrukturierungsverfahren. Gleiches gilt für das Verhältnis von Haupt- und Gegenbeweis.

f) Die verfahrensexternen Grenzen des Amtsermittlungsgrundsatzes liegen in dem Grundsatz der Verhältnismäßigkeit aus Art. 20 Abs. 3 GG und dem prozessualen Grundsatz der Waffengleichheit aus Art. 20 Abs. 3 GG i.V.m. Art. 3 Abs. 1 GG. Die Gerichte sind an diese Grenzen wegen Art. 1 Abs. 3 GG unmittelbar gebunden. Eine unmittelbare Verpflichtung besteht für die Ermittler mangels hoheitlicher Stellung nicht. Dennoch haben auch sie aufgrund ihrer Nähe zu den Gerichten im Rahmen ihrer delegierten Ermittlungen die Grenzen der Amtsermittlung zu beachten. Dies ergibt sich aus der Ausstrahlungswirkung der Grundrechte.

III. Thesen zu § 3 Konkrete Amtsermittlungen in Insolvenz- und Restrukturierungsverfahren

1. Die Ermittlungen im Rahmen der Bestellung von Ermittlern fallen in den Kernbereich gerichtlicher Ermittlungen. Die besondere Grundrechtsrelevanz macht eine Delegation unzulässig.

2. Das Hannoveraner Modell stellt grundsätzlich eine zulässige Möglichkeit zur amtswegigen Ermittlung der Geeignetheit von Kandidaten für Ämter in Insolvenz- und Restrukturierungsverfahren dar. Die grundsätzliche Einführung eines Punktesystems ist begrüßenswert. Kritikwürdig ist das Hannoveraner Modell hingegen, wenn die Vorauswahllisten in zwei bzw. drei Teillisten aufgeteilt werden. Dabei handelt es sich um eine faktische Berufszugangsbeschränkung. Die konkrete Ausgestaltung des Hannoveraner Modells ist ebenfalls teilweise kritikwürdig. Die leistungsunabhängigen Kriterien sind intransparent. Zudem besteht die Gefahr eines *confirmation bias*. Die leistungsabhängigen Kriterien sind begrüßenswert. Allerdings dürfen auch diese nicht zu einer Perpetuierung des *Status quo* führen. Im Übrigen muss berücksichtigt werden, dass es zu statistischen Abweichungen innerhalb eines definierten Betrachtungszeitraums kommen kann. Sowohl Ausreißer nach oben als auch Ausreißer nach unten sind im Rahmen eines Punktesystems zu berücksichtigen. Dies ist, soweit ersichtlich, im Rahmen des Hannoveraner Modells nicht geschehen. Dies könnte durch die *Winsorizing-Methode* oder die *Trimming-Methode* behoben werden.
3. Besonderes Augenmerk liegt auf den Ermittlungen der Unabhängigkeit eines Ermittlers. Auch diese sind von Amts wegen durchzuführen und fallen in den Kernbereich der gerichtlichen Ermittlungen. Praktisch sollte zur Ermittlung der Unabhängigkeit eines Ermittlers auf die Musterfragebögen des VID oder des BAKinso zurückgegriffen werden. Jeder Insolvenz- und Restrukturierungsrichter ist berechtigt, vor oder nach einer Bestellung die Ausfüllung eines Fragebogens zur Unabhängigkeit zu verlangen. Je nach Ergebnis der Auswertung des Fragebogens kann der Richter im Rahmen seines pflichtgemäßen Ermessens entscheiden, ob ein Bewerber unabhängig ist oder nicht. Ein signifikanter Zeit- und/oder Reibungsverlust ist dadurch nicht zu befürchten.
4. Im Rahmen von Vorschlägen bezüglich der Person des Insolvenzverwalters gem. §§ 56a, 57 InsO besteht eine uneingeschränkte Amtsermittlungspflicht des Insolvenzgerichts hinsichtlich der Geeignetheit, insbesondere der Unabhängigkeit, der vorgeschlagenen Person. Bei qualifizierten Vorschlägen für das Amt des Restrukturierungsbeauftragten gem. §§ 74 Abs. 2, 78 Abs. 2 StaRUG sind die Amtsermittlungen des Gerichts hingegen auf eine *offensichtliche* Ungeeignetheit der vorgeschlagenen Person begrenzt. Zurückgreifen kann das Restrukturierungsgericht daher nur auf solche Tatsachen, die im Sinne des § 291 ZPO (i.V.m. § 38 Satz 1 StaRUG) bei dem Gericht offenkundig sind. Damit sind die Amtsermittlungen des

Restrukturierungsgerichts hinsichtlich der Geeignetheit, insbesondere der Unabhängigkeit, der vorgeschlagenen Person bei qualifizierten Vorschlägen erheblich eingeschränkt. Gleiches gilt für qualifizierte Vorschläge im Rahmen des § 270d Abs. 2 InsO. Diese Ergebnisse sind höchst unbefriedigend. Die Kontrollfunktion des Gerichts wird durch die Beschränkung seiner Möglichkeiten zu amtswegigen Ermittlungen geschwächt. Zudem bietet es den Beteiligten die Möglichkeit, einen abhängigen Restrukturierungsbeauftragten oder Sachwalter „mitzubringen". Damit kann – wenngleich es sich um Extremfälle handeln mag – die Voraussetzung der Geeignetheit, vor allem der Unabhängigkeit, *ad absurdum* geführt werden. Das Gericht ist gezwungen, sehenden Auges einen Restrukturierungsbeauftragten oder Sachwalter zu bestellen, der abhängig ist. Dieses Ergebnis ist zwingend *de lege ferenda* zu korrigieren.

5. Der Amtsermittlungsgrundsatz bezieht sich auch auf die Insolvenzmasse. Regt der Sachverständige bzw. der (vorläufige) Insolvenzverwalter die Ermittlung hinsichtlich Gegenständen oder Ansprüchen der Insolvenzmasse an, hat das Gericht von Amts wegen zu ermitteln. Denn die Delegation einzelner Ermittlungen befreit das Gericht nicht von seiner Verpflichtung, alle Umstände von Bedeutung für das Verfahren von Amts wegen zu ermitteln. Die Grenze ist durch den Grundsatz der prozessualen Waffengleichheit gezogen.
6. Ermittlungen im Rahmen der §§ 97, 98, 101 InsO fallen in den Kernbereich der gerichtlichen Ermittlung. Dennoch sind ergänzend und flankierend Ermittlungen des Ermittlers erforderlich, um gerichtliche Zwangsmaßnahmen im Sinne des § 98 InsO vorzubereiten. Dafür kann von dem Betretungsrecht des (vorläufigen) Insolvenzverwalters Gebrauch gemacht werden. Dies ist ein praktisch wertvolles Mittel der Ermittlung. Zudem können Kontoauszüge bei Banken und Auskünfte von Sozialversicherungsträgern und Finanzämtern angefordert werden.
7. Die Ermittlungen der materiellen Insolvenzreife oder der drohenden Zahlungsunfähigkeit, die als materielle Eintrittsrechte in Insolvenz- und Restrukturierungsverfahren fungieren, haben eine verfahrensbegründende und missbrauchsverhindernde Funktion. Hier sind besonders sorgfältige und gründliche Ermittlungen anzustellen. Im StaRUG zeigt sich jedoch, dass die Ermittlung der drohenden Zahlungsunfähigkeit im Sinne des § 18 InsO stark eingeschränkt ist. Eine Ermittlung erfolgt nicht bereits mit Anzeige der Restrukturierungssache. Sofern dem Restrukturierungsgericht keine Umstände im Sinne des § 33 Abs. 2 Nr. 1, 1. Hs. StaRUG bekannt sind, darf es bei erfolgter Anzeige der Restrukturierungssache

keine weiteren Ermittlungen hinsichtlich der drohenden Zahlungsunfähigkeit des Schuldners anstellen. Für missbräuchlich agierende Schuldner bedeutet dies, dass ggf. weitere Zeit gewonnen wird, um beispielsweise Vermögenswerte beiseitezuschaffen, und eine Insolvenz verschleppt werden kann. Auch bei Beantragung von Instrumenten im Sinne des § 29 Abs. 2 StaRUG ist der Amtsermittlungsgrundsatz hinsichtlich der drohenden Zahlungsunfähigkeit des Schuldners eingeschränkt. So ist praktisch eine Prüfung der drohenden Zahlungsunfähigkeit spätestens mit der gerichtlichen Entscheidung über die Planbestätigung gem. § 63 Abs. 1 Nr. 1 StaRUG möglich. Hier ist das Restrukturierungsgericht zudem auf eine negative Prüfung beschränkt. Eine drohende Zahlungsunfähigkeit ist nicht gegeben, wenn der Schuldner entweder *noch* nicht drohend zahlungsunfähig oder *schon* insolvenzreif ist. Dies wird dem Umstand nicht gerecht, dass die drohende Zahlungsunfähigkeit das materielle Eintrittsrecht in den Verfahrensrahmen des StaRUG ist. Damit wird dem Restrukturierungsgericht die Wahrnehmung der Rolle der „Nachtwächterin" umso schwerer gemacht. Hier bedarf es einer nuancierten Anpassung des StaRUG *de lege ferenda*. In konkreter Hinsicht sollten die Ermittlungen durch den Restrukturierungsbeauftragten durchgeführt werden. Denn die Ermittlungen hinsichtlich der drohenden Zahlungsunfähigkeit sind besonders aufwändig und komplex.

8. Besteht ein punktueller Interessenkonflikt, können Amtsermittlungen auch auf einen Sonderinsolvenzverwalter delegiert werden. Dies bietet sich auch im Rahmen des Bremer Modells an. Im Rahmen dessen hat das Insolvenzgericht u.a. folgende Umstände zu ermitteln: Zulässigkeit des Insolvenzantrags unter dem Aspekt der Firmenbestattung, Zuständigkeit des Insolvenzgerichts, § 3 Abs. 1 Satz 1 InsO, die konkrete Geeignetheit des vorgeschlagenen Insolvenzverwalters, die Darstellung und Begründung der materiellen Insolvenzreife sowie den rechtmäßigen Umgang mit Ansprüchen des Schuldners (inklusive Sonderaktiva). Ermittlungen, die die Zulässigkeit des Insolvenzantrags betreffen, können auch nach Zulassung des Insolvenzantrags erfolgen. Vorrangig ist im Rahmen des Bremer Modells die konkrete Unabhängigkeit des vorgeschlagenen Insolvenzverwalters zu prüfen. Dafür kann auf die Fragebögen des VID/BAKinso zurückgegriffen werden. Zur Ermittlung der besonderen Umstände kann ein Sonderinsolvenzverwalter eingesetzt werden. Dieser kann Ermittlungen oftmals effektiver als das Insolvenzgericht durchführen.
9. Auch im Rahmen der Vorprüfung nach § 231 InsO besteht eine Amtsermittlungspflicht des Insolvenzgerichts. Es besteht keine Bereichsausnahme

für § 5 Abs. 1 InsO in den §§ 217 ff. InsO. Auch das Insolvenzplanverfahren ist ein Verfahren im Sinne des § 5 Abs. 1 Satz 1 InsO. Die Geltung des Amtsermittlungsgrundsatzes in § 231 Abs. 1 InsO ergibt sich im Übrigen *argumentum e contrario* aus den § 231 Abs. 1 Nr. 2, 3 InsO. Diese normieren eine Einschränkung des Amtsermittlungsgrundsatzes, sodass diese im Umkehrschluss zunächst überhaupt gelten muss. Im Rahmen der Vorprüfungen kann das Insolvenzgericht auch einen Ermittler einschalten. Die Befragung von Gläubigern und Schuldner, selbst die Einholung eines (Kurz-)Gutachtens innerhalb von zwei Wochen (§ 231 Abs. 1 Satz 2 InsO) ist möglich.

10. Im Rahmen der Vorprüfungen gem. §§ 46 ff. StaRUG gilt der Amtsermittlungsgrundsatz. Das Gericht kann selbst als „Sachverständige" tätig werden. Auch die Delegation von Ermittlungen ist jedoch zulässig. Zu beachten ist indes der Zeit- und Kostenaufwand. Grundsätzlich gelten auch im Rahmen der Vorprüfung die Grenzen für den Amtsermittlungsgrundsatz, die auch im Rahmen der einzelnen Instrumente und Entscheidungen gelten. Wenn aber der Schuldner eine eingehendere Prüfung im Rahmen der Vorprüfung wünscht, ist dies zulässig. Denn eine Vorprüfung soll gerade auch schwierige Vorfragen ausloten, um den Beteiligten im weiteren Verlauf Sicherheit zu geben. Dies kann umso mehr geschehen, wenn die Ermittlungen und Prüfungen mit Einverständnis des Schuldners über das geforderte (Mindest-)Maß der Ermittlungsdichte hinausgehen. Auch die Planbetroffenen würden durch ein solches Vorgehen nicht unbillig benachteiligt. Die von den Vorprüfungsfragen berührten Planbetroffenen sind gem. § 48 Abs. 1 StaRUG durch das Restrukturierungsgericht anzuhören. Hier können sie etwaige Bedenken gegen eine ausführlichere Prüfung äußern. Diese hat das Restrukturierungsgericht dann zu berücksichtigen.
11. Es bestehen zudem originäre Ermittlungen des Ermittlers. Dazu zählen vor allem Auskunftsansprüche. Dabei können sich die Ermittler vorrangig auf § 1 IFG stützen.

IV. § 4 Gesetzgebungsvorschläge für die Verbesserung der Effektivität der Amtsermittlungen in InsO und StaRUG

1. Das StaRUG ist anpassungsbedürftig hinsichtlich des Zeitpunkts sowie der Art und des Umfangs der Ermittlung der drohenden Zahlungsunfähigkeit des Schuldners. Die derzeitige Gesetzeslage führt zu einer verspäteten Prüfung der drohenden Zahlungsunfähigkeit des Schuldners. Dies wird dem Stellenwert der drohenden Zahlungsunfähigkeit als materielles

Eintrittsrecht für den Verfahrensrahmen des StaRUG nicht gerecht. Anpassungen sollten in den §§ 31, 33, 51 und 60 StaRUG erfolgen.

2. Ebenfalls sollten die §§ 74 Abs. 2, 78 Abs. 2 StaRUG angepasst werden. Hier muss das Restrukturierungsgericht in die Lage versetzt werden, die Eignung einer vorgeschlagenen Person von Amts wegen zu prüfen. Eine Beschränkung durch die Formulierung „offensichtlich" ist zu streichen. Dies entspricht damit (eher) den Vorgaben des Art. 27 Abs. 1 Rest-RL.
3. Auch im Rahmen des § 270d Abs. 2 InsO ist das Wort „offensichtlich" zu streichen. Somit greift der Amtsermittlungsgrundsatz im Rahmen von Vorschlägen für den Sachwalter vollständig ein.

B. Schlusswort

Die Geltung des Amtsermittlungsgrundsatzes ist in Insolvenz- und Restrukturierungsverfahren nicht streitig. § 5 Abs. 1 InsO und § 39 Abs. 1 StaRUG normieren den Amtsermittlungsgrundsatz ausdrücklich als Verfahrensgrundsatz. Das bedeutet jedoch nicht, dass damit Fragen im Dunstkreis des Amtsermittlungsgrundsatzes in den beiden Verfahren geklärt wären. Im Gegenteil: In der InsO, aber vor allem im StaRUG werden Fragen bezüglich des Amtsermittlungsgrundsatzes in den kommenden Jahren eine entscheidende Rolle spielen. Es gilt das Verhältnis zwischen Eilbedürftigkeit der Verfahren und gründlichen sowie effektiven Ermittlungen auszuloten. Die vorliegende Arbeit will dazu einen Beitrag leisten. So konnten einige Dunkelfelder des Amtsermittlungsgrundsatzes in Insolvenz- und Restrukturierungsverfahren durch diese Arbeit ausgeleuchtet werden. Zukünftig ist der Gesetzgeber gefragt, vor allem wenn es um Amtsermittlungen im StaRUG geht. Die derzeitige Gesetzeslage im StaRUG ist an besonders neuralgischen Punkten unzureichend. Amtsermittlungen werden systematisch ausgeschlossen. Es steht zu hoffen, dass der künftige Gesetzgeber seine Einschätzungen zu dem Wert und der Reichweite des Amtsermittlungsgrundsatzes im StaRUG überdenkt. Denn wie die InsO verdeutlicht, führen Amtsermittlungen zu effektiven und gleichermaßen an den Verfahrenszwecken ausgerichteten Verfahren. Die gründliche Ermittlung der bedeutsamen Umstände beugt Missbrauch vor und schafft Vertrauen in die Verfahren. Gerade dies ist auch im StaRUG im Interesse aller Beteiligten.

Literaturverzeichnis

Vollständige Angaben zur Schrift	Zitierweise
Ahrens, Martin: Amtsermittlung im Versagungsverfahren, VuR 2013, 332–334	*Ahrens*, VuR 2013, 332
Ahrens, Martin/ Gehrlein, Markus/ Ringstmeier, Andreas [alle Hrsg.]: Insolvenzrecht Kommentar, 4. Aufl. 2020, München	*Bearbeiter*, in: Ahrens/ Gehrlein/Ringstmeier InsO, § Rn.
Albrecht, Josef Ambrosius Michael: Die Exceptionen des gemeinen teutschen Civilprocesses: Geschichtlich entwickelt, 1835, München	*Albrecht*, Exceptionen, S.
Andres, Dirk/ Leithaus, Rolf/ Dahl, Michael: Insolvenzordnung (InsO) – Kommentar, 4. Aufl. 2018, München	*Bearbeiter*, in: Andres/ Leithaus InsO, § Rn.
Balthasar, Helmut: Allgemeine Zugangsvoraussetzungen zu den Restrukturierungsinstrumenten, NZI-Beilage 2021, 18–22	*Balthasar*, NZI-Beilage 2021, 18.
Bärmann, Johannes: „Echtes Streitverfahren" in der freiwilligen Gerichtsbarkeit, AcP 154 (1955), 373–421	*Bärmann*, AcP 154 (1955), 373.
Baumgärtl, Gottfried [Hrsg.]: Handbuch der Beweislast - Band 1: Grundlagen, 4. Aufl. 2019, Köln	*Bearbeiter*, in: Handbuch der Beweislast, Bd. 1, Kap. Rn.
Baur, Fritz; Stürner, Rolf [alle Hrsg.]: Zwangsvollstreckungs-, Konkurs- und Vergleichsrecht – Ein Lehrbuch, Band II Insolvenzrecht, 1990, Heidelberg	*Baur/Stürner*, Insolvenzrecht, Rn.
Bea, Sylwia Maria/Dressler, Maximilian: Business Judgement Rule versus Gläubigerschutz? – Praktische Erwägungen zur Organhaftung im Kontext des StaRUG, NZI 2021, 67–71	*Bea/Dressler*, NZI 2021, 67.

Vollständige Angaben zur Schrift	Zitierweise
Berg, Wilfried: Die verwaltungsrechtliche Entscheidung bei ungewissem Sachverhalt, 1980, Berlin/Bonn	*Berg,* Die verwaltungsrechtliche Entscheidung bei ungewissem Sachverhalt, S.
Berges, August Maria: Der Konkurs als Aufgabe treuhänderischer Rechtspflege – Die Grundzüge des deutschen Konkurses, KTS 1960, 1–11	*Berges*, KTS 1960, 1
Berges, August Maria: Anmerkung zu: LG Hamburg, Beschl. v. 21.12.1963 – 76 T 47/63 –, KTS 1964, 56–58	*Berges*, KTS 1964, 56.
Berges, August Maria: Vergleich und Konkurs in der Evolution der Marktwirtschaft, in: Festschrift des Arbeitskreises für Insolvenz- und Schiedsgerichtswesen e.V. Köln zum einhundertjährigen Bestehen der Konkursordnung vom 10. Februar 1877 (Uhlenbruck, Wilhelm; Klasmeyer, Bernd; Kübler, Bruno M. [alle Hrsg.]), Einhundert Jahre Konkursordnung, 1977, Köln, S. 363–399	*Berges*, in: FS 100 Jahre Konkursordnung, S.
Berges, August Maria: Der Konkurs als Auffangverfahren und Regelungsstreitigkeit, BB 1982, 1455–1458	*Berges*, BB 1982, 1455.
Beth, Stephan: Amtsermittlung des Insolvenzgerichts im Eröffnungsverfahren, NZI 2014, 487–491	*Beth*, NZI 2014, 487.
Beth, Stephan: Zulässigkeit eines Auskunftsersuchens des Insolvenzgerichts beim Bundeszentralamt für Steuern (BZSt), NZI 2016, 109–115	*Beth*, NZI 2016, 109.
Bieg, Thorsten/Borchardt, Peter-Alexander/Frind, Frank [alle Hrsg.]: Unternehmenssanierung und Betriebsfortführung, 1. Aufl. 2021, München	*Bearbeiter*, in: Bieg/Borchardt/Frind, Unternehmenssanierung und Betriebsfortführung, Teil 1 A. I. Rn.

Vollständige Angaben zur Schrift	Zitierweise
Birnbreier, Friedrich: Insolvenzverwalter nicht „Betroffener" i. S. d. DSGVO hinsichtlich der beim Finanzamt gespeicherten personenbezogenen Daten des Insolvenzschuldners, EWiR 2019, 663–664	*Birnbreier*, EWiR 2019, 663.
Bitter, Georg: Geschäftsleiterhaftung in der Insolvenz – Alles neu durch SanInsFoG und StaRUG?, ZIP 2021, 321–336	*Bitter*, ZIP 2021, 321.
Blankenburg, Daniel/Kramer, Adrian/Noll, Kathrin/Sauer-Colberg, Maria: Verwalterauswahl nach dem Hannoveraner Modell – Erwiderung auf Moderegger, NZI 2017, 241 ff. und Besprechung von OLG Celle, Beschl. v. 27.3.2017 – 16 VA 9/16, ZInsO 2017, 1030 ff., ZInsO 2017, 1018–1022	*Blankenburg/Kramer/Noll/ Sauer-Colberg*, ZInsO 2017, 1018.
Blankenburg, Daniel: Benachteiligt das Hannoveraner Modell die Bewerber für die Vorauswahlliste willkürlich? – Zugleich Besprechung von KG, NZI 2020, 753, NZI 2020, 768–774	*Blankenburg*, NZI 2020, 768.
Blankenburg, Daniel: Forum Shopping zur Einflussnahme auf die Bestimmung des Insolvenzverwalters? – Anmerkung zu LG Bremen, Beschluss vom 5.10.2020 – 6 T 370/ 20, ZInsO 2020, 2541, ZInsO 2020, 2523-2526	*Blankenburg*, ZInsO 2020, 2523.
Blersch, Jürgen/ Goetsch, Hans-W./ Haas, Ulrich [alle Hrsg.]: Berliner Kommentar Insolvenzrecht - Band I: 12/16 (59. Lfg.), Köln	*Bearbeiter*, in: BerlKomm InsO, *Nr.* Lfg. M.J., § Rn.
Bogumil, Dörte: Das „große Insolvenzgericht" beim Landgericht –Vorschlag für eine Reform der Gerichtsorganisation im Insolvenzrecht, NZI 2018, 774–780	*Bogumil*, NZI 2018, 774.

Vollständige Angaben zur Schrift	**Zitierweise**
Bork, Reinhard: Einführung in das neue Insolvenzrecht, 10. Aufl. 2021, Tübingen	*Bork*, Einführung in das neue Insolvenzrecht, S.
Bork, Reinhard: Die Unabhängigkeit des Insolvenzverwalters – ein hohes Gut, ZIP 2006, 58–59	*Bork*, ZIP 2006, 58.
Bork, Reinhard: Grundfragen des Restrukturierungsrechts – Prolegomena zu einer Reform des deutschen Insolvenzrechts, ZIP 2010, 397–413	*Bork*, ZIP 2010, 397.
Bork, Reinhard: Die Unabhängigkeit des Insolvenzverwalters ist nicht disponibel, ZIP 2013, 145–149	*Bork*, ZIP 2013, 145.
Bork, Reinhard: Die gerichtliche Informationsgewinnung im Vorfeld der Bestellung von Insolvenzverwaltern, ZIP 2017, 2173–2182	*Bork*, ZIP 2017, 2173.
Bork, Reinhard/Thole, Christoph: Die Verwalterauswahl – Gerichtliche Informationsgewinnung, Qualitätsmessung und der Einfluss von Zertifizierungen, 2018, Köln	*Bearbeiter*, in: Bork/Thole, Die Verwalterauswahl, S.
Bork, Reinhard/ Roth, Herbert [alle Hrsg.]: Stein/Jonas Kommentar zur Zivilprozessordnung - Band 4 (§§ 271–327), 23 Aufl. 2018, Tübingen - Band 5 (§§ 328–510c), 23. Aufl. 2015, Tübingen	*Bearbeiter*, in: Stein/Jonas ZPO, § Rn.
Bork, Reinhard: Neue Grundfragen des Restrukturierungsrechts, ZRI 2021, 345–361	*Bork*, ZRI 2021, 345.
Bork, Reinhard: Vom derzeitigen Stand des Insolvenzanfechtungsrechts, ZRI 2021, 1033–1043	*Bork*, ZRI 2021, 1033.

Vollständige Angaben zur Schrift	Zitierweise
Bötticher, Eduard: Regelungsstreitigkeiten, in: Festschrift für Friedrich Lent zum 75. Geburtstag 6.1.1957 (Rosenberg, Leo; Schwab Karl Heinz [alle Hrsg.], 1957, München/Berlin, S. 89–105	*Bötticher*, in: FS Lent, S. 89
Bötticher, Eduard: Die Konkursmasse als Rechtsträger und der Konkursverwalter als ihr Organ, ZZP 77 (1964), 55–77	*Bötticher*, ZZP 77 (164), 55.
Bötticher, Eduard: Funktionelle und instrumentale Züge des Konkursverfahrens, ZZP 86 (1973), 373–392	*Bötticher*, ZZP 86 (1973), 373.
Braun, Eberhard [Hrsg.]: Insolvenzordnung (InsO) – InsO mit EuInsVO (2015) – Kommentar, 8. Aufl. 2020, München	*Bearbeiter*, in: Braun InsO, § Rn.
Braun, Eberhard [Hrsg.]: Unternehmensstabilisierungs- und -restrukturierungsgesetz (StaRUG) – Kommentar, 1. Aufl. 2021, München	*Bearbeiter*, in: Braun StaRUG, § Rn.
Brehm, Wolfgang: Freiwillige Gerichtsbarkeit, 4. Aufl. 2009, Stuttgart/München/Hannover/Berlin/Weimar/Dresden	*Brehm*, Freiwillige Gerichtsbarkeit, S.
Brink, Stefan/Krieger, Johanna: Anmerkungen zu BVerwG, Urt. v. 16.9.2020 - 6 C 10/19, NVwZ 2021, 84–86	*Brink/Krieger*, NVwZ, 2021, 84.
Brinkmann, Moritz: Der präventive Restrukturierungsrahmen als trojanisches Pferd für Finanzinvestoren – Zur Richtlinie (EU) 2019/1023 des Europäischen Parlaments und des Rates v. 20.6.2019, NZI-Beilage 2019, 27–29	*Brinkmann*, NZI-Beilage 2019, 27.
Brinkmann, Moritz/Zipperer, Helmut: Die Eigenverwaltung nach dem ESUG aus Sicht von Wissenschaft und Praxis, ZIP 2011, 1337–1347	*Brinkmann/Zipperer*, ZIP 2011, 1337.

Vollständige Angaben zur Schrift	Zitierweise
Bruyn, Benedikt de/ Ehmke, David C.: StaRUG & InsO: Sanierungswerkzeuge des Restrukturierungs- und Insolvenzverfahrens, NZG 2021, 661–672	*de Bruyn/Ehmke*, NZG 2021, 661.
Brzoza, Daniel: Plädoyer für eine bundesweite Insolvenzverwalterdatenbank und 24 regionale Vorauswahllisten, NZI 2021, 513–517	*Brzoza*, NZI 2021, 513.
Busch, Klaus-Peter: Die Qualität der Insolvenzgerichte, ZInsO 2011, 1321–1327	*Busch*, ZInsO 2011, 1321.
Büttner, Holger: Die Auftragserteilung nach § 802l ZPO an den Gerichtsvollzieher im Insolvenzverfahren, ZInsO 2019, 937–950	*Büttner*, ZInsO 2019, 937.
Cranshaw, Friedrich L./Portisch, Wolfgang: Paradigmen des Unternehmensstabilisierungs- und -restrukturierungsgesetzes (StaRUG) nach dem Regierungsentwurf aus Gläubigersicht – Teil 1 – Ein wegweisender Entwurf?, ZInsO 2020, 2561–2579	*Cranshaw/Portisch*, ZInsO 2020, 2561.
Dälken, Florian: „Game-Changer" in der Pandemie: Schriftliche Verfahrensabwicklung nach § 5 Abs. 2 InsO mit Zustimmungsfiktion gem. § 160 Abs. 1 Satz 3 InsO, InsbürO 266–270	*Dälken*, InsbürO 2021, 266,
Deppenkemper, Gunter: Ziel erreicht? Außergerichtliche Sanierung bereits ab 1.1.2021!, ZIP 2020, 2432–2441	*Deppenkemper*, ZIP 2020, 2432.
Dixon, Wilfrid J.: Simplified Estimation from Censored Normal Samples, The Annals of Mathematical Statistics 1960, Vol. 31 No. 2, S. 385–391	*Dixon*, Ann. Math. Statist. 1960 Vol. 32 No. 2, S.
Döbereiner, Stephan: Das Schuldenbereinigungsverfahren nach der neuen Insolvenzordnung – Ein Weg zur Entschuldung natürlicher Personen, JA 1996, 603–607	*Döbereiner*, JA 1996, 603.

Vollständige Angaben zur Schrift	**Zitierweise**
Eicke, Christian: Informationspflichten der Mitglieder des Gläubigerausschusses, ZInsO 2006, 798–803	*Eicke*, ZInsO 2006, 798.
Eidenmüller, Horst: Prognoseentscheidungen im Insolvenzplanverfahren: Verfahrenslähmung durch Minderheitenschutz?, NJW 1999, 1837–1839	*Eidenmüller*, NJW 1999, 1837.
Eidenmüller, Horst: Gesellschafterstellung und Insolvenzplan, ZGR 2001, 680–711	*Eidenmüller*, ZGR 2001, 680.
Fiebig, Sylvia: StaRUG – eine Auswertung der ersten praktischen Fälle, ZRI 2021, 561–569	*Fiebig*, ZRI 2021, 561.
Flöther, Lucas F.: Es bedarf keines neuen verkammerten Berufs, INDat-Report 6/18, 34	*Flöther*, INDat-Report 6/18, 34
Flöther, Lucas F. [Hrsg.]: Unternehmensstabilisierungs- und -restrukturierungsgesetz (StaRUG) – Kommentar, 1. Aufl. 2021, München	*Bearbeiter*, in: Flöther StaRUG, § Rn.
Fridgen, Alexander/ Geiwitz/Arndt/ Göpfert, Burkard [aller Hrsg.]: Beck'scher Online-Kommentar Insolvenzrecht – InsO, COVInsAG, InsVV, EuInsVO, Spezialthemen und Länderberichte, 25. Edition, 15.10.2021, München	*Bearbeiter*, in: BeckOK InsR, 25. Ed. 15.10.21, InsO, § Rn.
Frind, Frank: Fortgeschriebene Verfahrenskennzahlenauswertung – was Insolvenzverwalter leisten können – Ergebnisauswertungsbericht der Erhebungen beim AG Hamburg unter Einschluss der Verfahrenskennzahlen 2009, ZInsO 2011, 169–178	*Frind*, ZInsO 2011, 169.
Frind, Frank: Das „Anforderungsprofil" gem. § 56a InsO – Bedeutung und praktische Umsetzung, NZI 2012, 650–654	*Frind*, NZI 2012, 650.

Vollständige Angaben zur Schrift	Zitierweise
Frind, Frank: Aktuelle Anwendungsprobleme beim "ESUG" – Teil 1 – Zu den Kompetenzen des Insolvenzgerichtes/Zur Unabhängigkeitsprüfung, ZInsO 2013, 59-64	*Frind*, ZInsO 2013, 59.
Frind, Frank: Praxishandbuch Privatinsolvenz, 2. Aufl. 2017, München	*Frind*, Privatinsolvenz, Rn.
Frind, Frank: Die Notwendigkeit des rechtzeitigen und vollständigen "conflict check" und seiner Mitteilung durch Insolvenzverwalter/Sachwalter – Zugleich Erläuterung der "Hamburger Leitlinien zu Reichweite und Durchführung des ‚conflict check'", ZInsO 2017, 375 (in diesem Heft), ZInsO 2017, 363–370	*Frind*, ZInsO 2017, 363.
Frind, Frank: Zur Geltungsreichweite und Nutzen einer Berufsverordnung für Insolvenzverwalter – Ein Thesenbeitrag zur Diskussion zum künftigen Berufsrecht im Sanierungs- und Insolvenzbereich, NZI 2018, 729–733	*Frind*, NZI 2018, 729.
Frind, Frank: Überreguliert statt saniert? – Zum RefE eines "StaRUG", ZInsO 2020, 2241–2248	*Frind*, ZInsO 2020, 2241.
Frind, Frank: Probleme bei der Bestellung und Verwendung des Restrukturierungsbeauftragten aus gerichtlicher Sicht, ZRI 2021, 397–406	*Frind*, ZRI 2021, 397.
Frind, Frank: Das "plötzliche" StaRUG-Verfahren – Probleme und Verwendungsgrenzen, ZInsO 2021, 1093–1099	*Frind*, ZInsO 2021, 1093.
Frind, Frank: Nutzen und Grenzen der gerichtlichen Vorprüfung im StaRUG-Verfahren, NZI 2021, 609–614	*Frind*, NZI 2021, 609.

Vollständige Angaben zur Schrift	Zitierweise
Gaul, Hans Friedhelm/ Schilken, Eberhard/ Becker-Eberhard, Ekkehard [alle Hrsg.]: Zwangsvollstreckungsrecht, 12. Aufl. 2010, München	*Gaul/Schilken/Becker-Eberhard*, Zwangsvollstreckungsrecht, S.
Geimer, Reinhold: Schiedsgerichtsbarkeit und Verfassung (aus deutscher Sicht), in: Integritätsprobleme im Umfeld der Justiz: die Organisation der Rechtsberatung; Schiedsgerichtsbarkeit und Verfassungsrecht; ein Forschungsbericht zu zwei Themen aus dem Umfeld der Justiz (Fish, William B./ Geimer, Reinhold/Prütting, Hanns/Walder-Richli, Hans Ulrich [alle Hrsg.], 1994, Bielefeld, S. 113–198	*Geimer*, in: Integritätsprobleme im Umfeld der Justiz, S. 113.
Gerloff, Christian: Funktionen und Aufgaben des Insolvenzgerichts – Unter besonderer Berücksichtigung des Wechselverhältnisses zur Gläubigerversammlung, 2008, Baden-Baden	*Gerloff*, Funktionen und Aufgaben des Insolvenzgerichts, S.
Gönner, Nicolaus Thaddäus von: Handbuch des deutschen gemeinen Processes, 1. Band, 1801, Erlangen	*Gönner*, Handbuch des gemeinen deutschen Processes, S.
Gottwald, Peter/ Haas, Ulrich [alle Hrsg.]: Insolvenzrechts-Handbuch, 6. Aufl. 2020, München	*Bearbeiter*, in: Gottwald/Haas Insolvenzrechts-Handbuch, § I 1 Rn.
Graeber, Thorsten: Die Unabhängigkeit des Insolvenzverwalters gegenüber Gläubigern und Schuldner – Eine „fundamentale" Anforderung an Verwalter fremden Vermögens, NZI 2002, 345–351	*Graeber*, NZI 2002, 345.
Graf, Ullrich/Wunsch, Irene: Bestellung eines Sonderverwalters bei drohendem Interessenkonflikt des Insolvenzverwalters, DZWIR 2002, 177–183	*Graf/Wunsch*, DZWIR 2002, 177.

Vollständige Angaben zur Schrift	Zitierweise
Graf-Schlicker, Marie Luise: Gefährdet die Eigenverwaltung die Unabhängigkeit des Insolvenzverwalters?, in: Insolvenzrecht im Wandel der Zeit – Festschrift für Hans-Peter Kirchhof zum 65. Geburtstag (Gerhardt, Walter/Haarmeyer, Hans/Kreft, Gerhart [alle Hrsg.], 2003, Bonn, S. 135–148	*Graf-Schlicker*, in: FS Kirchhof, S. 135.
Graf-Schlicker, Marie Luise [Hrsg.]: InsO – Kommentar zur Insolvenzordnung, 6. Aufl. 2021, Köln	*Bearbeiter*, in: Graf-Schlicker InsO, § Rn.
Graf-Schlicker, Marie Luise: Der Einfluss des ESUG auf die Tätigkeit der Insolvenzgerichte, Die Wirtschaftsprüfung Sonderheft 2011, 5–7	*Graf-Schlicker*, Wpg-Sh 2011, 5.
Gruber, Urs-Peter: Die neue Korrumpierungsgefahr bei der Insolvenzverwalterbestellung, NJW 2013, 584–586	*Gruber*, NJW 2013, 584.
Grüneberg, Christian: Bürgerliches Gesetzbuch: BGB, 81. Aufl. 2022, München	*Bearbeiter*, in: Grüneberg BGB § Rn.
Haarmeyer, Hans: Erledigungserklärung und Auswirkungen auf den Eröffnungsbeschluß, ZInsO 1998, 92	*Haarmeyer*, ZInsO 1998, 92.
Haarmeyer, Hans/ Wutzke, Wolfgang/ Förster, Karsten [alle Hrsg.]: Handbuch zur Insolvenzordnung – InsO/EGInsO, 3. Aufl. 2001, München	*Haarmeyer/Wutzke/Förster*, Hdb. InsO, S., Rn.
Haarmeyer, Hans: Anmerkung zu Beschluss des AG Charlottenburg v. 11.2.2019 – 36a IN 4993/18, ZInsO 2019, 625, 626	*Haarmeyer*, ZInsO 2019, 625.
Habscheid, Edgar J.: Rechtsgestaltung im Insolvenzverfahren – Zur dogmatischen Rechtfertigung des Universalitätsprinzips –, KTS 1999, 59–66	*Habscheid*, KTS 1999, 59.

Vollständige Angaben zur Schrift	Zitierweise
Habscheid, Walther J.: Rechtspflegeakte in der Freiwilligen Gerichtsbarkeit und dem Insolvenzverfahren, Rpfleger 2001, 1–6	*Habscheid*, Rpfleger 2001, 1.
Hacker, Maximilian: Anmerkungen zu BVerwG, Urteil vom 16.9.2020 - 6 C 10.19, NZI 2021, 151–152	*Hacker*, NZI 2021, 151.
Hahn, Carl: Die gesamten Materialien zu den Reichs-Justizgesetzen, Band 4, 1881, Berlin	*Hahn*, Materialien zu den Reichs-Justizgesetzen, Bd. 4 KO, 1881, S.
Hahne, Meo-Micaela/ Schlögel, Jürgen/ Schlünder, Rolf: Beck'scher Online-Kommentar FamFG, 39. Edition 01.07.2021, München	*Bearbeiter*, in: BeckOK FamFG, § Rn.
Häsemeyer, Ludwig: Insolvenzrecht, 4. Aufl. 2007, Köln	*Häsemeyer*, Insolvenzrecht, S., Rn.
Henckel, Wolfram: Prozessrecht und materielles Recht, 1970, Göttingen	*Henckel*, Prozessrecht und materielles Recht, S.
Henckel, Wolfram/ Gerhardt, Walter [alle Hrsg.]: Jaeger Insolvenzordnung Großkommentar - Band 1: §§ 1 – 55, 1. Aufl. 2004, Berlin	*Bearbeiter*, in: Jaeger InsO, § Rn.
Henssler, Martin: Berufsrechtliche Tätigkeitsverbote für den Konkurs- und Insolvenzverwalter, in: Insolvenzrecht 1996 (Hanns Prütting [Hrsg.]), 1996, Köln, S. 165–189	*Henssler*, in: Prütting Insolvenzrecht 1996, S.
Hermann, Christof/Zistler, Florian: Der Insolvenzplan – Eine Plage für das Gericht, oder eine elegante Lösung?, ZInsO 2018, 10–16	*Hermann/Zistler*, ZInsO 2018, 10.
Hess, Harald [Hrsg.]: Kölner Kommentar zur Insolvenzordnung - Band 1: (§§ 1–55), 1. Aufl. 2016, Köln - Band 2: (§§ 56–128), 1. Aufl. 2017, Köln	*Bearbeiter*, in: KölnKomm InsO, § Rn.

Vollständige Angaben zur Schrift	Zitierweise
Hess, Harald: Die Insolvenzverwalterbestellung – Grundrechtsrelevanz, Grundrechtsdefizite und Rechtsschutz, in: Insolvenzrecht in Wissenschaft und Praxis – Festschrift für Wilhelm Uhlenbruck zum 70. Geburtstag (Prütting, Hanns/Vallender, Heinz [alle Hrsg.]), S. 453–462, 2000, Köln	*Hess*, in: FS Uhlenbruck, S. 453.
Hess, Harald/Obermüller, Manfred: Insolvenzplan, Restschuldbefreiung und Verbraucherinsolvenz, 2. Aufl. 1998, Heidelberg	*Hess/Obermüller*, Insolvenzplan, Restschuldbefreiung und Verbraucherinsolvenz, S.
Hess, Harald/ Pape, Gerhard: InsO und EGInsO – Grundzüge des neuen Insolvenzrechts, 1995, Köln	*Bearbeiter*, in: Grundzüge des neuen Insolvenzrechts, S., Rn.
Hess, Harald/ Weis, Michaela: Der Insolvenzplan, WM 1998, 2349–2362	*Hess/Weis*, WM 1998, 2349.
Hill, Norbert: Die Unabhängigkeit des Insolvenzverwalters, ZInsO 2005, 1289–1296	*Hill*, ZInsO 2005, 1289.
Hirte, Heribert/ Vallender, Heinz [alle Hrsg.]: Uhlenbruck Insolvenzordnung - Band 1: (InsO), 15. Aufl. 2019, München	*Bearbeiter*, in: Uhlenbruck InsO, § Rn.
Hoegen, Peter H.: Die Sanierungsmoderation, NZI-Beilage 2021, 59–63	*Hoegen*, NZI-Beilage 2021, 59.
Hofman, Matthias: Die Vorschläge des DiskE-ESUG zur Eigenverwaltung und zur Auswahl des Sachwalters – Wege und Irrwege zur Erleichterung von Unternehmenssanierungen, NZI 2010, 798–805	*Hofman*, NZI 2010, 798.
Holzer, Johannes: Die Verbindung von Insolvenzverfahren, NZI 2007, 432–438	*Holzer*, NZI 2007, 432.
Holzer, Johannes: Der Insolvenz-Tourismus nach »Bremer Modell« und eine mögliche Reaktion des Gesetzgebers – Von Bremen nach Berlin und wieder zurück, INDat Report 07/2021, S. 10–19	*Holzer*, INDat Report 07/2021, 10.

Vollständige Angaben zur Schrift	Zitierweise
Hölzle, Gerrit: Die „erleichterte Sanierung von Unternehmen“ in der Nomenklatur der InsO – ein hehres Regelungsziel des RefE-ESUG, NZI 2011, 124–131	*Hölzle*, NZI 2011, 124.
Hölzle, Gerrit: Zur Disponibilität der Unabhängigkeit des Insolvenzverwalters, ZIP 2013, 447–451	*Hölzle*, ZIP 2013, 447.
Hölzle, Gerrit/Curtze, Karl-Friedrich: Eine Krise – Ein Verfahren! – Folgen eines vorangegangenen Restrukturierungsverfahrens nach StaRUG in der späteren Insolvenz, ZIP 2021, 1293–1305	*Hölzle/Curtze*, ZIP 2021, 1293.
Jackson, Thomas H.: The Logic and Limits of Bankruptcy Law, 1986, Camebridge (MA)	*Jackson*, The Logic and Limits of Bankruptcy Law, S.
Jacobi, Alexander/Böhme, Benjamin: Amtsermittlung durch Gutachter, ZInsO 2019, 1357–1360	*Jacobi/Böhme*, ZInsO 2019, 1357.
Jaeger, Ernst: Lehrbuch des Deutschen Konkursrechts, 8. Aufl. 1932, Berlin/Leipzig	*Jaeger*, Konkursrecht, S.
Jaeger, Ernst: Kommentar zur Konkursordnung und den Einführungsgesetzen - Band 2: KO §§ 47–244: Einführungsgesetze, Richtlinien, Nachtrag und Sachregister, 7. Aufl. 1936, Berlin	*Jaeger*, KO, 7. Aufl. 1936, § 78 Rn.
Jauernig, Othmar/ Berger, Christian: Zwangsvollstreckungs- und Insolvenzrecht – Ein Studienbuch, 23. Aufl. 2010, München	*Jauernig/Berger*, Zwangsvollstreckungs- und Insolvenzrecht, § Rn.
Kaufmann, Marcel: Untersuchungsgrundsatz und Verwaltungsgerichtsbarkeit, 2002, Tübingen	*Kaufmann*, Untersuchungsgrundsatz und Verwaltungsgerichtsbarkeit, S.
Kayser, Godehard/ Thole, Christoph [alle Hrsg.]: Heidelberger Kommentar zur Insolvenzordnung, 10. Aufl. 2020, Heidelberg	*Bearbeiter*, in: HeidelbKomm InsO, § Rn.

Vollständige Angaben zur Schrift	Zitierweise
Keller, Ulrich: Insolvenzrecht, 2. Aufl. 2020, München	*Keller*, Insolvenzrecht, Rn.
Kirchner, Hildebert: Abkürzungsverzeichnis der Rechtssprache, 10. Aufl. 2021, Berlin	*Kirchner*, Abkürzungsverzeichnis, S.
Klinck, Fabian: Insolvenzzweckwidrigkeit, KTS 2019, 1–28	*Klinck*, KTS 2019, 1.
Knauer, Christoph/ Kudlich, Hans/ Schneider, Hartmut [alle Hrsg.]: Münchener Kommentar zur StPO, 1. Aufl. 2016, München	*Bearbeiter*, in: MünchKomm StPO, § Rn.
Knop, Johannes: Amtshaftungsansprüche bei insolvenzgerichtlichen Pflichtverletzungen, 2015, Frankfurt am Main, Berlin, Bern, Bruxelles, New York, Oxford, Wien	*Knop*, Amtshaftungsansprüche bei insolvenzgerichtlichen Pflichtverletzungen, S.
Köbler, Gerhard: Juristisches Wörterbuch – Für Studium und Ausbildung, 15. Aufl. 2012, München	*Köbler*, Juristisches Wörterbuch, Stichwort:
Koenig, Ulrich: Abgabenordnung – Kommentar, 4. Aufl. 2021, München	*Bearbeiter*, in: Koenig AO, § Rn.
Kohte, Wolfhard/Ahrens, Martin/Grote, Hugo/Busch, Dörte/Lackmann, Frank [alle Hrsg.]: Verfahrenskostenstundung, Restschuldbefreiung und Verbraucherinsolvenzverfahren – Kommentar, 8. Aufl. 2018, München/Köln	*Bearbeiter*, in: Kohte u.a., Verfahrenskostenstundung etc., InsO, § Rn.
Kollhosser, Helmut: Zur Stellung und zum Begriff der Verfahrensbeteiligten im Erkenntnisverfahren der freiwilligen Gerichtsbarkeit – zugleich ein Beitrag zum allgemeinen Verfahrensrecht –, 1970, München	*Kollhosser*, Zur Stellung und zum Begriff der Verfahrensbeteiligten im Erkenntnisverfahren der freiwilligen Gerichtsbarkeit, S.
Kollhosser, Helmut: Grundlagen des Verfahrensrechts, JZ 1973, 8–11	*Kollhosser*, JZ 1973, 8.

Vollständige Angaben zur Schrift	Zitierweise
Korch, Stefan: Wozu Sachwalter? – Eine funktionale und rechtsvergleichende Betrachtung, ZIP 2018, 109–115	*Korch*, ZIP 2018, 109.
Kübler, Bruno M. [Hrsg.]: HRI – Handbuch Restrukturierung in der Insolvenz – Eigenverwaltung und Insolvenzplan, 3. Aufl. 2019, Köln	*Bearbeiter*, in: HRI, § Rn.
Kübler, Bruno M./ Prütting, Hanns/ Bork, Reinhard [alle Hrsg.]: InsO – Kommentar zur Insolvenzordnung, 8/21 (89. Lfg.), Köln	*Bearbeiter*, in: Kübler/ Prütting/Bork InsO, Nr. Lfg. M.J, § Rn.
Kumpan, Christoph: Der Insolvenzverwalter als Interessenwahrer, KTS 2010, 169–194	*Kumpan*, KTS 2010, 169.
Kumpan, Christoph: Der Interessenkonflikt im deutschen Privatrecht – Eine Untersuchung zur Fremdinteressenwahrung und Unabhängigkeit, 2014, Heidelberg	*Kumpan*, Der Interessenkonflikt im deutschen Privatrecht, S.
Künzl, Reinhard: Dispositionsmöglichkeiten der Parteien im Zivilprozess, 1986, Erlangen-Nürnberg	*Künzl*, Dispositionsmöglichkeiten der Parteien im Zivilprozess, S.
Laukemann, Björn: Die Unabhängigkeit des Insolvenzverwalters – Eine rechtsvergleichende Untersuchung, 2010, Tübingen	*Laukemann*, Die Unabhängigkeit des Insolvenzverwalters, S.
Laroche, Peter: Zur Vorauswahl von Insolvenzverwaltern nach dem „Hannoveraner Modell“, EWiR 2020, 727–728	*Laroche*, EWiR 2020, 727.
Laumen, Hans-Willi/ Vallender, Heinz: Beweisführung und Beweislast im Insolvenzverfahren, NZI 2016, 609–619	*Laumen/Vallender*, NZI 2016, 609.
Laumen, Hans-Willi/ Prütting, Hanns [alle Hrsg.]: Handbuch der Beweislast - Band 1: Grundlagenband, 4. Aufl. 2019, Köln	*Bearbeiter*, in: Handbuch der Beweislast, Bd. 1, Kap. Rn.

Vollständige Angaben zur Schrift	Zitierweise
Lepa, Brita: Insolvenzordnung und Verfassungsrecht, 2002, Berlin	*Lepa*, Insolvenzordnung und Verfassungsrecht, S.
Levy, Leopold: Die neuen Richtlinien des Amtsgerichts Berlin-Mitte für die Konkursverwalter, KuT 1929, 85–86	*Levy*, KuT 1929, 85.
Lohkemper, Wolfgang: Die Zwangsvollstreckung während der Sequestration und in einem vorläufigen Insolvenzverfahren, ZIP 1995, 1641–1650	*Lohkemper*, ZIP 1995, 1641.
Lorenz: Kann der Konkursantrag nach Ablehnung mangels Masse (§ 107 Abs. 1 KO) durch den Gläubiger noch zurückgenommen werden?, KTS 1963, 237–240	*Lorenz*, KTS 1963, 237.
Lüderitz, Alexander: Sittenwidrige Entscheidungen der freiwilligen Gerichtsbarkeit?, NJW 1980, 1087–1088	*Lüderitz*, NJW 1980, 1087.
Lüke, Wolfgang: Unabhängigkeit oder „Kernunabhängigkeit" des Insolvenzverwalters? – Zu Gehalt und Feststellung einer wesentlichen Verwalterqualifikation, ZIP 2003, 557–565	*Lüke*, ZIP 2003, 557.
Lüke, Wolfgang: Der Sonderinsolvenzverwalter, ZIP 2004, 1693–1699	*Lüke*, ZIP 2004, 1693.
Madaus, Stephan: Der Insolvenzplan: von seiner dogmatischen Deutung als Vertrag und seiner Fortentwicklung in eine Bestätigungsinsolvenz, 2011, Tübingen	*Madaus*, Insolvenzplan, S.
Madaus, Stephan: Anmerkung zu BGH, Beschluss vom 7.5.2015 – IX ZB 75/14, NZI 2015, 702–704	*Madaus*, NZI 2015, 702.
Madaus, Stephan: Schulden, Entschuldung, Jubeljahre – vom Wandel der Funktion des Insolvenzrechts, JZ 2016, 548–556	*Madaus*, JZ 2016, 548.

Vollständige Angaben zur Schrift	Zitierweise
Marković, Dejan: Auskunftsrechte im Insolvenzverfahren nach § 802l ZPO –Besprechung AG Rosenheim, Beschl. v. 8.9.2016 - 601 IN 468/15, ZInsO 2016, 1954, ZInsO 2016, 1974–1980	*Marković*, ZInsO 2016, 1974
Mäusezahl, Uwe: Alltag am Insolvenzgericht – Auswirkung InsOÄndG 2004 und des Pensenschlüssels auf die Arbeitsbelastung, ZVI 2004, 577–582	*Mäusezahl*, ZVI 2004, 577.
Mentzel, Franz: Kommentar zur Reichskonkursordnung, 4. Aufl. 1932, Mannheim/Berlin/Leipzig	*Mentzel*, Konkursordnung, §.
Moderegger, Martin: Fragwürdige Verwalterauswahl beim AG – Insolvenzgericht – Hannover, NZI 2017, 241–246	*Moderegger*, NZI 2017, 241.
Mönning, Rolf-Dieter: Beteiligung der Gläubiger bei der Auswahl des Insolvenzverwalters, in Sanierung und Insolvenz, Festschrift für Klaus Hubert Görg zum 70. Geburtstag (Dahl, Michael/Jauch, Hans-Gerd H./Wolf, Christian [alle Hrsg.], München, 2010, S. 291–316	*Mönning*, in: FS Görg, S. 291.
Morgen, Christoph: Das StaRUG – Aufbau, Inhalt, erste Fragen und Einschätzungen – Lücke für die Praxis passend geschlossen, INDat Report 09/2020, 12–32	*Morgen*, INDat Report 09/2020, 12.
Münzel, Karl: Freiwillige Gerichtsbarkeit und Zivilprozeß in der neueren Entwicklung, ZZP (66) 1953, 334–386	*Münzel*, ZZP 66 (1953), 334.
Münzel, Stephan: Zur Verfassungsmäßigkeit des § 302 Abs. 1 InsO, ZInsO 2021, 1676–1680	*Münzel*, ZInsO 2021, 1676.
Muscheler, Karlheinz/Bloch, Wolfgang E.: Abwahl des vom Gericht bestellten Insolvenzverwalters, ZIP 2000, 1474–1480	*Muscheler/Bloch*, ZIP 2000, 1474.

Vollständige Angaben zur Schrift	**Zitierweise**
Musielak, Hans-Joachim: Die Grundlagen der Beweislast im Zivilprozeß, 1975, Berlin	*Musielak*, Grundlagen der Beweislast, S.
Musielak, Hans-Joachim/ Voit, Wolfgang [alle Hrsg.]: Zivilprozessordnung mit Gerichtsverfassungsgesetz – Kommentar, 17. Aufl. 2020, München	*Bearbeiter*, in: Musielak/Voit ZPO, § Rn.
Nerlich, Jörg/ Römermann, Volker [alle Hrsg.]: Insolvenzordnung (InsO) – Kommentar, 4/20 (41. Lfg.), München	*Bearbeiter*, in: Nerlich/ Römermann InsO, Nr. Lfg. M.J., § Rn.
Neubert, Klaus: Das Hannoveraner Modell zur Verwalterauswahl, ZInsO 2010, 73–78	*Neubert*, ZInsO 2010, 73.
Nierhaus, Michael: Beweismaß und Beweislast Untersuchungsgrundsatz und Beteiligtenmitwirkung im Verwaltungsprozeß, 1989, München	*Nierhaus*, Beweismaß und Beweislast, S.
Oetker, Friedrich: Konkursrechtliche Grundbegriffe - Band 1: Die Gläubiger, 1891, Stuttgart	*Oetker*, Konkursrechtliche Grundbegriffe, S.
Pannen, Klaus/ Riedemann, Susanne/ Smid, Stefan [alle Hrsg.]: Unternehmensstabilisierungs- und restrukturierungsgesetz (StaRUG) – Kommentar, 1. Aufl. 2021, München	*Bearbeiter*, in: Pannen/ Riedemann/Smid StaRUG, § Rn.
Pape, Gerhard: Konkursverwalter mit beschränkter Haftung?, ZIP 1993, 737–743	*Pape*, ZIP 1993, 737.
Pape, Gerhard: Die Bestellung eines "starken Gutachters" als Mittel zur Sicherung der Insolvenzmasse, ZInsO 2001, 830–835	*Pape*, ZInsO 2001, 830.
Pape, Gerhard/ Uhlenbruck, Wilhelm/ Voigt-Salus, Joachim: Insolvenzrecht, 2. Aufl. 2010, München	*Pape/Uhlenbruck/Voigt-Salus*, Insolvenzrecht, Teil Kap. I Rn.

Vollständige Angaben zur Schrift	Zitierweise
Pape, Gerhard: Die Insolvenzzweckwidrigkeit von Rechtshandlungen des vorläufigen und des endgültigen Insolvenzverwalters/ Sachwalters, ZInsO 2016, 2149–2157	*Pape*, ZInsO 2016, 2149.
Pape, Gerhard: Vorauswahl und Bestellung von Insolvenzverwaltern im Lichte der Rechtsprechung des BGH, ZInsO 2017, 1341–1352	*Pape*, ZInsO 2017, 1341.
Pape, Gerhard: Aktuelles Insolvenzrecht im Jahr 2020 – Übersicht über die Rechtsprechung des BGH – Teil 2, ZinsO 2021, 1361–1380	*Pape*, ZinsO 2021, 1361.
Paul, Uwe: §§ 231, 232 InsO: Planzurückweisung trotz vorliegender Stellungnahmen der Beteiligten? – Anmerkung zu BGH, Beschl. v. 30.6.2011 – IX ZB 30/10, ZInsO 2012, 259–260	*Paul*, ZInsO 2012, 259.
Paulus, Christoph G./Dammann, Reinhard: European Preventive Restructuring – Directive (EU) 2019/1023 – Article by Article Commentary, 1. Aufl. 2021, München/ Oxford/Baden-Baden/New York	*Bearbeiter*, in: in: Paulus/ Dammann, European Preventive Restructuring, RL (EU) 2019/1023, Art. Rn.
Paulus, Christoph G.: Der Wandel von einem gläubigerzentrierten zum einem schuldnerzentrierten Sanierungsansatz unter dem StaRUG, NZI-Beilage 2021, 9–11	*Paulus*, NZI-Beilage 2021, 9.
Pawlowski, Hans-Martin: Methodenlehre für Juristen – Theorie der Norm und des Gesetzes – Ein Lehrbuch, 3. Aufl. 1981, Heidelberg/Karlsruhe	*Pawlowski*, Methodenlehre, S.
Pawlowski, Hans-Martin/ Smid, Stefan: Freiwillige Gerichtsbarkeit – Ein Lehrbuch, 1993, Köln/Berlin/Bonn/München	*Pawlowski/Smid*, Freiwillige Gerichtsbarkeit, S.

Vollständige Angaben zur Schrift	**Zitierweise**
Petersen, Sabrina: Die Firmenbestattung – Eine rechtliche Beurteilung und Maßnahmen zur Bekämpfung, 2015, Baden-Baden	*Petersen*, Firmenbestattung, S.
Pohlmann, Rolf G.: Anmerkung zu KG, Beschluss vom 14.5.2020 – 1 VA 17/17, NZI 2020, 759–760	*Pohlmann*, NZI 2020, 759.
Prütting, Hanns, Gegenwartsprobleme der Beweislast – Eine Untersuchung moderner Beweislasttheorien und ihrer Anwendung insbesondere im Arbeitsrecht, 1983, München	*Prütting*, Gegenwartsprobleme der Beweislast, S.
Prütting, Hanns: Die Unabhängigkeit des Insolvenzverwalters, ZIP 2002, 1965–1974	*Prütting*, ZIP 2002, 1965.
Prütting, Hanns/ Gehrlein, Markus [alle Hrsg.]: Zivilprozessordnung – Kommentar, 13. Aufl. 2021, Hürth	*Bearbeiter*, in: Prütting/ Gehrlein ZPO, § Rn.
Rattunde, Rolf: Sanierung durch Insolvenz, ZIP 2003, 2103–2110	*Rattunde*, ZIP 2003, 2103.
Rattunde, Rolf; Smid, Stefan; Zeuner, Mark [Alle Hrsg.]: Insolvenzordnung (InsO) – Kommentar - Band 1: §§ 1–147 InsO, 4. Aufl. 2019, Stuttgart - Band 2: §§ 148–359 InsO, 4. Aufl. 2019, Stuttgart	*Bearbeiter*, in: Rattunde/ Smid/Zeuner InsO, § Rn.
Rauscher, Thomas: Münchener Kommentar zum FamFG - Band 1: §§ 1–270 FamFG, 3. Aufl. 2018, München	*Bearbeiter*, in: MünchKomm FamFG, § Rn.

Vollständige Angaben zur Schrift	Zitierweise
Rauscher, Thomas/ Krüger, Wolfgang [alle Hrsg.]: Münchener Kommentar zur Zivilprozessordnung mit Gerichtsverfassungsgesetz und Nebengesetzen - Band 1: (§§ 1–354), 6. Aufl. 2020, München - Band 3: (§§ 946 – 1117, EGZPO, GVG, EGGVG, UKlaG, Internationales und Europäisches Zivilprozessrecht, 6. Aufl. 2022, München	*Bearbeiter*, in: MünchKomm ZPO/GVG, § Rn.
Rechel, Hans-Peter: Die Aufsicht des Insolvenzgerichts über den Insolvenzverwalter: "Aufsicht" als Erkenntnisprozess, "Aufsichtsmaßnahme" als Vollzug, 2008, Berlin	*Rechel*, Die Aufsicht des Insolvenzgerichts über den Insolvenzverwalter, S.
Rendels, Dietmar: Probleme der Gutachtertätigkeit im Insolvenzeröffnungsverfahren, NZG 1998 839–845	*Rendels*, NZG 1998, 839.
Riggert, Rainer: Die Unabhängigkeit des Insolvenzverwalters gegenüber Gläubigern – Erwiderung auf Graeber, NZI 2002, 345, NZI 2002, 352–356	*Riggert*, NZI 2002, 352.
Rimmelspacher, Bruno: Zur Prüfung vom Amts wegen im Zivilprozess, 1966, Göttingen	*Rimmelspacher*, Prüfung von Amts wegen im Zivilprozess, S.
Römermann, Volker/Praß, Jan-Philipp: ESUG vs. BRAO – Kollisionen der geplanten Neufassung des § 56 Abs. 1 InsO-E mit dem anwaltlichen Berufsrecht, ZInsO 2011, 1576–1581	*Römermann/Praß*, ZInsO 2011, 1576
Römermann, Volker: Die "Unabhängigkeit" des Insolvenzverwalters: Endlich Schluss mit der uferlosen Auslegung!, ZInsO 2013, 218–225	*Römermann*, ZInsO 2013, 218.

Vollständige Angaben zur Schrift	Zitierweise
Römermann, Volker: Die anwaltliche Unabhängigkeit – Entmythologisierung eines Core Value, NJW 2019, 2986–2990	*Römermann,* NJW 2019, 2986.
Rosenberg, Leo: Die Beweislast – Auf der Grundlage des Bürgerlichen Gesetzbuchs und der Zivilprozessordnung, 5. Aufl. 1965, München	*Rosenberg,* Beweislast, S.
Salgado de Somoza, Francisco: Labyrinthus creditorum concurrentium ad litem per debitorem communem inter illos causatam, 1651	*Salgado de Somoza,* Labyrinthus creditorum concurrentium.
Sämisch, Henning/Deichgräber, Sebastian W.: Die Aussetzung des § 15a InsO durch das StaRUG – notwendige Korrekturen und Ergänzungen, ZRI 2020, 581–586	*Sämisch/Deichgräber,* ZRI 2020, 581.
Schmidt, Andreas/Hölzle, Gerrit: Der Verzicht auf die Unabhängigkeit des Insolvenzverwalters, ZIP 2012, 2238–2244	*Schmidt/Hölzle,* ZIP 2012, 2238.
Schmidt, Andreas [Hrsg.]: Hamburger Kommentar zum Insolvenzrecht: InsO – InsVV – SchVG – Haftungsrecht – Steuerrecht – Strafrecht, 9. Aufl. 2022, Köln	*Bearbeiter,* in: HambKomm InsO, § Rn.
Schmidt, Andreas [Hrsg.]: Privatinsolvenzrecht – Kommentar, 2. Aufl. 2022, Köln	*Bearbeiter,* in: Schmidt PrivatinsR, InsO, § Rn.
Schmidt, Karsten: Das Insolvenzverfahren neuer Art – Kernprobleme der Insolvenzrechtsreform nach dem Kommissionsbericht –, ZGR 1986, 178–210	*Schmidt,* ZGR 1986, 178.
Schmidt, Karsten: Insolvenzordnung – InsO mit EuInsVO, 19. Aufl. 2016, München	*Bearbeiter,* in: K. Schmidt InsO, § Rn.
Schmidt-Räntsch, Ruth: Das neue Verbraucherinsolvenzverfahren, MDR 1994, 321–326	*Schmidt-Räntsch,* MDR 1994, 321.

Vollständige Angaben zur Schrift	Zitierweise
Schmittmann, Jens: Anmerkungen zu VG Gießen, Urteil vom 23.10.2019 – 4 K 252/19.GI, NZI 2020, 39–41	*Schmittmann*, NZI 2020, 39.
Schneider, Jens-Peter: Nachvollziehende Amtsermittlung bei der Umweltverträglichkeitsprüfung – Zum Verhältnis dem privaten Träger des Vorhabens und der zuständigen Behörde bei der Sachverhaltsermittlung nach dem UVPG, 1991, Berlin	*Schneider,* Nachvollziehende Amtsermittlung, S.
Schoch, Friedrich/ Schneider, Jens-Peter [alle Hrsg.]: Verwaltungsrecht - Band 1: (VwGO), 7/20 (39. Lfg.), München - Band 3: (VwVfG), 07/20 (Grundwerk), München	*Bearbeiter,* in: Schoch/ Schneider, Nr. Lfg. M.J., § Rn.
Schumann, Ekkehard: Die Unabhängigkeit des Insolvenzverwalters – Sicherung der Integrität des Insolvenzverfahrens, in: Einheit und Vielfalt des Rechts – Festschrift für Reinhold Geimer zum 65. Geburtstag (Schütze, Rolf A. [Hrsg.]), 2002, München, S. 1043–1072	*Schumann*, in: FS Geimer, S. 1043.
Schurz, Gerhard: Das Problem der Induktion in: Karl Popper – Logik der Forschung (Keuth, Herbert [Hrsg.]), 4. Aufl. 2013, S. 25–40	*Schurz*, in: Popper Logik der Forschung, S. 25.
Seiter, Hugo Beweisrechtliche Probleme der Tatsachenfeststellung bei richterlicher Rechtsfortbildung, in: Festschrift Baur (Grunsky, Wolfgang; Stürner, Rolf; Walter, Gerhard; Wolf, Manfred [Alle Hrsg.]), 1981, Tübingen, S. 573–593	*Seiter,* in: FS Baur, S. 573.
Siebert, Volker: Anmerkungen zu AG München, Beschluss vom 12.2.2016 – 1503 IN 3339/15, NZI 2016, 541–542	*Siebert*, NZI 2016, 541.

Vollständige Angaben zur Schrift	Zitierweise
Skauradszun, Dominik/ Spahlinger, Andreas/ Tresselt, Matthias: Insolvenzpläne auf dem Prüfstand – Zugleich Besprechung des BGH-Beschlusses vom 7.5.2015 – IX ZR 75/14, DZWIR 2015, 560, DZWIR 2015, 539–550	*Skauradszun/Spahlinger/ Tresselt*, DZWIR 2015, 539.
Skauradszun, Dominik: Ein Umsetzungskonzept für den präventiven Restrukturierungsrahmen, KTS 2019, 161–192	*Skauradszun*, KTS 2019, 161.
Skauradszun, Dominik: Neuralgische Punkte der Restrukturierungsverfahren nach dem StaRUG, ZRI 2020 625–635	*Skauradszun*, ZRI 2020, 625.
Skauradszun, Dominik: Grundfragen zum StaRUG – Ziele, Rechtsnatur, Rechtfertigung, Schutzinstrumente, KTS 2021, 1–74	*Skauradszun*, KTS 2021, 1.
Skauradszun, Dominik/ Fridgen, Alexander [alle Hrsg.]: Beck'scher Online-Kommentar StaRUG, 3. Edition 15.11.2021, München	*Bearbeiter*, in: BeckOK StaRUG, 3. Ed. 15.11.2021, § Rn.
Smid, Stefan: Rechtsprechung – Zur Unterscheidung von Rechtsfürsorge und Prozeß –, 1990, Köln/Berlin/Bonn/München	*Smid*, Rechtsprechung, S.
Smid, Stefan: Prozeßkostenhilfe für den Eigenantrag des Gemeinschuldners im Insolvenzverfahren nach geltendem Recht?, NJW 1994, 2678–2680	*Smid*, NJW 1994, 2678.
Smid, Stefan: Grund und Grenzen der Rechtsmittelbefugnis des Konkursverwalters, ZIP 1995, 1137–1146	*Smid*, ZIP 1995, 1137.

Vollständige Angaben zur Schrift	Zitierweise
Smid, Stefan: Gerichtliche Bestätigung des Insolvenzplans trotz Versagung seiner Annahme durch Abstimmungsgruppen von Gläubigern – Zur Reichweite des sogenannten Obstruktionsverbots gem. § 245 InsO. Zugleich ein Beitrag zu den Maßstäben der „Obstruktionsentscheidung" des Insolvenzgerichts gem. § 245 InsO nach künftigem Recht –, in: Recht und Pluralismus, Festschrift für Hans-Martin Pawlowski zum 65. Geburtstag (Smid, Stefan/Fehl, Norbert [alle Hrsg.]), 1997, Berlin, S. 387–441	*Smid*, in: FS Pawlowski, S. 387.
Smid, Stefan [Hrsg.]: Insolvenzordnung – Kommentar, 2. Aufl. 2001, Stuttgart/Berlin/Köln	*Bearbeiter*, in: Smid InsO, § Rn.
Smid, Stefan: Grundzüge des neuen Insolvenzrechts, 4. Aufl. 2002, München	*Smid*, Grundzüge des neuen Insolvenzrechts, S.
Smid, Stefan: Sofortige Beschwerde des nach § 57 InsO neugewählten Insolvenzverwalters gegen den unter Verletzung von Amtsermittlungspflichten erlassenen Beschluss über die Vergütung des abgewählten Verwalters, ZInsO 2009, 650–653	*Smid*, ZInsO 2009, 650.
Smid, Stefan: Handbuch Insolvenzrecht, 6. Aufl. 2012, Berlin/Boston	*Smid*, Praxishandbuch, S.
Smid, Stefan: Zum Beweisverfahren im Eröffnungsverfahren der §§ 270a, 270b InsO und im eröffneten Eigenverwaltungsverfahren – Bemerkungen zu Amtsermittlungen des Insolvenzgerichts zur offensichtlichen Aussichtslosigkeit des Antrags auf Anordnung der Eigenverwaltung, ZInsO 2013, 209–218	*Smid*, ZInsO 2013, 209.

Vollständige Angaben zur Schrift	Zitierweise
Smid, Stefan: Vorprüfung des Insolvenzplans, insbesondere in Schutzschirm- und Eigenverwaltungsverfahren – Teil 1, ZInsO 2016, 61–74	*Smid*, ZInsO 2016, 61.
Smid, Stefan: Strukturvorgaben der Restrukturierungsrichtlinie für den "Bestätigten Restrukturierungsplan" und seine Umsetzung im deutschen Recht, ZinsO 2020, 266–282	*Smid*, ZInsO 2020, 266.
Smid, Stefan: Der Restrukturierungsbeauftragte in den Regelungen des StaRUG, ZInsO 2020, 2184 2198	*Smid*, ZInsO 2020, 2184.
Smid, Stefan: Verwertungssperren nach § 49 Abs. 1 Nr. 2 StaRUG, ZInsO 2021, 198–204	*Smid*, ZInsO 2021, 198.
Smid, Stefan: Zuständigkeit des Insolvenzgerichts bei Sitzverlegung, Verwalterauswahl und Pflichtenkanon des Insolvenzverwalters de lege ferenda – Gesetzgebungsvorschläge nicht nur aus Anlass des „Bremer Modells", NZI 2021, 710–715	*Smid*, NZI 2021, 710.
Smid, Stefan: Honi soit qui mal y pense, ZInsO 2021, 981–1010	*Smid*, ZInsO 2021, 981.
Smid, Stefan: Wie kann der Nebel um das "Bremer Modell" gelichtet werden: "Geplante" Insolvenzen, Gerichtsaufsicht und Sonderinsolvenzverwaltung, ZInsO 2021, 1893–1901	*Smid*, ZInsO 2021, 1893.
Smid, Stefan: Sonderinsolvenzverwaltung zur Klärung offener Sachverhaltsfragen, ZInsO 2021, 2177–2182	*Smid*, ZInsO 2021, 2177.
Sodan, Helge/Ziekow, Jan [alle Hrsg.]: Verwaltungsgerichtsordnung – Großkommentar, 5. Aufl. 2018, Baden-Baden	*Bearbeiter*, in: Sodan/Ziekow VwGO, § Rn.

Vollständige Angaben zur Schrift	Zitierweise
Spiekermann, Olaf: Die Unabhängigkeit des Insolvenzverwalters und Sachwalters, NZI 2020, 977–985	*Spiekermann*, NZI 2020, 977.
Spilker, Bettina: Behördliche Amtsermittlung, 2015, Tübingen	*Spilker*, Behördliche Amtsermittlung, S.
Stamer, Anna Lena: Das System der Rechtsbehelfe im Insolvenzverfahren, 2015, Frankfurt am Main	*Stamer*, System der Rechtsbehelfe im Insolvenzverfahren, S.
Stapper, Florian/Christoph A. Jacobi: Der Insolvenzplan – Was prüft das Gericht?, ZInsO 2014, 1821–1830	*Stapper/Jacobi*, ZInsO 2014, 1821.
Stürner, Rolf/ Eidenmüller, Horst/ Schoppmeyer, Heinrich [alle Hrsg.]: Münchener Kommentar zur Insolvenzordnung, - Band 1: (§§ 1–79 InsO), 4. Aufl. 2019, München - Band 2; (80–216 InsO), 4. Aufl. 2019, München - Band 3: (§§ 217–359 InsO, mit Art. 103a–110 EGInsO, Insolvenzsteuerrecht), 4. Aufl. 2020, München	*Bearbeiter*, in: MünchKomm InsO, § Rn.
Streuber, Dirk: Die Flucht des Schuldners und die Reaktionstechniken eines Gesamtvollstreckungsrechts – Der fallitus fugitivus als Rechtsproblem, 2014, Berlin/ Boston	*Streuber*, Die Flucht des Schuldners und die Reaktionstechniken eines Gesamtvollstreckungsrechts.
Thole, Christoph: Problemfälle des Anwaltsrechts im Insolvenzverfahren und bei der Restrukturierung, NZI 2017, 737–741	*Thole*, NZI 2017, 737.
Thole, Christoph: Anmerkungen zu AG Köln, Beschluss vom 3.3.2021 – 83 RES 1/21, NZI 2021, 436–437	*Thole*, NZI 2021, 436.

Vollständige Angaben zur Schrift	Zitierweise
Tukey, John W.: The Future of Data Analysis, The Annals of Mathematical Statistics 1962, Vol. 33 No. 1, S. 1–67	*Tukey*, Ann. Math. Statist. 1962 Vol. 33 No. 1, S.
Uhlenbruck, Wilhelm: Kuhn Konkursordnung Kommentar, 11. Aufl. 1994, München	*Kuhn/Uhlenbruck,* § Rn.
Uhlenbruck, Wilhelm: Aus- und Abwahl des Insolvenzverwalters – Eine Schicksalsfrage der Insolvenzrechtsreform, KTS 1989, 229–252	*Uhlenbruck*, KTS 1989, 229.
Uhlenbruck, Wilhelm: Zur Forderung des Bundes Deutscher Rechtspfleger auf Vollübertragung des gerichtlichen Insolvenzverfahrens auf den Rechtspfleger, ZinsO 2001, 1129–1133	*Uhlenbruck*, ZinsO 2001, 1129.
Uhlenbruck, Wilhelm: Rechtsgrundlagen und Grenzen der Amtsermittlungsbefugnisse eines „isolierten Sachverständigen“ im Insolvenzeröffnungsverfahren, in: Festschrift für Hans Gerhard Ganter zum 65. Geburtstag (Berger, Christian; Kayser, Godehard; Pannen, Klaus [alle Hrsg.]), 2010, München, S. 381–390	*Uhlenbruck*, in: FS Ganter, S. 381
Ullrich, Norbert/Seidenstücker, Ronald: Möglichkeiten der Zusammenarbeit von Insolvenzverwalter und privatem Ermittlungsdienst, ZInsO 2004, 126–132	*Ullrich/Seidenstücker*, ZInsO 2004, 126.
Urlaub, Jasmin: Notwendige Änderungen im Gesetz zur weiteren Erleichterung der Sanierung von Unternehmen (ESUG) zur Verhinderung von Missbräuchen, ZIP 2011, 1040–1045	*Urlaub*, ZIP 2011, 1040.
Vallender, Heinz: Der gerichtlich bestellte Sachverständige im Insolvenzeröffnungsverfahren, ZInsO 2010, 1457–1468	*Vallender*, ZInsO 2010, 1457.

Vollständige Angaben zur Schrift	Zitierweise
Vallender, Heinz/Zipperer, Helmut: Der vorbefasste Insolvenzverwalter – ein Zukunftsmodell?, ZIP 2013, 149–153	*Vallender/Zipperer*, ZIP 2013, 149.
Vallender, Heinz: Die Zeit ist reif – Plädoyer für eine Berufsordnung für Insolvenzverwalter, NZI 2017, 641–648	*Vallender*, NZI 2017, 641.
Vallender, Heinz: Aufgaben und Befugnisse des Restrukturierungsgerichts nach dem Gesetz über den Stabilisierungs- und Restrukturierungsrahmen für Unternehmen (Teil 1), ZInsO 2020, 2579–2587	*Vallender*, ZInsO 2020, 2579.
Vallender, Heinz: Aufgaben und Befugnisse des Restrukturierungsgerichts nach dem Gesetz über den Stabilisierungs- und Restrukturierungsrahmen für Unternehmen (Teil 2), ZInsO 2020, 2677–2688	*Vallender*, ZInsO 2020, 2677.
Vallender, Heinz: Die Amtsermittlungspflicht nach dem StaRUG, ZRI 2021, 165–172	*Vallender*, ZRI 2021, 165.
Vill, Gerhard: Kann ein Rechtsanwalt, der zum vorläufigen Sachwalter bestellt wurde, mit dem Schuldner des Insolvenzverfahrens rechtswirksam Verträge zur rechtlichen Beratung im Insolvenzeröffnungsverfahren schließen? – Anmerkung zu OLG Dresden, Urt. v. 15.10.2015 – 13 U 1605/13, ZInsO 2015, 2273 (in diesem Heft), ZInsO 2015, 2245–2248	*Vill*, ZInsO 2015, 2245.
Vorwerk, Volkert/ Wolf, Christian [alle Hrsg.]: Beck'scher Online-Kommentar ZPO, 42. Edition 01.09.2021, München	*Bearbeiter*, in: BeckOK ZPO, 42. Ed. 01.09.21, § Rn.

Vollständige Angaben zur Schrift	**Zitierweise**
Weber, Friedrich: Ziele und Wege der Insolvenzrechtsreform, in: Festschrift des Arbeitskreises für Insolvenz- und Schiedsgerichtswesen e.V. Köln zum einhundertjährigen Bestehen der Konkursordnung vom 10. Februar 1877 (Uhlenbruck, Wilhelm; Klasmeyer, Bernd; Kübler, Bruno M. [alle Hrsg.]), Einhundert Jahre Konkursordnung, 1977, Köln, S. 321–360	*Weber*, in: in: FS 100 Jahre Konkursordnung, S.
Weber, Klaus [Hrsg.]: Creifelds, Rechtswörterbuch, 25. Edition, 2020, München	*Bearbeiter*, in: Creifelds, Rechtswörterbuch, Stichwort:
Werres, Stefan: Grundrechtsschutz in der Insolvenz, 2007, Berlin	*Werres*, Grundrechtsschutz in der Insolvenz, S.
Wessel, Wilhelm: Der Sachverständige im Insolvenzeröffnungsverfahren nach § 5 InsO, DZWIR 1999, 230–234	*Wessel*, DZWIR 1999, 230.
Wild, Gerd-Rüdiger: Versagung der Ernennung des gewählten Konkursverwalters gemäß § 80 KO, KTS 1982, 63–64	*Wild*, KTS 1982, 63.
Wimmer, Klaus [Hrsg.]: Frankfurter Kommentar zur Insolvenzordnung mit EuInsVO, InsVV und weiteren Nebengesetzen, 9. Aufl. 2018, Köln	*Bearbeiter*, in: FrankfKomm InsO, § Rn.
Wolgast, Matthias/Grauer, Philipp [Hrsg.]: StaRUG.online, 1. Auflage, 2021, Hamburg/Berlin	*Bearbeiter*, in: Wolgast/Grauer StaRUG.online, § Rn.
Wollenhaupt, Maximilian O.: Der Amtsermittlungsgrundsatz des Restrukturierungsgerichts nach dem Gesetz über den Stabilisierungs- und Restrukturierungsrahmen für Unternehmen (StaRUG), 2022 (in Arbeit)	*Wollenhaupt*, Amtsermittlungsgrundsatz im StaRUG, § 1 A. I. 1. a).

Vollständige Angaben zur Schrift	**Zitierweise**
Wollring, Moritz/Quitzau, Frederik: Plandispositive Geschäftsführerhaftung? – Die Entlastung von Geschäftsführern im Insolvenz- und Restrukturierungsplan, ZRI 2021, 616–628	*Wollring/Quitzau*, ZRI 2021, 616.
Wollring, Moritz/Quitzau, Frederik: Die Initiierung der präventiven Restrukturierung in der Praxis – Grundlagen, Besonderheiten und Stolpersteine, ZRI 2021, 785–798	*Wollring/Quitzau*, ZRI 2021, 785.
Wozniak, Daniel: Bindung des Insolvenzverwalters an werkvertragliche Fälligkeitsvereinbarungen des Schuldners, Wozniak, jurisPR-InsR 3/2017 Anm. 1	*Wozniak*, jurisPR-InsR 3/ 2017 Anm. 1.
Wüstenberg, Timm: Non liquet im Insolvenzverfahren – Zur Beweisführung und Beweislast im Spannungsfeld von Inquisitions- und Verhandlungsmaxime, Baden-Baden	*Wüstenberg*, Non liquet im Insolvenzverfahren, S.
Zipperer, Helmut: Sind die §§ 56 f. InsO richtlinienkonform?, ZIP 2021, 2618–2625	*Zipperer*, ZIP 2021, 2618.
Zöller, Richard [Begr.]: Zivilprozessordnung, 34. Aufl. 2022, Köln	*Bearbeiter*, in: Zöller ZPO, § Rn.

Register

www.ingramcontent.com/pod-product-compliance
Ingram Content Group UK Ltd.
Pitfield, Milton Keynes, MK11 3LW, UK
UKHW021842290926
8980IPUK00005B/596

9 783631 859322